Evaluation Research on the Development of
Secondary Vocational Education

中等职业教育发展评价研究

李桂荣 等 著

科 学 出 版 社

北 京

内 容 简 介

中等职业教育是全面提高国民素质、增强民族产业发展实力、建设人力资源强国的基础性工程，正在经历从规模扩张向内涵提升的发展转型，迫切需要建立更加科学的评价体系对之进行引导、激励和匡正。基于此，本书聚焦中等职业教育发展评价的政策依据、理论基础、主体模式、指标体系、基本方法等，试图从应然层面为中等职业教育发展提供一个系统的评价框架，从理论上解决为什么评价、依据什么评价、谁来评价、评价什么和如何评价等基本问题。同时，依据大量实证数据，对中等职业教育的办学条件、人才培养质量、县域发展状况、教育吸引力和相关发展政策等进行专题评价，以期为有效推进中等职业教育发展的科学评估提供参考案例。

本书对于中等职业教育的决策者、管理者、研究者具有重要的参考价值。

图书在版编目（CIP）数据

中等职业教育发展评价研究 / 李桂荣等著. —北京：科学出版社，2017.12
ISBN 978-7-03-056011-7

Ⅰ. ①中…　Ⅱ. ①李…　Ⅲ. ①中等专业教育-发展-研究-中国
Ⅳ. ①G719.21

中国版本图书馆 CIP 数据核字（2017）第 309572 号

责任编辑：乔宇尚 / 责任校对：何艳萍
责任印制：张欣秀 / 封面设计：润一文化

科 学 出 版 社 出版
北京东黄城根北街 16 号
邮政编码：100717
http://www.sciencep.com

北京虎彩文化传播有限公司 印刷
科学出版社发行　各地新华书店经销

*

2017 年 12 月第 一 版　开本：720×1000　B5
2017 年 12 月第一次印刷　印张：19 1/2
字数：339 000

定价：99.00 元

（如有印装质量问题，我社负责调换）

前　言

1978 年以来，中国经济迅速发展，取得了举世瞩目的成就。与此同时，中等职业（以下简称中职）教育作为全面提高国民素质、增强民族产业发展实力、建设人力资源强国的基础性工程也获得了巨大发展。在各级政府的大力推动下，经过加大投资、政策倾斜和持续攻坚，中职教育规模不断扩张，占到高中教育的近半壁江山，并成为现代职业教育的核心主体。但是，在规模迅速扩张的同时，中职教育却囿于质量困境。中职教育因办学条件差、育人质量低、学生流失率高、吸引力不足等被社会广为诟病。

基于中职教育的重要性、问题多发性和改革迫切性，加之河南省作为全国中职教育在校生最多的省区和国家职业教育改革试验区，河南大学教育行动国际研究中心自 2013 年起，与中国科学院、陕西师范大学、斯坦福大学联合组成的农村教育行动项目（Rural Education Action Program，REAP）团队合作，将中职教育纳入研究重点，并以抽样调查和随机干预实验的方法，分两阶段对中职教育质量及其评价①问题进行了持续研究。

第一阶段：抽样调查与指标研制

2013 年 6 月，在河南省教育厅和河南省人力资源和社会保障厅的大力支持下，

---

① 教育评价与教育评估在概念的使用上，从词源上来讲，既有联系又有一定的区别。一般来讲，教育评价更侧重从理论层面，探讨依据特定目标，收集教育系统信息，对教育客体进行事实判断和价值判断的理性过程。教育评估具有相类似的意义与内涵，但更注重事实鉴定和预估。在我国教育行政管理中，教育评价与教育评估的概念经常交叉使用。鉴于此，本书中教育评价与教育评估概念并没有进行明确区分，在涉及教育政策文件及评估性活动的内容时，亦采用教育评估这一词汇。

我们启动了对中职学校质量的抽样调查研究。在全省 18 个地市中，依据经济发展水平和经济结构特征，选取了具有代表性的 7 个地市作为样本市，并将样本市内开设计算机专业或数控专业，并保证单班人数在 20 人以上的所有中职学校作为样本学校，共 118 所。然后针对中职教育质量问题，以 2013—2014 学年为期，调查学年初和学年末中职学校一年级和二年级学生的学习和发展状况。2013 年 10 月进行基线调研，2014 年 4 月进行追踪调研，共收集了 118 所样本学校、185 个样本专业点、346 个样本班和 13 164 个样本学生的数据。

通过对两次调研数据的对比分析，我们发现，尽管学校之间存在较大差异，但总体来看，在近一个学年内，①中职学生的专业知识增长不明显；②中职学生文化基础知识普遍没有进步；③中职学生实习岗位与所学专业严重不对口；④中职学校的平均辍学率高达 30%。

基于以上研究发现，我们一方面进一步访谈了 326 位辍学生以获得他们对中职教育的质性评价；另一方面运用准实验研究方法，对国家颁行的"双师型教师队伍建设""示范学校建设""中职教育免费"等旨在促进中职教育质量提升的政策进行试点评估。结果发现：就"双师型"教师队伍建设来说，有实践经验的教师的确能够显著促进学生的学业进步，但是由于对"双师型"的理解和操作存在多种偏差，样本学校"双师型"教师比例与其学生发展水平之间并没有显著的正相关关系；就示范学校建设来说，示范校相对于非示范校拥有明显的资源优势，但在短期内并没有显示出显著的人才培养质量优势；就中职教育免费政策来看，中职教育免费后，并未有效控制中职生源滑坡的局面，反而在一定程度上遭遇了以劣质教育惠及弱势群体的质疑，公共政策的效率目标和公平目标没能很好实现。

基于这些研究结果，尤其是通过对中职示范校遴选标准和监测指标的深入分析，我们发现，国家现有的中职教育质量评价体系是以资源占有为主的投入型指标体系，这种评价在一定程度上驱动了中职学校重投入、轻产出，重招生、轻培养的发展定位。在此基础上我们提出了一个新的假设，即如果建立一种以学生发展为核心的产出型评价指标体系，将有可能促进中职学校重视人才培养质量。进一步，经过政策分析、理论研读、专家咨询、问卷调查等多个研究环节，构建出以学生发展为核心的中职学校发展评价体系。

第二阶段：试点推广与效果评估

为检验第一阶段构建的"以学生发展为核心的中职学校发展评价体系"对于促进中职学校重视人才培养质量的适用性，在河南省教育厅的大力支持下，我们进行了试点推广。同时，我们设计了随机干预实验，按照规范的研究程序对评价体系的效果进行科学评估，并争取到了全球电子企业联盟（Electronics Industry Citizenship Coalition，EICC）的大力支持。

经过几个月的准备，2014 年 10 月，评价体系正式进入试点推广和随机干预实验阶段。依据第一期的样本数据，我们将 118 所中职样本学校随机匹配为 59 所干预组学校和 59 所控制组学校，针对干预组学校，由省教育厅和项目团队联合召开了试点工作动员会。我们给试点学校（干预组）详细讲解了以学生发展为核心的质量评价体系与以往评价体系的区别，阐述了新评价体系的核心指标及评价要点，明确了课题组要再次进入学校进行评估调研的时间节点，并说明了政府和EICC 对该评价结果的重视和使用意图。同时依据 2013—2014 年的调研数据，我们给每一所试点学校提供了个性化的发展分析报告，以利于试点学校能够在原有基础上进行有针对性的改进。

2015 年 4 月，课题组再次对 118 所学校进行了追踪调研，并将这次的调研数据与 2014 年 4 月的数据进行对比。结果显示：与控制组学校相比，作为干预组的试点学校，其样本学生的专业知识提高了 55%，文化基础知识提高了 34%，辍学率降低了 15%。这说明，以学生发展为核心的教育质量评估体系对于引导中职学校加强教育教学环节，提高人才培养质量具有显著的正向影响。

为了进一步检验干预实验的长期影响，在 2015—2016 学年，我们再次对样本学校进行了追踪干预和调研，尤其是通过电话访谈的方式追访了已经毕业的样本学生。

连续几年的田野调查及实验研究，让我们看到了科学的评价体系对于中职教育发展的引领作用与激励作用，也让我们深刻地认识到，只有建立和完善科学的评价体系，才能推动中职教育从规模发展向内涵提升转型。基于此，本书试图通过应然层面的研究为中职教育发展提供一个科学的评价框架，从理论上解决为什么评价、依据什么评价、谁来评价、评价什么和如何评价等基本问题。同时，依据研究团队积累的大量实证数据，对中职教育的办学条件、人才培养质量、县域发展状况、教育吸引力和相关发展政策等进行了专题评价，以期为有效推进中职教育的科学评估提供参考案例。并且，也希望对中国正在开启的教育实证研究时代提供一些思路和范式。

本书分上下两编十章内容，研究团队的部分成员参与了书稿撰写，具体分工如下。

第一章：中等职业教育发展评价的政策依据（王星霞、李向辉）

第二章：中等职业教育发展评价的理论基础（李向辉）

第三章：中等职业教育发展评价的主体模式（姚松）

第四章：中等职业教育发展评价的指标体系（李向辉）

第五章：中等职业教育发展评价的基本方法（李妍妍）

第六章：中等职业教育学校办学条件抽样评估（李桂荣、刘德磊）

第七章：中等职业教育人才培养质量抽样评估（李桂荣、许佳佳）

第八章：县域中等职业教育发展状况抽样评估（李桂荣、许佳佳）

第九章：中等职业教育吸引力状况评价分析（李桂荣、冯慧蕊、姚松）

第十章：中等职业教育若干发展政策评价分析（李桂荣、姚松）

结　语：以改进评价体系为突破口促进中职教育质量提升（李桂荣、姚松）

本书的实证研究数据大都源于河南省职业教育教学改革重大项目"中等职业教育质量评估与提升实验研究"和与 REAP 团队合作开展的"Tools to Improve Internships in China: An Evaluation of Vocational High Schools in Henan"（提升中国实习水平的方法：一项关于河南职业高中的评估）、"Baseline Assessment of Schools and Developing Assessment Tools"（中职学校的基线评估与发展评估途径研究）等项目。在此，衷心感谢在研究过程中河南省教育厅、REAP 团队和 118 所样本学校给予的全方位支持！同时，在书稿撰写阶段，研究团队参考了诸多学者的研究成果；在书稿的出版过程中，科学出版社的乔宇尚等编辑为本书的加工与审校也付出了大量心血，在此一并表示诚挚感谢！

李桂荣

2017 年 11 月 11 日

前言

上编　中等职业教育发展评价的基本理论框架

下编　中等职业教育发展评价的实证研究案例

上 编

中等职业教育发展评价的
基本理论框架

第一章

中等职业教育发展评价的政策依据

第一节 中等职业教育发展政策的演进与特点

一、中等职业教育发展政策的演进

我国总体上将职业教育分为两个层次：高等及中等职业教育。中等职业教育在名称上的"中等"可以理解为与普通高中教育同一阶段的职业教育，简称"中职"，主要招收对象是初中毕业生或具有同等学力的人，基本学制为三年，主要培养具有综合职业能力的，在生产、服务一线工作的高素质劳动者及技能型工人。中等职业教育在重视学生技能培训的同时，还教授学生基础文化知识和专业理论。我国目前的中等职业教育主要有四种：中等专业学校、职业高级中学、技工学校及成人中等专业学校。

清晰地描述中等职业教育的政策演进历史是中等职业教育发展政策评价的起点。笔者在参考学者周正（2009）关于改革开放后中等职业教育发展的历史分期的基础上，将其发展分为五个阶段，即中等职业教育的整顿与恢复阶段（1978年至20世纪80年代中期）、中等职业教育的快速发展阶段（20世纪80年代中期至90年代初）、中等职业教育的发展停滞阶段（20世纪90年代中期至2001年）和中等职业教育的规模攻坚阶段（2002年至2010年初）、中等职业教育的发展战略转型阶段（2010年7月至今）。

（一）中等职业教育发展政策的沿革历程

1. 整顿与恢复阶段（1978 年至 20 世纪 80 年代中期）

党的十一届三中全会做出了全国工作以经济建设为中心，实行改革开放的伟大决策。在与经济社会发展联系密切的职业教育发展方面百废待兴。各类职业学校在"文化大革命"中大量被撤销、停办或者改为工厂，技工学校、半工半读学校已经基本不存在。到 1978 年，中等职业学校的学生仅占高中教育阶段在校生总数的 7%左右，和普通教育相比处于严重失调状态。这种情况与我国恢复和发展经济的现实需求不相适应。一方面，每一年普通高中的毕业学生只有很少一部分能够进入大学继续深造，每年还余下数百万劳动力需要就业，但是这些劳动力在普通高中没有接受任何专业知识和技能的培训；另一方面，各行各业又迫切需要技术工人，招来的新员工需要花费两到三年的时间培训才能成为熟练的工人，造成劳动生产率不能够得到大幅提升。因此，改革中等教育结构，使高中阶段的教育适应社会主义现代化建设的需要，发展中等职业技术教育成为这一时期的工作重心。这一时期国家有关中等职业教育发展的宏观政策见表 1-1。

表 1-1　中等职业教育发展政策变化列表（1978 年至 20 世纪 80 年代中期）

时间	颁布主体	政策名称	人才培养	质量要求	具体措施
1978 年 4 月 22 日	国家领导人讲话	邓小平在全国教育工作会议上的讲话	教育事业必须和国民经济发展的要求相适应	提高教育质量，提高科学文化的教学水平，更好地为社会主义建设服务	国家计委、教育部和各部门，要共同努力，使教育事业的计划成为国民经济计划的一个重要组成部分。这个计划，应该考虑各级各类学校发展的比例，特别是扩大农业中学、各种中等专业学校、技工学校的比例；……
1980 年 9 月 27 日	教育部、国家劳动总局	关于中等教育结构改革的报告	要使高中阶段的教育适应社会主义现代化建设的需要	经过调整改革，要使各类职业（技术）学校的在校学生数在整个高级中等教育中的比重大大增长	改革普高的课程；将部分普高改办为职业（技术）学校、职业中学、农业中学；各行各业举办职业（技术）学校；积极发展和办好技工学校；还要解决毕业生、经费和编制、教师配备、开办和审批问题
1983 年 5 月 9 日	教育部、劳动人事部、财政部、国家计划委员会（国家计委）	教育部、劳动人事部、财政部、国家计划委员会关于改革城市中等教育结构、发展职业技术教育的意见	归根结底是使教育如何更好地为以经济建设为中心的各项建设事业服务的问题	适应四化建设对人才的多方面需要	力争到 1990 年，使各类职业技术学校在校生与普通高中在校生的比例大体相当。将部分普高改为职业中学、职业（技术）学校或在普通高中设职业班；发动各行各业举办职业中学、职业（技术）学校或举办学制长短不一的职业技术培训班；普高增设职业技术课程。对经费、师资、教材问题进行了规定

资料来源：中华人民共和国教育部网站搜集整理

在这些政策的推动下，中等职业教育开始走上健康发展的道路，各类中等职业学校得到了恢复与发展，接受中等职业教育的人数大幅增加：到1985年中等职业学校学生数为425.6万人，占高中阶段教育的比重为32.08%，其中职业高中发展得最为迅速，在校生由1980年的31.9万人上升到1985年的184.3万人，增加了477.7%。

这一时期，我国受苏联的影响仍然较大，建基于城乡二元体制和城市单位体制之上的是高度集中的计划体制，中等职业学校的招生由国家统一计划，毕业生大部分也由国家统一分配，即所谓的"统招统分"模式。在这种政策模式下，学生只要通过招生选拔考试，就会"被作为国家专业干部来培养，不仅免交学费，而且享受人民助学金，毕业后由主管部门统一分配工作"（陈乐乐，2016）。这一时期，学生选择就读中等职业学校的原因主要有：普通高中升学率低，75%的中专生、100%的技校生享受助学金，上学期间可以减轻家庭负担。中专、技校学生包分配，就业去向好。职业高中虽然无助学金又不包分配，但有良好的就业出路，对学生也有很大的吸引力，在源头上保证了中等职业教育的规模发展。

2. 快速发展阶段（20世纪80年代中期至90年代初）

历史的车轮进入20世纪80年代中期，我国中等职业学校的数量大幅增加，招生人数逐年上升，毕业生的就业形势喜人，逐渐形成一个良性运转的态势。这一时期是我国由计划经济体制向市场经济体制转轨的阶段，在原来单一的国有经济、集体经济成分之外，私营经济成分有所发展，第三产业的出现对懂技术的劳动力的需求进一步增加。时任国家经济委员会领导袁宝华、吕东等，在考察国外经济高速发展时，发现职业教育是秘密武器，回国后亲自向中央领导报告，四处倡导应该大力发展职业教育（闻友信，等，2000）。因此，该阶段继续解决中等教育阶段"普职比例"失调问题，大力发展职业技术教育，同时开始试办不包分配的职业中学。主要政策见表1-2。

表1-2　中等职业教育发展政策变化列表（20世纪80年代中期至90年代初）

时间	颁布主体	政策名称	人才培养	质量要求	具体措施
1985年5月27日	中共中央	中共中央关于教育体制改革的决定	社会主义现代化建设迫切需要千百万受过良好职业技术教育的中、初级技术人员、管理人员、技工和其他受过良好职业培训的城乡劳动者	衡量任何学校工作的根本标准不是经济收益的多少，而是培养人才的数量和质量	改革有关的劳动人事制度，实行"先培训，后就业"的原则；广大青少年一般应从中学阶段开始分流；发挥中等专业学校的骨干作用；鼓励社会力量办学；依靠自身解决师资问题。

续表

时间	颁布主体	政策名称	人才培养	质量要求	具体措施
					要充分发掘现有中等专业学校和技工学校的潜力，扩大招生，并且有计划地将一批普通高中改为职业高中，或者增设职业班，加上新办的这类学校，力争在5年左右，使大多数地区的各类高中阶段的职业技术学校招生数相当于普通高中的招生数，扭转目前中等教育结构不合理的状况
1989年5月10日	劳动部	劳动部关于技工学校深化改革的意见	根据经济建设和社会发展的需要有计划地培养初级技术工人，并承担待业青年、学徒工、在职工人、企业富余人员、乡镇企业工人、军地两用人才等的培训任务	为了进一步提高技工学校的培训质量和办学效益	从实际出发，确定培训任务；明确发展方向，提高培训质量；开展横向联合，实行有偿培训；积极进行教学改革；改革毕业生分配制度；毕业生实行两种证书制度
1991年10月17日	国务院	国务院关于大力发展职业技术教育的决定	使大多数新增劳动力基本上能够受到适应从业岗位需要的最基本的职业技术训练，全面提高教育质量	目前我国的职业技术教育无论规模、规格和质量都还不能适应经济建设和社会发展的需要	要有计划地对现有各类职业技术学校加强规范化建设，并集中力量办好一批起示范和骨干作用的学校。要挖掘现有学校的潜力，扩大招生规模，特别是扩大中等职业技术学校的招生规模，使全国高中阶段职业技术学校的在校生人数超过普通高中的在校生人数。鼓励社会力量办学；加大财政投入；要改革教学内容和教学方法，突出实践性教学环节，加强职业技能训练；全面提高教育质量；要制定各类职业技术学校的设置标准和评估标准，逐步建立职业技术教育的评估制度

续表

时间	颁布主体	政策名称	人才培养	质量要求	具体措施
1993年2月13日	中共中央、国务院	中共中央、国务院关于印发《中国教育改革和发展纲要》的通知	加快教育的改革和发展,进一步提高劳动者素质,培养大批人才,建立适应社会主义市场经济体制和政治、科技体制改革需要的教育体制,更好地为社会主义现代化建设服务	在教育事业发展上,不仅教育的规模要有较大发展,而且要把教育质量和办学效益提高到一个新的水平	中心城市的行业和每个县,都应当办好一、两所示范性骨干学校或培训中心;建立质量标准和评估指标体系。各地教育部门要把检查评估学校教育质量作为一项经常性的任务;对职业技术教育,要采取领导、专家和社会用人部门相结合的办法,通过多种形式进行质量评估和检查;各类学校都要重视了解用人单位对毕业生质量的评估
1993年9月29日	劳动部	劳动部关于深化技工学校教育改革的决定	为满足社会各种人才的需要和企业在岗人员继续提高的要求,使技工学校总体规模有较大发展,不断满足社会需要	提高教学质量是技工学校教学改革的核心	实行学校自主招生,毕业生自主择业的制度;合理确定专业设置及学制;落实学校自主权,增强学校活力;深化教学改革,提高教学质量;转变政府职能,加强管理与服务

资料来源:中华人民共和国教育部网站搜集整理

　　这一阶段,实现了我国职业教育事业的大发展和大改革,出现了改革和发展良性互动的局面。在数量上,到 1995 年,各类中等职业技术学校招生和在校生占整个高中阶段学生人数的比重分别为 57.4%和 56.8%。[①]这一时期,中等职业学校在注重规模的同时,对质量问题同样重视。如 1991 年 10 月 17 日颁发的《国务院关于大力发展职业技术教育的决定》中指出:集中力量办好一批起示范和骨干作用的学校;鼓励社会力量办学;加大财政投入;要改革教学内容和教学方法,突出实践性教学环节,加强职业技能训练;全面提高教育质量;要制定各类职业技术学校的设置标准和评估标准,逐步建立职业技术教育的评估制度。总之,这一时期,中等职业教育在优秀的生源、政府的扶持、市场的需求等诸多因素的共同作用下进入其发展的"黄金时代"。

　　3. 发展停滞阶段(20 世纪 90 年代中期至 2001 年)

　　1996 年 9 月 1 日,《中华人民共和国职业教育法》(《职业教育法》)正式实施,

---

① 1995 年全国教育事业发展统计公报. http://www.edu.cn/jiao_yu_fa_zhan_498/20060323/t20060323_11629.shtml

这本来是我国职业教育发展史上里程碑式的重要事件,标志着职业教育事业进入依法治教的新的发展阶段,为职业教育的发展和改革提供了法律保障。但是中等职业教育的发展并没有因《职业教育法》的颁布施行而进入一个新的快速发展的阶段,却在社会环境的一系列变化中出现了停滞和衰落。高校招生指标增加、经济体制改革等为中等职业教育的发展带来了一定的影响,不再实行中专、技校的学生毕业后由国家统一分配工作的政策,使得中等专业学校失去了政策红利,大大降低了那些学习成绩好的初中生选择中职学校就读的意愿,高等教育的扩招使得初中生就读普通高中的愿望大大增强,导致中职学校生源减少,中等职业教育整体上处于停滞状态。但国家发展中等职业教育的决心没有变,一直在积极地解决中等职业教育发展中出现的难题,并颁布了大量的政策,具体见表 1-3。

表 1-3　中等职业教育发展政策变化列表（20 世纪 90 年代中期至 2001 年）

时间	颁布主体	政策名称	人才培养	质量要求	具体措施
1996 年 5 月 15 日	第八届全国人民代表大会常务委员会	中华人民共和国职业教育法	对受教育者进行思想政治教育和职业道德教育,传授职业知识,培养职业技能,进行职业指导,全面提高受教育者的素质	提高职业教育质量,建立、健全适应社会主义市场经济和社会进步需要的职业教育制度	对职业教育体系、职业教育实施、职业教育保障条件这三个方面做了相关规定
1996 年 12 月 16 日	国家教育委员会（国家教委）、国家计委、财政部	中等职业学校收费管理暂行办法	—	—	中等职业教育属于非义务教育阶段,学校依据国家有关规定,向学生收取学费;教育收费管理由各级教育、物价、财政部门共同负责
1997 年 8 月 8 日	劳动部	技工学校教育督导评估暂行规定	学生德、智、体全面发展	规范对技工学校的教育督导评估工作,促进技工学校教育质量的提高和技工学校的健康发展	督导评估机构分国家级和省级;督导评估机构可聘请企业的技师、高级技师参与督导评估;督导评估分为综合督导评估和专项督导评估
1997 年 12 月 25 日	国家教委、国家计委	国家教委、国家计委关于普通中等专业学校招生并轨改革的意见	促进普通中等专业教育的健康发展,培养更多适应我国社会主义市场经济建设需要的中等专业人才,更好地为社会主义现代化建设服务	确保普通中等专业教育的正常秩序和教育质量	推进普通中等专业学校招生并轨改革;认真做好招生并轨后招生计划的编制工作;建立健全招生并轨改革的配套政策;做好招生并轨宣传工作

续表

时间	颁布主体	政策名称	人才培养	质量要求	具体措施
1998年2月16日	国家教委	关于印发《面向二十一世纪深化职业教育教学改革的原则意见》的通知	职业教育要培养同二十一世纪我国社会主义现代化建设要求相适应的，具备综合职业能力和全面素质的，直接在生产、服务、技术和管理第一线工作的应用型人才	努力提高教育质量，办出职业教育特色。今后对各类职业学校的评估，要把教学质量、教学改革成效作为重要内容	推进教学改革，要更新教育观念；职业教育教学工作必须贯彻产教结合的原则；职业教育要从地区和行业发展的实际需要出发，合理设置专业，加强专业建设；结合专业建设进行课程改革和教材建设；加强教学研究和教改实验
1998年12月24日	教育部	面向21世纪教育振兴行动计划	我国教育发展水平及人才培养模式尚不能适应现代化建设的需要	高中阶段教育结构已基本合理的地区，要把职业教育工作重点放到提高质量和效益上来	继续实施初中后教育的分流；要按照"先培训，后上岗"的原则，对各类新就业人员进行时限和形式不同的职业教育和培训；中等职业教育要改革专业和课程结构，努力在各地办出一批有较高社会声誉的职业技术学校
1999年9月9日	教育部	教育部关于印发《关于调整中等职业学校布局结构的意见》的通知	一些新兴的产业和职业岗位不断出现，为适应这些变化，必须对学校和专业的布局结构进行调整	调整中等职业学校布局结构，优化资源配置，进一步提高中等职业教育办学质量和整体效益	通过合并、共建、联办、划转等多种形式进行布局结构调整，进一步优化资源的配置，扩大学校办学规模，改善办学条件，使教学质量和办学效益得到提高，进一步提高学校的竞争力
2000年3月21日	教育部	关于全面推进素质教育、深化中等职业教育教学改革的意见	树立以全面素质为基础、以能力为本位的新观念，培养与社会主义现代化建设要求相适应，德、智、体、美等全面发展，具有综合职业能力，在生产、服务、技术和管理第一线工作的高素质劳动者和中、初级专门人才	综合国力的强弱越来越取决于劳动者的素质，取决于各类人才的质量和数量。深化教育教学改革、提高教育教学质量和办学效益，是中等职业教育面临的紧迫任务	积极进行制度创新，实行灵活的教学制度；优化专业设置，加强专业建设；加强课程改革和教材建设；改进和加强德育课教学；加强和改革文化基础教育；加强实践教学；改进考核方式；建设高质量的教师队伍；重视教学研究

资料来源：中华人民共和国教育部网站搜集整理

这一阶段最突出的特点就是 1996 年《中华人民共和国职业教育法》的颁布实施，至此我国中等职业教育的相关工作有了法律依据，这也是至今为止中等职业教育发展所依据的唯一一部法律。受市场经济的影响，1997 年《关于普通中等专业学校招生并轨改革的意见》颁布实施，中等职业教育学生在上学时需要像大学生一样交纳一定的学费，毕业后需要自主择业。这种由改革开放初期的统包统分政策向自主择业政策的转变，使得中等职业教育吸引力大幅下降。加之同时期高校扩大招生的政策和少子化带来的资源稀释效应，大部分初中毕业生选择就读普通高中，期望进一步接受高等教育。因此，从 20 世纪 90 年代中期开始，中等职业学校的招生人数和在校生人数开始连年下降，1999 年中等职业学校在校生人数为 4 438 419 人，2000 年中等职业学校在校生人数为 4 145 633 人，2001 年中等职业学校在校生人数为 1 834 942 人，[①]在校生人数的大幅下降，标志着中等职业学校快速发展的黄金时代的结束。与中等职业教育的遇冷相反，普通高中成为初中毕业生的热门选择，招生数量逐年增加。

4. 规模攻坚阶段（2002 年至 2010 年初）

面对中等职业教育的发展困境，2002 年由国务院主持召开了全国职业教育工作会议，印发了《国务院关于大力推进职业教育改革与发展的决定》，提出"推进职业教育的改革与发展是实施科教兴国战略、促进经济和社会可持续发展、提高国际竞争力的重要途径，是调整经济结构、提高劳动者素质、加快人力资源开发的必然要求，是拓宽就业渠道、促进劳动就业和再就业的重要举措"。2005 年，国务院又一次召开全国职业教育工作会议，并印发了《国务院关于大力发展职业教育的决定》，进一步明确提出："大力发展职业教育，加快人力资源开发，是落实科教兴国战略和人才强国战略、推进我国走新型工业化道路、解决'三农'问题、促进就业再就业的重大举措；是全面提高国民素质，把我国巨大人口压力转化为人力资源优势，提升我国综合国力，构建和谐社会的重要途径；是贯彻党的教育方针，遵循教育规律，实现教育事业全面协调可持续发展的必然要求。"

上述两个《决定》成为大力发展职业教育的纲领性文件。大力发展职业教育，提升中等职业教育的吸引力，保持甚至扩大其招生规模成为这一时期的发展主题和政策核心，为此教育部几乎每年都会在招生前夕下发《关于做好××××年中等职

---

① 1999 年、2000 年、2001 年中华人民共和国教育部教育统计数据. http://www.moe.gov.cn/s78/A03/moe_560/moe_571/.

业学校招生工作的通知》，具体落实招生任务。如 2006 年明确要求中职扩招 100 万人，2007 年要求中职在校生达到 800 万人，2008 年达到 820 万人，2009 年达到 860 万人等。但此时的中等职业教育已经沦为考不上普通高中且成绩较差学生的无奈选择，普通民众对它的认同度不高，每年的中职招生工作成为各级政府和教育行政部门的一场攻坚战。为了实现规模攻坚的任务，中等职业学校逐渐放开招生限制，实现开门招生。如 2002 年招生工作中强调，"各类中职招生学校可根据各自的办学特点采取提前招生、自主招生、推荐注册入学、集中录取、多次录取等招生形式，实行灵活多样的招生录取办法"[①]。此后，中等职业学校的招生范围逐渐扩大，成为面向人人、面向全社会的教育。为配合中职扩招，2007 年秋季启动中职资助政策，政府每年至少拿出 164 亿资助中等职业学校的学生，使所有来自农村的学生和城市家庭经济困难学生都能够在一、二年级的时候享受到每学年 1500 元的基本生活补贴。此外，"十一五"期间中央财政投入 5 亿专项资金，支持各级政府对 446 个县级职教中心和 468 所示范性中等职业学校的建设，启动了中等职业学校教师素质提高计划。这一时期，一系列恢复规模促进发展的政策见表 1-4。

表 1-4　中等职业教育发展政策变化列表（2002 年至 2010 年初）

时间	颁布主体	政策名称	人才培养	质量要求	具体措施
2002 年 8 月 24 日	国务院	国务院关于大力推进职业教育改革与发展的决定	为经济结构调整和技术进步服务，为促进就业和再就业服务，为农业、农村和农民服务，为推进西部大开发服务	职业学校和职业培训机构增强自主发展能力，改善办学条件，全面提高教育质量和效益	严格实施就业准入制度；多渠道筹集资金，增加职业教育经费投入；要加强督导检查，改进对职业教育的评估，探索发挥市场作用和社会参与的职业教育评估方式
2004 年 9 月 14 日	教育部等七部门	教育部等七部门关于进一步加强职业教育工作的若干意见	更好地适应全面建设小康社会对高素质劳动者和高技能人才的迫切需要	努力提高职业教育的质量和效益。把毕业生就业率作为衡量职业院校办学质量和效益的重要指标	坚持以就业为导向；深化办学体制改革；完善就业准入制度和职业资格证书制度；加快实训基地建设；加强"双师型"教师队伍建设
2005 年 2 月 28 日	教育部	教育部关于加快发展中等职业教育的意见	培养数以亿计高素质劳动者	教育质量指标：毕业生具有良好的职业道德，胜任工作岗位要求，顺利实现就业	稳定现有中等职业教育资源，鼓励和支持中等职业学校办出特色；采取联合、连锁、集团化等办学模式；改善办学条件，增强培养能力，扩大办学规模

---

① 教育部关于做好 2002 年中等职业学校招生工作的通知. 教职成〔2002〕1 号. http://www.moe.edu.cn/s78/A07/zcs_left/moe_950/201001/t20100129_830.html[2017-11-09].

续表

时间	颁布主体	政策名称	人才培养	质量要求	具体措施
2005 年 10 月 28 日	国务院	国务院关于大力发展职业教育的决定	以服务社会主义现代化建设为宗旨,培养数以亿计的高素质劳动者和数以千万计的高技能专门人才	到 2010 年,职业教育办学条件普遍改善,师资队伍建设进一步加强,质量效益明显提高	以就业为导向;加强基础能力建设;推进体制改革与创新;依靠行业企业发展;严格实行就业准入制度;多渠道增加经费投入;加强领导;建立和完善遍布城乡、灵活开放的职业教育和培训网络;加强县级职教中心建设;加强师资队伍建设
2006年3月30 日	教育部	教育部关于职业院校试行工学结合、半工半读的意见	为社会主义现代化建设培养数以亿计的高素质劳动者和数以千万计的高技能专门人才服务	实现新时期我国职业教育改革和发展的新突破	积极开展学生通过半工半读实现免费或低费接受职业教育的试点;完善管理办法,提供政策支持,为推进工学结合、半工半读提供制度和条件保障;加强领导,大胆实践
2008 年 12 月 13 日	教育部	教育部关于进一步深化中等职业教育教学改革的若干意见	提高中等职业教育教学质量和办学效益,推动职业教育又好又快发展,更好地适应全面建设小康社会对高素质劳动者和技能型人才的迫切需要	深化中等职业教育教学改革,提高教育质量和技能型人才培养水平,是当前和今后一个时期职业教育工作面临的一项重要而紧迫的任务	坚持以服务为宗旨,以就业为导向,更新教育观念;把德育放在首位;大力推行工学合作、校企合作、顶岗实习;优化专业设置和结构;改革教学内容和方法;加强教学保障条件建设
2009年1月6 日	教育部	教育部关于制定中等职业学校教学计划的原则意见	促进人才培养模式的改革创新,提高学生的综合素质和职业能力,使中等职业教育更好地适应经济社会发展对高素质劳动者和技能型人才培养的要求	深化职业教育教学改革,全面提高职业教育质量	坚持以就业为导向;坚持德育为先;坚持"做中学、做中教",突出职业教育特色;坚持工学结合、校企合作、顶岗实习的人才培养模式;坚持统一性与灵活性相结合
2010年1月28 日	教育部	教育部关于成立全国中等职业教育教学改革创新指导委员会的通知	加强对中等职业教育人才培养和教学工作的宏观指导,推进内涵建设,突出办学特色,促进人才培养质量的全面提升,不断适应经济社会发展的需求	推动职业教育教学改革创新,全面提高教学质量和办学效益,更好地服务经济社会发展	全职委的主要职责;构成人员;全职委下设机构等;是新阶段保障职业教育科学发展的一项新机制,也是进一步深化中等职业教育教学改革,推动职业教育改革创新的重要举措

资料来源:中华人民共和国教育部网站搜集整理

由于政府的行政推进和强力支持，这一阶段的中等职业教育在招生规模上逐渐走出低谷，从 2002 年到 2008 年的中国教育统计年鉴可以看出，2002 年招生 412.18 万人，2003 年 509.53 万人，2004 年 566.2 万人，2005 年 655.66 万人，2006 年 747.82 万人，2008 年 810.02 万人。这一时期，中等职业教育的招生人数逐年增长，标志着中等职业教育规模上的复苏，规模攻坚任务成绩斐然。但这一时期人们对中等职业教育的认可度较低，对中等职业教育的满意度不高，职业教育逐渐沦为次等选择，集中了各类弱势群体子女，成为考试失败者的无奈选择。

5. 发展战略转型阶段（2010 年 7 月至今）

2010 年之后，中等职业教育在面对行政的推进、招生任务的分解与免费政策的刺激之后，又面临着招生困难、辍学率高、招生规模缩小等发展困境。2010 年《国家中长期教育改革和发展规划纲要（2010—2020 年）》中提出"提高质量"的工作方针，把提高质量作为这一个时期教育发展的核心任务，并把促进人的全面发展、适应社会需要作为衡量教育质量的根本标准。在纲要的引领下，"十二五"期间出台了大量关于提高中等职业教育质量的政策（表 1-5）。我国对中等职业教育质量的重视愈加明显，开始实现由规模发展向质量发展的战略转型。

表 1-5　中等职业教育发展政策变化列表（2010 年 7 月至今）

时间	颁布主体	政策名称	人才培养目标	质量要求	具体措施
2010 年 7 月 29 日	国家中长期教育改革和发展规划纲要工作小组办公室	国家中长期教育改革和发展规划纲要（2010—2020 年）	重点是面向全体学生、促进学生全面发展，着力提高学生服务国家人民的社会责任感、勇于探索的创新精神和善于解决问题的实践能力	把提高质量作为教育改革发展的核心任务。树立科学的教育质量观，把促进人的全面发展、适应社会需要作为衡量教育质量的根本标准	建立以提高教育质量为导向的管理制度和工作机制；制定教育质量国家标准，建立教育质量保障体系。加强教师队伍建设，提高教师整体素质
2010 年 9 月 10 日	教育部办公厅	教育部办公厅关于印发《中等职业学校专业设置管理办法（试行）》的通知	中等职业学校专业设置要适应各地、各行业对生产、服务一线高素质劳动者和技能型人才培养的需要	促进人才培养质量和办学水平的提高	国家鼓励中等职业学校设置符合国家重点产业、新兴产业和区域支柱产业、特色产业的发展需求及就业前景良好的专业；中等职业学校依照相关规定要求，可自主开设、调整和停办专业

续表

时间	颁布主体	政策名称	人才培养目标	质量要求	具体措施
2010年6月17日	教育部、人力资源和社会保障部、财政部	教育部 人力资源和社会保障部 财政部关于实施国家中等职业教育改革发展示范学校建设计划的意见	全面推进素质教育，全面提高学生素质	带动全国中等职业学校深化改革、加快发展、提高质量、办出特色	从2010年到2013年，中央财政重点支持1000所中等职业学校改革创新，使其成为全国中等职业教育改革创新的示范、提高质量的示范和办出特色的示范
2010年11月27日	教育部	关于印发《中等职业教育改革创新行动计划（2010—2012年）》的通知	加快培养数以亿计的具有良好职业道德、必要文化知识、熟练职业技能等综合职业能力的高素质劳动者和技能型人才	按照"保证规模、调整结构、加强管理、提高质量"的基本要求，着力提高质量	包括中等职业教育支撑产业建设能力提升计划、教产合作与校企一体合作办学推进计划、中职教育资源整合与东西合作推进计划等10个分计划，以及30个项目载体
2011年7月6日	教育部、人力资源和社会保障部、财政部	教育部 人力资源和社会保障部 财政部关于印发《国家中等职业教育改革发展示范学校建设计划项目管理暂行办法》的通知	进一步深化办学模式、培养模式、教学模式和评价模式改革，切实加强内涵建设，着力提高人才培养质量	使项目学校成为全国中等职业教育改革创新的示范、提高质量的示范和办出特色的示范	管理职责；申报评审与组织实施；资金管理；监督检查与验收
2011年11月8日	教育部、财政部	教育部、财政部关于实施职业院校教师素质提高计划的意见	大幅度提高职业院校教师队伍建设的水平，为职业教育科学发展提供强有力的人才保障	适应职业教育加强内涵建设、提高办学质量的迫切需要	2011—2015年，组织45万名职业院校专业骨干教师参加培训；支持2万名中等职业学校青年教师到企业实践；支持国家职业教育师资基地，重点建设300个职教师资专业点，开发100个职教师资本科专业的培养标准、培养方案、核心课程和特色教材
2011年12月30日	教育部	教育部关于印发《中等职业教育督导评估办法》的通知	国家教育督导团制定《中等职业教育督导评估指标体系》和《中等职业教育督导评估标准》	就建立中等职业教育督导评估制度，开展中等职业教育督导评估，促进中等职业教育发展，做出了政策规定和设计	根据本办法先进行自查，完成自查报告并报送国家教育督导团办公室，选取部分进行实地督导。建立中等职业教育工作表彰与问责机制

续表

时间	颁布主体	政策名称	人才培养目标	质量要求	具体措施
2014年5月2日	国务院	国务院关于加快发展现代职业教育的决定	坚持以立德树人为根本,以服务发展为宗旨,以促进就业为导向,培养数以亿计的高素质劳动者和技术技能人才	当前职业教育还不能完全适应经济社会发展的需要,结构不尽合理,质量有待提升	在人才培养模式、课程衔接、双师型队伍建设、信息化水平、国际交流与合作方面提高人才培养质量
2014年6月16日	教育部等六部门	教育部关于印发《现代职业教育体系建设规划(2014—2020年)》的通知	现代职业教育是服务经济社会发展需要,面向经济社会发展和生产服务一线,培养高素质劳动者和技术技能人才并促进全体劳动者可持续职业发展的教育类型	以提高质量、促进就业、服务发展为导向。以学习者的职业道德、技术技能水平和就业质量为核心,建立职业教育质量评价体系	支持行业协会开展职业院校人才培养质量评估,提高人才培养质量和结构与行业需求的匹配度。鼓励企业、用人单位开展毕业生就业质量、满意度等评价。积极支持各类专业组织等第三方机构开展质量评估
2015年6月23日	教育部办公厅	教育部办公厅关于建立职业院校教学工作诊断与改进制度的通知	提高技术技能人才培养质量是发展现代职业教育的基本任务	建立常态化的职业院校自主保证人才培养质量的机制	学校根据自身办学理念、办学定位、人才培养目标,聚焦专业设置与条件、教师队伍与建设、课程体系与改革、课堂教学与实践、学校管理与制度、校企合作与创新、质量监控与成效等人才培养工作要素,查找不足与完善提高
2015年6月30日	教育部	教育部关于深入推进职业教育集团化办学的意见	提高技术技能人才培养质量	推进现代职业教育体系建设,系统培养技术技能人才,完善职业教育人才多样化成长渠道的重要载体	加快完善职业教育集团化办学的实现形式,全面提升职业教育集团的综合服务能力;不断强化职业教育集团化办学的保障机制
2015年7月27日	教育部	教育部关于深化职业教育教学改革全面提高人才培养质量的若干意见	以立德树人为根本,以服务发展为宗旨,以促进就业为导向,坚持走内涵式发展道路,适应经济发展新常态和技术技能人才成长成才需要	各地、各职业院校要加强教育教学质量管理,把学生的职业道德、职业素养、技术技能水平、就业质量和创业能力作为衡量学校教学质量的重要指标	创新人才培养模式,构建教学标准体系,健全教学质量管理和保障制度,以增强学生就业创业能力为核心,加强思想道德、人文素养教育和技术技能培养,全面提高人才培养质量

时间	颁布主体	政策名称	人才培养目标	质量要求	具体措施
2015年8月28日	教育部	教育部关于印发《职业院校管理水平提升行动计划（2015—2018）》的通知	提升管理水平是促进职业院校内涵发展的现实要求，是提高人才培养质量的重要保障	确立全面质量管理理念，把学习者职业道德、技术技能水平和就业质量作为人才培养质量评价的重要标准	建立教育教学质量监控体系；完善职业教育质量年度报告制度。加大职业教育质量统筹监管的力度，建立和完善质量预警机制
2016年1月12日	教育部办公厅	教育部办公厅关于开展中等职业教育质量年度报告工作的通知	促进中等职业学校强化内涵发展，全面提高人才培养质量	各级教育行政部门和各学校要通过教育质量报告总结经验、查找问题、持续诊断和改进，不断提高人才培养质量	已验收通过的国家中等职业教育改革发展示范学校、国家级重点中等职业学校自2016年起，其他中等职业学校自2017年起发布质量年度报告
2016年4月11日	教育部、财政部、人力资源和社会保障部、安全监管总局、中国保监会	教育部等五部门关于印发《职业学校学生实习管理规定》的通知	提高技术技能人才培养质量，增强学生社会责任感、创新精神和实践能力	提高技术技能人才培养质量和就业创业能力	主要对实习组织；实习管理；实习考核；实习职责进行了规定

资料来源：中华人民共和国教育部网站搜集整理

　　这一阶段，虽然延续了以前关于数量发展的政策，即保持普职比例大体相当的结构规定，但和2010年前相比，政策口吻已经不那么凌厉和强硬。如关于招生数量的指令，2009年是860万，2010年则减少为830万，2011年再减为820万，2012年更减为800万，而且此后再也没有出现硬性和明确的招生指令。[①]这一阶段政策的着力点在于改变中等职业教育的质量现状，对于质量的标准有了更加科学的认识与规定，要求增强学生就业和创业能力，树立科学全面的质量观，把个人本位的价值导向放在更加突出的位置。在中职毕业生的后续教育上，进行了一些可行的探索，如高职分类考试招生；中高职相关专业学生贯通培养；学生课程进行学分管理等，这些措施可以让学生的升学路子变宽。在实习基地建设上，鼓励企业和社会力量举办，并且企业为中等职业的教师提供企业进修的机会。在中职生和教师的人数比上，也有了很大的进步。2014年，中等职业教育专任教师的数目为86.3万人，生师比例为21.3∶1，与2010年的26.6∶1相比较，生师比日趋

---

① 见中华人民共和国教育部网站. 有关各年中等职业教育招生工作会议及各年全国教育事业发展统计公报.

合理并逐步接近规定的 20:1 的标准[①]，双师型教师的数量也在增加。尤其值得一提的是 2014 年出台的《现代职业教育体系建设规划（2014—2020 年）》，提出要积极支持各类专业组织等第三方机构开展质量评估等政策，表明我国进入以提高中等职业教育质量的发展阶段。

（二）中等职业教育发展政策的发展趋势

1. 中等职业教育发展政策呈现从"政府导向单一型"向"政府导向多元评估主体"协同的发展趋势

我国中等职业教育的发展经历了从计划经济到市场经济、从规模扩张到质量提升的过程，在此过程中，中等职业教育的质量问题也受到政府及社会的关注。为适应市场经济的人才需求，提升中等职业教育质量成为日益显著的问题。对中等教育质量的关注也由政府扩展到更多的利益相关者：政府、学生及家长（顾客）、中等职业学校、中介组织、企业等多方主体。中等职业教育质量评估主体也随之发生了变化，由政府单一评估逐步转向由政府主导的、以学校自身为主体的，第三方评估组织、社会和企业共同参与的多元化中等职业教育质量评估主体，以实现对中等职业教育质量全面、客观、科学的评估，促进中等职业教育质量稳步、持续的改善与提高。

我国中等职业学校评估政策实施过程中，评估主体主要包括政府（国家教育行政部门、行业主管部门、地方教育局）、中等职业学校、社会团体、行业及个人（学生、家长和社会机构等）等。在实际实施的正式评估之中，评估主要依靠政府部门推进，中等职业学校、社会团体、行业及个人的参与极其有限。在中等职业教育评估制度变迁过程中，政府是评估制度的变迁主体，国家层面的教育部门、各部委的中专教育主管部门、各省的教育主管部门是中等职业教育评估政策的制定者，起决定作用，是制度变迁主体中的初级行动团体，同时也是重要的实施者。在试点探索期国家层面没有发布具体的指导意见，主要通过地方和部委进行试点评估，总结经验后才进行顶层设计，进行全面评估。我国教育质量的评估主体是政府部门，中等职业教育质量评估也如此。在计划经济时代，中等职业教育基本上由政府主办，政府集管理者、投资者、评估者于一身，对中等职业教育采取直接监管的方式，学校作为政府的附属机构，直接在政府的监管下按照政府的指令

---

① 教育部.《国家中长期教育改革与发展规划纲要（2010—2020 年）》中期评估. 职业教育评估报告国内动态. http://www.cvae.com.cn/ zgzcw/gndt/201512/2ec98a05b6bd4ddaab826cd90748d9a7.shtml.

运转。自 1985 年 5 月颁布的《中共中央关于教育体制改革的决定》提出扩大学校办学自主权后，政府对职业院校的直接管理控制职责逐渐削弱，目前的市场经济时代，虽有社会资本融入职业教育领域，但是从整体上来讲，教育的管理和投资主体依然是政府机构，在中等职业教育质量评估中，政府作为评估主体，本身具有行政权力，且掌握一定的中等职业教育发展资源，因此政府评估结果具有很高的权威性，容易得到相关各方的承认和接受。同时，政府设定的中等职业教育质量评估标准具有导向性，政府具有充足的动力和资源进行中等职业教育质量全面评估。

政府作为中等职业教育质量评估主体，也存在一些问题。因此，多方评估主体的参与和监督有利于解决评估中政府既作"运动员"又作"裁判员"的角色冲突。2014 年 6 月，《现代职业教育体系建设规划（2014—2020 年）》提出积极支持第三方机构开展评估，鼓励社会各界对规划实施情况进行监督。2016 年，《国务院教育督导委员会办公室关于印发〈中等职业学校办学能力评估暂行办法〉的通知》指出：委托第三方机构基于学校相关数据信息和省级评估报告，建立数据模型，运用测量工具进行分析评估，形成国家评估报告。评估程序透明，评估结果公开，接受社会监督。

第三方评估责任的日渐加强对中等职业教育质量的科学评估产生深远影响。2012 年，由中国职业技术教育学会、教育部职业技术教育中心研究所组织的中等职业教育质量评估小组通过大量的调查和研究，形成了中国第一份由第三方进行评估的《中国中等职业学校学生发展与就业报告》（简称《报告》）。《报告》第一次以第三方的角度进行观察分析，从学生的角度反映职业教育人才培养质量，从中等职业学校教育的基本情况、学生发展、学生就业、社会贡献、政策举措、未来发展等方面发布了较为全面的报告。《报告》进行了第三方评价制度的首次尝试，在中等职业学校质量评估方面，建立第三方评估制度具有里程碑的意义。2013 年，上海学校德育决策咨询课题组对上海市 30 所学校进行了评估，构建了思想品德、学习和发展能力、职业素养、身心健康等 4 个一级指标（包含 13 个二级指标 42 个观测点）。第三方评估组织具备脱离各种利益平衡的条件，作为中等职业教育质量评估主体，具有公平、多样和量化的评价标准，同时又可以在一定程度上克服政府机构在中等教育质量评估中的短板问题，可以较客观地反映中等职业教育质量状况。但是，由于中介组织存在于中等职业院校及其相关管理机构的外部，获取资料只能以定量指标为主，无法反映中等职业教育质量的定性方面和内部情况，可能会带来量化标准的问题。因此，中介组织作为第三方评估机构，必须获得政府部门的有力支持，充分联系中等职业教育内部评估，才能全面客观反映中等职业教育质量水平，避免量化指标的片面导向。

由此可见，中等职业教育质量评估主体的转变是职业教育质量体系协同发展的结果。从"政府评估单一型"单向推进向"政府为主导"与多元化评估主体协同发展的转变，其实是中等职业教育质量发展的政策目标诉求和政策工具急需匹配演进的结果。

2. 中等职业教育发展政策呈现关注重点从"外延投入性"向"内涵结果性"方向转移的发展趋势

中等职业教育质量评估反映出中等职业学校和教育管理部门对职业教育教学质量的认识及价值定位。我国中等职业教育质量评估政策呈现从外延条件性评估向内涵结果性转变的发展态势。考察 1985—2016 年的四个时间段的政策演变，前期和中期侧重中等职业教育投入性办学条件的政策的制定，主要是一些对职业学校办学条件的评估政策，而且评估政策之间的关联性较大，评估政策的制定具有一定的路径依赖性；后期评估政策和标准有所改变，开始向条件性评估与"内涵结果性评估"融合的方向发展。但是，在具体的评价标准的制定中，内涵结果性评估仍待加强和深入。

在这一转变的过程中反映出对中等职业教育质量评估政策的评估目的和制度逻辑的认识：

（1）中等职业教育质量是什么？

2010 年 6 月《教育部 人力资源和社会保障部 财政部关于实施国家中等职业教育改革发展示范学校建设计划的意见》要求"以培养学生综合素质为目标，重点加强职业道德教育、职业技能训练和学习能力培养"（教育部，等，2010），2010年 10 月《国家中长期教育改革和发展规划纲要（2010—2020 年）》提出"职业教育要面向人人、面向社会，着力培养学生的职业道德、职业技能和就业创业能力"。我国对中等职业教育质量的研究和观点呈现多样化现象，主要表现为以下几种：声誉观、资源观、生源观、产出观等。由于所持的教育质量观点的不同，评估的内容和方式也有所不同。历年来，对中等职业教育质量的认识仍以声誉观和资源观为主，这类认识和观点也使评价的内容和重点落在外在条件性资源上面，注重资源投入性指标的评估，忽视了产出性指标的评估，学生发展的核心问题在评估中往往缺失或者虚化，这样的评估对学生的成长并没有直接的影响，也不能反映出实际的教育教学效果。

（2）开展中等职业教育评估的目的是什么？

科学的教育评估是进行教育决策的重要依据之一，是保证教育质量，提高办学效益的有效措施，是实现教育管理科学化的重要手段（国家教委，1991a）。通过评估，使学校全面地对照有关标准检查各项工作，总结经验，肯定成绩，找出不足，明确努力方向。采取切实措施，深化教育改革，提高办学水平和效益。通过评估，使学校主管部门深入了解学校的办学条件、教学、管理等方面的实际情况，进一步加强对学校的领导，支持学校的建设，改善办学条件，提高教育质量（国家教委，1991a）。评估仅仅是手段，其目的是通过评估来总结经验，按规律办学，提升教育质量。以质量作为发展内涵是职业教育的追求，也是教育评估的目的所在。通过评估"进一步深化办学模式、培养模式、教学模式和评价模式改革，切实加强内涵建设，着力提高人才培养质量"（教育部，2011b）。

（3）开展职业教育质量评估的指标是什么？

中等职业教育评估需要构建一个适合中等职业教育特点的科学的评估体系。但从我国的中等教育质量评估现状来看，仍然是以资源声誉为主的评估范式，缺乏对教育质量核心要素的分析，在某种程度上存在局限性。随着对质量问题探讨的不断深入，人们开始关注教育的过程和教育结果——学生的质量，中等职业教育人才培养质量应成为职业学校内部质量评估的核心。如何促进学生的成长与发展逐渐成为教育发展的核心要素。学生在校的学习状态如何？职业学校的相关举措是否有利于学生的发展？这些都是学校在评估过程中必须关注和解决的问题。事实上，2012 年由中国职业技术教育学会、教育部职业技术教育中心研究所公布的《2012 中国中等职业学校学生发展与就业报告》和 2013 年"上海学校德育决策咨询"课题组发布的《上海市中等职业学校学生发展报告（2012—2013 年）》，已经开始关注学生发展，关注内涵性质量建设。

中等职业教育既是一种全纳教育，也是一种专业教育，具有独特的公共性特征，这就要求中等职业教育质量建设把外在条件性建设和内涵结果性建设结合起来，最终要进行内涵建设。中等职业教育评估也将从关注学校投入到关注学生投入和学生学习成果，从强调"教"到注重"学"，凸显学生发展的主体地位。

二、中等职业教育发展政策的特点

（一）政策价值的国家取向性

在政策学上，价值问题始终是政策的核心和灵魂，它以价值分配的形式直接影响教育政策活动，且价值分配本身就是政策。职业教育政策是对职业教育价值的权威分配。政策主体对政策价值的分配来自自身关于政策的价值取向。政策主体关于政策的价值取向即政策主体在根据自身生存和发展的需要对政策客体进行价值设定、价值预期时所表现出来的意向或倾向。

从改革开放后我国中等职业教育政策发展的历程来看，我国中等职业教育政策的价值取向是社会本位、国家取向的。中等职业教育的定位是"在九年义务教育的基础上培养数以亿计的高素质劳动者"（杨静，等，2008）。"职业教育的社会功能主要体现在职业教育促进社会经济发展、促进消除贫穷、保持和平与稳定、防止社会失调等方面。"（朱之洲，等，2015）中等职业教育发展的政策体现着国家的利益诉求，突出地体现在国家对中等职业教育解决国家现实问题的政策期待中。因此，关于中等职业教育在国家政治经济和社会发展的重要性上，在各个相关政策中表示得非常清楚。

1980 年 9 月 27 日，《教育部、国家劳动总局关于中等教育结构改革的报告》指出，我国中等职业技术教育的基础十分薄弱，与国民经济的发展需要严重脱节。"普通高中毕业生除少数升入大学外，每年有数百万人需要劳动就业，但又没有任何专业知识和技能；同时，各行各业亟需技术力量，对招来的新工人还得进行二、三年的学徒培训，影响劳动生产率的提高。这种状况对四化建设和安定团结极为不利。中等教育结构改革势在必行。"

1985 年 5 月 27 日，《中共中央关于教育体制改革的决定》明确指出："社会主义现代化建设不但需要高级科学技术专家，而且迫切需要千百万受过良好职业技术教育的中、初级技术人员、管理人员、技工和其他受过良好职业培训的城乡劳动者。没有这样一支劳动技术大军，先进的科学技术和先进的设备就不能成为现实的社会生产力。"

2005 年 2 月 28 日，《教育部关于加快发展中等职业教育的意见》指出，"中等职业教育是我国高中阶段教育的重要组成部分，担负着培养数以亿计高素质劳动者的重要任务，是我国经济社会发展的重要基础。当前，我国中等职业教育发展相对缓慢，是整个教育中的薄弱环节……必须看到，在我国基本普及九年义务教育的条件下，如果不加快中等职业教育的发展，必将影响我国高中阶段教育发展目标的实现，制约我国走新型工业化道路、解决'三农'问题和城镇化建设的进程，不能适应全面建设小康社会对高素质劳动者的需要。为此，各级教育行政部门要高度重视中等职业教育的发展，以科学发展观为指导，统一思想认识，增强责任感和紧迫感，优化高中阶段教育结构，努力扩大中等职业教育规模。"

2006 年 2 月 17 日印发了《教育部关于做好 2006 年中等职业学校招生工作的通知》，指出"要立足教育工作的全局和战略的高度，从适应我国经济社会发展，满足现代化建设对职教的需求出发，统筹协调高中阶段各类教育事业的发展，切实把大力发展职业教育作为当前和今后一个时期教育工作的战略重点，把扩大中等职业教育招生规模作为实现'十一五'教育规划的一项重要目标"。

2010 年 11 月 27 日，《教育部关于印发〈中等职业教育改革创新行动计划（2010—2012 年）〉的通知》指出，"中等职业教育是我国职业教育的重要组成部分。大力发展中等职业教育是加快普及高中阶段教育，提高全民族文化知识、实践技能和创新能力等综合素养，输送国家产业建设大军新生力量的基础工程；是促进就业、改善民生、解决'三农'问题的重要途径；是缓解劳动力结构矛盾的关键环节"。

正是因为中等职业教育如此重要，国家参与和领导中等职业教育的发展就具有了理论上的合法性。"在现代化进程中，职业教育本身被视为现代性的工程。"（朱之洲，等，2015）正是在这种背景下，发展中等职业教育成为一种理性支配下的国家行为，国家成为中等职业教育的举办者，而中等职业教育则是国家用来解决现实问题的工具。

（二）政策制定的内输入性

政策制定的模式存在两个方向，即自上而下的方向与自下而上的方向。自上而下的制定模式主要是以国家的顶层设计为主，而自下而上的制定模式则主要体现政策资源的地方性与民间性。在我国，由于利益群体分化不明显，也由于国家管理的计划性特征较强，一般的政策制定都以自上而下的制定模式为主，呈现出较为明显的"内输入"特点。"在当代中国，社会结构分化的程度较低，社会利益的表达与综合并非由各社会结构来承担，而是由权力精英通过分析、研究和调查将他们所认定的社会利益输入到公共政策当中去。概括地说，决策过程的利益要求不是由政治体系外部的社会结构输入政治体系（决策中枢），而是由权力精英自身进行利益要求的输入，即'内输入'。"（胡伟，1998）由于中等职业教育的发展直接关乎国家的发展，是国家用来解决现实问题的工具，中等职业教育政策的制定模式自然也具有明显的"内输入"特点。"内输入"的政策过程有三大特征：①公共政策输入的主体是权力精英，执政党和政府是最主要的政策制定者，重大的决策都由执政党和政府中的精英做出，他们也是最主要的政策输入主体，代替民众进行利益表达。②政策制定系统以外的个人和团体，在政策输入中的作用总的说来还比较小。③这种内部输入机制具有间接性，它是由党和政府中的权力精英代替民众进行利益诉求，并通过组织机构层层向上传输，而不是由民众或利益集团直接向决策中枢输入要求。（李杰，等，2005）胡伟认为，由于共产主义的意识形态和共产党宗旨的作用，许多权力精英在决策过程中考虑的并非是个人利益和小集团的利益，而是按照他们对"人民利益"的体认来努力体现出一定的社会需要，因而通过权力精英的斗争与妥协，公共政策实际上聚合了较为广泛的社会利益，而不是为权力精英自身着想（胡伟，1998）。

权力精英们基于国家利益和对普通民众的"道德父爱主义"思想，对中等职业教育政策的内容设计相当丰富，几乎涵盖了中等职业教育发展的方方面面：中等职业学校招生人数、重点校建设、中职生实习、中职教师培养和提高、双师型教师、质量保障和评估制度等都来自于这种"内输入"式的制定模式。

（三）政策执行的高位推动性

政策执行的手段是执行政策所必需的政策资源、工具、措施、方法，是政策执行的途径和中介条件。政策执行的每一个环节都离不开一定的执行手段，政策执行手段的恰当与否直接关系到政策目标能否顺利实现（赵瑞峰，2007）。政策执行活动的复杂性决定了政策执行手段的复杂性。概括来说，政策执行的手段主要有：行政手段、法律手段、经济手段、思想诱导手段等。

在我国，由于中央政府的主导地位，政策执行运用行政的手段较多，同时辅以经济手段和思想诱导手段。如薛立强和杨书文（2011）揭示了中国政策执行的三个典型特征，即"层级加压+重点主抓型"体制架构；自上而下的政策执行过程；"恰当的政策+高层的决心"。贺东航和孔繁斌（2011）则重点阐释了高层决心和层级加压体制对于保证公共政策执行效果的重要性，并将其凝练成"高位推动"的表述。在他们看来，为防止公共政策在执行中陷入"碎片化"，可运用中国特色制度的高位推动,通过层级性治理和多属性治理来解决公共政策的贯彻与落实问题,这在一定意义上构成了公共政策执行的中国经验。这种基于对政策执行的经验观察显示,中央政府的决心和重视程度对于保障政策执行效果格外重要。诸如"一票否决""硬指标""中心工作"这样的术语成为显示中央政策优先性和紧急性的"信号装置"(定明捷,2014)。

中等职业教育政策在执行上依然遵循公共政策执行的中国经验,具有明显的"高位推动"特征,主要采用行政手段、经济手段和思想诱导手段,即传达和宣传中央政策,在经济上给予一定的配套资金支持、对政策执行不力者"一票否决"等方式。如面对中等职业教育招生难的问题,国家出台了相应的招生政策,旨在提高中等职业教育的吸引力,进而促进教育公平。因此,政策在规定"普职比例等同"之外,规定"加大农村中职教育的办学和招生力度"。面对上级政府的政策指令等"硬指标",下级政府开展攻坚计划,层层分解招生指标,将压力向下传递。各级政府和学校的绩效追求和任务完成意愿成为政策执行主体的"理性行为选择"。

(四)政策演进的制度锁定性

纵观我国中等职业教育发展政策的历史,我们会发现,改革开放以来,我国中等职业教育政策一直围绕普职结构大体相当的结构性调整目标而发出。调整中等教育结构的政策目标在 1980 年即明确提出,在 1983 年更是明确提出了力争到 1990 年实现各类职业技术学校和普通高中在校生规模大体相当的目标。此后,普职结构大体相当的比例一直被认为是合理的结构,成为每个阶段需要实现的政策目标。在 1997 年之前,中等职业学校因就业容易,吸引力很强。因此,到 1991 年时,中等职业教育在校生数在整个高中阶段在校生中的比重已达45%,中等职业教育和普通高中的招生人数比已接近 1:1。1995 年和 1996 年,各类中职学校增长速度均大于普通高中,普职比接近 4:6。从 1997 年起,中等职业学校招生数量开始下滑。2001 年,中等职业教育规模持续下滑,普职招生规模比为 7.5:2.5。2002 年,《国务院关于大力推进职业教育改革与发展的决定》出台,提出以中等职业教育为重点,努力保持中等职业教育与普通高中教育的比例大体相当。前文还提到,国家为此还出台了中等职业教育免费的相关规定。《国家中长期教育改革和发展规划纲要(2010—2020 年)》再次重申:根据经济社会发展需要,合理确定普通高中和中等职业学校招生比例,今后一个时期总体保持普通高中和中等职业学校招生规模大体相当。2014 年 5 月颁布的《国务院关于加快发展现代职业教育的决定》也指出：总体保持中等职业学校和普通高中招生规模大体相当，……到2020年，中等职业教育在校生达到2350万人。2014年6月出台的《现代职业教育体系建设规划（2014—2020年）》沿袭此思路，指出"中等职业教育是职业教育发展的重点，今后一个时期总体保持普通高中和中等职业学校招生规模大体相当"。并在其第四部分体系建设的重点任务的第五条中专列"加强中等职业教育基础地位。巩固提高中等职业教育。中等职业教育是公共服务体系的重要组成部分。将普及高中阶段教育重点放在中等职业教育"。

在中等职业教育的发展上，国家把骨干特色学校的建设作为提高质量的重要举措之一。1991年，《国务院关于大力发展职业技术教育的决定》提出"集中力量办好一批起示范和骨干作用的学校"。1993年《中国教育改革和发展纲要》规定"中心城市的行业和每个县，都应当办好一、两所示范性骨干学校或培训中心"。

为全面贯彻落实全国职业教育工作会议和《国务院关于大力推进职业教育改革与发展的决定》精神，进一步推进中等职业学校布局结构调整，加强骨干示范性中等职业学校建设，教育部从2003年起，在各地中等职业学校合格评估工作的基础上，开展了国家级重点中等职业学校调整认定工作。获得认定的中等职业学校就是国家级重点中等职业学校，也叫作国家级重点中专。在被评为重点学校之后，学校应在办学模式创新、教育教学改革、专业和实训基地建设、德育工作、师资队伍建设等方面注重持续的改善和提高，把建成当地甚至全国范围内起骨干和示范作用的高水平的中等职业学校作为长远发展的目标。2010年《教育部 人力资源和社会保障部 财政部关于实施国家中等职业教育改革发展示范学校建设计划的意见》（教职成〔2010〕9号），明确要在今后的几年中，在全国范围内建设一批中等职业教育改革发展示范学校，包括普通中专、成人中专、职业高中、技工学校，以此带动全国中等职业学校深化改革、加快发展、提高质量、办出特色。

三十多年的时代变化，三十多年的开放发展，三十多年的中等结构调整，"普职比大体相当"，大力发展中等职业教育仍被认为是合理的政策选择。在义务教育阶段，重点校政策备受质疑，现在义务教育阶段均衡发展的政策已经深入人心，但在中等职业教育层面，重点校建设仍是政策的应有之义。这些政策不随着时代的变化而变化的稳定性，几乎呈现出一种锁定的状态。诺斯曾指出，在制度变迁中，存在着像技术演变过程中的自我强化现象类似的现象，即存在着报酬递增和自我强化的机制。这种机制使制度变迁一旦走上了某一条路径，它的既定方向会在往后的发展中得到自我强化。所以，人们过去做出的选择决定了他们现在可能的选择。沿着既定的路径，经济和政治制度的变迁可能进入良性循环的轨道，迅速优化；也可能顺着原来的错误路径往下滑；弄得不好，它们还会被锁定在某种无效率的状态之下（吴敬琏，1995）。这也被历史制度主义称为制度变迁的"路径依赖"。"一旦政府在某个政策领域做出了最初的政策和制度选择，除非有足够的力量克服最初创造的惯性，那么这一被创造的模式将持续下去。"（Peters B G，1999）

第二节　中等职业教育发展政策的重点与要求

从现代职业教育发展政策建设和发展中可以看出，中等职业教育成为我国教育体系的重要组成部分，是全面提高国民素质，增强民族产业发展实力，提升国家核心竞争力、构建和谐社会及建设人力资源强国的基础性工程，为提高国民教育年限和就业水平作出重要贡献。近四十年来，我国中等职业教育发展政策经过多次调整。本节从政策内容和政策目标方面进行文本分析，考量中等职业教育政策的发展重点和基本要求。

一、中等职业教育发展政策的重点

（一）我国中等职业教育发展政策重视规模化建设

1. 中等职业教育发展政策强调教育规模化建设

中等职业教育是现代职业教育的重要主体，在人才供给方面起到不可忽视的作用，担负着培养数以亿计高素质劳动者的重要任务，是我国经济社会发展的重要基础，制约着我国走新型工业化道路、解决"三农"问题和城镇化建设的进程。在我国中等职业教育政策调整的近四十年中，中等职业教育规模建设一直是政策调整和发展的重点内容。1977 年我国恢复高考制度，普通高中教育受到人们的青睐，普通高中的数量和规模更加迅猛地增加，"抑职扬普"观念升温，中等职业教育发展相对缓慢，中等教育结构发展出现单一化现象。为了与当时的国民经济发展相适应，中等教育结构改革成为教育政策调整的重点内容。为扩大中等职业教育规模，我国中等职业教育发展采用强制性变迁的政策范式（表 1-6）。

表 1-6　1980 年以来中等职业教育发展政策文件规模化建设文本概览表

年份	标志性文件	相关政策文本内容
1980	教育部、国家劳动总局《关于中等教育结构改革的报告》	应当实行普通教育与职业技术教育并举，全日制学校与半工半读学校、业余学校并举，国家办学与业务部门、厂矿企业办学并举的方针
1985	中共中央《中共中央关于教育体制改革的决定》	要充分发掘现有中等专业学校和技工学校的潜力，扩大招生，并且有计划地将一批普通高中改为职业高中，或者增设职业班，加上新办的这类学校，力争在 5 年左右，使大多数地区的各类高中阶段的职业技术学校招生数相当于普通高中的招生数
1991	《国务院关于大力发展职业技术教育的决定》	到 1990 年底，……高中阶段各类职业技术学校和普通高中的招生数之比已接近 1∶1，……但是，目前我国的职业技术教育无论规模、规格和质量都还不能适应经济建设和社会发展的需要……要挖掘现有学校的潜力，扩大招生规模，特别是扩大中等职业技术学校的招生规模，使全国高中阶段职业技术学校的在校生人数超过普通高中的在校生人数
1993	中共中央、国务院《关于印发〈中国教育改革和发展纲要〉的通知》	职业技术教育是现代教育的重要组成部分……基本普及九年义务教育的地区，应以发展初中后职业技术教育为重点；尚未普及九年义务教育的地区，对不能升入初中的小学毕业生应实行职业技术培训；各地要积极发展多样化的高中后教育，对未升入高等学校的普通高中毕业生进行职业技术培训。普通中学也要分不同情况，适当开设职业技术教育课程
1994	国务院《关于〈中国教育改革和发展纲要〉的实施意见》	明确提出中等职业教育的政策目标：大部分地区以初中后分流为主，大力发展中等职业教育，逐步做到 50%～70%的初中毕业生进入中等职业学校或职业培训中心。到 2000 年各类中等职业学校年招生数和在校生数占高中阶段学生数的比例，全国平均保持在 60%左右；普及高中阶段教育的城市可达到 70%。全国逐步建成约 2000 所重点中等职业学校或培训中心
2002	国务院《关于大力推进职业教育改革与发展的决定》	要以中等职业教育为重点，保持中等职业教育与普通高中教育的比例大体相当，扩大高等职业教育的规模……"十五"期末，中等职业学校面向农村的年招生规模要达到 350 万人，面向西部地区的年招生规模要达到 120 万人
2005	国务院《关于大力发展职业教育的决定》	到 2010 年，中等职业教育招生规模达到 800 万人，与普通高中招生规模大体相当；高等职业教育招生规模占高等教育招生规模的一半以上
2014	国务院《关于加快发展现代职业教育的决定》	总体保持中等职业学校和普通高中招生规模大体相当，高等职业教育规模占高等教育的一半以上，总体教育结构更加合理。到 2020 年，中等职业教育在校生达到 2 350 万人

资料来源：中华人民共和国教育部网站和相关法律法规数据库搜集整理

（1）扩大职业教育普及对象

把职业教育内容贯穿于整个基础教育过程，不但倡导以发展初中后职业技术教育为重点，而且要求在尚未普及义务教育的地区，对初中生进行职业教育培训。

（2）强化教育规模效应

中等职业教育发展政策文件中一直是强化"职普比例"，这一政策要求经历了中等职业教育与普通高中教育规模比例要"大体相当"到"职教生人数超过普通高中生人数"，又恢复到中等职业教育与普通高中教育的"比例大体相当"这一螺旋上升随后又下降的过程，但这一过程相对于中等职业教育与普通高中规模比例为1:1这一要求来讲，只是规模政策的微调。总体来讲，这是规模效应的政策性要求，规模建设是我国中等职业教育发展政策调整的重要议题。

（3）使用权威政策工具保障招生规模

生源是实现规模扩张的重要因素。政府采用了相应的权威性政策工具进行中等职业教育规模建设。首先为完成招生任务上级政府采用政策指令的形式分配"硬指标"，采用行政命令形式将招生指标层层分解；其次，采用中招分数线硬性规定，普通公办高中招收择校生的"三限"（限分数、限人数、限钱数）政策、中考普通高中不得招收最低分数线以下学生政策等权威性政策工具，通过分数限制将学生分流到中等职业学校。

2. 中等职业教育发展政策规模化建设的成就

近40年来，在中等职业教育发展政策的推动下，我国中等职业教育发展迅速，规模不断扩张，中等职业教育规模占高中教育阶段的半壁江山，在职业教育体系中占有比例超过半数，占有较大比例。在初期政策的引导下，中等职业学校的数量开始逐渐增多，开始大力发展职业高中教育。1980年职业中学有2000多所，到1994年，职业中学发展到了8697所，职业高中增长迅速。为了引导职业高中更好地面向市场办学，规范学校办学行为，一些省份开始了对职业高中的评估工作。在此期间，普通中专也获得极大发展，到1990年底，各类职业技术学校已发展到1.6万多所，在校生超过600万人，同时全国建有就业训练中心2100余所，每年培训待业人员90多万人；高中阶段各类职业技术学校和普通高中的招生数之比已接近1:1，中等教育结构单一的状况有了较大改变，从1977年的2485所增加到1997年的37 515所，可谓是一路高歌。据测算，2000—2010年，东部地区中等职业学校招生规模增长88%，中、西部地区则分别增长了147%和172%。在全国每百名适龄青年增加的36个高中阶段入学机会中，中等职业教育的贡献达到20个左右（马树超，等，2011）。2002年以来，中等职业教育招生人数、在校生人、毕业生人数逐渐增多（表1-7）。2002—2014年，中等职业教育招生规模逐年稳步增长，在校生规模在这近 12 年中将近翻了一番。其中 2009 年、2010 年中等职业教育招生规模超过普通高中，占高中阶段招生人数的 51%，2011—2014 年中等职业教育在校生数略有下滑。但是，从波动的总体趋势来看，中等职业教育与普通高中规模一直围绕着 1∶1 的比例发展。与此相应的是，中等职业教育规模是职业教育规模的主要组成部分，约占职业教育系统的 2/3。

表 1-7　2002—2013 年中等职业教育发展规模数据　　　单位：万人

年份	2002	2003	2004	2005	2006	2007	2008	2009	2010	2011	2012	2013
招生人数	474	516	566	656	748	810	812	869	870	814	754	675
在校生人数	1 191	1 257	1 490	1 600	1 810	1 987	2 087	2 195	2 239	2 205	2 114	1 923
毕业生人数	145	348	351	403	479	531	581	625	659	660	675	674

资料来源：根据 2002—2013 年《中国教育统计年鉴》整理

目前，中等职业教育毕业生已成为我国各个行业的主力军，成为推动我国制造业发展、使我国成为"世界工厂"的生力军，也在推动城市化和农村经济发展中成为主力（中国中等职业学校学生发展与就业报告编写组，2013）。《2012 中国中等职业学校学生发展与就业报告》指出，第二产业（工业）中等职业教育毕业生占第二产业就业人数的比例已达 28%；全国 51 家钢铁企业中，中等职业教育及高中学历人数占到总数的 49%；电子行业一个工厂中 70% 的工人都是中职毕业生。2013 年全国中等职业学校（包括普通中等专业学校、职业高级中学、成人中等专业学校和技工学校）毕业生总数为 607.46 万人，就业学生 588.07 万人。从中职毕业生在各产业就业分布情况来看：在第一产业就业的 52.39 万人，占就业总数的 11.00%；在第二产业就业的 149.39 万人，占 31.37%；在第三产业就业的 274.43 万人，占 57.63%（晋浩天，2014）。中等职业教育毕业生在各个行业成为重要的人力资源支持，已成为我国各个行业的主要力量。

（二）我国中等职业教育发展政策倾向重点校建设

纵观我国中等职业教育政策的变迁过程，重点校、示范校建设是中等职业教育政策的重要内容。由于历史原因和现实需要，我国中等职业教育学校的建设经历了由薄弱普通高中改制而来和原有职业教育体系中的职业学校共同发展的过程，教育质量和吸引力低下是中等职业教育领域的突出问题。为解决这一突出问题，国家开始进行重点学校和示范学校建设，力求通过资源倾斜和行政监督等措施集中力量举办一批具有示范效应的骨干学校，并通过中期督导验收、最终效益评估等监督手段，提升教育质量，使其真正发挥改革发展示范校的引领、骨干和辐射作用。

自 1990 年开始，重点中等职业学校建设政策陆续出台（表 1-8）。从 1990 年到 2016 年间先后颁布了《关于颁发〈省级重点职业高级中学的标准〉的通知》《关于认定首批省级重点职业高级中学的通知》《关于开展普通中等专业学校教育评估工作的通知》《关于开展技工学校评估工作的通知》《关于开展国家级重点中等职业学校调整认定工作的通知》《关于实施国家中等职业教育改革发展示范校建设计划的意见》等一系列法令法规或政策文件，重点校建设成为中等职业教育发展政策的重要推手。

表 1-8　1990 年以来颁发的中等职业教育重点校政策文件概览表

年份	标志性文件
1990	国家教委《关于颁发〈省级重点职业高级中学的标准〉的通知》
1991	国家教委《关于认定首批省级重点职业高级中学的通知》
	国家教委《关于开展普通中等专业学校教育评估工作的通知》
	劳动部《关于开展技工学校评估工作的通知》
1993	国家教委《关于评选"国家级、省部级重点普通中等专业学校"的通知》
1995	国家教委办公厅《关于开展国家级重点职业高级中学评估认定工作的通知》
1997	劳动部《技工学校教育督导评估暂行规定》
2003	教育部《关于开展国家级重点中等职业学校调整认定工作的通知》
2006	教育部《国家级重点中等职业学校评估指标体系》
2007	劳动和社会保障部办公厅《关于做好国家重点技工学校评估工作有关事项的通知》
2010	教育部 人力资源和社会保障部 财政部《关于实施国家中等职业教育改革发展示范校建设计划的意见》
2011	教育部《关于印发〈中等职业教育督导评估办法〉的通知》
2013	人力资源和社会保障部《关于做好国家级重点技工院校评估工作的通知》
2016	教育部《中等职业学校办学能力评估暂行办法》

资料来源：中华人民共和国教育部网站和相关法律法规数据库搜集整理

重点职业高中建设。国家教委从 1990 年开始酝酿省级重点职业高中的评估工作，8 月份国家教委印发了《省级重点职业高级中学的标准》〔教职（1990）008 号〕，并对职业高中开展评估。《省级重点职业高级中学的标准》对重点职业高中的办学指导思想、学制、办学基本条件、学校管理、教师、教学、德育、体育、美育、卫生工作、毕业生工作、经费，以及重点学校的审批认定程序等均作了明确规定。

地方政府结合本地的实际情况，制定本省（自治区、直辖市）的评估标准和办法，评选出办学条件较好、教育质量较高的 206 所职业高中，将其认定为首批省级重点职业高级中学。1991 年 1 月 15 日国家教委下发了《关于认定首批省级重点职业高级中学的通知》，标志着国家层面正式启动省级重点职业高中认定工作（曹晔，等，2015）。为促进省级重点职业高中建设，1992 年以后跟进了评估工作并进行经验总结。在此基础上，开始进行国家级重点职业高中的评选工作。国家教委于 1994 年 2 月颁发《国家级重点职业高级中学标准》，对国家级重点职业高中的办学目的、方向、规模、设施、师资队伍、教育教学工作、经费、校办产业，以及学校管理、质量效益等都做出了明确规定，随后也进行了相应的评估工作。

重点中等职业学校建设。1991 年 1 月国家教委颁发了《关于开展普通中等专业学校教育评估工作的通知》，评估包含合格评估（鉴定）、办学水平评估和选优评估 3 种基本形式。1995 年 1 月 27 日国家教委办公厅发布《关于开展国家级重点职业高级中学评估认定工作的通知》，并制定了《国家级重点中等职业学校评估指标体系》；2002 年《国务院关于大力推进职业教育改革与发展的决定》提出进一步推进中等职业学校布局结构调整，加强骨干示范性中等职业学校建设，并在 2002 年全国职业教育工作会议上为职业学校的改革与发展明确了任务和方向，明确规定职业学校的发展应从规模效益型向创新质量型转变。2003 年颁发了《国家级重点中等职业学校条件》，该条款适用于中等专业学校和职业高中，统一了两类学校的认定标准，从办学方向、质量效益、基本办学条件、管理规范、改革创新等 5 个层面进行评估，包含了 16 项指标。这次认定工作改变了以往两套标准的做法，统一成一个认定标准。从 2003 年起，在各地中等职业学校合格评估工作的基础上，开展了国家级重点中等职业学校调整认定工作。2005 年 5 月，针对两年多来评估认定工作存在的问题，教育部职业教育与成人教育司重新修订了《国家级重点中等职业学校评估指标体系》（以下简称《指标体系》），印发了关于修订《指标体系》的说明。评估指标体系选取最能反映中等职业学校办学水平和特色的主要项目编制而成，包含办学方向与质量效益、基础条件与合理利用、规范管理与改革创新 3 个一级指标、15 个二级指标、39 个三级指标，形成了 2003、2005 和 2006 年版。几经修改和调整，《指标体系》系统总结了 20 世纪 90 年代我国中等职业学校教育评估的成功经验，具有科学性、规范性和导向性特点。在此期间，教育部开展了国家级重点中等职业学校的认定和调整工作，许多省对省级重点中等职业学校也进行了调整，如 2002 年 9 月河南省教育厅印发了《关于调整省级重点中等职业学校有关事项的通知》。同时，许多省也修订了省级重点中等职业学校的评估标准。

示范校建设。引导职业学校更好地面向市场办学，规范学校办学行为，一些省份开始了示范校建设工作。例如，1987 年河北省开始建设示范校，并于 1989 年制定了《河北省示范性职业学校建设意见》，从办学思想、办学条件、教育和教学水平、管理水平等作为建设评价指标。"示范校"建设与重点校遥相呼应，虽然名曰"示范校"，实际上则是重点校建设的另一种变相形式而已，国家主要从政策支持、资金投入、监管评估方面给予了大量的人力、物力、财力支持。2010 年，我国不断加强中等职业教育改革发展示范校建设，出台了《中等职业教育改革创新行动计划（2010—2012 年）》等文件，着力培养专业技能型人才，加强教育体制的创新，突出中等职业学校的办学特色，集中力量建设一批具有较高办学水平的中等职业学校，促进中等职业学校办学的现代化、规范化和信息化。中央政府投资 100 亿元启动了"国家中等职业教育改革发展示范学校建设计划"，在全国范围内通过评选"示范校"，给予政策及资金倾斜。国家层面开展的国家级重点中职校和国家级中职示范校的评估制度一出台，很短的时间内在全国大范围内得到实施。实行示范校建设全程监督的基本职责是对项目建设的方向、建设的重要进展、经费使用等，按照《国家中等职业教育改革发展示范学校建设计划项目管理暂行办法》（教育部职成司〔2011〕7 号）等有关项目管理办法要求，实施有效的管理监控。

重点校政策是中等职业教育发展政策的主要内容，国家通过资源倾斜政策来集中优势资源创办优质学校。

1. 提高教育质量，增强职业教育吸引力

1991 年国家开始投入资源建立一批骨干重点职业学校，通过加大对职业学校的投入，提升职业学校的办学条件，增强职业学校的基础能力。重点校政策通过资源投入来提升职业教育质量，促进职业教育内涵发展，提高职业教育的吸引力。

2. 产生品牌效应，起骨干示范作用

重点中学、重点大学所产生的品牌效应和社会效应有目共睹，与此相应，中等职业教育重点校政策的品牌效应和示范效应也不可小觑。重点校政策通过资源倾斜使部分职业学校提高知名度和美誉度，产生职业教育的品牌效应。重点校在建设过程中也不断总结经验，对其他中职学校办学起到示范作用。

（三）我国中等职业教育发展政策注重资源投入建设

中等职业教育属于准公共产品，教育的受益者不仅包括学生本人，还包括家庭、企业、社会等。同时职业教育也属于一项高投入的教育事业，这是因为职业教育的技能型教育特征需要更好的教育师资、更新的教育内容、更先进的教育设备、更充足的教育实践场地为学生提供学习的场景，办学资源的投入和提升是教育质量的根本保证。教育资源包括校园占地面积、教学用房、教学设施、图书信息资源、实践实训场地与设施等，这些办学资源需要大量的经费投入，若教育经费投入不足将制约中等职业教育质量发展。

从职业教育发展政策上看，国家在教育经费投入方面给予了政策支持，比如，1985年出台的《中共中央关于教育体制改革的决定》规定了"两个增长"，生均教育经费逐步增长和教育拨款要高于财政经常性收入的增长，1986年全国第一次职业教育会议提出要为中等专业教育快速发展提供经费保障。1991年《国务院关于大力发展职业技术教育的决定》指出中等职业学校实行分类管理，省、市、县拓宽资金来源渠道；2002年《中华人民共和国民办教育促进法》确立中等职业教育投资体制，并逐步建立相应的财政转移支付制度和教育资助制度，形成以财政投入为主的职业教育投资新体制；2010年《国家中长期教育改革和发展规划纲要（2010—2020年）》中提出要兼顾中等职业教育和高等职业教育的平衡发展，建立健全的投资渠道和法律制度的投入机制。中等职业教育经费在2012年达到1638.5亿元，中等职业教育经费的平稳增长，为中等职业教育发展奠定了经济基础。

相应地，中等职业教育质量评价指标具有典型的"投入性"特征，我国中等职业教育质量评估从试点评估开始到之后的重点校和示范校评估的内容主要表现为办学条件性评估。2010年，《教育部　人力资源和社会保障部　财政部关于实施国家中等职业教育改革发展示范学校建设计划的意见》显示：在国家级示范学校的遴选指标中，包括学校管理、基础条件、校企合作、教育教学、办学效益等5个层面20个指标，大多涉及的是办学规模、办学条件，涉及学生发展质量的有3项：毕业生"双证书"获得率、毕业生就业率、学生在相关专业领域技能大赛中获得的省级以上奖励。在对国家级示范学校建设的70多个质量监测指标中，大多数仍然是建筑面积、设备总值、实训教室数量等资源投入性指标，涉及教育质量的指标有初次就业率、初次就业平均月薪、国家级技能大赛奖项等3项，涉及学生发展尤其是学业发展的指标在评价体系中却并未体现。2011年，教育部印发的《中等职业教育督导评估办法》中列出了政策制度、经费投入、发展水平等4个层面 30 个评价指标，从政策建设、制度创新、总量投入、基础设施、教师队伍、发展规模、教育质量等 7 个维度进行评估指标设计，其中涉及教育质量的有 3 项，包括中职毕业生一次就业率、中等职业教育的社会满意度、中等职业教育发展特色，与学生发展最直接相关的仅有"学生一次性就业率"这一项指标。同样，督导评估标准也是以投入性指标为主。

整体来看，中等职业教育办学的基本条件建设已经成为国家政策的重点和主要的办学要求。对中等职业教育的评估中，对各级各类学校的办学条件评估是主要的评估内容。

虽然中等职业教育发展政策导向表现为增加职业教育的经费投入，并提出要采取各种措施保障中等职业教育投资，但是实质上对中等职业教育领域的投入仍然略显不足。中等职业教育投入经费与中等职业教育的发展规模、国民经济的增长速度不相适应，办学经费的增长落后于经济增长的速度，也落后于普通高中、普通高校经费投入的增长速度。有限的教育资源投入对教育质量的提高也捉襟见肘，导致在对中等职业教育的评估中，过分强调外延性条件建设，忽视了教育质量的内涵与发展。

二、中等职业教育发展政策的要求

（一）中等职业教育发展宏观目标上，要与中国社会经济发展相适应

随着科学技术的发展和新型工业化的推进，现代职业教育越来越成为国家竞争力的重要支撑（教育部，等，2014）。我国经济结构逐步调整，经济发展方式不断优化，由劳动密集型向智力密集型转化，由传统农业向现代农业转型，从"制造大国"向"制造强国"迈进。为保持经济持续、快速、健康发展，需要转变经济增长方式，推动产业结构不断升级，由原来注重规模扩张转向依靠科技进步和提高劳动者素质，实现经济结构从劳动密集型向资本技术密集型转变，经济增长由依赖资源和环境投入转向依靠高素质的劳动力的创新。经济发展方式的转型相应地对人才素质与规格也提出了更高的要求，要求一大批有文化、有技术的劳动者能够从事生产、管理、服务等工作。

职业教育是人力资源开发的重要利器，培养数以亿计的高素质技能型技术人才以满足社会经济产业结构调整和经济增长方式转变，推动经济与社会和谐持续发展。在我国城市化进程中，一方面，大量农村剩余劳动力迁移到城市，为了获

得更好的工作和更稳定的生活，接受职业教育的意识和自觉性都在加强；另一方面，随着经济发展和市场对劳动力配置的调控作用不断增强，企业对高技能型人才的需求越来越旺盛。职业教育是工业经济发展的产物，是为适应经济社会发展需要和个人就业要求，对受过一定教育的人进行职业素养特别是职业能力的培养和训练，为其提供从事特定职业必需的实践经验，使其能迅速适应职业岗位的一种教育。

中等职业教育的发展要适应现代社会经济发展的要求，要关心受教育者获得什么样的知识和技能才能适应快速变化的工作环境，培养满足技术需求不断变化的技能型和创新型劳动力队伍，为人才储备和满足市场需求奠定坚实的基础。基于此，中等职业教育发展政策始终要求中等职业教育发展要和社会经济发展相适应，1985 年《中共中央关于教育体制改革的决定》、1986 年《普通中等专业学校设置暂行办法》、2002 年《国务院关于大力推进职业教育改革与发展的决定》、2005 年《国务院关于大力发展职业教育的决定》、2014 年《现代职业教育体系建设规划（2014—2020 年）》等多项文件出台。明确中等职业技术教育是人才培养结构中的重要层次，要与经济建设、社会发展紧密结合，要保证教育质量，促进中等职业教育的发展，适应社会主义现代化建设的需要，并强调中等职业教育是公共服务体系的重要组成部分，要加强中等职业教育基础地位，继续探索举办职业教育和普通教育融通的综合高中教育。比如：2002 年《国务院关于大力推进职业教育改革与发展的决定》指出：深化教育教学改革，适应社会和企业需求……，职业学校和职业培训机构要适应经济结构调整、技术进步和劳动力市场变化，及时调整专业设置，积极发展面向新兴产业和现代服务业的专业，增强专业适应性，努力办出特色。因此，中等职业教育发展政策一直强调中等职业教育是现代职业教育的重要主体，在人才供给方面起到不可忽视的作用，担负着培养数以亿计高素质劳动者的重要任务，是我国经济社会发展的重要基础，制约着我国走新型工业化道路、解决"三农"问题和城镇化建设的进程，地位举足轻重。

（二）中等职业教育在人才培养目标上，要与市场相结合，培养技能型人才

现代职业教育发展理论认为"职业教育是一种区别于普通教育的教育类型，是为了使受教育者具备从事某种职业的知识、技能、技术而存在的一种教育形式，它的培养目标是为经济社会发展培养所需要的技术型、应用型人才"（范其伟，2014）。"以服务为宗旨，以就业为导向"培养技能型人才，也成为我国职业教育的发展方针和基本要求。在这一方针指导下，我国职业教育取得巨大成就，为经济建设和社会发展作出重大贡献。

中华人民共和国成立之后，中等职业教育的办学形式以苏联模式为主，中等专业学校培养的目标是企业技术骨干，其职业层次介于大学培养的工程师和技工学校培养的技术工人之间。技工学校培养的目标是企业中的一线技术工人，后修改为培养四级和五级技术工人，要求其成为"能掌握一定专业的现代技术操作技能和基础技术理论知识的、身体健康的、全心全意为社会主义建设服务的中级技术工人"。技校在课程安排上，分为文化、技术理论课和生产实习课两种，时间各占一半。前者注重基本知识、理论、技能的教学，后者主要结合生产进行，不适合生产的工种采取实习、实验和模拟等形式培养操作能力。随后对技校等也做了相应要求：技校的任务是为实现社会主义的四个现代化培养有社会主义觉悟的能够掌握现代生产技能的四级技术工人（八级技术等级标准）。从 2002 年的《国务院关于大力推进职业教育改革与发展的决定》，到 2005 年的《国务院关于大力发展职业教育的决定》，再到 2010 年的《国家中长期教育改革和发展规划纲要（2010—2020 年）》《高技能人才队伍建设中长期规划（2010—2020 年）》《中等职业教育改革创新行动计划（2010—2012 年）》《教育部等九部门关于加快发展面向农村的职业教育的意见》等一系列政策文本和相应实施细则的出台，要求培养德、智、体、美等全面发展的技术技能型人才，反映了中等职业教育以人才特色为重点，突出技能教育。

为了实现与市场相结合，培养技能型人才，中等职业学校对管理机制、资源配置方面进行改革，管理权限下放，扩大中等职业学校的自主权，学校可以根据社会需要和市场需要调整办学方向。

1. 给予专业设置自主权

根据《中等职业学校专业设置管理办法（试行）》，中等职业学校可以根据就业前景、产业布局、区域经济发展等需求，依照相关程序和规定，自主开设、调整和停办专业，以适应市场变化。

2. 倡导多元主体参与

行业、企业既是中等职业教育的受益者，也是职业教育的促进者。吸引行业、企业等社会各方面力量参与办学，实现专业设置与产业需求、课程内容与职业标准、教学过程与生产过程对接，注重理论与实践的紧密结合，既充分发挥企业资源的作用，又为职业教育带来了实践机会，这种模式是政府、企业和社会办学共同发展的"多赢"选择。

3. 注重实践教学

为了充分发挥资源配置的作用，职业教育在制度建设和政策调控方面向实践性教学倾斜。从师资力量方面，制定"双师型"教师制度，要求双师型教师达到一定的比例才符合办学要求；对实习实训场地、时间都进行相关规定，其目的是为了提高学生的实践经验和技能。

（三）中等职业教育发展政策中，要求关注教育弱势群体

教育中的弱势群体的特征是什么？范围如何确定？一般情况下有三个基本类型：①由于客观存在的地缘特征、文化特征、经济特征等发展因素落后而产生了弱势群体，譬如边远农村、农村山区、少数民族地区等；②由于社会变迁、制度安排的原因而造成了边缘化的弱势群体；③由于因家庭因素而使个体处于困境中，但是目前却无法摆脱困境的弱势群体。在中等职业教育领域，农村籍或家庭贫困学生相对来讲就是弱势群体。

从总体上来看，中等职业教育受众群体众多，主要来自于农村和城市经济困难家庭，农村户籍中职学生占在校生总数的82%，其中来自中西部地区的学生占在校生总数的近70%，中职学生中父亲、母亲为农民、工人和个体工商业者人数的比例分别占调查总人数的4/5和3/4，45.7%的学生家庭年人均收入不足3000元，家庭的社会经济地位偏低（中国中等职业学校学生发展与就业报告编写组，2013）。中职生的学业基础普遍偏差，可以说是学习上的失利者，甚至是父母眼中的"问题孩子"和老师眼中的"问题学生"。

中等职业教育政策关注弱势群体的发展，主要采用资助政策，运用经济补偿政策手段使这些处于弱势地位的学生获得帮助。2002年我国开始实施中等职业教育资助学生的政策。2007年开始将中等职业贫困生资助纳入国家资助体系，通过国家助学金、学校减免学费等多种形式帮助所有全日制在校农村学生和城市家庭经济困难学生，近90%的学生可以享受每年1500元的助学金。从2009年开始农村家庭经济困难学生和涉农专业学生实行免费政策，到2012年逐步实现对中等职业教育免费。

第二章

中等职业教育发展评价的理论基础

第一节 综合评价理论与中等职业教育发展评价

评价活动在人们的日常生活中无处不在。在评价过程中，评价标准和评价方法影响最终的评价结果。所参照的评价标准可能来源于人们认识事物时无形中形成的一些基本观点，以此观点作为评价事物的基本标准，也可能是通过人们的科学推理与研究而形成了一定的评价标准体系。评价标准体系中包括了认识对象的基本特性，这些特性反映了事物的本质与特征，包括事物的属性、个性的行为、认识、态度等。评价活动的目的是认识事物的发展状况，探寻事物发展中存在的问题，预测事物的发展趋势，最终为进一步的行为活动进行决策选择时提供依据。根据评价活动的内容量的多少和复杂程度来划分，评价活动可分为单项评价和综合评价。一般而言，单项评价的体系、标准相对比较单一、明确；综合评价面对的对象的属性和结构比较复杂，需要做出全局性、整体性的评价。

综合性评价分为两个基本步骤进行：一方面，根据评价对象的属性特征和评价目的筛选评价指标、将指标标准化，并对每一指标根据其重要程度赋予权重，构建评价指标体系；另一方面是运用综合性方法对现象或事物进行评估与预测，包括采用定量或定性的方法进行客观的评价或主观的评价；运用明确的标准或模糊的标准进行分析和鉴别，对要素之间关系进行评价，从而做出判断。综合评价的产生主要是因为评价面对的是复杂系统，评价对象和内容具有复杂性，评价的难度大。

一、复杂系统与综合评价理论

（一）复杂系统评价理念

系统（system）一词的意思为部分组成的整体。一般系统论创始人 Ludwig von Bertalanffy 在 1947 年发表的《一般系统论》一文中这样定义系统："系统是相互联系、相互作用的诸元素的综合体"，这一综合体包含诸多因素，各因素之间相互联系，并与其所在的环境进行能量和信息交换，是一个有机整体。系统论是适应世界复杂性的一种思维方式，是研究一切系统的模式、原理和规律的科学（李宝山，2004）。系统论以系统为研究对象，从整体出发来研究系统整体和组成系统整体的各要素之间的关系，从而达到管理的最优化。

我们通常所说的系统普遍存在于自然界和社会之中，它是由若干个环节或部分组成的事物或群体，这些环节和组成部分相互联系、相互制约、相互依存。在一个大系统中包含了很多子系统，系统有大小之分，但是无论是大系统还是小系统，无论它的结构如何，所有的系统都具有一些共同的特征。作为一个系统，一般具有六大特征（王新华，等，2010）：①目的性。系统的目的性亦即系统的功能性，是系统的价值所在，如果系统的目的性不存在，系统也就失去了存在的价值。子系统借助于完成一系列工作和任务来实现其功能，任务的完成成为系统功能实现的媒介，大系统功能通过子系统的功能而实现。②集合性。集合是事物的属性的有机整体，即把具有某种属性的事物汇聚为一类便形成了集合，集合里的各个对象称为集合的要素，或称元素。系统的集合性表征的是系统是由多个元素构成，这些元素之间可以互相区别。元素可以是具体的，如人、物、财等，也可以是非具体的（概念性的），如企业文化、国家政策、企业规章制度等。③相关性。系统内各元素之间是相互关联的，他们之间相互作用、相互依存、相互制约。系统的相关性是系统要素之间全部关系的总和，对系统目的的实现起到必要的基础性作用。④层次性。系统作为一个整体的交互元素，具有一定的层次结构，并将其分解成一系列子系统。分解形成子系统的主要依据是目标，根据目标的不同分解成不同的子系统。无论是系统还是子系统，其内部的各元素具有一定的层次结构。⑤整体性。系统中各元素之间是相互作用的，协调整个系统的发展，系统不能脱离元素，任何元素也不能单独进行研究，脱离了整体性，要素的机能和要素间的作用及层次分布便失去了意义。系统的整体性应保证在给定的目标下，使系统要素集、要素的关系集及其层次结构的整体结合效果为最大。⑥环境适应性。系统与外在环境之间进行着能量与信息的交换，系统通过信息与能量的交换来继续生存与发展，这就是系统的环境适应性。没有这种正常的交换，系统就变成了一个封闭的结构（即封闭系统）。

鉴于以分解、还原和抽象为原则的简单化方法在人们思想中的盛行，20 世纪 80 年代的法国哲学家 Edgar Morin 提出复杂科学以改革思考方式。复杂科学强调"人们根据复杂系统的性质、特点、规律去认识和研究复杂系统的方法和手段的总和，是一种支配人们思考与行动的思维规范、风格和格式"（秦书生，2004）。系统科学中的复杂性，泛指系统要素之间、要素与子系统之间、要素与系统之间、子系统与子系统之间、或子系统与系统之间的关系呈现的各种不确定性（称为系统结构特征的复杂性），或系统与环境之间的关系呈现的各种不确定性（称为系统行为特征的复杂性）（金菊良，等，2008a）。随着时间的推移，系统的内部要素和外部环境都在不断地运动和发生变化。在这种不断变化的内外部环境中，如何确认系统在某一特定时间、特定条件下的运行效果，以便及时地对系统的要素或要素间的关系进行调整，以取得理想的系统运行效果，这是生活中常见的一类问题，这类问题就是系统的综合评价问题。所谓系统的综合评价，就是在某一特定条件下，通过对系统要素和相互关系的分析、计算，客观、公正、合理地对系统的运行效果作出全面评定。

复杂系统的综合评价是采用整合的思想，通过要素之间的关联程度构建一定的数学模型，将各层面的指标整合到一个系统之中，并根据一定的方法赋予指标相应的权重，然后进行评估和决策的过程。根据系统的特征和评价原则，选择相应的理论和技术生成评价指标，指标值生成的数理方法相对较多。但是不管采用什么系统评价方法，就系统的评价理论与技术而言，具有其共同的性质和特点。这些性质和特点可以分为以下几个方面：①普遍性。由于我们面对的事物错综复杂，所以经常会采用综合评价思想和方法来评价事物，这是生活中经常遇到的问题，也是评价领域一个非常重要的问题。在教育、经济、社会、生活等各个方面，人们总是有意或无意地使用系统思想进行评价，只是在评价的过程中，问题本身的复杂程度略有不同而已。②多样性。系统评价过程方案的多样性，需要从多个方案中选择最优方案。为解决最优方案的选择问题，需要对各种方案进行分析、排序，然后选择。③时效性。系统评价的时效性主要体现在指标选择的时效性和指标重要程度的时效性两个层面。在系统的评价过程中，指标的选择与当时的社会情境、事件表现、评价目的等具有重要的关联度，确定指标和指标的权重优势，评价过程的重要步骤和依据，都影响着评价的最终结论。随着时间的变化，各种情境和要求会逐渐发生改变，相应地，指标选择和指标值也会发展相应的改变。④实用性。评价内容是否全面？评价指标是否具有可操作性？二者之间是否统一？这是评价系统的实用性所面临的问题。在进行综合评价时，要求考虑问题尽可能全面细致，这就增加了评价过程中的信息量。信息量的增加也相应地增加了评价过程的分析计算难度，所以无限制地增加系统评价过程中的信息量，将大幅度地增加评价过程中所需要的人力、物力和财力，这是不可取的。因此，评价系统必须满足全面、客观、真实。同时，选取评价工具时尽可能地简化，使评价工作具有可操作性。⑤反馈性。评价的最终目标是对事物进行尽可能接近真实性的判断，这一判断的结果一方面要反馈给被评价者，使其能够进一步改进；另一方面，评价的结果要反馈给决策者，使决策者或者决策部门根据反馈的信息对所面临的问题进行正确决断，提升决策能力，完善决策方案。复杂性同评价的反馈性要求评价提供真实、正确的信息。⑥复杂性。各要素之间关系复杂、评价指标种类繁多，进行指标的重要性判断和指标值的计算过程方法较多，这些要素都使评价具有复杂性。系统评价理论与技术的特点反映了系统评价问题的重要性和复杂性，也是建立和选择系统评价方法的依据。

（二）综合评价理论的内涵

综合评价是指对评价对象进行某种层面或某种角度的评估，是在考虑评价目的的基础上，通过测定或衡量评价对象的某个或某些属性，来综合评估其在某一时间节点或某一时间段内的性能、业绩、功能或效能等。由于系统的复杂性特征，人们在认识事物、理解事物的时候更加深入，在进行评价时标准更加复杂，运用的方法更加多样，致使人们提出了综合评价的思想，形成了综合评价理论。在社会学领域、经济学领域、教育学领域和管理领域中都有大量的实践和应用，主要围绕评价的目的与流程、评价指标体系的构建、评价指标权重与价值的确定、数据的来源与处理、评价信息的集成和评价结果的运用等维度，目前已经形成了一些相对比较成熟的理论与方法体系（彭张林，等，2015）。有研究者认为，综合评价就是根据复杂系统对象在总体上的相似性和差异性所进行的各种分类或排序过程，是当前复杂性科学研究的重要内容（金菊良，等，2008a）。有研究者认为综合评价指对以多属性体系结构描述的对象系统作出全局性的和整体性的评价，对评价对象的全体，根据所给的条件，采用一定的方法给每个评价对象赋予一个评价值，再据此择优或排序（王宗军，1998）。还有研究者认为复杂系统综合评价的实质，就是如何合理地把多层次多维复杂系统评价指标转换成单层次一维系统评价指标的过程，该过程需要充分挖掘反映评价对象的主要特征信息和反映评价主体的价值判断信息，需要定性分析和定量计算综合集成的可操作的合适综合评价方法（Gaugler R，et al.，2002）。总之，综合评价是通过搜集全面的信息，对系统当前的状态进行分析评价或对系统未来的发展趋势进行预测估计，并构建相应的运行方案和策略的过程。

综合评价的一般理论框架和评价方法均包括对象系统分类排序这一评价总目标，包含合理确定评价对象集生成函数、评价指标集生成函数、评价指标测度函数、定性指标定量化函数、指标一致无量纲化函数（单指标评价函数）、指标权重函数和综合评价指标函数这 7 个显式或隐式函数，它们组成复杂系统综合评价的理论框架（金菊良，等，2008b；郭亚军，2002），具体步骤表现为：

第一步，确定评价对象集生成函数。根据复杂系统的评价总目标，按照一定方法确定评价对象集。

第二步，确定评价指标集生成函数。采用目标树法把系统评价目标按总目标、准则层、指标层逐步展开为各级子目标，得到具有递阶层次结构的评价指标体系，各级子目标统称为评价指标。目前常用的评价指标集生成函数有目标树法、专家咨询法、主成分法、相关系数法、调查归纳法、投影寻踪方法等。

第三步，确定评价指标测度函数。用这些指标来测度各评价对象，得到评价指标样本集。若某指标本身就是确定性实数变量，可直接用其观测值、实验值作为该指标的测度。若指标是随机变量，则可用估计均值、标准差、相关系数等统计特征的有关统计计算方法及指标变量的概率分布确定该指标的测度。

第四步，确定定性指标定量化函数。若评价系统中有定性指标，则需定量化处理；定性指标定量化的一般思路是首先明确定义各个评价指标，再根据指标定义和实际评价情况给指标赋值。通过数学、物理、逻辑、经验等变换形式，可将定性指标转化为定量指标，使指标的性态一致，例如专家评分法、层次分析法、模糊集方法、灰色系统方法等。

第五步，确定指标一致无量纲化函数。在实际中，各指标的量纲可能不同，因此需要进行一致无量纲化处理。主要方法有广义指数法、广义线性功效系数法、非线性函数法、分段函数法等。

第六步，确定指标权重函数各评价指标值。指标权重既是指标属性之间重要性差异程度的反映，也是评价对象之间整体价值差异程度和评价指标在各评价对象观测值之间差异程度的体现。前者称为主观权重，是定量刻画专家和决策者的主观偏好程度，后者称为客观权重，是定量描述评价指标值样本数据集的客观差异。确定指标权重函数的方法可分为4类：客观赋权法、主观赋权法、主客观组合赋权法和变权重法。

第七步，确定综合评价指标函数。综合各单指标评价值及其权重可得各评价对象的评价结果。确定综合评价指标函数的常用方法有加法加权综合方法、乘法加权综合方法、加法—乘法加权综合方法等。

复杂系统综合评价的理论框架的统一形式、理论框架中的联系与作用如图2-1所示。

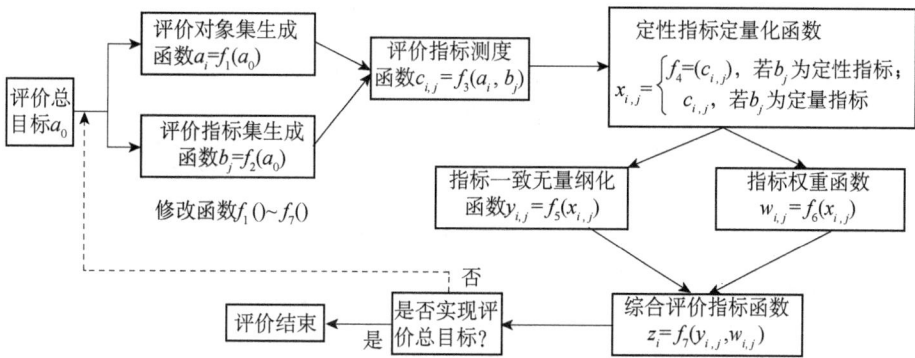

图 2-1　复杂系统综合评价的理论框架

（三）综合评价的技术和方法

综合评价理论方法的复杂性，吸引着众多专家及学者在该领域开展了大量的研究。按其所应用的主要学科知识进行分类，常用的综合评价方法大致可分为以下大类，如表2-1所示。

表 2-1　常用的综合评价方法汇总表

类别	名称	方法描述	特长	缺陷	应用对象
定性方法	专家会议法	组织专家面对面交流，通过讨论形成评价结果	操作简单，易于操作	主观性比较强，多人评价时结论难收敛	战略层次的决策分析对象，不能或难以量化的
	Delphi 法	征询专家，用信件靠背评价、汇总、收敛			

续表

类别	名称	方法描述	特长	缺陷	应用对象
技术经济分析方法	经济分析法	通过价值分析、成本效益分析、价值功能分析，采用 NPV、IRR、T 等指标	方法的含义明确，可比性强	建立模型比较困难，只适用于评价因素少的对象	大中型投资与建设项目，企业设备更新与新产品开发效益等评价
	技术评价法	通过可行性分析、可靠性评价等			
多属性决策方法（MODM）	多属性和多目标决策方法（MODM）	通过化多为少、分层序列、直接求非劣解、重排次序与评价	对评价对象描述比较精确，可以处理多决策者、多指标、动态的对象	无法涉及有模糊因素的对象	评价与决策应用领域广泛
运筹学方法（狭义）	数据包络分析模型（C^2R、C^2GS^2 等）	以相对效率为基础，按多指标投入和多指标产出，对同类型单位相对有效性进行评价，是基于一组标准来确定相对有效生产前沿面	可以评价多输入多输出的大系统，并可用"窗口"技术找出单元薄弱环节加以改进	只表明评价单元的相对发展指标，无法表示出实际发展水平	评价经济学中生产函数的技术、规模有效性，产业的效益评价、教育部门的有效性
统计分析方法	主成分分析	相关的经济变量间存在起着支配作用的共同因素，可以对原始变量相关矩阵内部结构研究，找出影响某个经济过程的几个不相关的综合指标来线形表示原来变量	全面性、可比性、客观合理性	因子负荷符号交替使得函数意义不明确，需要大量的统计数据，没有反映客观发展水平	对评价对象进行分类
	因子分析	根据因素相关性大小把变量分组，使同一组内的变量相关性最大			反映各类评价对象的依赖关系，并应用于分类
	聚类分析	计算对象或指标间距离，或者相似系数，进行系统聚类	可以解决相关程度的评价对象	需要大量的统计数据，没有反映客观发展水平	证券组合投资选择，地区发展水平评价
	判别分析	计算指标间距离，判断所归属的主体			主体结构的选择，经济效益综合评价
系统工程方法	评分法	对评价对象划分等级、打分，再进行处理	方法简单，容易操作	只能用于静态评价	新产品开发计划与结果，交通系统安全性评价等
	关联矩阵法	确定评价对象与权重，对各替代方案有关评价项目确定价值量			
	层次分析法	针对多层次结构的系统，用相对量的比较，确定多个判断矩阵，取其特征根所对应的特征向量作为权重，最后综合出总权重，并且排序	可靠度比较高，误差小，相对成熟	评价对象的因素不能太多（一般不超过 9 个）	可持续发展评价、成本效益决策、资源分配次序等

续表

类别	名称	方法描述	特长	缺陷	应用对象
模糊数学方法	模糊综合评价 模糊积分 模糊模式识别	引入隶属函数：$\mu_j: C \rightarrow [0, 1]$，实现把人类的直觉确定为（模糊综合评价矩阵），具体体系数 $R = [\mu_{ij}(x_{jh})]_{n \times m}$，其中，$\mu_{ij}(x_{jh})$ 表示指标 μ_{lij}，在论域上评价对象属性值的隶属度，并将约束条件量化表示，进行数学解答	可以克服传统数学方法中"唯一解"的弊端，根据不同可能性得出多个层次的问题题解，具备可扩展性，符合现代管理中"柔性管理"的思想	不能解决评价指标间相关联造成的信息重复问题，隶属函数、模糊相关矩阵等的确定方法有待进一步研究	消费者偏好识别、决策中的专家系统、证券投资分析、银行项目贷款对象识别等，拥有广泛的应用前景
对话式评价方法	逐步法（STEM） 序贯解法（SEMOP） Geoffrion 法	用单目标线性规划法求解问题，每进行一步，分析者把计算结果告诉决策者来评价结果。如果认为已经满意则迭代停止；否则再根据决策者意见进行修改和再计算，直到满意为止	人机对话的基础性思想，体现柔性化管理	没有定量表示出决策者的偏好	各种评价对象

资料来源：蒋耀. 基于综合评价理论的区域可持续发展研究. 上海交通大学博士学位论文，2008

从表 2-1 可以看出，综合评价技术主要分为定性评价方法和定量评价方法。定性研究是评价者根据对评价对象的观察和分析，通过哲学思辨和逻辑分析，对评价对象进行描述或刻画，根据搜集的信息对评价对象进行分析。常用的定性评价方法有专家会议法、直接评分法和 Delphi 方法等。定性评价方法是对评价对象实行的事实判断和价值判断，受到评价者的主观经验、知识水平、兴趣偏好的影响，评价的精确性和客观性不太高。定量评价方法是评价者利用一定的测量工具对评价对象的特征进行测量，获得数量化资料，在此基础上对评价对象进行综合性分析。在系统评价时，不仅要处理结构化、可定量等确定性因素和信息，而且还要处理大量非结构化、语言型、模糊、随机、灰色数据等不确定性因素和信息。为了处理这些确定性和不确定性信息，产生了如层次分析法、网络层次分析法、模糊数学方法等灰色关联分析和主成分分析、因子分析法、聚类分析法等统计方法。这些方法在综合评价过程中应用相对比较广泛，基本囊括了一些可以解决结构化和数据化等确定性信息的方法，也可以解决一些非结构化、语言型、随机型、灰色、模糊等不确定性信息的方法。

二、综合评价理论对中等职业教育发展评价的启示

（一）中等职业教育质量评估是在复杂社会系统中进行的复杂活动

1. 中等职业教育系统的复杂性

职业教育概念有广义和狭义之分。"职业教育也不能只是职业专门学校要考虑的问题，更不能只是将职业教育理解为技术学习、一种传授单一定向化的、以工作为本的培训。职业教育要考虑为所有的社会职业人的创新、创业做准备，致力于培养出符合创业型经济社会发展需求的创业型职业人。"（许正中，等，2013）这是对职业教育的广义理解，职业素养、专业技能、情感态度等构成了职业教育目标的基本内容。中等职业教育和高等职业教育的区别不仅仅在于培养目标的层阶上有所差异，更大的差异在于，中等职业教育的对象大多是未成年的学生，他们还处于身心发展发育的重要阶段。中等职业教育既要不断满足中职生身心成长的需要，也要满足他们未来职业技能和职业发展的需要。因此，就教育的阶段而言，中等职业教育是高中教育，学生最后获得的学历是高中学历。就教育类型来看，中等职业教育属于职业教育。因此，中等职业教育从教育特征、教育目标设置、课程设置、质量评估指标设置等层面都表现出复杂性特征。

中等职业教育特征。中等职业教育强调"就业导向"，中等职业教育围绕"以服务为宗旨、以就业为导向"的办学理念与方针，不断深化改革，坚持质量与效益的统一。中等职业教育改革的趋势就是要面向市场、面向社会而开展相关教学工作，要强化职业教育的社会服务功能，在人才培养目标、人才培养方式、专业设置、课程设置、师资培养、评价标准等方面体现"就业导向"特征。中等职业教育虽有"就业导向"这一特征，但是不可忽视的是，中等职业教育属于高中阶段教育，本身也带有基础性特征，为学生未来的职业发展奠定基础，所以要求在保障学生技术技能培养质量的基础上，要加强文化基础教育，实现就业有能力、升学有基础的教育目标。

中等职业教育培养目标。中等职业教育的培养目标是："中等职业学校培养与我国社会主义现代化建设要求相适应，德、智、体、美全面发展，具有综合职业能力，在生产、服务一线工作的高素质劳动者和技能型人才。他们应当热爱社会主义祖国，能够将实现自身价值与服务祖国人民结合起来；具有基本的科学文化素养、继续学习的能力和创新精神；具有良好的职业道德，掌握必要的文化基础

知识、专业知识和比较熟练的职业技能；具有较强的就业能力和一定的创业能力；具有健康的身体和心理；具有基本的欣赏美和创造美的能力"（教育部办公厅，2012）。在职业岗位需求不断提高和变化的时代，仅仅考虑中职生的技能性教育是远远不够的，还要为他们未来的职业生涯变化作基础性准备，为未来职业生涯发展奠定基础。在此阶段的课程设置不仅有高中阶段应有的基础课程，还包含职业方向性课程。

质量评价指标。中等职业教育质量评价亦是对中等职业教育的教育成果和过程进行事实判断和价值判断的过程，其内涵丰富，涉及教学、学生学习、基础设施、学生的整个学习过程。中等职业教育质量评价不仅包括外在条件的资源性投入评价，还包括以学生发展为核心的内在发展性评价，包括发展的认知因素与非认知因素的评价。

中等职业教育的影响因素众多，这也决定了中等职业教育系统的复杂性。中等职业教育的复杂系统性表征主要表现为以下几个方面。

（1）中等职业教育系统的复合多样性

中等职业教育实践活动由教学实践系统、教育管理系统、教育评估系统等一系列子系统构成，若干个相互作用的子系统形成相对稳定的整体系统，系统内部相互作用，系统内部各主体之间和主体与环境之间的相互作用、适应性行为、系统的演化，使系统内部形成不同的层次和结构，构成了形态的结构性和层次性。中等职业教育办学模式、投资主体的多样性等特征日益彰显，公办中等职业教育和民办中等职业教育共存发展，形成了以国家投资拨款为主，社会、集体、个人等共同分担的局面。中等职业教育形成了以示范校、重点校为标志的各类层级结构。中等职业教育的培养模式日益丰富多样，其中，校企合作、工学结合成为我国中等职业教育人才培养的主导模式，并在实践中形成了顶岗实习模式、"工学交替"模式、项目驱动模式等多样化教学模式。

（2）中等职业教育系统的运行与成分之间充满了适应性

中等职业教育系统的内在机制是一个复杂的"有机体"，其培养目标是培养社会需要的技术技能型人才。在与其他各类教育机构和组织、行业、企业及和外部环境，如社会政治、经济、技术等的交互中，不断地对自身的结构和行为方式做出调整以更好地适应环境，教师、学生、课程内容、教学模式显然都具有自适应性，能够与环境及其他主体进行交互作用，具有自身的目的性与主动性。从职业教育体系的历史演变过程来看，职业教育主体与社会经济、政治、技术等环境的相互影响和相互作用是职业教育体系不断演变和进化的主要动力。

（3）中等职业教育系统的非线性

中等职业教育的形态、特征和结果等方面是不能归结为简单因素或简单因素的线性叠加。中等职业教育构成主体之间及其主体与环境因素之间的联系并非遵从简单的线性因果关系，而是复杂的交互作用，是双向甚至多向的交互关系。正是在教育者和被教育者的主动性驱使下，以及与环境、知识载体与实训体系的反复相互作用下，教育目标才得以实现。

2. 中等职业教育质量评估的复杂性

教育活动是包含着诸多要素和多种层次的开放系统，各要素之间需要进行不断地物质、能量或信息的交换、教育质量评估活动要面对复杂的教育现象。在教育质量评估过程中，往往受两个极端简化思维的影响，一方面由于教育本身是一种培养人的活动，教育成果的展现具有滞后性和内隐性，在评价过程中受各种因素的影响，很多因素无法直接测量出来，过于依靠主观判断的方式揭示出来，不可避免地会带有主观性；另一方面，受现代科学理性的影响，在教育质量评价的过程中，若遵循简化处理的思维路线，忽视执行诸要素之间的必然联系，教育质量评估活动则很难探寻教育原因和结果的关系。教育质量评价的复杂性特征需要用系统的、综合的评价理论和方法进行研究，用简单的眼光和方法是无法深入地把握。

中等职业教育质量评估是指通过搜集能够表征教育质量的可靠资料和有效数据（包括定性数据和定量数据）对教育过程和教育成果进行事实判断和价值判断，并对中等职业教育的达成度和预期结果进行鉴别和比较的过程。中等职业教育质量评估与教育目标的多维性、教育因素的多样性和教育对象的发展性密不可分，是一个复杂的问题和过程。中等职业教育质量评估的复杂性主要表现为以下几个方面：

（1）评估活动的多样性

中等职业教育质量评估涉及各个层面的因素。评估活动渗透在中等职业教育系统的各个层面和各个环节，评估的主体、对象、方法、标准、内容等方面具有多样性特征。同时，评估的多样性又影响了评估的层次性，即评价主体、对象、方法、标准、内容等的层次性。

（2）评估对象的动态性

中等职业教育质量评估不但注重办学条件性的评估，还涉及教学与管理的过程性评估。由于教学过程的动态性，其存在各种各样的形态，受到很多因素的影响。同时，教育过程又总是在一定情境中进行，教育过程的情境性决定了教育评估结果的解释力，这要求在评估过程中注意情境对教育活动和评估活动的影响，使评估对象带有一定的不确定性。再者，教育质量评估的主要对象是学生，学生的发展是一个动态过程，随着学生的成长和发展，学生的能力、素质等也在发生变化，不可能停在某一层面而固化，这就是学生发展的动态性。学生发展的成效是人的内心、精神、素质与能力的改变，教育结果的这种内生性和潜在性决定了教育评估对象的不确定性。

（3）评估过程中各要素间的相互制约性

在中等职业教育质量评估过程中，各要素间相互制约。教育评估过程的关系具有多重性。在评估过程中，评估主体之间需要对指标和流程的一致认同，评估主体和评估对象之间的信息沟通，评估主体与评估指标之间的理解程度，评估工具与评估指标的关联程度、评估过程与评估目的之间的吻合程度，诸多要素之间呈现相互影响、相互制约的关系，这些错综复杂的关系及对这些关系的处理的合理性都会影响评估结果。比如，在中等职业教育质量评估过程中，政府、家长、教师、学生、社会团体等对中等职业教育质量提出各自不同的诉求，使得教育评估标准在兼顾各方利益的时候难以达到各方的要求。在评估过程中，教育者和受教育者的主观能动性、利益相关者对教育的多种诉求会在教育评估活动中反映出来。

（4）评估过程中各要素之间的非线性

教育过程具有情境性与不可还原性，与教育结果并非一一对应，这种过程和结果的非线性联系决定了教育评估的复杂性。中等职业教育质量评价过程中，会存在一些指标不宜量化、一些质量的效应值的权重与贡献之间的关系、政策干预因素、社会反馈等因素的影响，导致了教育评估活动的非线性。

（二）综合评价有利于解释和描述中等职业教育质量评估的复杂性

中等职业教育系统和中等职业教育质量评估都具有复杂性特征，在对中等职业教育质量进行评估时，不能采用单一形式，必须考虑其复杂性特征，而综合评价理论与方法有利于描述和解决中等职业教育质量评估问题。在教育研究中，一些学者采用综合评价理论思想和方法对中等职业教育质量进行了评估研究，取得了一定的研究成果。例如，闫志利和姚金蕾（2014）应用层次分析法（Analytic

Hierarchy Process，AHP）确定了 KSAIBs（knowledge，skills，abilities，intervening variables，behavior，简称 KSAIBs）各要素指标权重，构建中等职业教育质量评价模型，并提出了具体实施方法。该研究以 KSAIBs 作为人力资源个体素质指标的集合，包含知识、技能、能力、中介变量和行为 5 个要素，依据教育增值理论，学生接受中等职业教育后 KSAIBs 的增进幅度，可直接反映中等职业教育质量。遵循中等职业教育技能型人才培养目标，结合政府、企业及学生对提升中等职业教育质量的要求，应用 Delphi 法，将中职学生 KSAIBs 各要素分解为 21 项指标，构建中等职业教育质量评价指标体系。李钰和刘磊（2015）研究表明上海市中等职业教育质量评估项目框架体系逐步完善，评估项目以综合评估、专业评估和专项评估组成框架体系。综合评估指整体上对学校办学质量的评估，涉及职业教育软硬件等各个方面；专业评估涉及职业教育专业的申报、过程监控、选优等；专项评估主要指影响职业教育人才培养质量的其他因素的评估，如职业教育教学成果奖评审、中等职业学校行为规范示范校评估、中等职业学校德育工作专项评估等。该评估框架注重顶层设计，以专项评估为"点"，以专业评估为"线"，以综合评估为"面"，形成了"点""线""面"相结合的综合系统的评估框架体系。在这一框架下，从学校层面、专业层面、实训层面、教师层面、课程层面、课堂层面等方面进行外部质量监控，确保学校发展各个环节的质量都有所提升。

1. 运用综合评价方法有利于把握中等职业教育质量评估结构上的多维性

在认识论上，综合评价方法是基于复杂系统认识论的基本方法，采用还原论的方法考察系统内部的关系。中等职业教育质量评估系统是一项复杂的动态的系统工作，把握教育评估结构上的多维性，并将其作为教育系统的子系统进行考察，探讨这一子系统与相关的其他子系统和环境之间的联系，以及交互与制约等过程中的不确定性。

2. 运用综合评价方法有利于认识和处理中等职业教育质量评估要素的复杂性

由于综合评价方法强调评价要素的协调性，通过法规、制度的保障，对评价者的责任与义务进行定位，通过制定科学合理的评价指标，采用现代评价技术进行评估活动。在资料收集方面，收集各类信息，不以一个人或少数人的意见做出判断，所收集的信息尽量准确可靠，评价信息收集具有一致性和全面性，有利于考察评估要素之间的关系。

3. 运用综合评价方法有利于构建中等职业教育质量评估指标体系

构建综合评价模型的最重要工作是确定综合评价指标函数，其次是确定指标权重函数，再次是确定评价指标集生成函数。基于教育质量评估对象的特殊性，需要针对不同学校的实际情况开展分类评估。为此，运用综合评价方法可建立分层分类的评价标准，提高教育质量评价标准的科学性，完善指标体系的系统性。一方面，采用综合评价方法能够充分尊重教育的情境性，在分析教育结果特性的基础上，探索教育效果的增进与表达方式，构建科学的教育评价标准和评价指标体系，能够树立正确的教育评价标准观，在教育评价各利益相关者深入分析、充分协商的基础上，确定科学的评价内容、完善的指标体系及可操作的教育评价标准，制定分层分类的评价内容、评价标准和评价指标体系，使指标体系具有可操作性、政策相关性、指标高度综合性及数值定量性，实现评价标准层次化、体系化、可操作化。

4. 运用综合评价方法有利于构建合理的综合评价模型

综合评价的方法有很多，主要针对指标的无量纲和指标权重的处理后，形成一个多维向量空间，然后按照综合评价的目标，采用综合评价模型，对各评价对象的得分进行综合评估。

第二节　教育评价理论与中等职业教育发展评价

一、教育评价理论及其发展走向

（一）教育评价理论的发展脉络

1930 年，美国"教育评价之父"泰勒（Tyler R W, 1902—1994）首次提出"教育评价"（educational evaluation）这一概念，并创立了现代教育评价体系。目前，教育评价是教育活动的一个重要组成部分，成为教育研究、教育改革的重要内容。在进行教育评价的过程中，教育目标是评价的基本依据，事实是评价的基础，通过各种方法和手段多方面收集材料证据，在教育事实的基础上，对教育活动的过程、教育活动的效果、教育产品的质量及价值进行判断。教育评价的种类多样，综合起来讲主要对学生、教师、课程、教育实践进行评价。教育评价的目的是通过评价教育教学效果是否达到教育目标，教育教学过程中还存在哪些问题，提供教育教学反馈信息，以便更好地改进教育教学。

教育评价活动经过了近百年的发展，随着人们对评价活动的功能、特征、目的的认识不断深入，形成了许多评价理论，也在不断地发展和完善评价理论。我国研究者对西方教育评价理论发展的特征进行了阶段变化研究。有学者认为西方现代教育评价经历了从教育测量运动到教育评价运动（1845—1934 年）、现代教育评价的产生（1934—1942 年）、教育评价发展初期（1942—1957 年）、教育评价蓬勃发展时期（1957—1973 年）、教育评价专业化时期（1973 年至今）（吴林，2006）；有学者对美国教育评价发展进行研究，认为美国教育评价发展可分为五个阶段：19 世纪后半期的早期考试制度阶段、20 世纪初的测量运动阶段、20 世纪30 年代的泰勒时期、20 世纪 40—50 年代的教育评价阶段、20 世纪 70 年代后的专业化评价时期（吴满华，2006）；还有学者认为教育评价理论发展可分为 19 世纪末到 20 世纪 30 年代的教育测量模式时期、20 世纪 30 年代到 50 年代的目标导向评价模式时期、20 世纪 50 年代到 70 年代的"决策制定模式""目标游离评价""内在评价"等重要评价模式时期、20 世纪 80 年代后的"回应模式"和"教育鉴赏与教育批评"模式等的教育评价建构时期（孙玲，2015）。这些研究对西方教育评价的发展阶段及每一阶段的特征、模式、取向都进行了研究。对教育评价发展的研究，最著名的当属美国教育评价专家古贝和林肯（2008）在其著作《第四代评估》中提出的"四代论"，他们根据评价的重点及差异将整个教育评价发展过程大致划分为四个时代：测量时代、描述时代、价值判断时代和意义建构时代。

1. 测量时代

教育评价发展和教育实践是紧密相连的。数千年来，对教育效果和质量的考量往往采用考试的形式考查学生是否掌握了应有的各个学科或课程的内容，主要考查的是学生的知识学习结果这一特征，以考试分数作为学生学业成绩表现。后来为了筛选智力迟钝的学生，Alfred Binet 设计了心理测试量表，通过测量学生的心理特征和技能确定儿童的发展状况，此时期教育评价的主要任务就是进行测量量表的编制和实施，研究取向是测量数据的客观化和数量化。心理测量的形成、发展和盛行给教育评价活动带来了活力，借鉴心理测量的技术进行教育测量设计，使测量量表与标准化测验的推广得以实现。1845 年，美国著名教育家 Horace M

借鉴心理测量的方法，编制了书面考试的教育测试题目，这些教育测试题目包含了大量的问题及标准答案，可以进行纸笔测试，在美国的学校进行测试，由此取代了面对面的口头测试。Ronald Fisher 设计了基本分析工具和数学表格、斯坦福大学发行了可同时测评种种学科中的相对名次的工具——斯坦福成就测验，Gertrude Hildreth 出版了智力测试和评价的《智力测试量表》，第一代教育评估应运而生，而且蓬勃发展。测量的研究取得了一系列的成果，在考试的定量化、客观化与标准化方面，取得了重要进展。

2. 描述时代

教育测量运动虽然能使个体掌握的知识和能力以数字的形式客观化和标准化，只是仅展示了"存在—量—测量"这一图式，忽视了对质的把握，诸如兴趣、态度等要素很难度量。美国教育家泰勒在其"八年研究"中意识到：目标是教育测量的重要元素，教师如果根据学生应掌握的内容、方法，用行为目标表述课程目标，这样，不但可以检测学生的识记能力，还可以检测出学生的实际动手能力，尤其是解决实际问题的能力。此后，他又进一步补充道，教育评价就是一种发现学生学习了什么知识以及这些知识所具有的价值特性的过程（齐宇歆，2011）。泰勒要用测量工具测试学生是否已经掌握了教师布置的教学内容，是否达到了课程目标，而这些学生掌握或达到的学习成果即称之为"目标"。教育评价者不单纯是测量的技术员，而是一个客观的描述者，来测定学生学习成果的改进程度。在这一过程中，学生处于特定的问题情境中，评价者对学生的行为和反应进行有目的的观察，最后对测量结果加以"描述性"解释。泰勒评价模式基于对测量结果描述、解释和说明，在测量的信度、效度和客观性方面提出了一定的约束性要求，对教育评价实践活动产生了深远的影响。描述时代的教育测量侧重于对测量结果的描述、说明与解释，判断实际的教育活动在多大程度上达到了教育目标。

描述评价时代的评价理论内涵和外延有了进一步的拓展，从评价内容上看，评价内容不仅仅注重结果，而是拓展到了教学过程及情境，贯穿于教学的开始环节和中间过程环节，注重教育教学评价的情境性。在结果性评价方面也拓展了评价的内涵和外延，由关注学生的知识性学习结果，拓展到关注学生未来发展的可能性，注重评价的改进功能，面向未来，凸显了学生发展目标空间上的完整性和评价指标内容上的完整性。

3. 价值判断时代

随着社会实践的发展，教育评价理论得到较大发展，20 世纪 50 年代后期，泰勒的行为主义、操作主义的评价观受到质疑，诸多学者提出了不同的评价理论。20 世纪 60 年代，美国著名课程教学理论家 Bloom 构建了教育目标分类学，把教学目标分为认知领域、情感领域、动作技能领域三大目标体系。1963 年，Cronbach 提出了形成性评价理论，强调教育评价不应只关心教育目标及其达成程度，评价的重点应在于过程，评价是为进行决策提供信息的过程，突出评价信息和结果的反馈性，应该为教育教学的改进服务。1966 年，Stufflebeam 提出 CIPP 评价理论，倡导过程性评价包括背景评价（context evaluation）、输入评价（input evaluation）、过程评价（process evaluation）、结果评价（product evaluation）四个过程，将教育评价深入到教育活动的全过程，扩大了评价的范围和内容，能够全面、系统地反映评价对象的全貌，既重视结果，又重视过程。此评价理论为教育评价如何为创造一个适合学生的教育服务提供了一条新思路。1967 年，Scriven 明确提出了目标游离模式，将评价分成形成性评价和总结性评价两大类别。他认为，实际发生的教育活动除了取得预期效应外，还会导致某些"非预期效应"或"副效应"，而这些副效应在原有的评价结果中却没有得到显示。这种非预期效应或副效应的影响有时是重要的，而在目标评价中却得不到反映。目标游离模式的评价重心转向评价标准和价值观本身，并引发了人们对于评价标准和价值中立问题的重视和争论。

该时期的教育评价注重评价过程中的各种信息的收集与整合，评价过程设计成为教育评价的关注点。在评价过程中，评价标准和指标的规范化是评价设置的关键环节，评价者与被评价者对评价标准的理解与共识也是评价过程中需要解决的问题，因此，在评价过程中注重交流、话语理解。

4. 意义建构时代

20 世纪 80 年代，美国教育评估专家古贝和林肯教授等人创立了自称为"第四代教育评价"理论。他们认为，评价就是对被评事物赋予价值，而本质上是一种心理建构，评价就是协调，评价结果实质上是一种评价者与评价对象之间携手协作的共同建构。第四代教育评价理论突出了价值多元化，强调了教育评价过程中利益相关者之间的协作关系、评价者之间及评价者与评价对象之间的互动与参与性，重视评价对象在评价过程中的作用。在评价方向上，注重评价对象的现实表现、评价对象的未来、评价对象"增值"等。不过分强调和追求测量的客观性，试图纠正测量中数量化特征的弊端。

在此过程中，教育评价方法的人文化特征和实证化特征也得到了进一步发展，实证化教育评价一直占据主要地位。实证化教育评价的特点是重视客观化和数量化，注重客观化、标准化测量的同时采用问卷调查、实地观察与访谈等方法，广泛收集各方面信息，重视评价的信度和效度。20 世纪 80 年代初出现的"费用—效果"分析方法，就是教育经济学的数量化方法在教育评价中的独特运用。

四代教育评价理论发展阶段的价值取向概括为以下四点："测量"时代是以测验为中心，教育本体为主；"描述"时代是以目标为中心，社会需要为主；"判断"时代是以决策为中心，社会效用为主；"建构"时代是以人为中心，人的需要为主。教育评价的价值取向逐渐从工具理性过渡到价值理性，从"物化"倾向过渡到"人化"倾向。

（二）教育评价的理论转向：聚焦学生发展和效能增量的评价

早期的教育评价侧重于教育资源的输入，如教师队伍的结构、教育经费的投入、开设的课程数、校舍的面积、图书的馆藏量等，现代教育评价的理论与实践体现了以学生为本的路向。20 世纪 60 年代，Bloom 的认知领域、情感领域、动作技能领域的教学目标分类体系构建起以学生发展为目标的教育评价体系。到 2001 年，曾经参与过 Bloom 教育目标分类学研究的核心成员 Anderson 根据知识的分类，进一步强调了知识学习对思维能力的影响，强调了教学的学科能力发展特别是反思性思维发展目标，学业质量聚焦于学生通过学科学习所产生的行为变化，评估的中心转向了教育资源的输出，即学生学习成果与学校的效能如何，教育评价的重点指向了学生学习和学生发展，即学生学习成果成为评估的核心内容。

现代教育评价理论强调人的作用，以人为中心，关注人的本性，强调尊重个体的独特性和多样性。无论是基于目标的教育评价还是注重目标实现过程的"游离目标"的教育评价，其最终的目标都是力促教育评价更加合理，更注重学生发展和学习的结果，解决"评什么"和"如何评"的问题。为实现这一评价目标，出现了许多评价理论观点，其中，"真实性评价"理论、可观察的学习成果评价理论和"增值评价"理论对教育评价实践产生了重要的影响。

1. 真实性评价

教育评价活动的目的是检查学生发展的真实情况究竟如何，标准化考试能否真正评价出学校的教育成果和学生的发展情况？这些疑问一直困扰着教育评价界。针对"标准化考试"中的形式化和量化的反思，教育评价开始强调"现实性""生活性"等问题。1989年，美国评价培训学会（Assessment Training Institute，简称 ATI）的专家 Wiggins 提出"真实性（authentic）评价"这一概念，即"所谓真实性评价，就是成年人试图把工作中、社会生活以及个人生活中的真实状况刻画出来"（Wiggins G，1989）。随后，美国教育评价专家 Jon Mueler 等对真实性评价的理念、评价要素、评价技术、评价程序等进行了研究和实验，并运用在不同学科中。真实性评价在进行任务设计时注重任务的明确性和标准的细化，注重学习的情境化设计，突出学生在评价中的主体地位。评价过程兼顾学生的差异、注重评价学习任务的完成质量及在任务完成过程中表现的行为和能力，关注学生"做"的效果，学生能够做什么而不是知道什么。真实性评价最根本的特征是强调实践情境性，将教育实践、课堂情境与教育评价活动有机结合，学生在学习过程中面对的是真实性任务，在任务完成的过程中，教师通过观察、诊断、效果评估，然后有针对性地进行指导。由此，真实性评价将学生、教师、课程、学习、教学、评价等活动融为一体，为学生知识的掌握、技能的发展提供了直接的证明资料，同时也对学生学习与改进提供了及时有效的反馈与指导。

综上所述，可以从以下方面理解真实性评价。

（1）评价理念

真实性评价的理念是立足于学生的发展。在学生发展过程中，学生之间存在一定的差异性，不同的学生原有的学习基础、学习风格、学习态度、学习方法都有所不同，在学习过程中存在不同的学习问题，原有评价无法兼顾学生的差异。真实性评价是根据学生的实际学习情况进行评价，有利于照顾到学生的差异性。在评价过程中不仅仅是给学生一个分数，而是进行鼓励和改进，给不同学生发展的机会，挖掘学生的发展潜力。

（2）评价依据

真实性评价对象是对学生在知识和能力发展、交流合作、批判性思维等多种复杂能力的评价，其评价的依据是以学习或生活中真实的任务为依托，要求学生完成真实世界或模拟真实世界中一件很有意义的任务，评价学生在任务完成的过程中运用所学的知识和技能的能力，以及对新知识的掌握程度和新技能的发展水平。

（3）评价过程

真实性评价中教师和学生皆为评价主体，教师在评价过程中立足于学生的学习和进步而非所犯多少错误。教师在明晰学生的知识结构和能力基础的情况下，通过观察分析学生在完成任务的过程中的具体表现，结合任务的评价标准对学生提供反馈和指导，学生在接受任务时也知晓评价标准，在完成任务的过程中也进行反思和自我评价。

真实性评价采用了在具体任务情境中的直接考量的方式进行评价，将教学、学习、评价结合在一起，使学生在理解的过程中应用所学的知识，在应用的过程中发展技能。在评价的过程中让学生有目的、有意识地建构知识和发展能力，同时激发学生的学习动机和兴趣。真实性评价是对传统评价的一个创新，给课堂评价提供了新的评价视角，也使教学与评价结合得更加紧密。

2. 可观察的学习成果评价

可观察的学习成果评价是香港大学教育心理学教授 Biggs 创设的对学生学业评价进行评价的方法。2009 年，Biggs 出版了《学习质量评价：SOLO 分类理论》（ *Evaluating the Quality of Learning: the SOLO Taxonomy* ）一书，构建了学习质量分类与评价理论。"SOLO" 是英文 "Structure of the Observed Learning Outcome" 的缩写，意思是 "可观察的学习成果结构"。

可观察的学习成果评价理念是：任何学习结果的数量和质量都是由学习过程中的教学程序和学生的特点决定的。它根据学生的已有知识结构、学习的投入及学习策略等多方面的特征，从具体到抽象，从单维到多维，从组织的无序到有序来进行评价。Biggs 的学习质量评价的 SOLO 分类理论注重对学生可观察的学习成果结构的分析和评价，注重从学习行为的变化结果上考查学生的学业质量，重视学生通过学科学习所发生的可观察的学习结果，学习质量评价所注重的不再是学习行为，而是学习行为的结果。Biggs 从能力、思维操作、一致性与闭合、应答结构四个方面将学生的行为结果分为前结构反应、单一结构反应、多元结构反应、关联结构反应、扩展抽象结构反应五个不同水平来评价学习质量，注重学习结果在结构上的复杂程度对学习质量的影响。该评价理论将教育目标表述为对学生学习能力的要求，以测验的方式了解学生解决问题时表现出的认知发展水平。它不局限于考查学生掌握知识的量和类型，而是重视评价学生学习效果的质量。

3. 增值评价

增值评价理论是基于学生发展增长效率的评价方式，通过输入与输出之间的差值，评价学校的教育效果。增值评价方法考虑到学生原有的发展基础和进步的幅度，使对不同生源的学校或班级进行相对公平的评价成为可能，使教师更加注重学生的学习，提高了教师的竞争意识、危机意识和责任意识，促使教师学习和掌握评价知识和评价技能（王斌华，2005）。增值评价理论的价值基础是学校和教师应该向学生提供学业进步的机会，能帮助学生获得学业进步的教师是称职的教师，能让学生获得学习进步的教学是有效的教学，能让学生获得发展的学校是高效能的学校，学校对学生学习结果产生"增值"作用（涂艳国，2006）。许多发达国家和地区将"增值"的概念和理论应用于教育领域，认为"增值"就是"计算学校对学生的'进步'的贡献是多少"（Mcpherson，1992）。1996年香港教育统筹委员会最初引入"增值"这一概念，并进行界定：所谓增值，就是将学生入学时的初始学业水平一并考虑进教育质量评价中，用以比较学生入学时和接受一段学校教育后学业成绩逐年增长的情况。增值评价是一种发展性、形成性评价。增值评价注重的不是最终教育成果，而是教育过程中的改善情况，目的是评估学生经过一段时间的学校教育取得的相对进步情况。

不同的学者对增值评价的定义有不同看法。根据影响学生学业成就的因素，可以将这些定义归纳为基于认知层面的定义和全面的定义两种。认知层面的定义指仅对学生学业成绩进行的评价，便于量化测量；全面的定义包含认知层面和非认知层面，对学生各方面素质发展程度的评价。认知层面的定义认为，增值是指学生学业成绩连续年度比较的相对进步，增值评价的重心在学生前后学业成绩的量化数据上。Tekwe等人（2004）指出，"增值"是效能评价系统的基础，测量的是学生个体连续年度间知识的进步，可以指任何矫正入学知识水平（或能力）的评价方法。Hershberg（2005）认为增值评价是改进教学、提高学生成绩的有利的诊断工具。在我国，比较典型的观点是教育评价具有国家需求倾向，教育评价是"根据政府的需要所进行的教育活动社会价值与功能的判断，注重教育结果的社会性功能，忽视个体在教育评价中的地位。随着时间的推移，我国开始关注教育的本体价值，开始关注学生个体的发展性评价，并把学生发展的增量纳入教育评价之中"。丁念金等（2013）认为增值评价就是以学生的学业成就为评价依据，通过相关的统计分析技术，把学校对学生发展的影响从诸多相关因素中分解出来，对学生一定时间间隔的两次学习成绩测评结果进行比较，考查前后两次测评期间进步幅度，以及学校、教师等对学生学业成就教育的"净"影响。边玉芳等（2013）认为增值评价的概念是建立在学校教育可以增加"价值"到学生学业成就这一理论假设基础之上，指一段时间内，在考虑学生原有成绩的基础上，某一所学校的学生所取得的相对进步情况。

学校增值评价将增值方法应用于学校教育评价中，是一种将学校教育过程和结果、投入和产出相结合的评价学校效益的方法，以学生在学校里的进步来衡量绩效，恰当地解决了因起跑线不同带来的评价不公问题（汤春林，2005）。Sheerens是著名的学校管理研究学者，他认为，要考查学校效能，评价学校增值情况是一个重要的途径，可以从学生各方面素质在对输出结果和输入结果的对比中产生变化的这一部分差值来建立考查指标（Sheerens，2003）。许志勇也对学校效能评价的主要因素进行了研究，他认为学生来源（学生入学成绩、家庭背景等）、教师水平（学历、教学水平、职称等）、教学成本（设备经费、人员经费、教学公用经费等）、教育成果（学生考试成绩等）是学校效能评价的综合指标（许志勇，2006）。也有研究者认为可以通过增值评价分析学校对学生的作用或影响大小，增值评价的基本假设是学校可以增加"价值"到学生学习成就上，称为学校效能增值评价（边玉芳，2007）。学校效能是在评价学校时，相对于条件相同的学校，在控制生源条件的情况下，学校工作所产生的"净"影响（马晓强，等，2006）。评价时基于学生进步幅度而对学校效能增值进行评价（李金波，等，2012），学校效能增值评价旨在通过测量学校或学生的增值幅度实现对学校效能的评价（武庆鸿，2014）。综上所述，不同研究者对学校效能增值评价的概念界定非常一致，就是运用增值评价方法，通过对学生增值的测量来评价学校的效能。

从时间发展的序列上来看，学校效能可以从测量学生连续年度的学业成绩，计算学生成绩的增量，通过这一增量评估学校增值，以此评估学校效能。横向空间上来对比，在计算学校增值过程中，考虑了学校之间的差异，并控制非学校影响因素，使不同学校可以在同一标准上进行效能比较。但是对学校效能进行评价仅仅以学生成绩增值进行考量，窄化了学校效能的内涵，有失偏颇，需要从情感、态度及群体发展方面进行全面评价。经济合作与发展组织（Organization for Economic Co-operation and Development，简称 OECD）认为，除了参考学生社会经济地位、家庭背景和原有的学习基础外，应该在学生智力、社会交往和情感发展等方面促进学生进步。

美国学者 Aitkin 和 Longford（1986）运用多层模型分析方法评价学校效能。随后，Willms（1987）也利用多层模型对学区、学校和学生进行了综合性增值研究。此讨论热潮中，增值评价率先在田纳西州（Sanders H，1998）开展实施。继田纳西州增值评价系统之后，美国其他各州，如得克萨斯州（Texas Education

Agency，1997）、北卡罗来纳州（North Carolina，2000）、达拉斯州（Webster，et al.，1988）等，也纷纷开始采用增值评价方法。美国联邦政府出台《不让一个孩子掉队法案》以后，增值评价的使用越来越频繁。目前全美已有 20 多个州应用增值评价方法促进学校教育教学发展。英国的增值评价缘起于《普洛登报告》的发布。1967 年，英国《普洛登报告》的发布引起了人们对英国以往教育评价方式的质疑，该报告指出家长之间的差异比学校间的差异对学生影响更大。

增值评价同时关注大学生学习的起点、过程与结果，其所体现的过程性、发展性评价理念，本质上来源于人的发展理论。20 世纪 60 年代以来兴起于美国心理学界的大学生发展理论是人的发展理论在高等教育情境下的运用，它为增值评价在高等教育领域的应用奠定了坚实的理论基础。

二、教育评价理论对中等职业教育发展评价的启示

（一）中等职业教育发展评价要以学生发展为本

从现代教育评价理论可以看出，教育评价过程中的核心要素是学生发展。建立以学生发展为中心的学习评估取向，让评估走向学生，符合中等职业教育发展的趋势。中等职业教育质量评价系统中，中等职业学校为学生提供学习的场所，资源的投入与教学条件的建设是教育质量的重要保障，学生的发展变化是教育质量的主要表征和指标。中等职业教育质量评估主要评估教育系统产出了什么，而不是投入了什么。对于中等职业教育系统的产出表现就是人才培养的结果，即学生发展，确切来讲，就是中职生在进入中等职业学校以后知识、技能、态度、情感、价值观等方面的表现。因此，中等职业教育质量评估中坚持以学生发展为导向，是进一步完善中等职业教育质量评价和监控要考虑的首要问题。

关于学生发展的学习评估，有研究者认为对学生发展的学习成果"评估是以改善为目的的系统收集、解析和使用有关学生学习信息的过程"（Marchese T J，1997）；有学者从院校研究的角度，将学习成果评估定义为"院校自行设计和实行的、以学生学习成果为中心的评价研究，旨在确定院校培养学生的成效，改善教师的教学和学生的学习"（Alexander W，et al.，1996）；有学者从评估层面及学生培养目的出发，认为"学习成果评估是一个过程，目的是评估学生的学习、成绩、成就，学习成果评估关注学生及其在课程、专业、学校层面的知识、技能、态度的获得情况"（Kuh G D，et al.，2010）；有学者从办学绩效的角度加以阐释，认

为学习成果评估是"为了评判办学绩效，系统地收集学生获得特定水平知识、技能的总体程度的有关证据的过程"（Kramer G L，et al.，2010）。以中职学生发展成果为核心的评估内涵立足于学生的"学"，强调分析学习证据的"过程"，以中等职业教育目标为评估起点，将评估活动与学习过程相融合，把学生学习成果评估作为提高学习绩效和改进教育质量的工具。

（二）中等职业教育发展评价要注重教育发展的动态性

中等职业教育质量评估往往以静态结果作为质量评价的标准，简单地进行横向比较。目前来看，大部分中等职业教育学校都属于薄弱学校，而大部分中职学生来自学习相对落后的群体，这就需要在进行教育质量评估时，将学生原有的学业成就、家庭背景等多种因素进行综合考虑，建立合理的增长模型进行评价。关注学习结果的同时，也要关注学习过程中学业成绩、情感态度、行为方式的变化，注重学生发展的动态性和发展性，而不是单纯地观察学生的结果性表现。重视起点，关注过程的动态特征，可以更公平地评估一所中等职业教育学校对中职生发展产生的影响，对学校的可持续发展具有重要作用。

（三）中等职业教育发展评价要注重设置学生发展关键指标

从现代教育评价理论可以看出，评估什么、如何来评是教育评估的重要内容。中等职业教育质量评估中，完善的评估指标体系是教育评估的重要依据，因此，评估的顺利进行对学生发展评估指标的完善是评估活动进行的基础。有研究者认为学生素质与社会声誉是中等职业评价中教学质量的两大指标。学生基本素质这一指标包括职业关键能力、必备知识与理论、职业技能水平与"双证"率、成才典型与获奖情况四方面内容，核心是看学生的发展进步，是否有就业能力和就业竞争力；社会声誉指标包括就业率、就业质量、学生报到率和流失率、短期培训、技术开发与推广五部分内容（孙志河，等，2008）。也有研究者认为中等职业教育质量评估要设置学生毕业率、相应技术等级合格率、学生操行优良率、体育达标率、毕业生就业率、顾客总体满意率、设施完好率、教职工上岗培训合格率、社会培训学员合格率、学校无重大人身设备安全事故等十项质量目标（贾吉艳，2010）。国外对学生发展的指标体系也有一定的借鉴意义，澳大利亚的学生职业能力标准中，包含了学生学业质量评价的标准和尺度；德国的职业教育质量评价中，不仅重视对学生一般操作技能的测量，更注重对学生综合素质的评定。

中等职业教育与普通高中教育有所不同，技能型发展指标是其必不可少的指标之一。因此，在进行中等职业教育质量评估时把能影响或代表教育质量的相关要素，都纳入教育质量这个复杂系统之中来加以评估，以达到对于教育质量的复杂性的完整把握。

第三章

中等职业教育发展评价的主体模式

第一节 以政府为主的中职教育发展评价

在教育领域，政府既是投资者，又是办学者，同时还是管理者，扮演着"三位一体"的角色，因而对于教育系统具有重大的影响力（褚宏启，2014）。以政府为主导的中职教育质量评估，是指以政府部门为主导的行政类评估。指相关政府部门根据国家职业教育相关法律法规、中职教育政策及方针，对政府部门、中职学校的教育管理工作、教育质量、发展效益及发展水平进行价值判断的过程。以政府为主的中职教育质量评估方式是当前最主要，也是影响力较广泛的一种质量评估方式。对于以政府为主导的中职教育质量评估模式，本节主要从评估主体、评估客体、评估内容、评估过程、评估效果等几个方面展开论述。

一、评估主体

评估主体主要讨论"谁有资格进行评估"的问题。基于中职教育管理体制及管理模式，至少以下几方具有评估的资格与权力。

（一）教育督导部门

教育督导部门作为督政、督学的核心部门，是对中职教育质量进行评估的重要政府机构。目前我国教育督导部门主要设立在教育机关内部，由政府部门授予相关权限进行工作，是受政府与教育行政机关双重领导的一类机构（曹晔等，2015）。教育督导制度在 20 世纪 80 年代恢复重建后，经过近 40 年的发展，业已形成了完整的架构体系。目前我国教育督导机构主要分为四个层面：

1. 中央层面：国家教育督导团
2. 省级层面：省督导室、督导团
3. 地市层面：督导室
4. 县级层面：督导室

根据《教育督导暂行规定》等相关条文规定，各级教育督导机构对下级人民政府的教育工作、下级教育行政部门和学校的工作进行监督、检查、评估、指导，保证国家有关教育的方针、政策、法规的贯彻执行和教育目标的实现。在人员设置方面，国家教育督导团分设总督学、副总督学与督学三级，地方一般有督学主任、督学副主任、督学之分（国家教委，1991c）。对于督学，国家有着非常明确的任职资格规定。教育部（2006）在新修订的《国家督学聘任管理办法（暂行）》中对国家督学的资格做了以下规定：

（一）坚持党的基本路线，热爱社会主义教育事业；（二）熟悉有关教育法律、法规、方针、政策，具有较强的业务能力，工作业绩突出；（三）具有较强的组织协调能力和较强的口头与书面表达能力；（四）具有大学本科以上学历或同等学力，从事教育管理或者教学、研究工作10年以上；（五）行政机关副厅级以上，或具有中小学特级教师称号，高等学校和研究机构等正高级专业技术职务；（六）坚持原则，办事公道，品行端正，廉洁自律；（七）身体健康，能够保证履行国家督学职责和完成任务所必需的时间。

对于督学的行为国家也提出了明确的要求。国家《督学行为准则》中明确提出，督学人员应遵守以下行为准则：

一、深刻理解国家的教育宗旨，热爱教育事业，发扬奉献精神，克尽监督、指导之责。二、认真学习国家有关的法律、法规和方针、政策，增强依法治教观念，提高督导水平。三、钻研教育理论，熟悉教育管理工作，掌握教育督导与评估的理论、方法和技术，探求教育规律，支持教育改革，促进教育发展，在工作中精益求精。四、坚持原则，依法办事，敢讲真话。对违反法律、法规和违背教育规律的行为，态度明确，及时制止、纠正或引导解决。五、深入基层，深入群众，了解真情，实事求是。对被督导单位的评价，客观公正，言之有据。提出的督导建议，中肯、确切。六、作风民主，对人热情、坦诚，尊重被督导单位，热心为地方和学校服务。保障被督导单位的正常工作秩序，维护被督导单位的合法权益。与其他有关部门密切配合，团结协作。七、遵纪守法，秉公办事，崇尚俭朴,拒腐倡廉。严于律己,以身作则。

上述条件对督学提出了全面的要求:

(1)督学应有较强的政策领悟能力和学习能力

督学应具有较高的政策水平,能正确掌握党和国家的方针、政策、法规,以及上级有关规定精神;全面、客观地认识和概括事物,在工作中主动运用马列主义的立场、观点、方法,辩证地分析、解决问题,实事求是地对下级政府和教育行政部门及所属学校进行视察、监督、评价和指导。

(2)督学应掌握丰富全面的教育基本理论知识

教育督导是一项复杂的工作,其业务范围涉及教育事业的方方面面。督学必须熟悉和能够熟练运用教育科学的各种理论和方法进行观察、调查和考核,对下级政府、下级教育行政机关和所属各级各类学校的教育、教学、管理工作做出审慎的分析和评定,给予明确的评价和指导,使其达到遵循教育规律,提高教育质量的目的。因此,只有用系统、深刻的教育理论武装起来的教育督导人员,才能胜任教育督导的工作。

(3)督学应具备丰富的一线实践经验

督学既要为基层单位和学校提供指导性服务,又要为上级和同级领导机关提供参谋性服务,并要通过"督"和"评"的手段促进党和国家教育方针、政策和法规的贯彻落实。因此,一定的教育、教学和管理经验是必要条件。我国明确规定所聘任的督学要有 10 年以上的相关工作经验,而其他国家也要求 3～5 年不等的相关经验。

(二)中职教育业务主管部门

对于中职教育的管理,从目前的管理现状来看,主要由教育部门负责业务管理,同时人力资源保障部门亦对一些学校进行管理。总的来看,我国中职管理体制遵循着"党的统一领导、行政管理、民主集中制"的基本原则。"党的统一领导"主要体现在对中职教育发展方针、思想路线及重要政策的领导,各层级的中职教育主管行政机构和组织必须以党中央所确定的指导方针、政策为根本指导思想,接受各级党委的领导。"行政管理、民主集中制"则体现在统一领导下的分级管理体制,这是反映我国中职教育管理体制特征的核心所在。从形式上看,"统一领导"是指在中央一级政府设置教育部职教司,负责对中职教育事业的总体领导与管理,各级地方政府则依次设置教育厅、局、科、室(组)等各级专门负责的职教管理部门，这些组织要接受中央的统一领导。这些部门作为中职教育事业发展的管理部门和负责机构，有责任对中职教育质量进行定期检查、评估，并提出改进策略，以推动中职教育事业不断发展。

二、评估客体

中职教育质量的评估客体，主要包括各类中职学校，侧重于对中职学校教育质量的评估。中职教育作为当前职业教育的主体，其定位是在义务教育的基础上培养合规格的技能型与高素质劳动者。中职学校在对学生进行基本的高中程度文化知识教育的同时，要根据具体的专业设置、岗位需要，有针对性地实施职业知识与技能教育。招生对象以初中毕业生为主，或是与初中同等学力的人员。学生毕业获得中专学历。具体来看，目前我国中职学校可分为四类：

第一类是中等职业学校（简称"中专"）。主要招生对象以初中毕业生为主。学制一般设定为三年。主要的培养目标是培养中级技术人员、企业管理人员或小学教师。

第二类是中级技术学校（简称"中技"）。主要招收对象为初中毕业生。学制一般以两年为主。侧重于技能方面的教育，主要培养目标是初、中级技术类人才。

第三类是职业高级中学或是高级职业中学（简称"职高"）。这一类学校是在改革原有高中教育系统的基础上发展起来的中等职业学校。大部分由一般性的普通中学改组而成。招生对象以初中毕业生为主，学制也是以三年为主。培养目标与中等职业学校及技术类学校相似，主要以培养一线操作型才能人员为主。

第四类是成人中等职业学校（简称"成人中专"）。这一类学校发展于改革开放之后。最早定位是将有初中文化的成年人（以在职人员为主）培养为中等技术人员，学制通常是二年或三年。

三、评估内容

从国家层面来看，教育部针对中职教育工作专门出台了具体的评估条件。2011年，教育部颁布了《中等职业教育督导评估办法》（以下简称《办法》）。《办法》中明确要求各地区依据本地中职教育发展现况，因地制宜地制订实施办法。该文件围绕着中职教育发展的政策设计、制度创新、经费保障、办学条件、教学水平及特色等，均给出了明确而又具体的指导要求（教育部，2011b）。具体来看，《办法》中关于教育督导评估标准主要包括以下内容，参见表3-1。

表 3-1　中等职业教育督导评估标准

一级指标	二级指标	评估标准
A1 政策制度	B1 职业教育规划	是否把职业教育纳入当地经济社会发展和产业发展规划；能否保证职业教育规模、专业设置与国民经济和社会发展需求相适应
	B2 联席会议制度	是否建立以职业教育部门联席会议为载体、各级政府职责明确、各部门密切配合、社会各方共同参与的新机制
	B3 就业准入与职业资格	是否完善并落实就业准入制度和职业资格证书制度，积极推进"双证书"制度
	B4 教产合作与校企合作	是否建立教育部门会同有关部门、联合各社团及行业组织的经常性的对话协商机制和工作平台；是否制定促进校企合作办学法规，推进校企合作制度化，推动行业企业参与教学改革
	B5 学生资助与免学费	是否健全和落实中等职业教育资助与免学费政策
	B6 质量保障与评价考核	是否建立健全职业教育质量保障体系，吸收行业、企业等参加教育质量评估；是否探索学生综合素质的多种评价方式，健全技能竞赛制度
	B7 教育管理与教师队伍管理	是否完善中等职业学校学生德育与管理工作制度；是否建立并落实中等职业学校学生实习管理制度；是否落实中等职业学校兼职教师管理办法、职业教育教师资格标准和专业技术职务（职称）评聘办法等相关管理制度
A2 经费投入	B8 中职预算内教育经费占预算内教育经费总量的比例	与全国或中部、西部、东部地区平均水平比较
	B9 教育费附加安排用于职业教育的比例	达到30%
	B10 中职生均预算内教育事业费与普通高中之比	是否制定本省（市）中职生均经费标准，与普通高中之比不低于1
	B11 中职生均预算内公用经费占生均预算内教育事业费的比例	与全国或中部、西部、东部地区平均水平比较
	B12 师资队伍建设师均投入经费年增长率	与全国或中部、西部、东部地区平均水平比较
	B13 免学费的中职学生数占在校生总数的比例	与全国或中部、西部、东部地区平均水平比较
	B14 获得国家助学金的中职学生数占在校生总数的比例	与全国或中部、西部、东部地区平均水平比较
A3 办学条件	B15 中等职业学校办学条件达标率	是否制定本省的《中等职业学校设置标准》，并与全国或中部、西部、东部地区平均水平比较
	B16 生均实训基地建筑面积	与全国或中部、西部、东部地区平均水平比较
	B17 生均仪器设备价值	不低于2 500元

一级指标	二级指标	评估标准
A3 办学条件	B18 教学用计算机拥有量	每百生不少于 15 台，并与全国或中部、西部、东部地区平均水平比较
	B19 专任教师生师比	达到 20∶1
	B20 省市级专业带头人或骨干教师的比例	与全国或中部、西部、东部地区平均水平比较
	B21 "双师型"教师比例	不低于 60%
	B22 高级专业技术职务教师比例	不低于 20%
	B23 教师学历达标率	达到 90%
	B24 兼职教师比例	达到 25%
	B25 教师培训规模	与全国或中部、西部、东部地区平均水平比较
A4 发展水平	B26 高中阶段招生职普比	基本达到 1∶1
	B27 职业培训规模	与全国或中部、西部、东部地区平均水平比较
	B28 中职毕业生一次就业率	与全国或中部、西部、东部地区平均水平比较
	B29 中等职业教育的社会满意度	达到 80%以上
	B30 中等职业教育发展特色	反映本省中等职业教育发展的特色、经验和优势

根据评估标准，评估办法中给出了详细的评估指标，参见表 3-2。

表 3-2　中等职业教育督导评估指标体系

一级指标	指标分类	二级指标	指标权重
A1 政策制度（25）	政策建设	B1 职业教育规划	4
		B2 联席会议制度	3
	制度创新	B3 就业准入与职业资格	3
		B4 教产合作与校企合作	4
		B5 学生资助与免学费	4
		B6 质量保障与评价考核	3
		B7 教育管理与教师队伍管理	4
A2 经费投入（25）	总量投入	B8 中职预算内教育经费占预算内教育经费总量的比例	4
		B9 教育费附加安排用于职业教育的比例	4
		B10 中职生均预算内教育事业费与普通高中之比	4
		B11 中职生均预算内公用经费占生均预算内教育事业费的比例	4
	专项投入	B12 师资队伍建设师均投入经费年增长率	3
		B13 免学费的中职学生数占在校生总数的比例	3
		B14 获得国家助学金的中职学生数占在校生总数的比例	3
A3 办学条件（35）	基础设施	B15 中等职业学校办学条件达标率	4
		B16 生均实训基地建筑面积	3
		B17 生均仪器设备值	3
		B18 教学用计算机拥有量	3

续表

一级指标	指标分类	二级指标	指标权重
		B19 专任教师师生比	4
		B20 省市级专业带头人或骨干教师的比例	2
		B21 "双师型"教师比例	4
A3 办学条件（35）	教师队伍	B22 高级专业技术职务教师比例	3
		B23 教师学历达标率	3
		B24 兼职教师比例	3
		B25 教师培训规模	3
	发展规模	B26 高中阶段招生职普比	3
		B27 职业培训规模	3
A4 发展水平（15）		B28 中职毕业生一次就业率	3
	教育质量	B29 中等职业教育的社会满意度	2
		B30 中等职业教育发展特色	4

基于以上内容，可以看出以政府为主的中职教育质量评估包括政府办学质量的评估，以及中职学校自身办学质量评估两方面内容。

对于政府层面的质量评估，主要侧重于对于中职教育政策落实、制度创新及经费保障这三方面的核心任务。中职教育质量的保障离不开政府层面的政策支持和经费支持，加强这方面的评估有助于监督地方政府落实中央关于中职教育发展的政策意图，督促其更好地履行管理和发展的责任。对于学校层面的评估，主要侧重于中职学校办学条件、师资队伍建设、中职教育发展规模、中职学校就业率及社会满意度等。从指标设计看出，以政府为主的中职教育质量评估，更关注对于中职学校投入层面及产出层面的评价。对于中职学校达标性办学条件、教师配置有着硬性要求，而对于学校办学质量，则主要从终结性评价层面来进行，侧重于考查中职生毕业水平和质量方面。

四、评估过程

以政府为主的中等教育质量评估过程，具体分为以下步骤：

（一）明确评估目的

以政府为主导的中职教育质量评估，首先要明确评估要达到的目的。就中职教育系统而言，中职教育质量评估应坚持两个基本导向：以评促进政府改进中职教育发展工作，以评促进中职自身提高办学质量。

（二）组织评估机构

从中央至地方，明确各级分工。国家教育督导部门负责总体统筹，提出评估标准、指标、方法及结果反馈要求。省级政府教育督导部门负责省域内中职教育质量评估工作的组织实施，定期对下属市、县级政府及省属中等中职学校主管部门履行发展中职教育相关职责的情况进行评估。各市政府定期对下属县级政府及县属中等职业学校主管部门履行发展中职教育相关职责的情况进行评估，协调配合省级督导部门工作。县级教育督导部门要对县级政府及中职学校进行定期评估。

（三）明确督导程序

①根据实际情况，县级政府首先根据相关要求，定期对辖区内中等职业教育发展情况进行自查自评，形成辖区内中职教育发展自评报告，将评估结果上报至市级政府教育督导部门；②市级政府及省属中职学校主管部门根据省级政府督导部门的相关要求，组织本市内及省属中职学校进行自查自评，形成本市及本部门的中职教育评估自评报告，并根据督导结果按要求上报至省级教育督导部门；③省级教育督导部门组织督学及专业评估人员根据督导评估规划及市级政府关于中职学校发展的自评自查情况，分期对市、县进行督导评估，并向当地地方及省属中等职业学校反馈评估意见；④省级教育督导部门负责省中职教育质量评估情况，汇总各市县主管部门教育督导自评情况，结合相关市县督导评估情况，对全省中等职业教育质量现况进行综合分析，发布督导报告，并上报国家教育督导部门。

（四）全面搜集评估资料

督导部门根据中央政府所颁布的中职相关督导标准及指标体系，综合运用审议自评报告、听取行政部门及中职学校领域汇报、查阅政府及学校各种相关资料、分析调查问题、实地考虑、召开座谈会等多种途径，对中职教育质量评估所需要的信息进行全面、细致、准确的收集。

（五）形成评估报告

汇总、分析所搜集的评估资料，结合定性与定量研究方法，对资料进行分类、归总、描述，并最终形成中职教育质量评估报告。

（六）应用评估结果

在中职教育质量评估活动结束后，督导部门及时向被督导单位及中职学校反馈评估结果。省级政府督导部门可将评估结果作为评价各级政府及省属中职学校主管部门教育工作的重要内容、表彰中职教育先进地区、优秀学校的重要依据，以督促和激励中职学校及相关主管部门更好地改进工作。

五、评估效果

以政府为主导的中等职业教育质量评估模式的突出特点是"官办""官管""官评"。这种评估模式具有较强的引导性和约束力，一旦与政府绩效、学校评优评先及拨款挂钩，势必对中职学校及相关政府主管部门有着较大的影响。但这种主体模式亦存在明显的弊端与不足之处：

（一）政府意志过于显著

中职学校评估是政府部门对中职学校办学实行监督的重要形式，主要由各级政府及教育行政部门组织实施。国家部门及教育行政机构是中等教育质量评估的组织者、实施者、评价者、反馈者，通过制定中职教育评价标准对中等教育进行直接干预。同时，我国在法律法规及相关政策文件中确保了政府评估的主体地位。在以政府为主的中职教育质量评估模式中，政府居于核心主导地位，具有不容置疑的绝对权威。政府部门以其居高临下的位置掌控着中等教育评估的整体环节，政府意志渗透至中职学校的日常管理与质量评估。这在一定程度上削弱了中等教育其他主体的参与积极性，降低了中职评估市场竞争的自由度。

（二）质量评估主体唯一

在当前"官办、官管、官评"的模式下，政府对于中等职业教育实施统一管理，制定着中等职业教育质量保障的各类政策文件，严格明晰中等职业教育质量标准规模，全面规范着质量评估行为，并直接管理与监控中职学校的教学工作。企业、行业协会、学生家长等处于从属的补充地位，对中等教育的评价难以真正重视与认同。政府成为保障的唯一主体。随着当前"管办评分离"改革大幕的拉起，中职教育办学主体势必要走向多元化，评估主体也将走向多元化。在这种情况下，政府的唯一主体地位也要发生改变。

（三）过于侧重外部评价

中职教育质量评价分为外部评价和内部评价两部分。中职教育质量评估工作的有效开展，主要方式应该是中职教育质量内外评价的有机结合。然而，以政府为主导的中职评估主体模式，主要以政府控制为主，通过外部干预的形式对中职学校质量进行监督与控制，形成以外部监督评价为主导的评估模式。这种模式虽然对中职学校有直接的影响效力，但易忽略中职学校内部主动性的调动，特别是容易忽视教师、学生等利益主体参与中职学校教育质量评估工作。这种重外不重内的评估模式不利于调动中职学校主体的内在积极性，对中职学校的持续性发展易产生不利影响。

（四）忽视本源性问题

以政府为主导的中职教育质量评估模式，评估的重点易集中于外显的办学条件、仪器设备、实习场地等外部投入性资源的评估。而对学校培养过程，特别是学生发展这一根本性问题则有所忽略。例如，2010 年《教育部 人力资源和社会保障部 财政部关于实施国家中等职业教育改革发展示范学校建设计划的意见》显示：在国家级示范学校的遴选指标中大多涉及的是办学规模、办学条件，涉及学生发展质量的只有 3 项。在对国家级示范学校建设的 70 多个质量监测指标中大多数仍然是建筑面积、设备总值、实训室数量等资源投入性指标，涉及教育质量只有初次就业率、初次就业平均月薪、国家级技能大赛奖项等三项，涉及学生发展尤其是学业发展的指标在评价体系中却并未体现。再比如，2011 年教育部出台的《中等职业教育督导评估办法》中列出了政策制度、经费投入、发展水平等 4 个层面 30 个评价指标，其中涉及教育质量的仅有 3 项，即中职毕业生一次就业率、中等职业教育的社会满意度、中等职业教育发展特色，与学生发展最直接相关的仅有"学生一次性就业率"这一项指标。根据当前规定，在现有中等职业教育质量发展评价体系中，更多聚焦于条件性保障的外在资源投入，注重的是资金、设备、校园建设、双师型教师比例等，而真正反映教育质量的学生发展没有得到应有的关注。如此导向的评价体系容易导致中职学校片面追逐资源投入，忽视人才培养质量。

第二节　以第三方为主的中职教育发展评价

以第三方为主体的评价模式最早可追溯至 15 世纪的欧洲。这一模式最早是为了确保产品质量而提出并付诸实践的。随后这一评价模式又被广泛应用于医药行业、政府绩效及教育系统之中（程样国，等，2006）。自 1950 年以来，第三方为主体的教育评估模式经过多年的探索、应用及持续改进，业已在西方发达国家形成了较为成熟的市场及运行机制，在教育系统之中发挥着极为重要的作用。美国、芬兰、日本等一些教育强国更是通过各种法律及政策文件，将第三方评估作为国家教育质量评估的重要组成部分（潘旦，等，2013）。相较于西方发达国家，我国以第三方为主体的评估起步较晚，其运行模式、管理体系等方面还有诸多需要完善的地方。但第三方为主体的评价思想起源及初步应用在 20 世纪 80 年代就已出现。从当前实践情况来看，第三方为主的教育评价运用于高等教育领域较多，业已产生较强的影响力。

进入 21 世纪，在我国出台的各类教育政策及文件中，对于第三方评价的重视程度不断加深。2010 年颁布的《国家中长期教育改革和发展规划纲要（2010—2020年）》中明确提出"开展由政府部门、学校、学生家长及社会等多方面共同参与的教育质量评价活动"（国家中长期教育改革和发展规划纲要工作小组办公室，2010）。2013 年十八届三中全会指出，要"加大政府购买公共教育服务力度"，"积极探索和践行社会组织开展教育评估监测的有效途径"。2015 年 5 月，《教育部关于深入推进教育管办评分离促进政府职能转变的若干意见》中明确提出，要大力支持各类有资质的专业机构及社会组织进行规范化的教育评价。这实际上要求培育专业的评估机构、整合教育质量监测评估组织，完善教育质量监测指标体系。在原有的以政府为主的基础上，让企业行业协会、各类专业学会、基金会等各种社会组织参与教育质量评价之中。政府通过引入市场机制，以购买教育评价服务的形式，委托各类专业机构或组织开展教育评价（教育部，2015）。

具体到职业教育领域，在 2011 年《教育部关于充分发挥行业指导作用推进职业教育改革发展的意见》中提出，要形成企业和其他社会力量、教育行政部门及职业学校多方参与的，基于能力水平和贡献大小为依据的职业教育质量评价体系，逐步建立起以行业企业为主导的职业教育第三方评价机制（教育部，2011c）。在2014 年教育部等六部门印发的《现代职业教育体系建设规划（2014—2020 年）》中明确要求：推进职业教育体系内管、办、评分离改革，完善学校、企业、研究机构和其他社会组织共同参与的教育质量评价机制，积极鼓励和支持符合条件的第三方专业组织进行职业教育质量评价（教育部，等，2014）。基于政府政策导向层面来看，国家对于第三方为主体的教育评估的作用认识越来越明确，支持力度也在不断增大。很显然，第三方为主体的教育评价将成为职业教育质量评价的新着力点。引入第三方评价主体，广泛开展第三方评价将是大势所趋。

一、评价主体

以第三方为主的中职教育质量评估模式，首先要明确的问题是"谁是第三方？"按照利益相关者理论，在中职教育系统中至少存在着以下多方利益主体：政府部门、中职学校内部的管理者、教师、学生及相关企业、学生家长等。那么，这个第三方是相对谁而言呢？基于各类第三方评价的相关概念分析可发现，第三方所相对的主体往往是政府及学校自身。政府作为中职学校的举办者和监督者、中职学校作为直接的运行者，是确保中职教育质量的核心力量。既让其办教育，又让其评教育，难以摆脱"不客观"之嫌。因此，从政府及中职学校外部引入新的利益主体，实现管、办、评三者的有效分离，是确保中职教育质量评估客观的有效途径。从国家政策层面上来看，教育部、财政部多次下发关于职业教育的文件中提出：要建立企业、行业协会、学生及其家长、各类研究机构等利益相关方共同参与的第三方人才培养质量评估制度。由此可见，中职教育质量第三方评估主体主要包括各类企业、行业协会、研究机构、学生及其家长。

（一）各类企业

中职教育作为职业教育系统中的重要一环，其培养的人才主要的去向是各类企业。各类企业既是中职学校毕业生施展个人所学技能的重要平台，也是真正有效检验中职学校所培养的人才质量高低的主阵地。中职学校所培养出的毕业生与各类企业急需人才的契合度，在很大程度上能够反映出其人才培养的质量。而中职学校是否接地气，办出生机，办出特色，也在很大程度上取决于其能否真正面向市场，深入推进产教深度融合、校企有效协作。因此，中职教育人才培养质量第三方评价的推进，就离不开各类企业的有效参与，而且有必要将企业等用人单位作为重要的评估主体。企业需要的是能够真正适应企业生产需要，适应工作环境，综合运用所学知识及技能完成工作职责，不断提升工作质量和效率的人才。而通过企业参与中职教育质量评估，中职学校才能更精准地定位人才培养导向、规格及培养方式，更好地提高教育质量。

（二）行业协会

随着我国经济体制的不断完善，行业协会作为市场中重要的力量，在我国的社会主义市场经济活动中发挥着重要作用。随着我国社会主义市场经济体制的建立与逐步完善，行业协会在市场经济活动中的重要性日益突出。行业协会作为一种社会中介组织和自律性管理组织，是联系政府与企业的重要纽带和桥梁。其既能够在行业内发挥有效服务、倡导自律、协调一致、有效监督的积极作用，又能够成为政府部门的重要智囊和助手。行业协会作为一种企业自我管理、合作、监督的合作体，能够在行业中产生举足轻重的作用。相较于单个企业而言，行业协会能够以其强大的行业影响力，提出具有"风向标"导向的总体人才诉求，并能够集结更强大的资源来支持并影响中职教育系统的发展。实际上，从国际层面来看，行业协会在职业教育系统里发挥着极为重要的作用。例如，德国在2005年4月1日颁布并生效的新《联邦职业教育法》中明确规定行会协会是德国职业教育培训的主管机构，而非政府部门。其行业协会参与职业教育的管理与决策、组织考试，参与资格认定；审查培训合同，确定双元制培训时间，组织各类职业培训教育考试等，仲裁签约双方矛盾、参与教师管理、获取职业教育经费。在这些事项中发挥着重要的参与管理与决策作用（曾繁相，2014）。而从当前我国职业教育政策文件中可看到，国家正倡导形成以行业协会为主导的第三方教育质量评估。在可期的未来，行业协会势必在包括中职教育在内的职业教育系统中发挥更为重要的作用。因此，行业协会亦是第三方评估主体之一。

（三）社会研究机构

从国际经验来看，诸多国家教育系统委托各类社会机构对于职业教育人才培养质量进行评价。这一做法的突出优点是评估结果更加客观、公正和可信。相较于其他第三方主体而言，各类社会研究机构依托其专业的研究团队，能够在评价手段、评价流程、结果分析等方面凸显专业性。相较于国外较为独立的第三方研究机构，我的社会研究机构构成更为复杂，既有依托于大学、研究所的专业研究机构，又有具有官方背景、介于独立与非独立之间的研究机构，同时亦有各类民间研究机构。但总体来看，对于实际开展的第三方评价工作，各类研究机构在具体实践方面发挥着显著的作用。中职学校通过各类社会研究机构所做出的关于学校教学质量、管理质量、就业质量等方面的分析和评价，能够更好地审视自身所持的办学定位是否合理，办学特色是否鲜明，专业设置及课程开设是否符合产业及地方经济现状等方面的需求、所培养的学生是否具备企业所提供岗位所需的核心知识及技能，其教师教学水平高低与否、核心课程是否齐整、求职服务效率如何、学校生源动态变化如何、已毕业学生对于学校评价如何等方方面面的情况，进而在调整办学目标、修订培养方案、改革课程体系及教育方式、提升招生和就业服务质量等做为重要依据。

（四）学生及其家长

从教育服务的角度而言，中职学生及其家长作为教育服务最直接的接受者，是判断这种教育服务水平高低的重要发言者。中职生作为中职人才培养的全程参与者，对于学校所开设的课程、专业、教师教学水平、各类实习、校园氛围、管理制度及创业就业方面的工作有着切身的体验，也能够从教育服务是否有效满足其自身发展需要的角度去评价中职教育教学各环节的质量。学生家长作为学生的监护者，对于学生的知识水平、思想品德、技能习得及兴趣爱好等方面了解较为全面，对于学生在中职学校期间的前后变化有着更直接的感受和体验，因而能够做出相对客观、公平的评价。因此，从教育服务特性这一角度来看，学生及学生家长理应成为教育质量的第三方评价主体之一。

二、评估客体

以第三方为主的评估客体，与政府主导的评估客体一样，都是包括中等职业学校、中级技术学校、职业高级中学、成人中等职业学校等在内的各类中职学校，在此不再赘述。

三、评价内容

评价内容作为客体的重要组成部分，是由不同类型评价标准形成的多层次标准及标准指导下的具体评价指标构成。

（一）评价标准

鉴于第三方主体涵盖广泛，评价标准要充分考虑兼容性与多样性。具体来讲，第三方为主的中职教育质量评价标准包括人才培养质量标准、培养效率标准、社会效益标准。

1. 人才培养质量标准

培养合规格的技能型人才是中职学校最重要的职能。中职教育质量应聚焦于学生发展水平与质量上。如何评价学生发展水平与质量，判断是否符合人才质量的要求，要兼顾当前的客观环境。特别是在当前产业转型，经济发展换挡的新形势下，中职学校的发展内涵也在不断转型变化。人才培养质量的规格与要求要兼顾学校内部、政府要求和企业诉求多重因素，再构质量观念并细化为具体的评价指标体系。具体来看，人才培养质量标准要充分建立在对中职学生培养过程、培养方式、培养实效及中职生职业生涯发展的质量评价之上。将中职学校人才培养诉求与目标、理论学习与实践操作模式、人才培养方式、毕业生若干年内职业发展等作为主要考查对象，重点把握中职学校的育人目标是否体现在学校教学与管理过程中、专业建设是否契合学校培养重心、质量意识与文化是否融入中职生培养过程中。

2. 培养效率标准

中职教育是面向市场，服务经济发展的特殊性教育，也是扩大人力资本存量，提高人力资本素质的教育。这种特性势必要求充分考虑如何在一定的成本下形成最大的产出量。第三方评估中职教育质量的效率标准就是要通过一定的技术要求和经济标准来衡量中职学校在人才培养方面的投入与产出比，从而确定如何优化资源要素，形成最佳投入比例关系。中职教育的发展要遵循教育的规律，充分考虑教育发展的可能性和度，形成效率标准并对中职学校的人才培养效率进行评价。通过定期、有效的评价标准来衡量评价结果，确定中职学校的资源投入，测算学校人才培养成本及产出效益，从而为评估中职教育质量，促进中职学校持续改进提供参考依据。

3. 社会效益标准

中职第三方教育质量评价的社会效益标准，主要衡量中职学校对于产业升级、经济发展、企业发展等方面的实际贡献率和在社会上所享有的信任度及好评度，具体而言就是指中职教育人才培养效益及社会影响。从人才培养的角度来看，社会效益标准侧重考查中职学校人才培养数量与质量、学生就业质量、优秀毕业生比例、学生未来职业发展、毕业生对企业所做贡献、为社会所做贡献、社会各界对于中职学校毕业生满意程度方面。

（二）具体内容

基于评价标准，中职第三方评估的主要内容要充分兼顾系统性、科学性和可行性原则，确保评估内容的完善性和真实性，覆盖微观、中层和宏观几个方面。具体来看，至少应包括以下几方面内容：

1. 中职生基本素养

学生基本素养是检验中职学校人才培养质量的一个重要切入口。具体来讲，学生基本素养应包括外部企业岗位要求，以及与中职生可持续发展最为相关的道德素质、职业素质及文化素质：①道德素质主要包括学生作为一个合格公民应该具备的基本素养，包括其人生观、价值观、道德品质、责任感、奉献精神等，主要侧重考查中职学校对中职生道德教育及价值观教育方面的成效；②职业素养包括爱岗敬业精神、团队合作精神、职业投入等，这些内容主要考量中职学生与企业岗位的契合程度；③文化素养主要包括基本文化知识、人文知识、科学知识素养，主要衡量学生除专业技能之外的一般性、通用型非专业能力。

2. 中职生专业发展能力

中职生专业发展能力是评判中职学校人才培养质量的核心要素。中职生专业发展能力主要包括一般通用能力、专业能力、社会能力。通用能力旨在引导和督促中职学校注重培养学生全面发展的能力而非单一能力，主要包括基本性技能（例如写作能力、演讲能力、基本数学运算能力）、信息处理能力（例如计算机运用、数据分析与获取等）；专业能力侧重关注学生专业技能理论与实践水平，包括所学专业的理论知识、专业操作技能、顶岗实习、见习实训、技能竞赛、职业证书考查、等级考试等内容。这里要特别注意将中职学校是否按照相关规定开展实习实训、学生顶岗实习后企业对于中职生综合评价等纳入指标体系中来；社会能力侧重体现中职生法律规范意识、安全环卫知识、心理健康调节、城市融入意识等内容。

3. 中职生就业质量评价指标

就业质量是中职人才培养质量的最终体现，由就业现况、中职生职业发展、社会美誉率等三个部分组成。就业现况从中职生实际就业率、对口就业率等方面进行评价。这些指标能够充分反映中职学生毕业最终"出口"情况。中职生职业发展主要包括起薪水平、晋升率、学生创业率、学生个体满意水平等内容。社会美誉率体现为企业、行会等的评价与意见，主要包括中职生岗位适应能力、员工稳定率、企业满意度等方面。通过广泛搜集企业、社会各界对于人才培养质量的反馈及满意情况来进行评价。

四、评价过程

以第三方为主的中职教育质量评估体系，需要规范科学的流程。只有形成科学、适当的行动策略，完善每一关键环节，主客体之间的互动才切实有效。具体来看，可分以下几个阶段：

（一）确定评价目标

以行业协会为主导，广泛联系用人单位、科研机构、社会组织等，根据行业规模与职业岗位要求，并结合中职人才培养重点与未来发展方向，确定具有广泛共识基础的中职教育评估目标。

（二）建立评价机构

第三方主要相对于政府及学校而言，但又与两者密切相连。虽然第三方评估主体众多，但行业、企业、社会公众都无法直接对中职学校进行教育质量评估，需要组建或委托有资质的第三方评价机构来进行。这一评估机构可以广泛吸引行业组织、企业、教科研力量等共同形成第三方组织，并广泛寻找和整合专家资源，将各个领域的高水平专家资源进行汇总，形成评价专家资源库，并形成专家准入制度及审核制度。

（三）进行专业培训

第三方评估的一大优势是专业性。应定期开展评估业务培训，经常开展中职教育质量评价业务交流会，包括对国家的总体职业教育政策、相关法律法规，中职教育评价操作流程与规范、技术要求进行系统化培训与学习，掌握中职教育质量评价的原则、标准与具体要求。在评估方案设计、评价数据搜集、评价报告撰写及评价结果应用等方面进行系统的、全面的指导与交流。

（四）建立评价流程

第三方评估是一个严谨的过程。每一个流程应有明确的逻辑顺序，并有具体的分工及节点。具体来看包括构建评价体系、搜集评价信息与数据采集、形成评价结果及利用评价发现等四个阶段。这四个阶段紧密顺承。第一阶段，主要是构建完善的评价体系。根据第三方评估主体达成的共识，依据评估目标，按照人才培养质量标准、培养效率标准、社会效益标准，将中职生基本素养、中职生专业发展能力、中职生就业质量评价内容转化为具体的指标体系，同时确立相应的评价方式与工具。第二阶段，与中职学校沟通衔接，进行数据采集与汇总，通过中职学校各职能部门、教师、学生等各种渠道搜索教育教学信息及人才培养质量相关数据，并对有效信息进行汇总处理。第三个阶段是形成评价结果。在第二阶段所搜索数据的基础上，分析数据并形成评价报告。第四阶段，使评估结果成为政府考查中职学校办学质量的重要依据，以促进政府管理好中职教育、中职学校办好教育，实现双赢。

（五）反馈评价结果

虽说评价结果反馈是评价体系中最终的一个环节，它却能覆盖中职学校人才培养的整个过程。评价结果可以反馈至中职学校及教育行政相关部门，通过这种数据的反馈与交流让中职学校及教育行政部门及时发现存在的突出问题。一方面可以引导教育行政部门运用强制性或市场化手段实现中职人才培养的改进，对于中职学校教育教学工作的改进与创新、中职学校的布局与结构调整等方面具有很强的指导作用。另一方面，当中职学校充分认识到独立于自身及政府部门之外的第三方评估结果对自身发展的价值时，中职学校就会自觉主动地委托第三方进行质量评价并提出改进意见，从而更加改进教育教学。

五、制度支持

第三方评估是一个完整的流程体系，需要完善的制度作为保障和支持，以便更好地发挥其外部评价的效力。具体来看，需要从以下几点入手：

（一）完善第三方为主的评估保障机制，健全相关法律法规

要在中职学校引入第三方，既要靠第三方主体的专业性与独立性，同时还必须获得来自法律法规与行政权力的肯定。法律保障是开展第三方评估的基本制度保障。首先，要通过行政法规的形式，明确行业、企业、社会研究机构等相关评估主体的地位、准入资格、权限等。这是当前第三方为主的评估机制里最匮乏的地方。"名不正则言不顺"，必要的授权方才能确保第三方评估主体的合法性地位。只有明确第三方评估主体的权利与义务，比如保障进校调查、独立分析数据、发布结果等权利，方能真正确保第三方评估的权威性与独立性，使第三方评估不因

外部干预力量而丧失独立性。其次，通过立法保障，规范中职第三方评估的基本流程与评估周期，并使之成为与教育督导相类似的常态化、权威性活动，使第三方评估成为中职教育质量评价的重要组成部分。再次，制定中职第三方评价法律法规时要以精细化为主导，强调可操作性和执行力，尽量避免"假、大、空"。同时，加大法律宣传，使第三方评估中职教育的效用被更广泛的社会群体所了解，使第三方评估成为社会普遍共识，推进中职教育质量评估方式的改革与转型。

（二）引入激励机制，培育良好的第三方评估市场环境

从国际经验来看，国外第三方评估主要以专业的民间机构为主，市场竞争充分，专业性较强，公信力高。要引入中职第三方评估，政府首先要转变职能。应以"管、办、评分离"思想为主导，逐步放开"大包大揽"的固有体制，逐步放开中职教育质量评价空间，给予第三方评估更大的施展空间，引导第三方评估良性、健康的发展。政府要大力鼓励企业、行会与教育评估专家通力合作，通过行业出资、研究机构具体操作的形式，形成民办性质的教育评估机构。同时，政府部门要及时取消过多的登记限制，简化手续，放宽对于人数、注册金、住所地、业务范围等方面的要求，在一些领域可考虑尝试运用备案制而非注册制，鼓励有能力的专业人才创建专业化的教育评价机构。此外，政府部门要构建多元竞争的评估市场体系，使第三方评估机构能够有机会与有政府或事业单位背景的评价机构平等地公开竞标、同场竞技，让更多的机构参与评价竞争，多方面扩大中职教育评估服务的供给，形成良性循环的教育评估市场。

（三）建立和完善中职教育第三方评价元评估制度

中职第三方评估主体不仅要接受来自政府及社会各界的监督，同时这种监督要形成制度，使其规范化、常态化。元评估是针对第三方评估机构的再评价，以确保第三方评估健康发展。元评估以教育行政部门为主导，通过对中职第三方评估机构的认定、工作过程考评、评价结果复查等工作重点进行全程监控，也可通过奖惩甚至是淘汰机制等，确保第三方评估工作的规范性和专业性。2015年，《教育部关于深入推进教育管办评分离促进府职能转变的若干意见》中明确规定，鼓励成立教育评估的行业组织。同时对于操作不够规范、弄虚作假、甚至违法违纪的评估机构，建立"黑名单"制度。需要注意的是，在进行元评价监督时不可影响中职第三方评估主体的独立自主性，要给予其充分的自主权，甚至要将独立性

作为重要的评估内容。

（四）加强第三方评估主体自身的建设

"打铁还需自身硬"。中职第三方评估要在行业内部树立起自我规范的意识，整合行会、企业及研究机构的资源与力量，拟定机构管理章程、工作规范、工作人员职责等内容，形成严格的技能标尺和人员素质标尺。按照"宁缺毋滥"的原则，严守质量关。注重自身的专业水准和道德水平，切实确保第三方评估的质量与效益。

六、效果评价

相较于政府为主体的中职教育质量评估模式，第三方为主的中职教育体系优势明显。从第三方的内涵来讲，第三方评估最显著的三个特征即是专业性、独立性和非营利性。第三方评估至少可以达到三个方面的效果：①从形式上看，第三方评估能够相对避免"自己办、自己评"或"自己管、自己评"的制度缺陷，从而保证教育质量评价的公平公正性；②从实践层面来看，第三方评估可以避免因涉入利益相关者非均衡利益博弈而导致的评估过程偏离目标、评估效果偏离初衷的困境，确保教育评价的专业性；③从实施层面来看，第三方评估基于"外来人"的角度，能够从更加客观的角度帮助学校内部进行纵向横向比较，明确教育质量存在的突出问题及成因，克服教育系统内部自我认识的盲目性，从而确保教育评价的效力。具体到中职教育体系，第三方为主体的中职教育质量评估模式的效用主要体现在以下几个方面：

（一）强化监督导向功能，规范中职教育质量外部评价体系

当前中职教育质量评价体系主要是以政府为主实施的行政评价。这种评价模式的突出弊端是管办评不分，无法确保评价过程与评价结果的客观性与公正性。而对于以第三方为主的中职教育质量评估，它的重要作用之一是充分发挥外部的监督导向作用。美国政治家麦迪逊指出"人并非天使，因此有必要建立政府对其加以管理，但也正因为人并非天使，所以由人们所组成的政府才更要受到制约"（卢现祥，2011）。实践证明，在政府内部多层执行链条中，如果有各种信息处理和报告方式可供选择的话，在信息不对称的情况下，作为委托人的中央政府和难以全面制止作为代理人的地方政府的"逆向选择"和"道德风险"问题（丁煌，

2002）。在这种情况下，引入第三方评估主体进行质量评价活动，以其相对客观、公正、专业的优势，充分发挥外部监督者的作用。第三方评估主体依据中职相关政策文件及法律条文，在对中职学校进行外部质量评价的过程中，通过严谨地搜索和分析数据，客观公正地判断中职教育质量，并以咨询报告的形式提交给政府委托人，作为其进行理性决策的判断依据；通过信息公开共享平台将评估结果公之于众，为企事业单位、行业、学生家长及外部利益相关者提供透明、可靠的信息，使利益相关者对中职教育质量有更加直接、明确的了解。在这种情况下，中央政府可以大大缩短委托代理链，也可以解决中职学校上级主管部门监督动力不足、多报喜少报忧的问题，极大压缩了地方政府的寻租空间，也能够充分调动中职学校的积极性，更加主动、全面地向政府及社会展示其办学质量及成果。因此，引入第三方为主体的中职教育质量评估体系，完善中职教育质量外部评价体系，能够及时、有效、公允地将重要的中职教育信息传递给关注中职教育质量的政府、学校、企业及社会公众，对于地方政府部门相关政策的制定、改善教育管理措施及规范中职学校的办学行为等，都能够起到良好的监督导向作用，促进中职教育持续、健康、快速发展。

（二）推动中职人才培养模式改革，有效提升中职教育质量

以第三方为主体的中职教育质量评价指向应由"结果评价"和"发展导向"两部分构成。结果评价主要对正在进行或已经实施的中职教育行为及其结果进行评价，重点是诊断问题与不足，提出相应的改进意见；发展导向则是对未来中职教育行为进行科学合理的引导，提升人才培养的科学性。长期以来，中职教育质量评价往往由行政部门主导，缺乏行业、企业的有效参与。在这种情况下，教育质量评价结果主要体现的是中职教育系统内部的环境，忽视或忽略中职学校毕业生未来就业岗位所需要的能力和素质要求。这实际上与"服务为宗旨，就业为导向"的职教发展理念不相吻合，其评价结果也难以充分体现中职教育发展的未来趋势。实际上，中职教育与国家产业转型升级、经济新常态发展紧密相依的关系决定其区别于其他教育的特殊性。中职教育的成功在于能培养出产业转型升级和企业创新需要、能够满足经济社会发展的各类具有较强专业知识及技能的复合型人才。中职教育的质量归根到底体现的是培养人才的质量。如果中职人才培养质量无法与企业岗位需求相匹配，中职教育发展就会流于"浮萍"，内涵式发展也就无从谈起。人才培养质量作为中职学校的生命线，事关学校的生存及发展。同时，中职人才培养质量也会直接影响高职院校的发展乃至国家经济发展的速度与强度。提高人才培养质量的适切性和针对性，满足外部主体的切实需要，是中职发展的不二之路。以第三方为主体的中职评估体系，能够充分凸显行业协会、企业在教育质量评价中的话语权，提出行业协会、企业对于人才培养的现实诉求，对中职人才培养过程及提升人才培养质量产生重要作用。借助第三方评价可以发现行业协会、企业参与中职办学的程度水平、突出问题及解决策略，增强中职教育系统对行业、企业参与办学的重视，达到提升人才培养质量、促进中职学生全面成长、增强未来职业竞争力的目的。

（三）革新教育评价观念，引导中职学校教育教学改革

以第三方为主体的中职教育质量评价体系，能够依据评价目标、评价指标等引导中职学校进行观念再革新，有效督促其着力推进教育教学改革。①中职学校既要充分考虑学校毕业生的就业率、就业水平、行业企业满意度等方面工作的改进与提升，又要切实做好中职学校服务社会的基本工作。②通过第三方评价，中职学校进行教育教学改革的意识将更加突出，更好推进其从"要我改变"到"我要改变"。教育教学过程更加注重倾听来自不同方面的心声与诉求。③第三方评价能够促进中职学校教师及学生间的良好互动。通过引入第三方评价，能够使教师更加明晰学生的实际需求，促进自身教育理念、教学方式的转变，更加注重学生的学习体验和专业成长。教与学是双向互动的过程，中职教师教育理念和教学方式的改变能够引导中职生既有学习理念、学习方式的改变，从而实现中职教师与学生相互适应、相互促进的积极态势。如果第三方评价能够坚持以学生发展为核心，立足于人才培养实际的质量评价导向的话，就能以导向式的作用引导中职教育教学改革。中职学校以推进评价模式改革为抓手，借助构建多元评价的导向机制，积极推进第三方评价，可以丰富中职教育质量评价主体，优化教育质量评价体系，大力拓展教育教学改革空间，切实提升教育效益与人才效益。以行业、企业、研究机构及学生家长为主体的第三方评价能够使中职人才培养规模和质量更加契合区域、地方经济发展的需要，促进中职院校与企业深度合作，不断提升人才培养质量，突出办学特色，增强中职教育的吸引力。

（四）完善中职质量评价机制，强化质量评价功能

从当前中职发展现况来看，中职学校普遍存在着办学条件仍需改进、人才培

养水平亟待提高、人才培养模式急需转型、社会服务能力仍需强化等一系列突出问题。中职学校人才培养质量与社会需要之间仍存在不小的差距。而在中职教育质量评价方面，尚未形成完整的理论体系与操作规范。教育评价存在着评价主体单一、评价方案不够系统、评价过程较为粗糙、评价方式不够科学、评价结果有效性不足等一系列问题。引入第三方为主体的中职教育质量评价模式，对于弥补以政府、中职学校为主体的教育质量评价的不足，完善中职教育质量评价体系有重要价值。①能够促进政府、行业协会、企事业单位、各类研究机构及其他组织等不同资源的拥有者，基于第三方评价的特点与要求，合理配置自身资源，实现中职学校内外资源的优化组合，满足技能型人才培养的多重需求；②能够充分调动起社会各方对于多元利益主体参与中职教育质量评价的重视，推进中职教育质量评价体系的完善、多重代表的评价组织构建以及人才培养模式的改革；③作为一种有明确导向的教育行为，以第三方为主体的评价具有特定的引导功能，对中职教育及其外部环境产生多方面影响。在中职学校层面能够帮助中职学校明确教学改革的目标、方向与方式，提升中职教育人才培养质量，确保其所培养出的人才能够真正契合经济发展的需要、行业企业的需要，推进中职学校内涵式发展。在社会层面有助于充分调动起企业、行会、社会组织、研究机构等参与中职办学的积极性，形成支持中职教育发展的良好外部环境，促进中职学校与经济社会、企业协同发展。

第四章

中等职业教育发展评价的指标体系

第一节　以投入为主的中等职业教育
发展评价指标

一、教育评价指标的内涵及类型

评价指标体系是表征评价对象的属性和发展程度，各个指标之间相互联系，具有一定的结构性特征，最终构成了一个有机的整体。指标是评价指标体系构成的基本要素，根据不同的特征可分为不同的指标类型。按照指标的可数量化程度可以分为量化指标和非量化指标。量化指标是指指标本身通过某种工具可测量和可数值化，通过数据值域可进行数量上比较的指标类别，具有明确性和直观性，在进行评价分析时比较客观、清晰。非量化指标是指通常所界定的定性指标，一般采用基本概念、属性特征、通行惯例等对被评价对象的某一方面进行语言描述和分析判断，达到剖析问题和解决问题的目的。非量化指标的特点是外延宽、内涵广，难以具体化。对非量化指标进行评价计分，关键是要严格定义指标的内涵，并给出评价参考标准，如此才能实现经验判断的分数转换，融入整个评价指标体系。

教育质量指标体系是表征教育质量发展程度的各个指标的综合，是汇集教育数据、监测教育发展和支持教育决策的有效工具。教育质量指标体系是教育评估的基本标准，引导着整个评估过程，具有政策引导作用和预测预警作用。指标体系的完整性是评估工作有效进行的基础，指标体系的科学性是开展评价工作的必要保证，科学合理的评价指标体系和标准对学校办学水平的提高具有积极的推进作用，也成为各级学校办学的风向标。在进行教育质量评估时，科学合理的评估指标体系有利于保证评估结果的客观性和可靠性，是教育质量评估的必要条件。

从教育质量评价指标的类型上来看，教育质量评价指标可分为投入性指标和产出性指标两大类别。根据教育活动的供需模型可以看出，评价指标的内涵和表现形式不同，从投入、过程、产出等环节中构建指标体系，把指标划分为理念性背景指标、资源性成本指标、过程性保障指标、产出结果性指标。理念性背景指标是整个评估体系中的首要和核心内容，起到引领质量评价体系构架和评估终极目标的作用；投入指标是教育教学活动的物质基础，指在办学过程中投入条件性指标，通过一定的物力、财力、人力的投入以保证教育教学过程的正常运行；过程性保障指标是指为保证教育教学活动的顺利进行而构建的制度保障指标；产出结果性指标是指教育质量的产出表现形式。理念性背景指标既包含投入性指标也包含结果性指标，资源性成本指标是指在学校建设和质量评估的过程中，保障教育活动的运行的外在资源性教育要素。资源性成本指标和过程性保障指标主要属于投入性指标，结果性指标主要隶属于产出性指标。

二、以投入为主的中等职业教育发展评价指标分析

（一）投入性教育资源指标及其作用

教育质量评价中，投入为主的评价指标是构成评价体系的主要要素之一。学者王嵘将教育资源作为教育条件，这个条件能够保证教育活动、教育实践正常进行，并且指出这些条件不仅包括人力条件、财力条件、物力条件等物质方面的条件，还包括保证这些因素发挥作用的政策条件、制度条件、环境（物质环境、人文环境）等条件。投入性评价指标是教育资源配置的标识，是教育质量生成的成本。投入性评价指标的结构是多层次、多方位的，收集和分析投入性资源有利于了解质量成本的现实状况，优化资源配置（王嵘，2001）。

Colemen 等在美国对 4000 个学校 64 万名学生进行调查研究，形成了著名的《科尔曼报告》，结果发现教育设施设备、图书资料、师资力量等因素对学业成绩的影响并未达到显著水平，家庭相关因素却显著影响学业成绩（Colemen J S, et al., 1966）。这一研究结果引发了对学生发展影响因素的深入讨论，有质疑者，同时也有进行实证研究者。Hanushek 对美国 1960—1983 年中小学教育投入等进行研究，

并对 38 项实证研究结果进行分析，着重于探讨影响学生成绩的重要因素，对师生比、生均经费、教育投入、教育设施、教师资源、教师待遇等影响因素进行分析发现，教育经费与学生成绩的关联性不是很强（Hanushek，et al.，1986）。但是，也有研究者发现教育投入的生均经费对学生学业成绩具有积极影响（Hedges，1994）。还有研究者认为学业成绩与可利用的教育资源相关，并对一些学者的研究方法和样本选择进行了批评（Greenwald，et al.，1996），他们对 60 项已有成果进行研究，通过荟萃分析法研究学校投入与学生成绩之间的数量关系和发展方向，发现教育资源的明显增加和学业成绩之间存在正相关，进一步研究表明，适度增加教育经费支出可显著提高学业成绩（Greenwald，et al.，1996）。学者们也研究了教育支出对经济发展的影响，认为教育经费的增长能推进经济增长（Barro，et al.，1999；Blankenauo，2007）。

在我国，关于教育资源投入对教育质量的影响，学者们也进行了大量的研究。学者们在教育资源投入与产出关系研究中，以校舍数量、教学设备条件、师资力量、教育经费等作为资源投入指标，研究教育资源投入与教育产出之间的关系，发现这些因素与学生学业成绩之间均产生显著的相关关系（蒋鸣和，2000）。有学者以甘肃省农村学校作为研究对象，运用层次分析模型发现甘肃农村初中教师教龄、学历和进修学校培训、教师资格、职称对学生成绩产生显著的正向影响，但是生均公用经费与学生成绩之间存在显著负相关关系（薛海平，等，2007）；有学者对中国西部学校研究发现教师任职资格、骨干教师、生均图书册数、生均公用经费等资源投入对学生学业成绩产生积极的显著影响（胡咏梅，等，2009）；还有学者将不同类型的学校进行对比研究，比如，中等职业教育支出与普通高中教育支出相比，中等职业教育支出对地区经济增长的影响程度较弱，且呈现出明显的地区差异（徐晓，2015）。

从以上国内外学者对教育资源投入与学生学习成果之间的关系研究中可以发现结论既有相同的一面，也有不同的一面。尽管如此，各国仍然不断增加教育投入。在对学校建设和发展进行评估时，教育资源投入仍然是评价指标体系中不可或缺的重要因素之一。

（二）我国中等职业质量评价投入性指标分析

纵观我国中等职业质量评价政策及所构建的评价指标中，投入性指标是进行质量评价的重要内容，如表 4-1 所示。

表 4-1　1990 年以来我国政府颁发的中等职业教育评估指标体系一览表

年份	标志性文件	评估指标类别	指标分析
1991	国家教委《关于开展普通中等专业学校教育评估工作的通知》 由省（自治区、直辖市）和国务院有关部委教育行政部门成立评估工作领导小组，按照国家教委有关文件精神，结合本地区（部门）的实际情况，制定中专教育评估的评估方案（含评估标准、评估指标体系和评估方法）	合格评估（鉴定）的主要内容是学校的基本办学条件和基本教育质量 思想政治教育及其他教育工作单项评估标准以中共中央、国家教委及省（部）教育行政部门有关文件、规定为依据。专业教育质量评估以学校主管业务部委和国家教委委托有关业务部委制定的专业教育质量评估标准为依据 办学水平综合评估内容是：学校的办学指导思想，贯彻执行党和国家的教育方针、政策的情况，学校思想政治工作，学校建设状况，教学管理、行政管理水平和办学质量和效益	投入与产出质量兼顾
	劳动部《关于开展技工学校评估工作的通知》，同时附有评估标准	办学指导思想与组织领导 办学条件 教师队伍 思想政治教育及学生工作 行政工作	以投入性指标为主
1995	国家教委办公厅《关于开展国家级重点职业高级中学评估认定工作的通知》	办学方向 学校管理和教学教育教学质量 在校生数 校园占地面积 年生均经费 教学设施完备	以投入性指标为主
1997	劳动部《技工学校教育督导评估暂行规定》	贯彻执行国家教育法律、法规和方针、政策的情况 执行国家办学标准、工作条例及管理制度情况 基础设施、办学条件、教学管理和教学质量 教师上岗资格、职业道德和相关待遇 学生德、智、体全面发展的情况 对学生进行职业指导和毕业生就业服务情况 承担劳动预备制度培训任务和开展其他培训情况	以投入性指标为主
2003	教育部《关于开展国家级重点中等职业学校调整认定工作的通知》	办学指导思想 办学规模 毕（结）业生质量 骨干示范作用 校园占地面积 校园建筑面积 专兼职教师比例 教学设备、场地 信息化建设 体育、卫生设施与设备 稳定经费来源	以投入性指标为主

年份	标志性文件	评估指标类别	指标分析
2006	教育部《国家级重点中等职业学校评估指标体系》	办学方向与质量效益 办学规模 毕业生质量 示范作用 基础条件与合理利用 校园 专任教师 实验、实训 信息化建设 体育、卫生 经费规范管理与改革创新 办学模式 办学机制 队伍建设 德育工作 教学改革	以投入性指标为主
2007	劳动和社会保障部办公厅《关于做好国家重点技工学校评估工作有关事项的通知》	办学方向 办学特色 办学功能 办学规模 领导班子 师资队伍 办学经费 占地面积 实习设施 教具仪器 图书阅览 体育设施 信息技术 管理体系 咨询机构 校企合作 专业建设 德育管理 教学管理 就业指导 安全管理 行政管理 师资培训 教学质量 就业质量 培训质量 德育质量 体育质量 教研成果 社会评价	以投入性指标为主

年份	标志性文件	评估指标类别	指标分析
2010	教育部 人力资源和社会保障部 财政部《关于实施国家中等职业教育改革发展示范校建设计划的意见》	基本办学条件 专业与课程建设 教师队伍建设 实习实训 信息化建设 国际合作 校企合作 办学效益	以投入性指标为主
2011	教育部《关于印发〈中等职业教育督导评估办法〉的通知》	政策制度 政策建设 制度创新 经费投入 总量投入 专项投入 办学条件 基础设施 教师队伍 发展水平 发展规模 教育质量	以投入性指标为主
2013	人力资源和社会保障部《关于做好国家级重点技工院校评估工作的通知》	办学方向 办学条件 学校管理 培养模式 办学质量	以投入性指标为主
2016	国务院教育督导委员会办公室《关于印发〈中等职业学校办学能力评估暂行办法〉的通知》	学校基本办学条件 师资队伍 课程与教学 校企合作 学生发展 办学效益	以投入性指标为主

资料来源：中华人民共和国教育部网站搜集整理

　　分析评价指标体系内容可以看出，我国的中等职业教育质量发展评价体系不够完善，原有的中等职业教育质量评价体系主要聚焦于条件性保障的外在资源投入，资金投入、设施设备、校园建设、教师队伍建设等是教育质量评估的主要组成部分，质量评价指标体系的投入型外在条件指标远多于产出型结果指标。

　　1. 中等职业教育质量评估中的理念性背景指标

　　在中等职业教育质量评估体系中，理念性背景指标是不可或缺的因素之一。

理念性背景指标表述往往使用概括性词汇，比如：先进、现代、服务、主动、全面贯彻教育方针等，该评价指标主要采用质性材料和主观判断进行评判，具有一定的模糊性，量化程度较低。理念性评价指标是学校的灵魂，主要表现为办学思想。

办学思想是一个学校办学的基本出发点，反映学校管理和育人的价值观，是学校发展的凝聚力、向心力的具体表现。办学思想是一个学校的办学特色、精神特质和人文底蕴的内在表现。办学思想在教育评估指标体系中往往以教育理想、办学宗旨、育人取向等形式为表征，在具体表现形式上通过校训、校风、校规、校歌、校园文化等隐性形式表现出来。中等职业的办学思想要符合我国现代经济发展的需要，突出服务理念、立足学校特色、以就业为导向、创新教学内容、注重教育质量等。

2. 中等职业教育质量评估中的资源性成本指标

中等职业教育质量评估中资源性成本指标占主要成分，资源性成本指标可量化程度较高，主要包含办学条件，分为人力资源投入指标、物力资源投入指标、财力资源投入指标等。

人力资源投入指标主要指教职工和学生。比如：专业教师数量、专职教师数量、兼职教师数量、教师职称比例、学历比例、双师型教师比例、教师进修和培训情况等；管理人员中包括领导班子建设、管理人员素质等指标。

物力资源投入指标包括：校园占地面积、教学建筑面积、计算机数量、多媒体教室建设及数量、图书资料与借阅使用情况、实验设备、实训设备、信息化设备和建设、体育卫生设施与设备等。

财力资源投入指标包括：费用投入总量、年增长经费率、生均经费等。从投入来源来看，包括政府投入和个人投入；从投入的显性程度上看，可分为直接投入和间接投入。如表4-2所示。

表4-2 教育投入财力性资源分类表

类别	直接投入成本	间接投入成本
政府教育支出成本	各级政府教育拨款 用于教育的专项税费或基金 国有企业的教育或培训经费支出 公立教育系统的校办产业、勤工俭学和社会服务所得用于教育的支出 国家的非计划招生所用于教育的投入	教育用地和建筑潜在的租金和挂账处理的固定资产的折旧资金 财政对教育贷款的贴息及利息减免 校办产业、勤工俭学和社会服务所得的税收减免 国家财政用于教育支出的机会成本

类别	直接投入成本	间接投入成本
个人教育 支出成本	学杂费 书本费 文体费 食宿费 交通费 文具费 其他用品费	因接受教育而不能工作所放弃的收入

资料来源：中华人民共和国教育部网站搜集整理

3. 中等职业教育质量评估中的过程性保障指标

过程性保障指标主要包含办学过程中的保障制度等，比如管理政策和制度、办学机制的保障形式、德育工作的保障机制等。

管理政策和制度为教育管理活动提供物质和精神条件的保障机制，可以维护正常的教学、学习、生活等工作的基本秩序，保障各项教育工作的顺利开展，具有指导性和约束性。在中等职业教育质量评估中，设定有关教育教学的相关制度与执行标准作为评价指标，诸如职业教育规划制度、联席会议制度、教产合作与校企合作制度、学生资助与免学费制度、质量保障与评价考核制度、教育管理与教师队伍管理制度、部门职能和教职工岗位职责制度、办学经费保障制度、教学管理制度、教学研究制度、教学督导工作制度、安全管理制度等。这些指标的设置有利于学校重视制度建设，也是对教育教学过程中制度建设的考核。

三、以投入为主的中等职业教育发展评价指标之标准比较

（一）20 世纪 90 年代中期中等专业学校、职业高中、技工学校等三类国家级重点校评选标准

20 世纪 90 年代初到 90 年代末，中等职业教育快速发展，中等职业学校的设置标准和评估标准也不断出台。由于所属管理部门不同，隶属于教育部门管理的普通中等专业学校和职业高中相继出台了重点学校的设置标准和评估标准，隶属劳动部门管辖的技工学校也出台了重点技工学校遴选标准和评估标准。在遴选标准和评估标准中，以投入条件性标准为主，这些标准主要表现为办学规模、校园面积、校舍建筑面积、实习资源、图书设施、教育经费、师资力量、管理等方面，具体要求如表 4-3 所示的三类国家级重点中等职业教育学校的投入性评估标准，

它们既存在相同之处，也存在着一些差异。

1. 从评估标准制定的整体而言

技工学校的评选条件比较详细和具体。在评估硬件方面，更注重职业教育的实践性特征，从学生的实习工位、实习工厂等都做了较为详细的规定和表述，具有可操作性。

2. 从评估标准的要求与水平来看

中等专业学校的要求和标准更加严格。国家级重点中等专业学校的评选在原有的普通中等专业学校办学水平评估的基础上进行，要求"严格掌握标准，评选中要全面考察学校的办学方向、教育质量、办学效益和自我发展能力，要重视其改革成果、办学特色及其在一定行业、地区乃至全国范围发挥骨干作用的情况"。在重点校的遴选标准上，中等专业学校的遴选标准高于重点职业高中和重点技工学校的遴选标准。

表4-3 20世纪90年代中期三类国家级重点校评选标准（投入）比较表

评选标准 ＼ 学校类型	中等专业学校	职业高中	技工学校
文件依据	《关于评选"国家级、省部级重点普通中等专业学校"的通知》教职〔1993〕12号	《关于开展国家级重点职业高级中学评估认定工作的通知》文号：教职厅〔1995〕1号	《关于印发〈国家重点技工学校标准〉(修订)的通知》劳部发〔1997〕238号
办学规模	在校生≥1 200人，其中普通中专在校生人数≥50%	在校生≥1 200人，其中学历教育≥1 000人	在校生≥1 000人，其中学制教育≥800人
专业设置	—	—	常设专业≥4个，且连续招生在三年以上
校园面积	工、农、医类学校≥4.6万 m²（约70亩）；财经政法类学校≥4 万 m²（约60亩）	城市学校≥3.3万 m²农村学校≥6.7万 m²	≥2.6万 m²（约40亩）
校舍建筑面积	工、农、医类学校≥3万 m²；财经政法类学校≥2.5万 m²	≥2万 m²	生均建筑面积≥32m²
教育经费	学校最近两年创收（包括各种生产经营、技术服务和培训的收入）各占当年办学经常费≥40%	年生均经费达到全国职业高级中学生均预算内教育事业费的二倍以上校办产业年创收50万元以上	学校经费来源稳定，有与学校规模相适应的基本建设和设备经费，并保证逐年增长
实习基地	—	—	有满足实习教学需要的实习工厂（场、店）和实习基地，保证每生有实习工位；特殊专业不宜建实习工厂的，应有适应实习教学要求的模拟设施或校外定点实习基地

续表

学校类型 / 评选标准	中等专业学校	职业高中	技工学校
教学设施	—	教学设施完备，各类专业（工种）的学生进行教学实习时，要做到每生一个工位；以农、林、牧、渔等专业为主的学校要有相应的农、林、牧、渔场，总面积≥6.7万 m²	实习、实验场地及附属用房建筑面积≥6 000m² 有适应专业特点，满足教学需要的专用教室和实验室；仪器、设备、教具和挂图符合装备规范要求，主要设备应达到国内先进水平；有较先进的电化教学设备和编制音像教学片的能力
图书设施	≥10万册	—	图书馆面积≥800m²，藏书量≥30 000册，其中专业技术书籍≥50%
体育设施	—	—	运动场占地面积≥6 000m²
管理队伍	—	—	年龄结构合理，团结协作，勤政廉洁。校长、教务副校长应具有大学本科及以上学历或高级职称，具有改革创新精神
师资力量	高级职称者≥15% 中级职称者≥40%以上	—	文化、技术理论课教师具有本科及本科以上学历，其中高级职称≥15%； 技术理论课教师应具备本专业某一工种的初级工操作技能，其中达到中级及中级以上操作技能≥20%； 实习指导教师具有中等职业学历及以上学历，操作技能达到中级工及以上水平，其中一级实习指导教师及以上职称≥60%
实验开出率	≥95%	—	实验课开出率100%
实习开出率	≥95%	—	—

资料来源：国家教委《关于评选"国家级、省部级重点普通中等专业学校"的通知》教职〔1993〕12号；国家教委《关于开展国家级重点职业高级中学评估认定工作的通知》文号：教职厅〔1995〕1号；国家劳动部《关于印发〈国家重点技工学校标准〉（修订）的通知》劳部发〔1997〕238号等文件

（二）2000年后中等职业学校与技工学校评估指标（以投入性指标分析为主）

2003年，随着中等职业教育布局调整的深入，国家级重点中等职业学校的格局又发生了较大变化。首次将国家重点中等专业学校和国家级重点职业高级中学两个条件调整合并为既适用于中等专业学校，也适用于职业高中的统一的国家级

重点中等职业学校条件，这标志着中等专业学校和职高开始从分类评估迈向统一评估阶段。与 20 世纪 90 年代的重点校建设的投入性指标相比，2000 年后的重点校建设指标数量和标准也发生了较大的变化，如表 4-3 和表 4-4 所示：从评估标准的横向比较来看，中等技工学校的评选条件和中等专业学校的遴选条件基本相近，可操作性都比较强；在投入性条件建设方面从人力投入、物力投入、经费投入等方面都有明确的要求，比如，学校规模基本要求 2000 人以上，校园面积接近 5 万平方米，教师结构的基本要求几乎相近。除了原有的建设指标外，为适应教育信息化和现代化进程，增加了现代信息规划和管理现代化的指标、学校的信息化设施建设情况、校企合作的发展情况等指标内容，从硬件建设和软件建设多方面进行评估。

表 4-4   国家级重点中等职业学校与国家级重点技工学校评估指标（投入性）

评选标准 / 学校类型	国家级重点中等职业学校	国家级重点技工学校
文件依据	《关于开展国家级重点中等职业学校调整认定工作的通知》《国家级重点中等职业学校条件》教职成司函〔2003〕33 号	《关于印发国家重点技工学校标准的通知》劳社部发〔2007〕26 号《关于做好国家重点技工学校评估工作有关事项的通知》劳社厅发〔2007〕16 号
学校规模	全日制学历教育在校生人数达 2 000 人以上，年培训人数达 1 000 人以上	在校生达到 2 000 人以上，开展就业前培训、在职培训和再就业培训等每年不少于 1 000 人次
专业设置	—	常设专业不少于 4 个，且连续招生 3 年以上
校园面积	城市学校一般不少于 4.0 万平方米，农村学校一般不少于 6.7 万平方米	学校占地面积（不含教职工宿舍等非教学用房区域）不少于 5.2 万平方米（约 80 亩）
校舍建筑面积	城市学校一般不少于 3.0 万平方米，农村学校一般不少于 2.5 万平方米	建筑面积（不含教职工宿舍等非教学用房）不少于 4 万平方米，其中实习、实验场所建筑面积不少于 1 万平方米
教育经费	能多渠道筹集资金，保证学校有稳定经费来源，满足办学需要	学校经费来源稳定，有与学校规模相适应的基本建设和设备经费
实习基地	有稳定的校外实习、实训基地	学校具备满足实习教学需要的实习场所和配套的实习设备，保证每生有实习工位。主要设备、设施（或仿真模拟设备）具有先进性
教学设施	有满足各专业实验、实训需要的教学设备、场地	学校有适应专业特点，满足教学需要的专用教室和实验室。仪器、设备和教具满足教学要求，达到国内先进水平
图书设施	6 万册以上（含电子图书）	图书馆藏书量（含电子图书）不少于 5 万册
体育设施	环行跑道，城市学校一般不少于 200 米，农村学校一般不少于 400 米	运动场地面积不少于 6 000 平方米
管理队伍	学校董事会、办学指导委员会	—

续表

评选标准＼学校类型	国家级重点中等职业学校	国家级重点技工学校
师资力量	专兼职教师比例合理 专任教师 80 人以上，其中具有本科以上学历教师占 85%以上，高级职务教师占 20%以上，"双师型"教师和研究生以上学历教师占有一定比例 专业课教师定期参加生产实践的制度	与办学规模相适应、结构合理的专兼职教师队伍，兼职教师人数不得超过教师总数的 1/3；文化、技术理论课教师具有高级讲师职务的占 25%以上；技术理论课教师至少具备本专业相关职业的初级工操作技能水平，其中达到中级工及以上技能操作水平的应占 40%以上；实习指导教师具备高级工及以上技能操作水平的达 80%以上；高级实习指导教师、技师和高级技师占实习指导教师总数的 40%以上。理论实习教学一体化教师达到专业课教师总数的 50%以上
实验开出率	实验自开率、实习开出率达 95%以上	—
信息化设施	积极开展信息化建设。建有校园网，有能满足办学需要广泛获取和处理信息资源的软硬件设施，能够利用信息技术开展教育教学和管理活动	有满足多媒体、网络教育教学和信息化管理需要的软硬件设备设施，并建立校园网站
校企合作	—	至少与 5 家以上企业建立校企合作伙伴关系
制度建设	有	—

资料来源：中华人民共和国教育部网站搜集整理，《关于开展国家级重点中等职业学校调整认定工作的通知》教职成司函〔2003〕33 号、《国家级重点中等职业学校条件》、《关于印发国家重点技工学校标准的通知》劳社部发〔2007〕26 号、《关于做好国家重点技工学校评估工作有关事项的通知》劳社厅发〔2007〕16 号等文件

（三）中等职业教育质量评价投入条件性指标的纵向分析

从评估标准及要求的纵向比较来看，技工学校和中等专业学校的要求和标准越来越高，见表 4-5。比如国家级重点技工学校建设标准中招生规模由不低于 1000人上升为不低于 2000 人，校园面积由约 40 亩增加为约 80 亩，教学设施由数量上的基本要求拓展为数量和使用功能与规格上的双重要求，实习、实验场地及附属用房建筑面积不低于 6000 平方米上升为不低于 10 000 平方米，藏书量由不低于30 000 册上升为不低于 50 000 册。

表 4-5　国家级重点技工学校建设标准比较表

建设标准＼学校类型	国家级重点技工学校（1997）	国家级重点技工学校（2007）
文件依据	《关于印发〈国家重点技工学校标准〉（修订）的通知》劳部发〔1997〕238 号	《关于印发国家重点技工学校标准的通知》劳社部发〔2007〕26 号 《关于做好国家重点技工学校评估工作有关事项的通知》劳社厅发〔2007〕16 号

续表

建设标准＼学校类型	国家级重点技工学校（1997）	国家级重点技工学校（2007）
学校规模	在校生≥1 000人，其中学制教育≥800人	在校生达到2 000人以上，开展就业前培训、在职培训和再就业培训等每年不少于1 000人次
专业设置	常设专业≥4个，且连续招生在三年以上	常设专业不少于4个，且连续招生3年以上
校园面积	≥2.6万 m^2（约40亩）	学校占地面积（不含教职工宿舍等非教学用房区域）不少于5.2万平方米（约80亩）
校舍建筑面积	生均建筑面积≥32m^2，实习、实验场地及附属用房建筑面积≥6 000m^2	建筑面积（不含教职工宿舍等非教学用房）不少于4万平方米，其中实习、实验场所建筑面积不少于1万平方米
教育经费	学校经费来源稳定，有与学校规模相适应的基本建设和设备经费，并保证逐年增长	学校经费来源稳定，有与学校规模相适应的基本建设和设备经费
实习基地	有满足实习教学需要的实习工厂（场、店）和实习基地，保证每生有实习工位；特殊专业不宜建实习工厂的，应有适应实习教学要求的模拟设施或校外定点实习基地	学校具备满足实习教学需要的实习场所和配套的实习设备，保证每生有实习工位。主要设备、设施（或仿真模拟设备）具有先进性
教学设施	有适应专业特点，满足教学需要的专用教室和实验室；仪器、设备、教具和挂图符合装备规范要求，主要设备应达到国内先进水平；有较先进的电化教学设备和编制音像教学片的能力	学校有适应专业特点，满足教学需要的专用教室和实验室。仪器、设备和教具满足教学要求，达到国内先进水平
图书设施	图书馆面积≥800m^2，藏书量≥30 000册，其中专业技术书籍≥50%	图书馆藏书量（含电子图书）不少于5万册
体育设施	运动场占地面积≥6 000m^2	运动场地面积不少于6 000平方米
管理队伍	年龄结构合理，团结协作，勤政廉洁。校长、教务副校长应具有大学本科及以上学历或高级职称，具有改革创新精神	—
师资力量	文化、技术理论课教师具有本科及本科以上学历，其中高级职称≥15%；技术理论课教师应具备本专业某一工种的初级工操作技能，其中达到中级及中级以上操作技能≥20%；实习指导教师具有中等职业学校及以上学历，操作技能达到中级工及以上水平，其中一级实习指导教师及以上职称≥60%	与办学规模相适应、结构合理的专兼职教师队伍，兼职教师人数不得超过教师总数的1/3；文化、技术理论课教师具有高级讲师职务的占25%以上；技术理论课教师至少具备本专业相关职业的初级工操作技能水平，其中达到中级工及以上技能操作水平的应占40%以上；实习指导教师具备高级工及以上技能操作水平的达80%以上；高级实习指导教师、技师和高级技师占实习指导教师总数的40%以上。理论实习教学一体化教师达到专业课教师总数的50%以上
实验开出率	实验课开出率100%	—
信息化设施	—	有满足多媒体、网络教育教学和信息化管理需要的软硬件设备设施，并建立校园网站
校企合作	—	至少与5家以上企业建立校企合作伙伴关系
制度建设	—	—

资料来源：中华人民共和国教育部网站搜集整理，《关于印发〈国家重点技工学校标准〉（修订）的通知》劳部发〔1997〕238号、《关于印发国家重点技工学校标准的通知》劳社部发〔2007〕26号、《关于做好国家重点技工学校评估工作有关事项的通知》劳社厅发〔2007〕16号等文件

第二节　以产出为主的中等职业教育发展评价指标

一、教育产出及其评价

在质量管理和评估中，除了评估办学条件外在投入的要素，另一个重要的评估要素是教育产出和教育效果。教育产出是对教育效益进行分析时的主要组成部分，是衡量教育质量的关键要素。教育效果由教育产出构成，"效果"是教育产出带来的结果和变化，也就是组织生产产品或提供服务带来的结果，如效率、效益、有效性、影响等。例如，政府对职业学校投入的产出是接受职业教育的学生数量，那么"效果"则是这些产出带来的变化，如更多数量的贫困家庭学生接受职业教育后找到了工作，个人和家庭生活得到改善，促进了社会和谐发展，那么"效果"就是这些变化带来的影响（唐以志，2016）。

关于教育产出，诸多学者给予了不同的内涵解读。一些学者对教育产出进行核算时，把教育产出分为直接教育产出和间接教育产出：教育的直接产出立足于学生的学习成果和发展水平，考察教育对学生这一人力资源的直接作用，指学生通过接受教育所获得或形成的知识、技能、态度、品行等素养；教育的间接产出是教育发展所产生的技术溢出效应，考察教育对社会生产率和个人收入等的间接影响与作用，指通过毕业生进入社会或者劳动力市场后，因为教育的影响而产生的对国民收入的影响或对生产效率的影响或者对个人收入的影响，是教育的间接产出（丁小浩，2000）。相对来讲，在学校教育质量评价中，更多的评估活动指向直接教育产出。美国教育评估标准联合委员会（Joint Committee on Standards for Educational Evaluation）认为，学生学习成果是对学生特定学习的期望，即学生在特定的学习、发展及表现等方面将会获得的各种结果，包括：知识与理解力（认知）、实际技能（技能）、态度与价值观（情感）及个体行为（Arlen R，2003）。表征直接教育产出的学习成果的界定和将评估的指标应该是适当的，包括知识（认知的）、技能（行为的）、态度（情感的），并且能被学生学习的课程、活动和学习过程证明的教育成果（Janet F，2009）。也有学者从教育的数量和质量两个维度界定教育产出，亦即一般意义上教育绩效。就数量方面而言，主要指的是入学率、完成率、毕业率等绩效指标；就质量方面而言，界定质量高低往往比较困难，测量教育质量的高低也是对教育产出评价面临的最大问题。目前为止，还没有关于学生学业发展的统一的评价标准，在学生进入人才市场以后，由于教育质量与市场的关联性测度受多重因素的影响，采用个体在市场的表现性来测度教育质量也很少采用，但是为了考查教育产出的质量表现，寻找比较恰当的表征指标，在衡量教育质量时就采用了代理性指标来评估教育的质量。比如，初等教育阶段往往采用升学率来评价教育质量表现；职业教育领域往往采用就业率、专业对口率、初次就业平均工资等来评价教育质量表现；高等教育领域不但采用了就业率等指标来表征教育质量，还采用教育排名、学术排名、学术声誉、教学声誉等指标反映教育质量的高低。还有学者认为教育产出包括学生因受教育而形成的人力资本和教师的科研成果等（罗良清，等，2006）。"人力资本"是相对于"物质资本"而言的一种资本样态，人力资本的存量、结构和质量是教育产出的质量高低的重要指标。人力资本的数量是指劳动者的储存量，人力资本的质量是指劳动者的知识、技能、体质与健康等所表示的非物质资本，存在于个体之中，是通过后天培养和教育所获得的知识、技术、能力和健康等潜在质量要素的综合经济价值和文化价值。就教育而言，学生所形成的人力资本是指学生毕业时希望掌握的知识和达到的能力，包括职业特定能力、行业通用能力和核心能力，核心能力包括与人交流、数字应用、信息处理、与人合作、解决问题、自我学习、革新创新和外语应用等（丁桂芝，2012）。也就是说教育产出成果不仅体现出专业知识的获取或学习技能的提高，同时也表现为人文素质的培养和能力及涵养的养成等。教师的科研成果作为教育产出指标之一，主要指教师通过研究工作而带来的科研效应和教育服务，包括学术论文数量、各种研究项目及研究成果的数量及其带来的社会影响等。职业教育质量评估内涵丰富，涉及教学、学生学习、基础设施、学生的整个学习过程，好的职业教育质量包括实践技能操作目标和学业成绩目标。因此，职业教育质量评价体系中评价因素包含多方面内容，但从质量标准的内涵方面来看，应以发展学生能力为课程质量目标。在整个课程设置、实施和评价等过程中，要体现和符合设计者预期目标、满足社会期望、反映学校教与学内容及过程。"学业成绩"不仅包含学科意义的"知识逻辑"，同时也包含了非知识的、技能性的和素质内涵的"能力逻辑"。学业成绩是课程质量的基本体现，是教育质量的核心要素。

可以看出，对教育产出的理解出现了诸多不同的表现形式。尽管在理解的层面和设定的评价指标有所不同，但是总体来讲主要从学生层面、教师层面、学校层面及社会层面所带来的影响效应等不同方面对教育产出进行内涵和外延的界定。其中，人的发展即学生的发展是评价教育产出效果的核心内容。实践中，国际组织也以人为中心来发展教育和评价教育质量。联合国教育科学及文化组织（联合国教科文组织，United Nations Educational，Scientific and Cultural Organization，简称 UNESCO）在《全民教育全球监测报告》（2004）中提出了以学习者为中心的教育系统模型，详细诠释了教育质量的基本框架和内容，见图4-1。该质量框架的核心是学习和学习者，把人作为质量的载体，以此评价教育质量的发展情况。

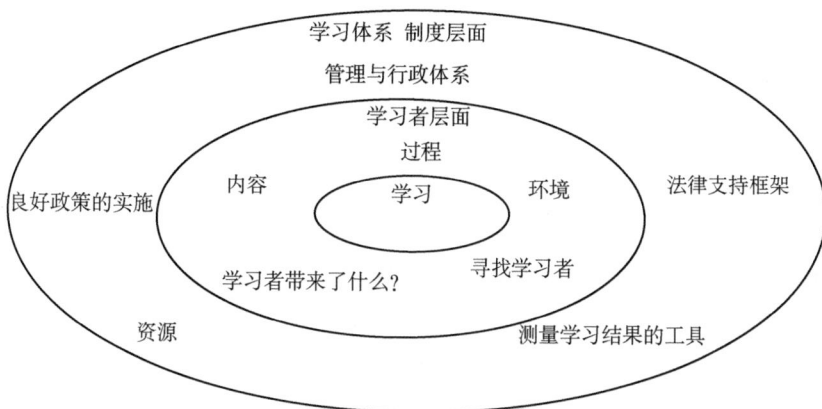

图 4-1　教育质量框架图

资料来源：Mary Joy Pigozzi. Quality Education: An Evolving Concept. A UNESCO Perspective, UNESCO 2004

　　如何预期个体的教育产出？一是能力维度，包括学习者通过教育系统需要获得哪些能力才能够为共同的发展目标作出有效的贡献，并在当今及未来的社会能够生存等内容。二是终身学习者维度，主要包括教育系统能否有效地培养学习者终身学习的能力、职业发展过程中的创造能力和应对不断变化的职业场景的应变能力，等等。许多机构也进行了以教育产出为主要评价要素的实践和研究，如宾夕法尼亚大学在学生素质发展的评估方面设置了教育质量评价模型，从认知、技能、习惯、创造性、终身学习等方面进行评价，如表4-6所示。

表4-6　宾夕法尼亚大学教育质量评价模型

教育质量	一级指标
学生素质	自我意识的形成
	对他人的理解
	语言基本技能
	数学基本技能

续表

教育质量	一级指标
学生素质	学校的兴趣
	个人品德表现
	健康习惯
	创造潜力
	创造性产出
	职业发展
	对人类成就的鉴赏力
	对变化所做的准备

在教育质量评估这一话语背景下，广义的教育产出泛指教育活动投入和实施的结果，如毕业生数、毕业率、教育服务、科研成果、学生毕业后对职业生涯的影响、社会贡献、终身学习等，狭义的教育产出指学生的学习成果和发展程度，如课程学习成绩、专业技能成绩、累积的经验、身心发展状况等，主要通过分析有关知识和能力的发展状况，情感、态度的变化，教育的整体贡献率等来推断教育的成效。

对教育产出结果进行评价是一个持续和循环的过程，要求不断地收集评估对象的发展数据，分析存在的问题，并把信息反馈在教育与管理过程之中，促进学生的学习和发展是教育产出结果评估的最终目的。

二、以产出为主的中等职业教育发展评价指标分析

与普通教育相比，职业教育兼具一般"教育"和"职业"的双重属性，其目标是培养专门技术型人才。职业教育的产出不仅仅包括在校生人数和毕业生人数，还包括人才培养、社会服务和科研产出等要素，即人才资本储量、社会经济发展推动力和科学技术水平。其中职业教育产出的重要指标是人才培养，以及通过人才培养为社会提供的各种服务。

（一）国际上以产出为主的职业教育评价指标研究文献分析

近年来，联合国教科文组织对职业教育发展质量进行了专门研究，并针对职业教育的特点，提出了职业教育质量指标体系，发展国际通用的职业教育质量标准及评估框架，加强对世界职业教育发展质量的监控（李玉静，2012）。联合国教科文组织结合职业教育的要求、教育目标，以及与劳动力市场和就业联系紧密的

特征，从机会和范围、TVET（Technical and Vocational Education and Training，技术和职业教育与培训）体系内部效率、人力和物质资源、经费、职业融合率、教育与就业一致性比例、教育与就业间关系、劳动力市场等 8 个维度构建了职业教育发展情况评估指标体系。该体系将每个维度的具体质量表现内容进一步细化，形成了 54 个二级具体指标，见表 4-7。从表中可以看出，职业教育质量评估指标更加注重产出结果。

表 4-7　UNESCO 职业教育质量评估指标体系

维度	指标
机会和范围	过渡率：（初中层次 TVET 过渡到高中层次 TVET，高中阶段 TVET 过渡到高等教育阶段 TVET）
	毛入学率（GER）
	初中和高中教育阶段 TVET 学生数量在初中和高中学生总数中所占比例
	初中阶段 TVET 学生数和高中阶段 TVET 学生数分别在初中和高中教育阶段学生总数中所占比例
	学生在私立初中和私立高中阶段 TVET 机构中所占比例
	中等教育阶段进入 TVET 机构的女孩/妇女所占比例
TVET 体系内部效率	TVET 机构中学生数量的年度增长率（中等和高等层次）
	升级率
	复读率
	辍学率
	毕业考试成功率
	毕业率
	学生的年级保持率
	生均学习时间
	TVET 学校增长率
	私立学校在 TVET 体系中所占比例
人力和物质资源	内部效率系数
	学生/教师比例
	学生/教室比例
	学生与实习车间或实验室比例
	合格教师比例
	对设备平均满意水平
	对学校设施平均满意水平
	教师接受过新的教学或学习方法再培训的比例
经费	TVET 机构所拥有的平均合作伙伴数
	教育在公共支出中所占份额
	TVET 在教育总预算中所占份额

续表

维度	指标
经费	TVET 支出在教育总支出中所占比例
	TVET 生均公共教育支出在人均 GDP 或 GNP 中所占比例
职业融合率	TVET 不同用途经费（经常性支出、资本支出等）分别在 TVET 总支出中所占比例
教育与就业一致性比例	毕业 X 年后不同行业或专业领域净职业融合率
教育与就业间关系	培训与就业领域一致性比例
	中等和高等教育层次学生在双元制培训中所占比例
	中等和高等教育层次学生在继续培训中所占比例
	TVET 课程中具有强制性在企业进行实践培训的比例
	TVET 学校中每年至少开展一次到企业实地参观的比例
	TVET 学校中每年至少组织一次开放日活动所占比例
	TVET 学校中具有企业孵化器（或小型企业）或任何其他涉及学生职业活动的比例
劳动力市场	选择性比例
	继续学习同一学科者所占比例
	有经济行为能力人口在不同年龄群体分布情况
	人口的积极活动率
	总就业数量
	就业率
	失业人口数量
	失业率
	总失业率
	长期失业率
	长期失业率可能发生情况
	有经济活动能力人口职业分布情况
	就业供给的吸引力或紧张率
	就业更新率

资料来源：UNESCO Regional Bureau for Education in Africa. Regional Contribution to Information Statistical System Development for Technical and Vocational Education and Training[R]. December 2009；李玉静. 国际职业教育质量评估指标体系比较分析——以 UNESCO、欧盟和澳大利亚为样本，职业技术教育，2012（28）：78

欧盟对国际上通用的职业教育指标体系进行分析，结合欧盟职业教育政策和目的，即提高学生就业能力，实现职业教育供给与需求的匹配，实现所有人口特别是弱势群体的平等参与，以此构建了职业教育与培训评估框架，包括就业能力、供需匹配度和机会三个维度，注重产出结果的评价，见表 4-8。

表 4-8　欧盟职业教育与培训质量评估指标体系产出指标

维度	层面	指标
就业能力	产出	开始和成功完成职业教育与培训参与者的比例（根据不同的职业教育与培训课程类型分析）
		在初始职业教育与培训中获得基本能力情况
		20～24 岁年龄人口中最高教育水平为 ISCED 0、1、2 的比例
		早期学校辍学者的比例
		获得资格证书比例及职业教育与培训完成率
	结果	青年人口的教育与就业情况，具有较低教育背景的青年人口比例
		职业教育与培训参与者成功完成培训后，在受训专业领域找到工作并在一定时期内（如 6 个月）保持该工作的比例
		没有获得稳定工作的青年人口比例
		没有稳定工作工人进入新兴行业（部门）培训情况
供需匹配度	产出	对公共劳动力市场项目的支出情况
		企业对培训的支出情况（根据不同行业和部门细分）
		企业对职业教育与培训的提供情况，员工对继续职业教育与培训的参与情况（根据不同行业细分）
		企业对继续教育与培训的评估
		为应对地区就业市场需求，对课程的设计情况
		职业教育与培训机构在与就业市场和继续教育机构联系方面采取的行动
	结果	对工人调查，他们所拥有的正式技能是其目标工作所需要的，非常有利于其目前工作情况
		个体及失业人员通过职业教育与培训改善技能及就业前景并发现其有用者比例
		企业本位培训和公共劳动力市场培训的影响
		从雇主和雇员的角度通过职业教育与培训获得的技能在工作场所使用情况
机会	产出	失业者中过去接受过职业教育与培训的比例（根据社会群体细分）
		弱势社会群体对职业教育与培训的参与率（考虑所参与领域的流行程度）
		优势和不利社会群体对职业教育与培训的参与率及其年度变化
		面临学习困难及具有学习天赋个体获得培训的机会
	结果	弱势社会群体开始和成功完成职业教育与培训的比例

资料来源：Lorenz Lassnigg. Indicators for Quality in VET：European Experience[M]. ReiheSoziologie Sociological Series，December 2003；李玉静. 国际职业教育质量评估指标体系比较分析——以 UNESCO、欧盟和澳大利亚为样本，职业技术教育，2012（28）：78

　　欧盟的指标体系更加全面具体，注重体现职业教育重视培养学生通识能力的基本理念，注重企业对职业教育参与情况、学习者掌握信息通信技术情况、青年人发展情况等指标。

　　有研究者对德国职业教育质量评价进行了研究，认为"德国职业教育质量指标体系是依据全面的、过程性和以人为本的教育质量观"（申文缙，2015），如表 4-9。

表 4-9　德国职业教育质量指标体系框架中的输出质量指标和长效质量指标

维度	层面	指标
输出质量指标	宏观层面	职业教育政策制度健全，体系运行良好
	中观层面	职业教育满足企业人才需求，有效提升其经济效益
	微观层面	学生对企业培训的满意度
		职业教育促进学生职业能力发展
		毕业生适应企业环境，独立完成工作任务
		拥有积极阳光的生活态度，有效解决生活难题
长效质量指标	宏观层面	职业教育人才培养成果的社会效益
	中观层面	职业教育为企业长远发展提供优质人力资源
	微观层面	可持续发展的职业能力和终身学习能力
		对企业文化的认同和归属感
		毕业后的职业生涯发展
		拥有完美的生活和较高的社会地位

资料来源：申文缙. 德国职业教育质量指标体系及启示. 外国教育研究，2015（6）：109～118

关注学生发展的教育质量评价已成为国际教育质量评价的主流。在职业教育评价领域，以教育产出结果为核心的评价指标已受到国际评估领域的重视，构建以学生发展为本的职业教育评价体系已成为提高职业教育质量的重要抓手。聚焦教育产出的学生发展成果评价成为引领职业教育质量评价的新范式，职业教育领域中关注学生发展成果的教育质量评价也越来越受到重视。但是从总体来讲，在职业教育研究领域，特别是在中等职业教育质量评价研究领域，这类研究并不多见。

（二）我国以产出为主的中等职业教育评价指标研究文献分析

我国学者对中等职业教育质量评价指标也进行了诸多研究。有研究者认为中等职业教育质量评价要从学生和学校两个层面进行，孙志河、刁哲军（2008）认为学生素质与社会声誉是中等职业教育评价中教学质量的两大指标，学生素质评价要从学生职业关键能力、必备知识与理论、职业技能水平与"双证"率、成才典型与获奖情况等方面进行评价，其中学生的进步和就业能力是评价中非常重要的内容；社会声誉指标包括就业率、就业质量、学生报到率和流失率、短期培训、技术开发与推广五部分内容。贾吉艳（2010）也从教育产出成果的角度设置了中等职业教育质量评价指标：学生毕业率、相应技术等级合格率、学生操行优良率、体育达标率、毕业生就业率、顾客总体满意率、设施完好率、教职工上岗培训合格率、社会培训学员合格率、学校无重大人身设备安全事故等十项质量目标。张连棣认为对中等职业教育教学质量进行评价应从思想道德知识、个人行为规范、公民意识、文化知识、专业能力、身心健康、个性发展等方面进行评价，评价内容还包括各学科课程的学业成绩、专业基本技能、体质和心理健康、意志品格、兴趣习惯、情感态度方面（张连棣，2011）。闫志利、姚金蕾以 KSAIBs 作为人力资源个体素质指标的集合，对中职学生的增值结果进行评价，将中职学生 KSAIBs 各要素分解为 21 项指标，构建中等职业教育质量评价指标体系（闫志利，等，2014）。孔祥富根据中等职业教育的特点，以技能竞赛成绩、对口升学成绩作为质量标准（孔祥富，2011）。但是，尽管各级教育行政部门都要求技能大赛"四覆盖"，但参赛人数毕竟是有限的，尤其是高层次竞赛，不少学校、地区为了竞赛成绩，往往把有限的优质训练资源（教师、设备），过度（或全部）集中在少数竞赛选手上，这无疑会侵占或影响其他大多数学生对优质训练资源的使用，严重违背技能竞赛的本意，违背职业教育是面向人人的教育这一根本。对口升学成绩不是职业学校教育教学质量的全部，充其量是三分天下有其一，我们在充分利用其积极意义与方面的同时，更需要面向人人，面向大多数学生，使他们的潜能得到有效发挥，学有所长，长有所用。学校建设规模的大小不能等同于学校质量的高低，二者没有必然联系，有时甚至是负相关。

从研究文献中可以看出，中等职业教育质量评价指标体系中，学生发展是重要的评价要素，主要包括以下两个方面：

1. 学生个体学习成果评估指标

学生个体学习成果评估指标是从学习者成长的立场出发，对学生发展的程度进行评价，可谓中职学生发展的"素质要素模式"，即从人的发展的素质结构方面选择评价指标。在指标的选取过程中，也兼顾了中等职业教育的"职业"特色，关注到了职业技能及职业素养的发展问题。学生发展评价指标主要从认知发展和非认知发展两个方面进行设定：认知发展评价指标从基础文化知识、专业知识、专业能力、职业关键能力、职业技能水平等方面进行考查；非认知发展指标从学生思想道德水平、个性发展方面进行考查。从学校评估的角度来看，对学生非认知能力的发展方面的考查相应较少。

2. 学生发展的整体评估指标

从整体上对学生发展进行评价是中等职业教育质量评价指标的理论研究的重要切入点，主要从学生操行优良率、体育达标率、毕业率、"双证"合格率、毕业生就业率、对口就业率、顾客满意率、社会培训学员合格率等方面进行考查。

（三）我国以产出为主的中等职业教育评价指标的相关政策文本分析

1. 学校效能型指标

在中等职业教育质量评估体系中，以学校效能作为基本单位来进行整体评价的教育质量指标有骨干示范效益指标和教学科研成果评价指标等。

骨干示范效益指标在中等职业教育质量评价指标体系中是对中等职业教育学校发展的综合性评估，比如综合水平领先、教育教学改革领先、专业建设领先、社会服务领先等，主要评价学校的模范带头作用。但是，该指标可测量性比较差。

教学科研成果评价指标主要表现为评价教师的教育教学研究成果，设置的目的是通过教师反思提高教学质量，该指标可测性比较强。

2. 学生发展结果性指标

在中等职业教育质量评估中，关于学生发展的评估指标相对比较少，主要表现为毕业率、就业率、专业对口率、双证率、获奖人数等。

毕业率指中职学生获得毕业证的人数占所有学生的比例。

就业率指在毕业离校前已落实就业单位的毕业生人数占毕业生总人数的比率。

专业对口率是就业质量的一个延伸，是指中职生毕业后从事所学专业对口工作的人数与总人数的比率。

双证率是指中职中获得结业证、技能鉴定证的毕业生占该届毕业生总人数的比率。

三、以产出为特征的中等职业教育发展评价指标之标准比较

（一）20 世纪 90 年代三类中等职业学校国家级重点校评选标准

20 世纪 90 年代，中等职业教育处于起步发展阶段，此阶段对中等职业教育的评估中，评估和遴选的产出性指标表现为以下特征：①总体来讲，产出为主的指标比较少，表述时比较宽泛和模糊，缺少对学生本身发展的评价指标。②从三类学校的指标表现形式来讲，中等专业学校的评估指标实行等级性评定，比较清晰；职业高中的评估指标表述比较宽泛，在产出指标的设定上基本处于空白状态；

技工学校在产出性评估指标的设定上相对比较明晰，从操行评定优良率、体育达标率、毕业率、技工证书率、就业率、用人单位满意率等方面进行评估，具有一定的可测量性，但是关于学生发展的实际水平的评估相对匮乏。见表 4-10。

表 4-10　20 世纪 90 年代中期三类国家级重点校评选标准（产出）比较表

评选标准 ＼ 学校类型	中等专业学校	职业高中	技工学校
文件依据	《关于评选"国家级、省部级重点普通中等专业学校"的通知》教职〔1993〕12 号	《关于开展国家级重点职业高级中学评估认定工作的通知》文号：教职厅〔1995〕1 号	《关于印发〈国家重点技工学校标准〉（修订）的通知》劳部发〔1997〕238 号
思想教育	指标评估总成绩为优秀（A 等）		
教学与管理	指标评估总成绩为优秀（A 等）	有职教特色，教育教学质量高且成绩显著，对同一类职业学校教育有示范作用	
管理水平	指标评估总成绩为优秀（A 等）	有职教特色	
办学特色	—	有职教特色	技工教育特色
在校生质量	指标评估成绩为优秀（A 等）	—	操行考核优良率在 95% 以上
			体育达标率在 95% 以上，早操课间操出勤率在 95% 以上，在上级部门组织的体育比赛中获奖
毕业生质量	指标评估成绩为优秀（A 等）	—	毕业证书和技术等级证书"双证书"制度，毕业率达 95% 以上，达到中级工技术等级的占 90% 以上
			用人单位对毕业生反映良好，满意率在 80% 以上
			毕业生当年就业率在 90% 以上
办学效果	—	—	校教育改革与科研取得显著成效，教育改革经验受到上级主管部门的认可与推广；教师撰写的论文、著作和编写的教材，在省级以上的刊物发表或由出版社正式出版；学校办学成果显著，受到当地政府或主管部门的表彰
办学潜力	能用 5 年左右时间将其建成效益规模达 3 000 人以上、办学条件配套、水平较高的学校	—	—

　　资料来源：中华人民共和国教育部网站搜集整理，《关于评选"国家级、省部级重点普通中等专业学校"的通知》教职〔1993〕12 号、《关于开展国家级重点职业高级中学评估认定工作的通知》文号教职厅〔1995〕1 号、《关于印发〈国家重点技工学校标准〉（修订）的通知》劳部发〔1997〕238 号等文件

（二）2010 年后中职示范校与国家级重点技工学校评估标准

相对于 20 世纪 90 年代的评估指标该阶段的评估指标有所进步，但是总体来讲关于学生发展水平的评估仍然相对较少，见表 4-11。

主要表现为以下特征：

1）强调重点校和示范校发展的辐射效应。

2）中等职业学校和技工学校都注重毕业生的毕业证书和职业资格证书获得率及毕业生的就业率。

表 4-11　国家级重点中等职业学校与国家级重点技工学校评估指标（产出）比较表

评选标准 ＼ 学校类型	国家级重点中等职业学校	国家级重点技工学校
文件依据	《关于开展国家级重点中等职业学校调整认定工作的通知》《国家级重点中等职业学校条件》教职成司函〔2003〕33 号	《关于印发国家重点技工学校标准的通知》劳社部发〔2007〕26 号《关于做好国家重点技工学校评估工作有关事项的通知》劳社厅发〔2007〕16 号
思想教育	—	—
教学与管理	—	—
管理水平	对同类学校有借鉴和示范作用	—
办学特色	鲜明	—
在校生质量	—	操行考核合格率在 95% 以上，无违法犯罪事件发生
		体质健康达标率在 95% 以上。早操、课间操出勤率在 95% 以上
毕业生质量	毕（结）业生质量好。就业率达 90% 以上，同时获得毕业证书和职业资格证书的比例达 80% 以上 能够适应产业结构调整、技术进步和岗位变化的要求，成才典型多，受用人单位欢迎	学生实行毕业证书和职业资格证书"双证书"制度，毕业率达到 95% 以上，取得中级职业资格证书的达到 95% 以上
		学生当年初次就业率达到 95% 以上，用人单位对毕业生反映良好，满意率达到 80% 以上
		各类职业培训，学员培训合格率达到 90% 以上
办学效果	骨干示范作用明显	学校教学改革与科研取得显著成效，经验和成果受到上级主管部门的认可与推广；教师撰写的论文、著作和编写的教材，在省级以上刊物发表或正式出版；开发的课件与软件在教学中推广应用
办学潜力	—	学校办学成绩显著，社会评价良好，受到各级政府或主管部门表彰，在当地职业教育领域具有示范作用

资料来源：中华人民共和国教育部网站搜集整理，《关于开展国家级重点中等职业学校调整认定工作的通知》《国家级重点中等职业学校条件》教职成司函〔2003〕33 号、《关于印发国家重点技工学校标准的通知》劳社部发〔2007〕26 号、《关于做好国家重点技工学校评估工作有关事项的通知》劳社厅发〔2007〕16 号等文件

（三）中等职业教育质量评价产出性指标的纵向分析

从国家级重点技工学校教育质量评价指标的发展变化中可以看出，评价体系中对教育产出性结果评价仍然比较少，评价的维度和层面基本没有变化，仍然从操行评定优良率、体育达标率、毕业率、技工证书率、就业率、用人单位满意率等方面进行评估，仅仅在达标率方面提高了要求，但是提高程度不明显。见表 4-12。

表4-12　国家级重点技工学校教育质量评价指标（产出性指标）变化表

评选标准＼学校类型	国家级重点技工学校（1997）	国家级重点技工学校（2007）
文件依据	《关于印发〈国家重点技工学校标准〉（修订）的通知》劳社部发〔1997〕238 号	《关于印发国家重点技工学校标准的通知》劳社部发〔2007〕26 号《关于做好国家重点技工学校评估工作有关事项的通知》劳社厅发〔2007〕16 号
在校生质量	操行考核优良率在 95%以上	操行考核合格率在 95%以上，无违法犯罪事件发生
	体育达标率在 95%以上，早操课间操出勤在 95%以上，在上级部门组织的体育比赛中获奖	体质健康达标率在 95%以上，早操、课间操出勤率在 95%以上
毕业生质量	毕业证书和技术等级证书"双证书"制度，毕业率达 95%以上，达到中级工技术等级的占 90%以上	学生实行毕业证书和职业资格证书"双证书"制度，毕业率到达 95%以上，取得中级职业资格证书的达到 95%以上
	毕业生当年就业率在 90%以上，用人单位对毕业生反映良好，满意率在 80%以上	学生当年初次就业率达到 95%以上，用人单位对毕业生反映良好，满意率达到 80%以上
	—	各类职业培训，学员培训合格率达到 90%以上
办学效果	学校教育改革与科研取得显著成效，教育改革经验受到上级主管部门的认可与推广；教师撰写的论文、著作和编写的教材，在省级以上的刊物发表或由出版社正式出版	学校教学改革与科研取得显著成效，经验和成果受到上级主管部门的认可与推广；教师撰写的论文、著作和编写的教材，在省级以上刊物发表或正式出版；开发的课件与软件在教学中推广应用

资料来源：中华人民共和国教育部网站搜集整理，《关于印发〈国家重点技工学校标准〉（修订）的通知》劳社部发〔1997〕238 号、《关于印发国家重点技工学校标准的通知》劳社部发〔2007〕26 号、《关于做好国家重点技工学校评估工作有关事项的通知》劳社厅发〔2007〕16 号等文件

从中等职业教育质量评估指标体系建设中可以发现其不足的地方：

1）中等职业教育质量评估过多地关注资源性投入，忽视了学生的学习和发展问题。在整个指标体系中，更多指标涉及的是教育教学的保障条件，投入性教育资源并不必然产生高质量的教育成果，而真正能代表教育质量的载体——学生，在评估指标体系中却相对缺失，仅有操行考核、体质健康达标、毕业证书和职业

资格证书等涉及学生在中等职业教育学校学习过程中所获得的学习和发展状况。关于学生的就业率，由于当前市场存在用工荒，中职毕业生就业几乎没有门槛，所谓的就业率实质上也不能真正反映学生的发展优劣情况，而专业对口情况也和就业率一样，由于实行的是工业化流水线操作，专业对口率指标也形同虚设。

2）中等职业教育质量评估指标中，部分评估指标内涵宽泛、模糊，无法进行准确的测量和评价。诸如教学理念先进、毕业生质量好、能起到好的示范效应等评价指标，无法进行准确测量，只能进行主观判断。

第五章

中等职业教育发展评价的基本方法

在评价学的理论中，评价方法从哲学意义上分为评价的哲学、评价的方法和评价方法的具体应用。评价的哲学是在评价活动中，评价主体对于评价对象的价值判断，是评价方法及其应用的基础，可用于评价一般事物的哲学思维方式和方法。评价的方法是在评价的哲学思想指引下实施评价所采取的方法体系和实施策略，一方面是评价哲学的具体体现，另一方面是评价方法具体应用的原则。评价方法的具体应用是评价的基本方法在各个学科或研究领域中的具体实施和应用，是评价哲学和评价方法的具体体现，在实施和运用的过程中应体现评价的哲学思想和一般性方法。教育评价方法是对教育中的评价对象的属性、特征和价值进行分析和判断的方法。

科学的教育评价方法通常分为狭义的科学评价方法和广义的科学评价方法。前者是指科学评价过程中运用的具体方法和评价模型。后者是指科学评价活动的全过程，包括设计、准备、实施、数据搜集和处理、数据分析、撰写评价报告等环节。

第一节　中等职业教育发展评价数据的收集方法

教育评价活动的实施从收集评价数据开始，评价数据收集的标准一般应包括数据的真实性、可靠性、准确度和时效性（胡中锋，2008：73）。数据的真实性要求数据能够反映评价对象的实际情况和真实水平；数据的可靠性要求数据具有可重复性，如果再次用同样的方法进行评价依然能够得出同样的结论；数据的准确度要求数据的收集过程操作严谨规范，最大限度地减少人为误差；数据的时效性要求数据能够适时地反映评价对象的当下动态发展程度，具有现实意义。用于教育评价的数据一般分为两类，一类是量化数据，另一类是质性数据。直观地来看，前者是用数字来记录和描述评价对象的某一属性、特征或行为，通常是评价对象外部来做出的评价，而后者是用非数字来记录和描述，包括文字、图像、声音等形式，通常是评价对象内部自身的表现或参与者的感受。

本节中评价数据的收集方法按照量化评价的数据收集方法和质性评价的数据收集方法分类，每一类均提供了概念介绍、分类、应用策略和适用范围，并且就中职教育领域的应用加以介绍。20 世纪 80 年代，加德纳提出了多元智能理论和多元聚合型的评价方法，倡导在评价中采用多元的评价方法取代单一的评价方法，将不同类型和性质的方法综合使用，使得评价结果更接近真实，避免方法使用单一的局限性导致的评价结果不严谨、不全面，不能够反映评价对象的真正属性（张宪冰，等，2011）。因此，以下两类方法可以根据评价目的和设计要求单独运用，也可以综合运用到同一个研究当中。

一、中等职业教育发展量化评价的数据收集方法

量化评价是指"对评价对象进行定量分析后，制定出量化标准，然后按一定的量化标准进行价值判断的一种评价方法"（涂艳国，2007）。量化研究被认为是最好的实证研究方法，它以大规模的调查为手段，获得大样本数据，发现和构建评价指标与评价对象之间的数理关系。教育评价中，量化评价通常以学校的客观指标（如校园硬件设施、生师比、藏书量等）、教师的教学行为（如受教育程度、职称、课时量等）、学生的学业成就或课堂表现（如标准化测试成绩、课堂发言情况、道德操行记录等）为评价内容，采用标准化的评价工具进行评价。

（一）测评法

通过测评工具对测评对象进行测评，以获得测评对象对测评工具掌握程度的方法。测评工具通常是以获取测评对象评价信息为目的，编制测试题或设置测试场景作为工具（肖远军，2004）。测评工具通常根据测评目的的不同，设计为不同的维度，每个维度包含不同的指标，每个指标按照不同的评分标准进行测评，并对评分标准制订赋值规则，以便对于收集到的数据进行编码分析。

在教育测评中，测评工具按照不同的分类标准可以分为不同的类型，按照测

试形式的不同分为选择性反应测验（如标准化测试）和建构性反应测验（如论文测评）等（肖远军，2004）。其中，选择性反应测验是基础教育阶段最典型的对学生学业表现进行测评的方式，所采用的测试工具为标准化测试卷，常见题型为判断题、选择题（包括单选题和多选题）、匹配题（连线题）等。同时也有部分采用建构性反应测试，常见题型为填空题、简答题和论述题。论文测评是高等教育阶段常采用的建构性反应测验方式，测评者给出一个题目或任务，让学生根据题目或任务要求独立对问题进行分解，并以论文的形式展示自己对于某学科知识的掌握情况和提出问题、分析问题、解决问题能力。选择性反应测验的优势在于评价标准统一，评价过程标准化、易操作、成本较低，评价内容丰富、可迁移，评价数据可靠易直接用于统计分析，评价结果直观、具体、可比性强。建构性反应测验的优势在于反映学生的综合能力水平，可以个性化地评价学生的不同发展程度，与评价目的高度统一。但是它对于评价者的要求极高，如果是多个评价者共同参与测评，会存在评价标准难以统一的问题、评价过程难以监督，导致评价结果的可信度低、公平性较差、适用群体较窄，为克服这些缺点开展科学评价的成本相当高。

　　在教育测评中，按照测评内容的不同可以分为学业表现测评、学习能力测评、人格测试、智商测试等。其中学业表现测评最为常见，主要用于评价学生对于教学内容的掌握情况，通过学生学业表现评价教师对于教学目的的完成情况，以及评价学校的教育质量。PISA（Program for International Student Assessment）和TIMSS（The Trends in International Mathematics and Science Study）对不同国家的初三和高一的 15 岁学生开展评估，主要测试学生的阅读、数学和科学三方面素养，配套调查问卷等其他方式评价各参与国家和地区的教育成效（杜嘉旭，2014）。

　　除此之外，在教育评价中还引入了表现性测评法，根据评价目的设计评价场景，模拟现实生活，让学生运用和迁移已有知识创造性地完成新的任务、解决新的问题，从学生的表现中，评价者对学生的发展状况做出评价（肖远军，2004）。实践中常见的形式有情景分析题、临场反应题、主题报告、演讲、作品展示、实验操作等。这种评测方法对于学生的高阶思维能力、动手操作能力、逻辑建构能力进行评价，有助于反应学生的综合发展水平。同时，真实的场景有助于学生参与社会生活，提高适应能力和社会交际能力。但是这一评价方法对评价工具和评价场景的设计、评价主体的专业素养、评价结果的分析比较等方面要求较高，难以推广应用，适用范围较窄，实施成本高昂，因此实践中运用较少。

（二）增值评价法

增值评价首先由泰勒、迈克柯兰提出，是通过对学习者在就学期间或某个阶段的学习过程中，学习能力方面进步的增量，而这一增量是教学效果的体现（刘海燕，2012）。增值评价，也被称为附加值评价，是指"学生各方面素质在输出与输入对比时产生变化的部分"，增值评价的内在要求是"教育必须尽量提高学生发展全程的附加价值，即精心设计与合理安排教育与教学过程，提高每一阶段教育对学生成长和发展的辅助作用"（马晓强，2012）。从"终结"到"发展"的学校评价理论变迁，教育质量的高低不再仅仅看学生成绩的绝对值，更要看学生在这所学校学习期间取得了多大的进步（冯之俊，1999）。增值评价的主要内容是"以学生的学业成就为评价依据，通过相关的统计分析技术，把学校对学生发展的影响从诸多相关因素中分解出来，特别是强调控制生源因素对学生最终学习质量的影响，从而实现对学校教育教学效果'净'影响的评价"（马晓强，2012）。

增值评价的优势在于更能够体现以学生为本，实现全体学生发展的现代教育观，通过增值评价发现每一位学生的进步和成长，反映学校的教育在不同类型学生身上产生的不同变化，有利于针对性地运用评价结果改进学生的学习和学校的教育过程，是更具科学性和发展性的评价方法。实践中，较之传统评价而言，评价周期较长，通常为一或几个学年的跟踪调查，评价成本较高，对于评价人员和工具的标准化要求更高，同时需要更专业的评价技术辅以研究设计和数据分析。近几年具有国际影响力的教育评价项目之一PISA采用了增值评价的方法和技术，基于多维度统一能力量表来测试学生的学业成就，将学生当年的学习成绩与过去相比较，来确定学生的学业发展。最为典型的是学科能力增值评价，它是指通过追踪研究设计，收集学生一段时间内在学科统一能力量表标准化考试中的成绩，形成学生自身的纵向比较，排除学校或教师不可控制的因素对学生学习成绩的影响（如学生的原有成绩水平、人口学因素、家庭背景信息及学校周围地区的经济发展水平等），使用统计模型对学生成绩进行统计分析，考查学生在一段时间内学业上的变化（王蕾，2010）。目前应用于增值评价的主要统计模型有概要统计分析、多元线性回归分析和多水平分析模型（辛涛，等，2009）。

（三）问卷调查法

调查法是根据评价目的对调查对象的观点和态度进行调查，或者对调查对象的经历进行追溯式调查的方法。调查法所采用的工具多为调查问卷或调查表。调查问卷或调查表通常是以书面或电子的形式收集调查对象信息，调查内容侧重于调查对象对某一事件或对象的意见、态度，采用是非题、选择题、排序题的形式。是非题一般是对某一现象或观点同意与否作出判断，选项设置为是、否两种；选择题分为单选题和多选题，是就某一事件的不同表现或对象的不同特征，按照调查对象的认知来选择其一或其中几个；排序题会设置几个同类的选项，请调查对象根据自己的观点按照重要性等标准进行判断。其中，在教育评价中常用的是等距选项的设置。李克特量表使用最为广泛，它由一组与主题相关的问题或陈述组成，请调查对象在问卷上做出选择，来对每一个问题或陈述进行分等级评价，每一题目按照调查对象的观点或态度不同而分为不同的等级，五级量表的形式最为常见，即"很不同意""不同意""说不准""同意""非常同意"，分别用1～5五级答案计分，所有问题的得分加总即为该量表的综合得分，反映调查对象的观点和态度（风笑天，2002）。

调查法的优点在于适用性广，可以就大多数调查对象开展有效的评价，评价内容较为全面，评价过程不受时间和空间的限制，尤其是在线调查问卷的广泛应用，使得调查法在评价方法中的应用越来越受到重视，甚至成为首选的方法，然而调查法对于调查问卷或调查表的设计要求较高。首先是问题的内容和形式要经过科学有效的步骤进行设计；其次要在小样本开展试测，一般要求对试测数据结果进行信效度检验，在检验结果符合统计要求的情况下，才可以在样本中进行正式的调查；再次对于调查结果还需要运用统计检验方法的规范进行相应的检验，并对检验结果进行报告，才可以用于评价结果的分析。

中职教育质量深受中职教育观的影响，为了了解中职学校专任老师对教育质量的看法和理解，听取学校管理者和老师对学校教育质量的意见和建议，问卷的变量设计围绕以下三方面展开：一是投入质量，二是过程质量，三是产出质量（殷海涛，等，2013）。中职学生的学习状态不佳，评价中职学生学习能力为解决中职学校教学问题提供有益的参考。在理论分析和访谈法的基础上，编制设计了《中职学生学习能力评价指标体系调查问卷》（校领导、教师用）和《中职学生学习能力评价指标体系调查问卷》（学生用），本书采用实证的方法，以多因素法确定权重的方式最终确定了学习能力评价标准（杨大伟，2012）。2011年7月，在2005—2009年全国中等职业教育统计数据的基础上，结合2009年32万份面向全国各省、市、自治区的教育部门、企业、中等职业学校师生和家长的抽样问卷调查及8个省份的实地调研，国家教育督导团从战略地位与政策落实、事业发展与社会贡献、资源配置与经费保障、人才培养与改革创新四个方面，对全国中等职业教育发展情况开展总体督导评估，评估工作结束后发布了《国家教育督导报告：关注中等职业教育》，有效地提升了教育督导能力，加大了教育问责力度（陆燕飞，等，2015）。

（四）准实验法

准实验法是介于实验法和非实验法之间的一种评价方法，它对于实验环境条件的限定不如实验法那般严格，但是比非实验法又有更多要求，因此对于无关变量的控制不如实验法那么严谨，通常没有对评价对象进行完全的随机抽样，实验组和控制组之间不能保证完全一致，只能保证主要变量的特征大致相同（胡中锋，2008）。但是在实验程序操作上，实验法与准实验法是完全一致的。

因为不能完全用随机的方式选择实验组和控制组的研究对象，缺少实验法所必需的某些关键因素，所以被称为准实验法。教育研究与自然科学研究不一样，教育的对象是人，教育实验在复杂的教育情境中展开，不能用严格的自然科学意义上的实验法进行研究，教育评价作为教育研究领域的一方面，关于教育评价的实验也只能是准实验法。

准实验法与实验法都要涉及自变量和因变量，都要研究自变量和因变量之间的关系。研究者根据研究目的，合理地控制或创设一定条件，人为地变革研究对象，从而验证假设，探讨自变量和因变量之间的关系（柯乐乐，2016）。

准实验法的主要优点是：一是控制水平低。准实验法对研究对象的选择不要求完全随机，强调"自然情境"，在接近现实的条件下进行实验。二是外部效度优于真实验。准实验法强调"自然情境"，没有过多的人工干预，因此外部效度优于实验法。

缺点：一是推广性不强，二是内部效度低。实验法的研究对象完全随机分为实验组和对照组，并在"人工环境"中进行实验，准实验无法做到这一点，所以不能保证实验组的代表性，内部效度低，推广性不强。

蒋立兵和陈佑清在《高校文科课堂翻转课堂有效性的准实验研究》一文中，以某大学教育学专业两个教学班作为研究对象，两个班在参与准实验之前学习了同样的基础课程，学生的学习能力相当，且不知道实验的存在。对照班按照讲授式教学模式上课，以教师"教"为中心；实验班采用翻转课堂教学模式授课，以学生"学"为中心。利用量表、问卷和访谈等方法收集两个班学生的相关信息。

在分析数据时，控制一些变量后，分析翻转课堂对学习氛围、课堂学习行为和课后学习行为，以及学习结果等方面的影响。

二、中等职业教育发展质性评价的数据收集方法

质性评价是指在自然情境下，通过评价者与评价对象的互动来收集相关信息，如采用参与式观察、开放式访谈、调查、查阅各种文献资料等方式，获取评价对象各方面的信息，对评价对象的状况做出描述与分析，从而进行价值判断。例如，对学生学习状况的评价，可以观察学生学习的行为表现，访谈学生对学习的态度、想法及形成学习动力或障碍的各种因素，了解学生的学习环境、教师、家长对学生的影响等，最终对学生的学习状况及影响因素做出分析与评价。

在现有的评估体系中多以量化方法为主，但是越来越多的评估者开始重视质性方法对于评估特别是教育评估的价值。质性评估方法一般是对教育现象的描述、对评估对象的记录。质性研究能够为研究者更深入地理解教育现象，获得更接近现象背后的真实提供直接的证据，找到形成变量之间相互关系的真正影响因素及其影响机制。以现象学为哲学基础的质性研究方法在评价学中的运用，将评价理论和实践带入一个更贴近生活实际的评价时期。相对于以操作主义和测量为主的量化评价太过于重视行为表现而言，质性评价是以人为本的，通过采用文字、录音、录像等手段来对评价对象的特征和活动进行客观的描述，在描述的基础上进行深入的分析，并从时间上和空间上联系这些事件和活动发生的环境，揭示评价对象的内在本质，从细微处发现事物与事物之间的联系。质性方法可以"揭示移情、幽默感、惊讶、创造性、好奇心、个性等重要品质，揭示发生在学习和教室里的事件的复杂性、歧义性、丰富性"（安超，2015）。质性评价方法的共同特征表现为，一方面评价的目的本身是促进评价对象的发展而非甄别或奖惩；另一方面评价方法的操作具有灵活性，通常依据评价对象的不同和评价实施的具体情景而略有变化，是一个动态化的评价过程。

（一）课堂观察法

观察法是根据评价目的对评价对象的行为或表现进行自然条件或控制条件下的观察以取得评价资料的方法（肖远军，2004）。在教育评价中，课堂观察法多用于教学过程评价当中，评价对象可以是教师的教和学生的学，还可以是对于课堂

环境氛围或校园环境文化的观察。课堂观察法通常根据观察目标设计课堂观察表，课堂观察表中详细地设置课堂观察对象的各个要素和环节，评价者根据课堂观察表在实际情境中观察并记录观察对象的活动或表现，在观察结束后，评价者根据课堂观察表的记录来对评价对象进行科学评价，因此课堂观察表也应设计相应的评价标准供后期数据分析使用。

根据评价工具的有无和形式分为结构式观察和非结构式观察（肖远军，2004）。结构式观察的工具设计和实施过程相对更标准化，通常采用科学的观察表，严格按照观察表上的项目进行记录，并且依据记录的信息进行分析；非结构式观察的工具通常是开放式的观察项目，对项目的具体评估维度并不事先规定，而是依据观察对象的实际表现和情景进行记录，描述事件和过程。因此非结构式观察多用于对结构式观察的事先观察，用于进一步建立正式的观察表；或者对于结构式观察的补充观察，作为个案详细描述评价对象的实际状况。

观察法要求评价者具备专业的评价素养，包括对于评价工具的熟练掌握、规范操作评价过程，合理使用评价工具对观察对象进行客观评价。这也造成观察法的评价结论通常不能够作为评价的唯一方法，而是与测评法或调查法及访谈法结合使用，共同构成一个完整的评价体系。同时，在课堂观察表的设计中还需要考虑可操作性，尽量设置简单易判断的指标，这样避免给观察者的观察过程造成障碍，以至于影响课堂观察数据的准确性。

课堂观察法在教育评价中运用较为广泛。随着多媒体和现代教学技术引入课堂，课堂观察逐渐开始更多地采用录像课分析法。它是以课堂观察为核心，评价者或观察员带着明确的观察目的，凭借自身的感官和经验，填写课堂观察表，直接收集课堂情境中的数据资料，并依据资料为评价者提供分析信息的来源（张咏梅，2015）。在对德国职业教育进行外部质量评价时，观察者在学校巡视三天，对学校周边环境进行考察，对课堂教学中师生情况进行观察，为了体现研究的客观性和科学性，课堂观察由两名观察员同时单独执行、分析和评价，最终的分析结果需是建立在两人观察结论的共识上（王玄培，等，2013）。美、德、日三国曾分别于1995和1999年对 TIMSS 数学、科学两门学科录像课进行大规模的分析研究，开创了大规模教育测验与录像课分析相结合的先河（曹一鸣，等，2007）。

（二）档案袋评价法

档案袋又叫成长记录袋，是指评价主体通过长期跟踪，收集、记录评价对象的成长日志，为评价主体提供一个评价对象的动态信息资料，帮助了解变化和发展的过程（冯梅，等，2009）。档案袋，又称卷宗，从语义上分析有"代表作选辑"的意思，也就是学生的作品集，现在用来泛指代表学生的"代表作品集"（吴又清，2007）。它是一种以过程为主的质性评价方式，内含学生的最好作品或对作品优劣进行评价的文件夹，是用来描述学生成长画面的功课和作品集，是一种捕捉学生成长和进步轨迹的记录，因而有时人们又将档案袋译成"学生成长记录"。它已经成为描述和捕捉学生成长的一种重要工具，可以帮助学生认识自我、建立自信（徐芬，等，2002）。在教育评价中，档案袋越来越受到重视，教师通过记录学生在某一时期一系列的成长故事，用来更深入地观察和了解学生，全方位地评价学生的身心健康、学业表现、学习过程及社会交往等各方面的综合素质，根据这些动态信息，对不同的学生适时地进行不同类型的干预，以促进全体学生的发展。

档案袋按照使用目的、主体、对象、内容等不同分为五种类型：展示型档案袋、文件型档案袋、评价型档案袋、过程型档案袋、复合型档案袋（胡中锋，2008）。在教育评价中，主要运用评价型档案袋，建立评价型档案袋的主要目的是对于学生的学习等综合表现进行系统的记录，收集事实信息，将评价结果作为学生评价依据（李小融，等，2009）。在使用档案袋评价法对高职"电子商务课"的考核进行评价的设计中，综合考虑分项目的完成程度、资料整理、汇报表现等情况，注重考核学生学习广度、动手能力、分析与解决问题的能力，确保教学目标、课程内容与方法协调统一，力求解决学生过多关注考试的问题（李鑫，2014）。

档案袋评价法的优势在于能够较为全面地观察和记录学生的长期表现和动态变化过程，评价内容比较系统和个性化，能够充分发挥评价主体的自主性。档案袋除了用于得出评价结果，还可以对评价对象进行过程性评价，提升学生的自主性，帮助学生通过自我反思提升自己的能力，实现全面发展，从而有效地淡化评价的甄选功能。它的局限性在于评价主体的主观性较强，评价标准难以统一，每个评价对象的多样性导致难以进行分类和比较，不利于评价结论的外部推广。此外，档案袋法需要评价主体投入大量的时间和精力去完成日常整理，以及日后的统计分析，这需要大量经费和时间保证，难以长期持续实施。随着多媒体技术的应用与发展，档案袋逐渐采用电子方式来记录，便于保存和使用。英国的加里派克和班塔特鲁迪所领导的学生学习和通识教育的大学成果测试项目中就充分利用了"电子档案袋"这一记录学生学业发展的工具，通过其中的学生成长描述和学生作品展示，了解学生个体及区域内学生整体的学业发展情况，从而为大规模学业评价提供重要信息（刘晓庆，2013）。

（三）访谈法

访谈法是根据评价目的，由评价者直接担任或雇佣专业训练的访谈员与访谈对象进行面对面的访谈，并针对访谈资料进行科学评价的方法。访谈法的工具一般是访谈提纲，是根据访谈目的设计的，作为访谈开展的依据和顺序，规范访谈规程的工具。访谈提纲的形式可以根据访谈类型的不同分为封闭式、开放式和半开放式三种。封闭访谈法，问题提问得较具体，回答很简短，被调查人自由作答的余地很小。开放式访谈法通常没有固定的访谈问题，访谈者根据访谈情境，随机地鼓励被访者发表自己的看法。半开放式访谈法，访谈者根据访谈情境，随机地鼓励被访者发表自己的看法，但同时也鼓励受访者参与，提出自己感兴趣的问题（汤林春，2005）。

访谈法的优势在于对受访者的文化水平要求较低，拓宽了访谈法的应用范围，同时使得研究领域得以拓展。同时访谈法较调查法更为灵活，又比观察法更深入，可以洞察评价对象的内心世界，从中获得较为深刻的评价信息，有利于描述和分析事件背后的深层内涵。访谈法在操作上也具有一定的优势，即简单易行，访谈可以随时随地开展，但是它对访谈者的专业要求较高，需要能够在日常对话中融入访谈内容，并且与访谈对象形成较为深入且自然的交流和沟通，同时需要较强的观察力和敏锐性，能结合访谈环境和受访者的背景对访谈资料进行理解和恰当的记录。因此，访谈法一般适用于针对小样本的评价，所需要投入的时间较长，访谈信息的分析用于推广的局限性较大。

英国的职业教育评价经历了漫长的演变发展过程，最终形成自己的特色，为了获得第一手数据材料，通过访谈学员建立学员档案，访谈企业了解社会和企业的需求，以保证评价的真实性和有效性（金晶，等，2013）。基于对印度尼西亚8个省160所高中（均开设了小学、初中和高中部）的所有未升学的1976届高中毕业生毕业后连续两年的追踪调查数据，用邮寄明信片的方式确认该样本是否已升学，然后在五类高中（学术类、技术类、经济类、家庭经济类、小学教师教育类未升学的毕业生）中，按照相同的比例抽取样本并进行每年一次的面对面访谈，1977年成功回访89%的毕业生，1978年追访到66%的毕业生，两次均有效的样本数为2436名，运用失业率、工资水平作为评估高中教育有效性的变量，并比较不同类型的高中教育的有效性，通过对毕业生的个人特征（包括年龄、性别、家庭语言、工作经验等）和学校类型与毕业生的就业意愿、是否就业、工资水平的关系进行回归分析，研究发现高中毕业生的就业意愿与他们是否就业存在显著影响，高中毕业生的工资也明显高于更低教育水平的毕业生，高中毕业生的高失业率并非供给过度，而是他们处于升学还是就业的选择期和过渡期，因此高中教育扩张是有据可依的，而且在高中教育阶段，学术类的高中教育是最好的投资（Clark，1983）。

在我国对中职教育进行评价的研究中，访谈法运用较广。通过选取 40 名既了解企业需求，又了解学生诉求的教师为访谈对象，研讨 KSAIBs 的各层次指标，访谈结果表明，所有教师均认为以 KSAIBs 增进幅度（量）为基础构建中职教育质量指标及评价模型具有较强的可行性，最终设计出具有广泛认知基础的中职教育质量指标体系（闫志利，等，2014）。北京大学中国教育财政科学研究所对大连中等职业教育的现状开展了实证调查，课题组通过访谈法、文献法、问卷法等方法获得了大连中等职业教育发展的基本数据，其中访谈数据来源是大连市教育局职成教处相关人员、中职学校负责人的访谈材料，为深入研究提供了强有力的支撑（王东，2010）。

（四）座谈法

座谈法或集体综合评价法，是依据评价目的采用多人集体参与讨论，对评价对象做出定性判断的方法，该方法常见于学校资格评定和质量评估的实践当中。通常评估者为该领域的专业人士且具备较为丰富的经验，在评估过程中通过多人发言以调剂不同观点，通过人际互动以激发出较为合理的评价结果，从而形成一个多人讨论基础上基于集体智慧的评价结论。

座谈法在传统的评价实践中运用较多，且对于教育实践产生了深远的影响。由评价对象提交或由相关部门提供的被评价材料，通常是文字形式的材料，评价主体通过对评价材料的判断，来对评价对象的某些特征进行评价，该方法也被称为集体综合评价法（胡中锋，2008）。由于缺乏科学严谨的论证过程，评价结果是一次性的判断，缺乏询证和论证的环节，而且容易受到评价者中权威型评价主体的影响，因此公正性和科学性受到诟病。另外，在实践中，评价专家多与被评价对象及决策者存在不同形式利益上的相关性，所以观点的公正性难以保证，容易受到刻板印象的影响，因此在实践中，逐渐被第三方评估所取代。决策者和被评价者均独立于评价体系之外，决策者根据第三方评估结果给予政策性的奖惩，以推动被评价主体的发展。日本的职业教育质量评价体系包括三种主要形式，除了政府文部科学省的设置认可、学校内部的内部评价，还有第三方评价机构开展的外部评价（孙颖，等，2013）。我国也有学者倡导建立由相关行业企业来主导，各类教育研究机构为辅，家长和毕业生共同参与的第三方职业教育评价体系，采取诊断性评价，"构建具有相应资质并熟悉专业人才培养模式以及人才能力层次的第三方评价主体"（徐兰，2015），以反馈和提升职业教育质量水平。

课堂评价中，教师常采用"苏格拉底研讨评定法"，这与"座谈法"相近，只是在"苏格拉底研讨评定法"中，评价主体与评价对象是同时参与的，是由阿德勒基于苏格拉底的"产婆术"教学法思想，提出教育的三大目标："知识的获得""智力技能（学习技能）的发展""思想与价值理解的扩展"，三个目标的达成情况可以通过苏格拉底式的提出问题、共同参与研讨该问题、评价者记录探讨过程并依据评价对象的表现进行评价，得出评价结论（胡中锋，2008）。该方法建立在师生平等对话的基础上，教师负责发问和引导讨论，学生对问题展开讨论，在讨论中达成共识，在这个过程中师生都是讨论的参与者，以问题为主线带动评价过程的开展。这一方法有利于充分发掘学生的特长，全面展示学生的综合素质，使得教师可以对学生进行直接的评价。该方法对教师的素养要求较高，包括文化基础知识、教学专业技能和师生互动气氛的营造，同时对于学生的语言表达能力和表现力提出较高的要求，这种评价方式对于外向型人格的学生具有一定的优势，性格内向型的学生难以在短时间展示出自我的发展水平。

（五）德尔菲法

德尔菲是古希腊的一个城市名，德尔菲（Delphi）法，最早是由美国兰德公司于1964年发明，并率先应用于分析预测领域。该方法也叫专家打分法。评价主体组织该领域的专家，采取不见面的形式，根据评价对象的资料和打分表进行打分，然后将专家们的意见收集并分类统计，得出评价结果的方法。德尔菲法的实施步骤包括：一、制订征询调查表；二、选择专家；三、征询法；四、确定结论，其中可能需要多次征询才能达成共识（盛安之，2015）。

该方法主要依靠专家的知识、经验和智慧来解决复杂问题，是多位专家对某一问题的主观判断或信息反馈的汇总，使得分散的意见收敛到一个共识上来，实现对信息的控制（刘光富，2008）。在对专家意见进行统计的过程中，可以依据专家的专业程度予以加权，建立起专家可靠度分布函数，使得评价结果的信息集成更为科学合理。因此，德尔菲法是一种群体决策的方法，决策过程具有匿名性，决策方式具有反馈性，决策结果具有可统计性，因此"特别适用于缺少信息资料和历史数据而又较多地受到其他因素影响的信息分析与预测"（刘伟涛，等，2011）。

然而，该方法也存在很多局限性：首先，专家表是通过文本形式送达专家手中，对于专家表中各个评价指标的理解可能会存在一定的偏差，每位专家对特定问题的认识也可能存在差异，这便造成了可能由于误解带来的评价标准不一致的风险；其次，为了使专家意见趋于一致，达成共识，反复次数的增多，评价结果距离评价专家的最初判断越远，而且经济成本和时间成本大大增加，回复率可能逐次下降；再次，评价主体在汇总专家意见时也存在较大的主观因素影响（林甦，等，2009）。

有研究在评价某中专学校英语教学时，采用德尔菲法与传统评价法相结合的方法，结果发现德尔菲法评价效果明显优于传统评价法，因为德尔菲法可迅速使专家组达成共识，避免团体陷入迷思，对于解决单一维度问题的评价效果尤其明显，避免会议讨论时，由于评价以外的因素对专家们发表自己的真实想法产生不必要的影响，同时可以使发表的意见较快地趋同，具有客观性（张杰，2010）。"十二五"期间，上海中等职业教育评估项目中使用德尔菲法设计了评估的指标体系，提供评估问题和必要的背景介绍和相关材料，用电子通信的方式向有经验的专家征询意见，然后把他们答复的意见进行综合，再反馈给他们，如此反复多次，直到达成合适的意见为止（李钰，等，2015）。为调查中职毕业生的就业能力，使中职毕业生就业能力的结构愈趋向于合理，愈符合中职毕业生的实际情况，采用德尔菲法向就业或人力资本领域的相关专家发放问卷，来对中职毕业生就业能力的构成进行打分评价及修改，以确保评价的准确性及专业性（梁淑桦，2013）。为编制中职数控专业学生关键能力调查问卷，采用德尔菲法来获得针对中职数控专业学生关键能力构成的指标，并以此作为编制调查问卷的依据，考虑到中职数控专业学生关键能力"社会本位"和"个人本位"的双重取向，德尔菲法专家小组由用人单位相关人员和某技师学院专业课教师共同构成，以保证调查结果的可信度（邵亚萍，2013）。

（六）同行评议法

同行评议法是一种外部评价方法，由行业内部的同业组织或专家组成同行评议小组，对评价对象进行评价的方法，主要包括教学项目、评议专家组、评议结果等主要内容，操作流程主要有准备、评议和反馈三个阶段（王启龙，等，2014）。在准备阶段，待评议的学校选择两个待评议的教学项目，针对当前的发展现状撰写报告，并且有针对性对教学项目提出重点领域和重点问题，为评议小组提供充足的学校信息，使其对学校有充分的了解。在评议的过程中，评议小组要充分分析自评报告，为学校制订观察计划，然后开始为期大约三天的评议交流和观察。在第三天学校会直接收到评议小组的口头测评。评议结束后，评议小组会在一个月内提供一份初评报告。在反馈阶段中，评议小组先听学校对初评报告的分析意见，最后形成并完善评议报告；学校可以对评议报告发表意见和建议，并自行决定是否进行改进，以及如何改进（王启龙，等，2014）。

同行评议为职业教育评价提供了民主参与的可能。它作为一种形成性、自愿的评价过程，目的是协助审查职业学校的教育质量和促进教育质量所做的努力。但测评结果的真实性、有效性是同行评价的难点和重点。首先，在同行评价的过程中有缜密的调查程序，评价结果的关键是评价结果的真实性和有效性能否反映出真实情况。其次，同行评价需要大量的资金支持，最主要的是实地调研支出和人力成本，这也是制约同行评议的关键因素。最后，评价标准是客观的，但是客观的评价标准是由人制定的，所以有时会有主观性倾向，因此有时也会使其偏离科学规范的普遍意义（李作章，2012）。

从2003年至今，欧盟已经在职业教育的不同项目中应用同行评价。同行评价作为保证和提升质量的重要手段，可以对职业教育机构所提供的质量进行外部监督（李作章，2012）。同行评议作为一种外部评价模式，在欧洲发展并在中国一部分高职院校试点实施，探寻同行评议具有的特点和实施的过程，并提出在职业教育界开展这一项目的进一步思考，对我国现行的职业教育评估体系进行补充和发展（任聪敏，2015）。

第二节　中等职业教育发展评价数据的处理方法

在教育评价数据收集完成后，评价将进入数据处理阶段，这一阶段通常根据评价者对于评价目的的追求不同，因而方法的选择相对来说更加个性化。在本节仅按照数理分析和模型分析两大类别，列出通用的几种基本方法。在评价实践中，可以综合运用多种方法进行分析和处理，例如将量化技术相结合，如综合运用加权求和法、标准分数法和模糊综合评断法评价学生的道德品质特征（陈红兵，1994）。

一、中等职业教育发展评价数据处理的数理分析方法

在对数据进行数理分析的方法中，常见的算法有累加求和法（例如，学生期末考试总分是几门成绩的加总）、加权求和法（例如，教师的职称评定按照评定指标的权重不同对各项得分进行加权求和）、等级评定法（例如，学生单科成绩的评分标准不是采用标准化分数，而是用几个等级来划分不同层次的学生学业表现）、评语鉴定法（例如，教师对于学生操行作评语来鉴定学期表现）等。

（一）累加求和法

累加求和法是根据评价主体或评价指标的评分结果，以相同权重的比例进行加总的方法，对评价对象进行综合评分。在教育评价中最为典型的是基础教育阶段每门课的标准化测试通常都是以满分 100 分计分，而学生的总成绩则是各科成绩的累计加总得出，以此成绩作为评价学生学习成绩的唯一标准。学生标准化测试的成绩同样也作为评价任课教师教学质量的标准，在中小学教学绩效特别是班主任绩效评价中应用广泛，将全班同学的单科成绩或者总成绩再次进行加总，作为评价任课教师或班主任教学绩效的唯一标准。这种方法对每个评价指标以相同的权重，避免学生产生偏科的现象，利于评价学生的整体学习水平，也易于统计和比较，但是体现不出学科之间的差异性，难以体现学生的个体差异，不利于发掘学生特长和发展兴趣爱好。

（二）加权求和法

加权求和法是根据评价主体或评价指标在对评价对象的评分中所占比重的不同，根据比重进行加权，再各自相加的方法计算评价结果。在教育评价中常用于教师绩效的评价，根据教学、科研、社会服务等职能的评价指标加权求和，依据结果从大到小排序，对教师获得晋升职称或加薪的机会排序等。也用于对学生进行综合评价，将学生的学习成绩、思想品德、社会实践等表现得分按照分值权重进行加权，再求和，作为学生的综合评价分数，来决定评优和奖学金的标准。该方法较之累计求和法较为全面且有区分地评价出学生的综合发展水平，鼓励学生

发挥自己的特长，通过不同的途径获得较好的综合评价结果。

（三）等级判定法

等级判定法是常用的能够给出评价结果的方法，用于描述评价维度与评价对象的关系，通常有几种评价方式：一是五等级法，按照描述分析中分数的高低划分为优秀、良好、中等、及格、不及格五个等级或者 A、B、C、D、E 五个等级，常用于评价学生的学业表现；二是四等级法，按照描述分析中分数的高低划分为高级、一级、二级、三级四个等级，常用于教师职称评定当中；三是三等级法，按照描述分析中分数的高低划分为上、中、下，常用于对学生成绩的一般化评定，例如上等生、中等生、下等生等；四是两等级法，按照描述分析中分数的高低划分为合格、不合格两类，常用于学校学科评估、办学质量等评价当中。在等级评定法的使用中，需要规定出划分不同等级的标准，才能做出等级判断。

（四）评语鉴定法

评语鉴定法是对评价结果进行概括性的质性描述的方法。常用于教师对学生作文、操行等不易量化的方面的表现用教师的教学语言进行鉴定，结合学生的成绩或等级，进行补充说明。

二、中等职业教育发展评价数据处理的模型分析方法

除了基本的数理统计方法，近年来教育评价借鉴其他学科的评价技术，开始采用模型进行数据处理和分析，用于决策和预测。

（一）层次分析法

美国匹兹堡大学萨蒂等人在 20 世纪 70 年代提出了用于决策的层次分析法（Analytic Hierarchy Process，AHP）（张远增，2001）。它是一种将与决策相关的因素分解成目标、准则、方案等层次，定性和定量分析相结合的层次权重决策分析方法（文成欣，2004）。决策本身就是一种评价行为，所以用于决策的 AHP 方法在评价领域得到了广泛应用。层次分析法主要应用在受多种因素影响的决策问题上，用 AHP 来确定各影响因素（或评价指标）的权重。

层次分析法的基本思路是根据评价目标建立成对比较矩阵，计算出各影响因素（或指标体系）理想的权重分配，与各因素（或指标）的实际权重进行比较，

根据差异进行评价。所以，计算出权重之后，根据差异就可以对评价对象进行评价。AHP 的优点：①层次分析法通过建立层次结构图，评价指标清晰明了，层次分明；②层次具有稳定性和灵活性，新的层级加入，不会影响整体的有效性；③能够清晰地看出高层指标对低层指标的影响程度。AHP 的缺点：①AHP 模型不能证明所评价的目标影响因素是否具有层次性和线性可加性；②评价专家不同，给出的成对比较矩阵不一样，如果多个成对比较矩阵符合一致性检验，AHP 不能告诉我们哪个是最优权重分配方法。③成对比较矩阵使用的 1～9 标度对原始信息利用不够，可能有失真现象（张远增，2001）。

　　层次分析法解决问题的一般流程是：①确定影响评价目标的因素集合，以质性分析为基础，建立影响评价的因素层次结构图。②建立成对比较矩阵，利用层次结构图，各因素和直接上位因素两两比较它们对评价目标的重要性，建立成对比较矩阵，常用 1～9 标度构建成对比较矩阵。假设因素为 x_i 和 x_j，用 a_{ij} 表示两因素的影响之比，所有因素两两比较结果。1～9 标度的含义见表 5-1（文冀中，2013）。③计算各成对比较矩阵的权重和一致性比率。先计算成对比较矩阵的最大特征根和相应的特征向量，然后再进行一致性检验。将成对比较矩阵最大特征根对应的特征向量数值转化为权重后，特征向量数值能否作为各因素的权重，需要进行一致性检验。根据统计学，定义一致性指标：$CI=\dfrac{\lambda-n}{n-1}$（$\lambda$ 为矩阵的最大特征根，n 为矩阵阶数），RI 为平均随机一致性指标，萨蒂的计算结果如表 5-2。定义一致性比率为 $CR=\dfrac{CI}{RI}$。

表 5-1　萨蒂 1～9 标度 a_{ij} 的含义

标度 a_{ij}	含义
1	x_i 和 x_j 的影响相同
3	x_i 比 x_j 的影响稍重要
5	x_i 比 x_j 的影响重要
7	x_i 比 x_j 的影响明显重要
9	x_i 比 x_j 的影响绝对重要
2，4，6，8	x_i 比 x_j 的影响在两个相邻等级之间

　　如果成对比较矩阵中，只有一个 $CR<0.1$，那么此一致性比率对应的权重分配就是目标的理想权重分配；如果成对比较矩阵中，有两个或两个以上的 $CR<0.1$，则根据质性评价方法判断哪一个权重更加合理；如果成对比较矩阵中，所有的

CR>0.1，那么此层次结构不满足 AHP 模型数学一致性原则，应该选用其他方法确定权重（张远增，2001）。需要注意的是，如果层次比较多，需要计算出组合权重，求出每一个层次相对于总目标的优先相对权重。

表 5-2　随机一致性指标 RI

n	1	2	3	4	5	6	7	8	9	10	11
RI	0	0	0.58	0.90	1.12	1.24	1.32	1.41	1.45	1.49	1.51

层次分析法被用于评价高职院校的教师教学质量，通过选取实践性较强的经济管理类专业课为研究对象，构建出教学态度、教学内容、教学方法与手段、教学效果四个维度构成的教师教学质量评价体系，每个维度又包含若干评价指标，进行层次分析（刘敏慧，2008）。①构建层次结构模型，教师教学质量综合评价 A={教学态度 B1 教学内容 B2 教学方法与手段 B3 教学效果 B4}；②在专家论证和广泛征求意见的基础上，建立成对比较矩阵。

$$A = \begin{bmatrix} 1 & 1/3 & 1/3 & 1/5 \\ 3 & 1 & 1 & 1/2 \\ 3 & 1 & 1 & 1/2 \\ 5 & 2 & 2 & 1 \end{bmatrix}$$

文章利用 MATLAB 的 EIG 函数，算出矩阵 A 的最大特征值为 4.004，那么相应的特征向量值为 ϖ={0.082　0.235　0.235　0.448}，进而可以计算出 $CR = \dfrac{4.004 - 4}{4 - 1} \times \dfrac{1}{0.90} = 0.00148 < 0.1$，通过了一致性检验，$\varpi$ 对应的值可以作为相应因素的权重。

（二）模糊综合评判法

在评价理论的前提假说中，总是认为任何评价方式都是存在误差的，只是误差的多少及产生的影响不多，而评价方法的设计与执行都是在尽量减少误差的基础上去，对评价对象做出真实、合理的判断。这些或多或少的误差的产生由评价主体的多元化、客观中立的立场、评价手段的综合运用、评价工具的科学规范设计和使用、评价结果的真实准确等多个环节来决定。然而在评价实践当中，存在大量的非确定性、非完整性数据，模糊综合评判法就是以模糊集合论为基础，将模糊数学应用于教育评价，以解决在多因素前提下对模糊数据进行综合的问题（胡中锋，2008）。

模糊的数据首先来源于人们对事物的模糊认识，它是不确定的，"主体有意识地把事物之间的区分和界限加以模糊化处理，然后通过压缩抽象出若干相对明晰的界限，以达到对事物较精确的认识"（接励，等，2005）。"模糊化思维"是人们为了达到对事物认识由模糊到清晰到精确的升华所采取的一种主动的思维方式，这种思维方式构成了一种"模糊逻辑"，它是通过使用模糊集合对模糊信息进行加工，"是一种精确解决不精确、不完全信息的方法，其最大特点就是用它可以比较自然地处理人类思维的主动性和模糊性"（章清波，2006）。因此，模糊综合评价法就是应用模糊关系合成原理，对多个因素运用层次分析理论，基于评估过程的非线性特点，利用模糊教学的模糊运算法则，对非线性的评估区域进行综合量化，从而得到可比的量化评估结果，分析其隶属于被评估事物等级情况的一种综合评价方法。"以模糊数学为理论基础，采用数学方法进行模糊映射和模糊变换，按照确定因素集、评价集、权重集等过程进行模糊综合评价，在预警过程中主要采用层次分析法确定各预警指标权重并对各预警指标进行分层评价，按优劣排序或者分级，最后综合出总的评价结果，通过综合评价值所处区间，进行系统安全状态的评判。"（唐斌，2009）。

在教育领域，模糊综合评判法是将学生的定量评价与定性评价信息相结合，对于学生的表现进行更加全面、深入的评价，以加入综合表现成绩，既关注结果，也重视过程。通常这类评价具有明确的评判目标和标准，在定量计分部分采用加权求和或平均的方式，结合定性信息得出评价成绩。该方法也适用于学校对教师和学生的思想品德与行为表现进行评价，同时适用于在学校层面对学校的管理和办学条件进行评价（胡中锋，2008）。在对学生进行综合素质评价、教学质量的评估中，由于评价对象的影响因素多元化、主体存在差异性、影响指标多层化，因此难以简单地用数字或者等级进行直接评价，而模糊数学综合评判法可以针对多种属性的事物，或受多种因素影响的事物，做出一个能综合这些属性或因素影响的总体评价（章清波，2006）。在对职业教育城乡统筹评价中，为了研究职业教育发展的均衡度，使用了多层次模糊综合评判方法来评价教师的教学质量，"通过对评价指标的分级、赋值、加权、建立评判矩阵等数学处理将定性评价转换为量化分值，进而得出量化的总体综合评价"（闵兰，等，2011）。广州市中职学校对其计算机应用基础课程实施效果进行的评价研究中，采用 CIPP 法构建课堂教学效果评价指标，层次分析法确定评价指标的各级权重，模糊综合评价法对课堂教学实施的效果进行了综合评价（王翔，2016）。

模糊综合评价法的优势在于能够发现评价指标之间隐含的相互关系，具有系统性的特点，能够解决模糊数据难以量化的问题，适用于解决非确定性的问题。它的局限性在于模糊综合评价法的指标权向量和隶属函数的确定都是依据专家经验进行打分，具有较强的主观性（陈衍泰，等，2004）。

（三）可拓评价法

可拓评价法根据物元分析理论和可拓集合理论，将影响学生综合素质的主要因素进行量化处理后作为评价标准，来对评价对象进行科学评价（胡中锋，2008）。

可拓评价法是一种"基于可拓原理的物元评价方法。它可以把评价中的定性与定量指标相结合，建立多指标性能参数的评价模型，并能以定量的数值表示评价结果，它的主要作用是对事物、方法、策略等进行优劣评价"（胡中锋，2008）。根据物元分析理论和可拓集合理论，利用可拓评价法，将影响学生综合素质的主要特征因子进行量化处理，并以之作为衡量被评价对象综合能力优劣的标准，使评价更加具有科学性、合理性。可拓理论与方法用于分析影响学生评教结果的关键因素，从而对教师授课质量进行可拓评价，找到教师授课质量与学生学习质量的对应关系，再通过定义关联函数计算各质量等级的关联度值，从而达到更科学、更客观地对教学质量进行综合优度评价的目的（梁茹冰，等，2009）。可拓评价法应用在高校教师职称自主评定中，希望解决职称自主评定中多种指标条件下的定量分析和评价问题，并且建立了高校教师职称自主评定可拓综合评价模型，通过验证，可拓模型可适用于各类型高校职称评定，同时为教师明确自身各项素质指标的短板，提升职称级别指明了方向（袁晓峰，等，2015）。

下 编

中等职业教育发展评价的
实证研究案例

第六章

中等职业教育学校办学条件抽样评估

随着中职教育规模的不断扩大，办学条件成为中职教育发展的强约束因素。回顾职业教育快速发展的 30 年历史，1985 年，《中共中央关于教育体制改革的决定》中指出"师资严重不足，是当前发展中等职业技术教育的突出矛盾"（中共中央，1985）；1991 年，《国务院关于大力发展职业技术教育的决定》中指出，职业教育"资金投入不足，办学条件差，支持职业技术教育发展的服务体系很薄弱"（国务院，1991）；2002 年，《国务院关于大力推进职业教育改革与发展的决定》中指出，职业教育"投入不足，基础薄弱，办学条件较差"（国务院，2002）；2005 年，《国务院关于大力发展职业教育的决定》指出，"从总体上看，职业教育仍然是我国教育事业的薄弱环节，发展不平衡，投入不足，办学条件比较差"（国务院，2005）；2014 年，《国务院关于加快发展现代职业教育的决定》中仍然指出，"当前职业教育还不能完全适应经济社会发展的需要，结构不尽合理，质量有待提高，办学条件薄弱"（国务院，2014a）。显然，在政府看来，"办学条件差"始终是中职学校乃至整个职业教育发展的突出障碍。同时，在已有的研究文献中，虽然缺乏系统规范地对中职学校办学条件的专门研究，却有不少学者习惯于把"办学条件差"作为分析中职教育发展问题的一个归因，或者把"改善办学条件"作为提高中职吸引力的对策，致使"中职学校办学条件差"成为从政策到理论，从政府到民众的普遍认识。

与此同时，国家在不断加大中职教育的投资规模。2010 年 6 月，《教育部 人力资源和社会保障部 财政部关于实施国家中等职业教育改革发展示范学校建设计划的意见》指出，中央财政投入 100 亿元，分三批遴选支持 1000 所中等职业学校深化改革。为落实上述要求，2011 年 7 月—2013 年 8 月，三部委分批批复了 1000 所学校，正式启动项目建设。2014 年 5 月《国务院关于加快发展现代职业教育的决定》

指出，"地方教育附加费用于职业教育的比例不低于 30%"，再次加大了对职业教育经费的支持力度（国务院，2014a）。至 2015 年，中职教育生均教育事业费为 10 961.07元，生均公用经费为 4346.94 元，分别比 2000 年增长了 7.12 倍、19.23 倍。

我们的问题是：如果说中职学校办学条件差，那么，到底差到什么程度？是生存性差，还是发展性差？是总体差，还是部分差？几十年来，连年增加的中职教育投资是否已经整体改善了中职的办学条件？同时，办学条件是否发挥了促进人才培养的作用？生均经费高的学校是否有更高的人才培养质量？针对这些问题，我们对中职学校办学条件进行了抽样评估。

第一节　中等职业教育办学条件抽样评估设计

一、概念框架

（一）办学条件

在汉语的语境中，办学条件有狭义和广义之分。狭义的办学条件是指学校建筑设施、仪器设备、运动场地等器物和物理空间意义上的资源，即学校"人、财、物"投入中的"物力资源"或"硬件"，以固定资产等形式独立存在并区别于学校教育经费、师资力量。广义的办学条件是指在一个社会中举办学校所需要的包括"人、财、物"在内所有各个方面的资源，比较笼统。如《中华人民共和国教育法》所规定的"设立学校必须有组织机构和章程、稳定的教育经费来源、合格的教师、符合规定的教学场所及设施与设备等条件"（杨小敏，2011）。

本章的办学条件采用其广义界定，是指设立一所学校时要具备的适应本地区社会发展要求，符合国家规定设置标准的条件。这是一所学校可以承担教学任务的必要条件，不同地区、不同学校的办学条件都有差别。而针对中职学校的办学条件，则是特指国家规定的中职学校办学所必备的基本设置标准条件，包括中职学校的设置与规划、学校管理、师资队伍、教育教学、建设用地和校舍建筑、装备配置和经费保障等部分。

（二）学生发展

学生发展一般包括认知和非认知两个方面。本章对学生发展的考量从维度上讲，主要从学生的文化知识、专业知识、专业技能、心理品质、行为表现、教育期望六个方面进行展开。其中文化知识和专业知识，分别用学生的数学课成绩和专业课成绩来衡量；专业技能用学校生均技能大赛获奖数来衡量（省级水平）；心理品质用学生毅力品质来衡量；行为表现用学生的不良行为发生率来衡量；教育期望用学生希望自己能够达到的教育程度来衡量。从操作上讲，通过控制学年初的基线数据，对比学年末的测量数据，以此考量样本学生在近一个学年的净增长。

（三）生均经费

生均经费是指培养每一个学生的花费，可以根据统计口径不同有多种内涵。本章所使用的生均经费是指调查年份样本学校学生所分担本校总支出的平均费用，即学年末学校经费总支出除以学生总人数。

二、数据与方法

（一）数据来源与样本量

本部分所用的数据来源于河南大学国际教育行动研究中心分别在 2013 年 10 月和 2014 年 4 月在 118 所中职学校获得的调研数据。在进行描述统计时，使用的是 2013 年 10 月的数据，包括 118 所学校的数据和 12 081 名学生样本数据；在进行相关分析和回归分析时，将两次调研的数据进行了匹配，选取了两次都参加调研的 6787 名学生样本数据。其中，男生占样本总量的 70%，女生占 30%；计算机专业占 64%，数控专业占 36%；一年级学生占 65%，二年级学生占 35%。

（二）变量与统计说明

本章所使用的数据，除了简单的量的统计以外，经过编码后纳入统计模型，进行推断分析。具体的变量与统计说明如表 6-1 所示。

表 6-1　变量与统计说明

变量分类		变量名称	统计说明
投入变量		生均经费	数值变量（单位：元）
产出变量	文化知识	数学课成绩	数值变量（0=最低，38=最高）
	专业知识	专业课成绩	数值变量（0=最低，53=最高）
	专业技能	生均技能大赛获奖数	数值变量（单位：个）
	心理品质	毅力品质	数值变量（8=最差，40=最好）
	行为表现	不良行为发生率	数值变量（0=否，1=是）
	教育期望	希望能够达到的教育程度	等级变量（1=最低，5=最高）

变量分类		变量名称	统计说明
控制变量	学生层面	性别	分类变量（1=男，0=女）
		年龄	数值变量（单位：岁）
		是否汉族	是否变量（1=是，0=否）
		年级	分类变量（1=年级，2=年级）
		家庭经济标准分	数值变量（标准分数）
		家庭人口	数值变量（单位：个）
		是否参加高考	是否变量（1=是，0=否）
		是否农村户口	是否变量（1=是，0=否）
	教师层面	性别	是否变量（1=男，0=女）
		年龄	数值变量（单位：岁）
		是否汉族	是否变量（1=是，0=否）
		学历等级	等级变量（1=最低，6=最高）
		职称等级	等级变量（0=最低，7=最高）
		中职教龄	数值变量（单位：年）
		月工资	数值变量（单位：元）
	学校层面	办学性质	分类变量（1=公办，0=民办）
		在编教师比	数值变量（0=最差，1=最好）

（三）T检验与样本分组

T检验也称 student t 检验（student's t-test），它是用 t 分布理论来推断差异发生的概率，从而判断两个平均数的差异是否显著。同时，为了更好地观察和对比各个样本学校生均经费投入不同而带来的学生发展质量差异，本章把样本学校的生均经费由低到高进行排序，平均分成三个级别。依次为：低投入学校、中投入学校和高投入学校。三类学校的生均经费与学生发展情况如表 6-2、表 6-3所示。

表6-2　不同级别中职学校的生均经费　　　　　　　　单位：元

生均经费投入级别	平均数	频数	标准差	最大值	最小值
低投入学校	1 571.72	33	684.45	2 791.35	440.25
中投入学校	4 324.68	33	1 179.79	6 536.50	2 866.67
高投入学校	14 291.39	33	7 016.26	32 577.41	6 852.94

资料来源：凡未标明具体出处的数据均来自作者调研，余同

表6-3　不同中职学校学生发展质量的比较

生均经费投入级别	文化知识	专业知识	专业技能	心理品质	行为表现	教育期望
	数学课成绩	专业课成绩	生均技能大赛获奖数	毅力品质	不良行为率	希望达到教育程度
低投入学校	21.08	30.17	0.000 41	27.96	26.46%	3.60
中投入学校	19.12	29.79	0.001 43	28.21	25.81%	3.54
高投入学校	18.71	29.59	0.002 64	28.03	25.13%	3.50

在 T 检验数据分析中，本章把低投入学校和高投入学校作为分析的两组数据进行对比，用以检验这两组学校所培养的学生质量是否存在显著差异。

（四）多元线性回归模型与变量解释

本章依据投入产出理论建立教育生产函数模型，以中职学校的生均经费作为投入变量，中职学生的发展质量作为产出变量。具体的回归模型如下：

$$Y = \alpha + \beta X + \gamma C + \varepsilon$$

其中，Y 是产出变量，代表学生的发展质量水平；X 是投入变量，代表学生的生均经费，C 是控制变量，包含学生基本特征、教师基本特征、学校基本特征；α 是常数项，β、γ 为估计系数，其中 β 是本书关心的核心系数，代表了生均经费对学生发展质量的影响；ε 为误差扰动项。

第二节　中等职业教育办学条件抽样结果分析

本节主要对中等职业学校办学条件抽样评估的结果进行分析，结果显示中职学校办学条件标准在逐步提高、中职学校办学条件均值已超过国家办学标准、中职学校办学条件与人才培养质量存在错位、中职学校之间资源配置严重不均衡、与职教强国相比我国中职生生均经费偏低。其中，针对中职办学条件与人才培养质量的关系，运用方差分析和多元线性回归分析进行了更为深入的探讨，发现生均经费高投入学校并未培养出高质量的学生，尤其是在文化课知识、专业课知识及教育期望方面不仅不高，反而更差。

一、中职学校办学条件标准在逐步提高

对比 2001 年《中等职业学校设置标准（试行）》和 2010 年《中等职业学校设置标准》，如表 6-4 所示，2010 年的设置标准不再区分城市和农村学校，中职学校办学条件标准在诸多方面有所改善和提高。例如，与 2001 年的农村中职学校设置标准相比较，2010 年的设置标准中在校生规模翻了一番；专任教师数提高了 0.7 倍；报刊种类提高了 0.3 倍；校园占地面积提高了 0.2 倍，并明确提出生均 33 平方米；校舍建筑面积提高了 1.4 倍，并明确提出生均 20 平方米。同时，在师生比、专任教师学历、双师型教师数、外聘教师数、仪器设备价值、计算机台数方面也有了更加明确的规定。例如，在双师型教师数方面，明确提出不低于 30% 的规定；在仪器设备价值方面，明确提出工科类和医药类专业生均仪器设备价值不低于 3000 元，其他专业不低于 2500 元；在计算机台数方面，明确提出每百生不少于 15 台的规定。

表 6-4　2001 年与 2010 年中等职业学校设置标准的比较

分类	中等职业学校设置标准（试行）2001	中等职业学校设置标准（2010）
在校生数	城市学校在校生 960 人以上 农村学校在校生 600 人以上	在校生规模 1 200 人以上
师生比	无明确规定	师生比达到 1∶20
专任教师数	城市学校专任教师不少于 55 人 农村学校专任教师不少于 35 人	专任教师不少于 60 人
专任教师学历	无明确规定	专任教师学历达到国家有关规定（具备大学专科及以上学历，以及具备相当于助理工程师职称）
专业教师数	专业教师数不低于专任教师的 50%；每个专业至少配备具有相关专业中级以上专业技术职务的教师 2 人	专业教师数应不低于本校专任教师数的 50%，其中双师型教师不低于 30%；每个专业至少配备具有相关专业中级以上专业技术职务的专任教师 2 人
双师型教师数	无明确规定	专业教师中，"双师型"教师不低于 30%
外聘教师数	无明确规定	外聘兼职教师占教师总数的 20% 左右
印刷图书	生均不少于 30 册	生均不少于 30 册
报刊种类	城市学校 100 种以上 农村学校 60 种以上	80 种以上
阅览室	阅览室座位数分别不低于教职工总数的 20% 和学生总数的 10%	阅览室座位数分别不低于专任教师总数的 20% 和学生总数的 10%
仪器设备价值	无明确规定	生均实验实习设施和仪器设备价值不低于 2 500~3 000 元
计算机台数	无明确规定	计算机每百生不少于 15 台

续表

分类	中等职业学校设置标准（试行）2001	中等职业学校设置标准（2010）
校园占地面积	城市学校占地面积 2 万 m² 农村学校占地面积 3.3 万 m²	学校占地面积 4 万 m²，生均 33m²
校舍建设面积	城市学校校舍面积 1.5 万 m² 农村学校校舍面积 1 万 m²	学校校舍面积 2.4 万 m²，生均 20m²

资料来源：教育部. 2001. 中等职业学校设置标准（试行）. http://old.moe.gov.cn//publicfiles/business/htmlfiles/moe/moe_721/200407/829.html.[2016-02-05].

教育部. 2010. 中等职业学校设置标准. http://old.moe.gov.cn//publicfiles/business/htmlfiles/moe/s4668/201008/xxgk_96545.html.[2016-01-02].

二、中职学校办学条件均值已超过国家办学标准

将 2013 年 10 月在 118 所样本学校获得的调研数据与国家 2010 年颁布的《中等职业学校设置标准》进行比较，结果如表 6-5 所示：校均师生比、专业教师比、外聘教师比均达到并超过了国家标准；校均规模、专任教师数、"双师型"教师比、生均实验实习设施和仪器设备价值、每百生计算机台数等均为国家标准的 2 倍左右。这说明，从总体来说，中职学校的办学条件的确已经得到显著改善。

表 6-5　中职学校国家办学标准与中部地区中职样本学校调研数据

中等职业学校设置标准（2010）	118 所样本学校平均数
在校生规模 1 200 人以上	2 162 人
专任教师不少于 60 人	160 人
师生比达到 1：20	1：17
专任教师学历达到国家有关规定（具备大学专科及以上学历以及具备相当于助理工程师职称）	本科以上占 94.7%
专业教师数不低于专任教师的 50%	59%
专业教师中，"双师型"教师不低于 30%	69%
外聘兼职教师占教师总数的 20%左右	20%
生均实验实习设施和仪器设备价值不低于 2 500～3 000 元	5 537 元
计算机每百生不少于 15 台	31 台

三、中职办学条件与人才培养质量存在错位

采用 T 检验及多元线性回归分析的方法，对中职学校生均经费与人才培养质量的关系进行了探讨。结果发现：①生均经费高的学校，所育学生在专业技能方

面突出，在心理品质、行为表现方面一般，在文化知识、专业知识、教育期望方面较差。②生均经费与学生的专业技能呈显著的正相关，但与学生的文化知识、专业知识呈显著的负相关。

（一）生均经费与育人质量的基本状况分析

如表 6-3 所示，在学生的文化知识和专业知识发展方面，无论是数学课成绩还是专业课成绩，随着学校生均经费投入级别的增加，成绩反而不断下降。低投入组学生的成绩最高，高投入组学生的成绩最低；在专业技能方面，高投入组学校的生均技能大赛获奖数最高，低投入组学校的生均技能大赛获奖数最低；在心理品质方面，中投入组学生的毅力品质最高，低投入组学生的毅力品质最低；在行为表现方面，低投入组学生的不良行为发生率最高，高投入组学生的不良行为发生率最低；在教育期望方面，低投入组学生希望达到的教育程度最高，高投入组学生希望达到的教育程度最低。

由此可以看出，生均经费投入高的中职学校，所育学生在文化知识、专业知识、教育期望方面表现较差，而在专业技能、心理品质、行为表现方面表现略好。

（二）生均经费与育人质量的差异性分析

选取低投入组学校和高投入组学校作为 T 检验的样本学校，以判定两组学校学生发展质量是否存在显著差异。结果如表 6-6 所示，在两组学校的差异比较中，学生的文化知识与专业知识方面，低投入组学生的文化知识和专业知识成绩更好，且差异都是显著的；学生的专业技能方面，高投入组学生的专业技能更好，且差异显著；学生的心理品质方面，高投入组学生的心理品质更好，但两者的差值并不显著；学生的行为表现方面，高投入组学生的不良行为发生率更低，表现更好，且差异显著；学生的教育期望方面，低投入组学生的教育期望更高，并且差异也是显著的。

由此可以看出，中职学校生均经费投入不同，所培养学生质量的差异是比较明显的。与生均经费投入较低的学校相比，生均经费投入高的学校，所培养学生的文化知识和专业知识成绩水平较低，但专业技能水平较高；心理品质虽然略显优异，行为表现也较好，但学生的教育期望水平较低。

表6-6 低投入组学校与高投入组学校在学生发展质量上的 T 检验

学生发展质量	低投入组均值	高投入组均值	均值差	t 值
文化知识	21.08	18.71	2.37	11.63***
专业知识	30.17	29.59	0.58	1.86**
专业技能	0.41‰	2.64‰	−2.23‰	−29.83***
心理品质	27.96	28.03	−0.07	−0.50
行为表现	0.26	0.25	0.01	1.72**
教育期望	3.60	3.50	0.10	3.48***

注: *表示 $p < 0.1$, **表示 $p < 0.05$, ***表示 $p < 0.01$, 下同

（三）生均经费与育人质量的相关性分析

依据教育生产函数" $Y = \alpha + \beta X + \gamma C + \varepsilon$ ", 把学校生均经费投入作为投入变量, 以学生发展的质量作为产出变量, 控制学生、教师、学校基本特征及基线调查时期的学生发展质量水平。运用多元线性模型, 其回归结果如表 6-7 所示, 在学生文化知识和专业知识方面, 无论是学生的数学课成绩还是专业课成绩, 生均经费与两者都呈现显著的负相关性, 即随着生均经费的增加, 学生的知识成绩表现越差; 在学生的专业技能方面, 生均经费与生均技能大赛获奖数呈显著的正相关, 即随着学校生均经费的增加, 其生均技能大赛获奖数越多, 展现的专业技能水平越高; 在学生的心理品质、行为表现、教育期望方面, 生均经费与三者都无显著相关性, 即随着学校生均经费的增加, 学生心理品质、行为表现、教育期望并无太大变化。

表6-7 中职学校生均经费与育人质量关系的多元线性回归

学生发展质量	文化知识标准分	专业知识标准分	专业技能	心理品质	行为表现	教育期望
生均经费标准分	−0.096 4	−0.077 9	0.000 8	−0.058 1	−0.001 0	−0.015 6
	（0.000）***	（0.000）***	（0.000）***	（0.402）	（0.821）	（0.276）
是否控制学生特征	是	是	是	是	是	是
是否控制教师特征	是	是	是	是	是	是
是否控制学校特征	是	是	是	是	是	是
基线文化知识成绩标准分	0.547 4	—	—	—	—	—
	（0.000）***					
基线专业知识成绩标准分	—	0.534 9	—	—	—	—
		（0.000）***				
基线专业技能	—	—	0.772 9	—	—	—
			（0.000）***			

续表

学生发展质量	文化知识 标准分	专业知识 标准分	专业技能	心理品质	行为表现	教育期望
基线心理品质	—	—	—	0.440 5	—	—
				（0.000）***		
基线行为表现	—	—	—	—	0.292 3	—
					（0.000）***	
基线教育期望	—	—	—	—	—	0.375 5
						（0.000）***
常数	−1.469 6	−2.161 5	0.135 9	−1.565 4	3.206 0	1.946 3
	（0.000）***	（0.000）***	（0.722）	（0.000）***	（0.000）***	（0.000）***
n	3 631	2 409	3 636	3 652	3 652	3 645
R^2	0.399	0.339	0.754	0.231	0.142	0.167

注：括号内为标准误，余同

四、中职学校之间资源配置严重不均衡

如表 6-8 所示，在样本学校中，在校生规模最大的有 7554 人，最小的只有 97 人，相应的人、财、物资源的配置也极为不平衡。学校教师总数，最多的 774 人，最少的 7 人；年教育经费总收入，最多的 7586 万元，最少的 18 万元；教学仪器设备总价值，最多的 12 000 万元，最少的 3 万元；实训设备总价值，最多的 18 800 万元，最少的 1.8 万元。如此悬殊的办学条件很难要求各个学校达到统一的高质量育人标准。

表 6-8　中部地区中职样本学校办学条件调研数据

办学条件	平均数	标准差	最小值	最大值
学校全日制在校生总数（人）	2 162	1 967	97	7 554
学校教师总数（人）	160	148	7	774
学校年教育经费总收入（万元）	1 421.14	2 074.96	18	7 586
教学仪器设备总价值（万元）	1 138.02	2 165.28	3	12 000
实训设备总价值（万元）	1 092.72	2 418.18	1.8	18 800

五、与职教强国相比我国中职生生均经费偏低

职业教育是高成本教育，尽管中职学校的投入已经超过国家的办学要求，但与国际优质中职教育相比，差距还很大。统计数据显示，2011 年我国中职教育生

均经费 7424.84 元（约 1171 美元），是普通高中的 0.73 倍。而德国 2011 年中职教育生均支出为 13 995 美元，是普通高中的 1.49 倍；法国 2011 年中职教育生均支出为 13 587 美元，是普通高中的 1.28 倍（OECD，2014）。德国和法国一直是我们大力兴办职业教育的榜样，尽管生均经费绝对值因国力不同不可企及，但职高与普高的生均经费比差值得借鉴。

第三节　改善中等职业教育办学条件的对策建议

一、加强科学研究，提升资源价值

高职的研究结果显示，办学条件与人才培养质量成正比，但是我们对中职示范校的研究结果证明，没有正比关系，这是值得进一步反思的问题。

其实，学术界关于学校及相关投入对学生学业成就影响研究起源于 20 世纪 60 年代中期，随后以 Monk、Hanushek、Murnane 和 Hedges 等人为代表的经济学家采用生产函数方法进行了学校投入对学生成就影响的持续研究，关注的重点主要集中在教师、生均经费和学生的家庭社会经济背景等方面的影响（March，1998；Hedges，et al.，1994）。

此后，又经过几十年的发展，"凯西模型"产生并逐步得以应用发展。Cash 认为，学校的办学条件强烈释放着有关教学质量和受重视程度等方面的信号。良好的学校环境会让学生感知到高水平的期待，进而在行为和成就上有更好的表现；相反，如果学校办学条件糟糕，学生则会觉得学校对他们没有太高的期望，在行为和学业成就上更容易放任自流（杨小敏，2011）。

然而，目前我国对于中职学校办学条件和学生发展质量的研究还相对匮乏，在中国知网以"办学条件"作为篇名检索核心期刊文章时，在 54 篇文献中关于中小学和高校的分别为 16 篇和 20 篇，而涉及中等职业教育的仅有 5 篇。例如，张报东等在 1991 年依照《河南省中等专业学校办学条件评估标准》的要求对河南省 18 所中等卫校进行了办学条件的评估，发现中职学校办学经费严重不足、师资队伍学历结构不合理，存在断层现象，教学模式陈旧、实践性教学环节薄弱的问题（张报东，等，1992）。另外，王豫生（1996）对中等师范学校办学条件的内涵、标准、责任、过程、实施和效益作了深入全面的探讨；张晨、马树超（2011）对我国职业学校办学条件评价和预警机制进行了研究。

基于此，我们不难看出，关于办学条件的研究，中小学和高校的研究较多，而针对中职的研究较少，且年代久远，缺乏实证研究。况且中职是具有特殊性的，针对其他学段所做的研究，其研究成果不能直接应用到中职体系。因此我们必须深入对中职问题的研究，加大对中职教育实证研究的力度，借鉴"凯西模型"，探究一条适合我国中职教育发展的投资模式，以提升办学资源的使用效率和价值。

二、提高办学标准，改善落后面貌

（一）提高办学标准

基于以上分析可知，中职教育的办学条件已有显著改善。整体来看，中职办学条件已经超过国家标准，但政府和社会仍然把"办学条件差"作为中职学校的一个符号来宣传，说明现有的办学标准太低。

众所周知，职业教育是高成本教育，尽管中职学校的投入已基本满足政府的办学要求，但与国际优质中职教育相比，差距还很大。调查数据显示，2013年样本中职学校生均经费平均为8103元（约1328美元），与当年我国普通高中生均经费基本持平。而2008年德国中职教育生均支出为12 537美元，是其普通高中的1.57倍。德国一直是我们大力兴办职业教育的榜样，尽管生均经费绝对值因国力不同不可企及，但职高与普高的生均经费比差值得借鉴。

因此，针对职业教育的高成本特性，必须逐步提高生均经费，并通过投资制度的设计，让新增经费转化为人才培养质量，而不仅仅是优质的办学条件，必须引导中职学校从追逐学校发展向重视学生发展转型，以扭转中职学校普遍存在的重视硬件设施建设、轻视育人工作的现状。

（二）细化标准指标

相比中小学办学标准的指标设置，中职学校的办学标准宽泛而粗放。根据《农村普通中小学校建设标准 建标109—2008》，中小学仅校舍建筑标准就有2000多字的十六个条件规定，并且每条规定都十分详细。例如第三十三条对建筑层高的规定，"一、教学用房的层高，小学不宜低于3.60m，初级中学不宜低于3.90m。二、办公用房不宜高于3.00m。三、教职工宿舍不宜高于2.80m。四、学生宿舍使用单层床的不宜低于3.00m，使用双层床的不宜低于3.60m。五、多功能教室、食堂等用房的层高，应根据使用功能要求确定。阶梯教室最后一排的地面至顶棚的净高不应低于 2.20m"。然而中职学校关于校舍建筑面积标准的规定一共仅 30 个字，即"新建学校建筑规划面积不少于 24 000 平方米；生均校舍建筑面积指标不少 20 平方米"。

基于此，针对中职学校的办学标准设置，其资源的分类必须要精细化。举例来说，在江苏省初中学校图书馆装备标准设置中（表 6-9），指标细化并且格外明确，针对不同的班级数量都有不同的标准要求。而当前关于中职学校图书馆的设置标准，仅"适用印刷图书生均不少于 30 册；报刊种类 80 种以上"这一句话来阐述概况，显得格外模糊和笼统。

表 6-9　江苏省初中学校图书馆装备标准

项目名称	初中				
	12 班	18 班	24 班	30 班	36 班
阅览室座位/学生人数	1/10	1/10	1/10	1/10	1/10
电子阅览座位/学生人数	1/25	1/25	1/25	1/25	1/25
生均藏书量（册）	40	40	40	40	40
年生均新增图书（册）	1	1	1	1	1
年生均购书支出经费（元）	24	24	24	24	24
报刊种类≥（种）	100	120	150	160	180
工具书≥（种）	180	180	180	180	180
文艺类图书占馆藏总量≤（%）	40	40	40	40	40
科普类图书占馆藏总量≥（%）	28	28	28	28	28

资料来源：江苏省人民政府办公厅. 2015. 省政府办公厅关于印发江苏省义务教育学校办学标准（试行）的通知. www.moe.edu.cn/jyb_xwfb/xw_zt/moe_357/s7865/s8513/qmgs_gkgs/201506/t20150630_191792.html.[2016-02-15]

三、整合办学资源，实现均衡发展

政府要重视中职学校资源不均衡的格局，加强中职学校的区域布局规划，建议 50 万人口以下的县，由于学额不足，不再设独立的中职体系，集中办好一所综合中学，以普通教育的良好学风感染、带动、同化职业教育的学风，建立积极健康的育人环境和校园文化；50 万人以上的县集中办好一所公办职业教育中心，优化资源配置，合理设置专业，保证教育质量，培育学校品牌，提高中职教育的吸引力。

如前文的问卷结果所示，样本学校的办学条件均值虽然都显著超过国家标准，但各项指标的标准差和极差都较大。在中部的样本学校中，在校生规模最大的有11 000人，最小的只有97人，相应的资源配置也极为不平衡。因此，建议各市县政府加强中职学校的区域布局规划，并采取有效措施进行结构调整和资源整合，以使所有的中职生都能享受到最优质的办学条件。

中职教育是高成本教育，教学设施与实训设备是中职教育的特色资源。但是，设备投资是无底洞，并且学校设备补充的速度永远赶不上企业技术革新的速度，因此，学校设备应重点满足学习基本生产原理与操作规程的需要，不可盲目攀高追新。同时，学校要重点依托校企合作，使学生接触并学习最新技术。

四、实行动态监测，建立预警机制

中等职业学校办学条件的标准建设是一项复杂的工程，必须在各地、市政府的统筹协调，学校主管部门的具体组织和各中职学校的密切配合下进行。目前，针对中等职业学校办学条件的标准已经基本建立，然而关于中职教育的动态监测和预警机制的建立却还未形成。

如前文的调查结果所示，国家财政大力支持中等职业教育发展，如2014年中央财政下达40亿元改善中职办学条件，比2013年增长23.5%（宗河，2014）。这虽然促进了办学标准的提高，并且中职学校办学条件均值也已高于国家办学标准，然而在人才培养质量上却存在着错位，区域之间存在着发展差异较大、资源配置不均衡等问题，这些都是当前我国中等职业教育迈向教育现代化过程中的突出问题。基于此，对中职学校实行动态监测，建立预警机制是亟须且必须的。

实行动态监测，建立预警机制的基础就是要设立中等职业学校基本办学条件达标评价及人才培养质量评价的指标体系。该体系要能够实现三项基本功能：一是能够监测全国和各省中等职业学校基本办学条件的达标情况；二是要能够反映各省区域之间中等职业学校基本办学条件的差异程度；三是要能够反映人才培养质量的基本状况，计算出办学条件对人才培养的效益程度，以及时反馈和指导办学条件，提高办学资源的使用效率。

实行动态监测，建立预警机制的关键环节就是要设立中等职业学校基本办学条件和人才培养质量达标情况的预警系统体系。该体系要能够依据风险评价模型，计算中职学校达标情况风险预警系数，并通过与全国基本情况的比较进行不同程度的预警提示。根据监测结果和提示风险，可以向社会和政府部门发布"预警消息"，以促进各地中职教育实现办学条件达到设置标准，促进区域间基本办学条件的均衡，提高中职教育人才培养的质量（张晨，等，2011）。

五、淡化物质条件，强化发展标准

国家政策中强调实现现代化，国际上现代化学校的图景至少要包含五个方面，即超前全新的办学理念、健全灵活的管理机制、丰富有效的人力资源、校本特色的课程体系及人文关怀的学校建筑。在国内研究领域，黄崴等（2016）认为现代化学校要凸显以下七个特征，即公平性、优质化、开放性、变革性、民主性、信息化、文化性；顾明远（2012）则认为要具有以下八个方面，即教育的民主性和公平性、教育的终身性和全时空性、教育的生产性和社会性、教育的个性性和创造性、教育的多样性和差异性、教育的信息化和创新性、教育的国际性和开放性、教育的科学性和法制性。基于此，我们不难发现，相比物质条件，现代化学校的建设更加注重的是发展质量的提升。

其实，我国经济社会发展程度较高地区教育改革发展的形势和重心都已发生了相当大的变化，即由注重数量和规模向注重质量、效益、公平的阶段转变，学校发展面临的主要挑战已不是办学基本条件落后或差距的问题，而是质量问题。当前，无论是欧盟的"终身学习 8 大核心能力"还是美国的"学业成功指标体系"，都反映了各国重视办学效率的共同价值理念。例如，美国心理学会前主席罗伯特·斯滕伯格认为，"优质学校应致力于面向全体学生，培养学生在快速发展社会中成为积极主动和有创造力公民所需具有的知识与能力"（斯滕伯格，等，2009）。

数据结果与我们在中职学校的观察是一致的，办学条件确实已经不是影响中职学校发展最为突出的问题，国家应该引导中职学校从追逐学校发展向重视学生发展转型，因为学生发展才是教育最根本的目的，学校发展只能是为了学生发展，而不能替代学生发展，学校只重视硬件设施建设，不把心思和精力放在育人上，再好的设施也只能是闲置。调研中，有一所样本学校是原有的四所中职合并成的县重点中职，县里为了扶持这所学校的发展，投入了巨额资金，新建了庞大的校区，并盖起了气派的教学楼和实训楼，但这所学校每年招到的学生不足 300 名，教学楼一层都用不完，二到五层全部闲置。空空的校园让人发慌，学校在校园中间拉了道围墙，将校园一分为二，另一半挂了个"实验高中"的牌子，但在我们调研时，"实验高中"仍是空校。与此相反，其邻县有一所民办中职，因资金短缺，办学条件极差，仅有一个租来的破旧的三层小楼作为教学楼和食宿楼，没有校园，没有操场，也没有实习实训车间，只开办"升学班"，但并不缺生源，并且学生对学校的认可度极高，随机访谈时我们普遍能看到学生眼中的希望之光。这两所学校告诉我们：办学条件换不来教育质量，只有精心育人，才能赢得学生的认可，才能有吸引力。

第七章

中等职业教育人才培养质量抽样评估

改革开放以来，为提高劳动力的技术构成，推动经济发展方式转型，构建现代产业体系，促进经济社会持续、健康发展，国家高度重视职业教育的发展，陆续出台了一系列发展职业教育的政策。1985 年，《中共中央关于教育体制改革的决定》中指出，"目前的职业教育是我国整个教育事业中的薄弱环节"，而中国的现代化建设迫切需要一大批受过良好职业技术教育的中、初级人才和技工，于是提出大力发展职业技术教育的要求，而职业技术教育要以重点职业技术教育为重点；1991 年，《国务院关于大力发展职业技术教育的决定》再次提出，要大力发展职业技术教育，高度重视职业技术教育的战略地位和作用，点明了 90 年代发展职业技术教育的主要任务；1996 年，《中华人民共和国职业教育法》第一条明确指出，"为发展职业教育，提高劳动者素质，促进社会主义现代化建设"，制定《中华人民共和国职业教育法》。

2002 年，《国务院关于大力推进职业教育改革与发展的决定》是为进一步推进职业教育改革与发展所作出的重大决策，指出大力推进职业教育改革与发展是当务之急；2005 年，《国务院关于大力发展职业教育的决定》指出为促进社会主义和谐社会的建设，全面建设小康社会，应在落实科学发展观的前提下，把发展职业教育作为经济社会发展的重要基础，作为教育工作的战略重点；2009 年，《财政部 国家发展改革委 教育部 人力资源和社会保障部关于中等职业学校农村家庭经济困难和涉农专业学生免学费工作的意见》指出我国中等职业学校的学生绝大部分来自农村，其中相当一部分是来自贫困和低收入家庭，于是要求逐步实施中等职业教育免学费政策，减低农民负担，促进教育公平，对提高中等职业教育吸引力也有一定作用。

2010 年,《中等职业教育改革创新行动计划（2010—2012 年）》明确了新时期职业教育的发展方向、目标任务和政策措施,增强中等职业教育大规模培养高素质劳动者和技能型人才的能力是此行动计划的主要目标之一;《国家中长期教育改革和发展规划纲要（2010—2020 年）》再次提出要大力发展职业教育,要加快发展面向农村的职业教育,要增强职业教育的吸引力;2012 年,《关于扩大中等职业教育免学费政策范围进一步完善国家助学金制度的意见》扩大了中等职业教育免学费的政策范围,进一步完善了中等职业教育国家助学金制度,为中等职业教育更好的发展又制定了配套的改革措施;2014 年,《国务院关于加快发展现代职业教育的决定》认识到当前的职业教育尚不能完全适应经济社会发展的需要,办学条件落后,质量有待提高,结构不完全合理,做出了加快发展现代职业教育的决定,构建现代职业教育体系,激发职业教育活力,提升人才培养质量;同年,《现代职业教育体系建设规划（2014—2020 年）》牢固确立了职业教育在国家人才培养体系中的重要位置,为建成中国特色现代职业教育体系提出了两步走策略。

中等职业教育是职业教育的基础,是高中阶段教育的重要组成部分,承担着培养大量技能型人才的重要任务,具有促进经济发展、社会进步的重要作用。政府重视中等职业教育的发展,并通过扩大投资、减免学费、政策倾斜、舆论引导等多种方式,使中等职业教育成为教育改革发展的重要领域,致力于构建一个现代的、世界一流的职业教育系统。

基于政府对中等职业教育的重视,中等职业教育规模不断扩张。根据政府的统计数据,中职入学人数已经由 2003 年的 160 万,扩张到 2013 年的 670 万,占据高中阶段入学人数的 45%,到 2011 年,职业教育的年度投资比同期翻两番,达到 270 亿美元。从 2009 年开始,逐步实现对中等职业教育免费,并首先从涉农专业和农村家庭困难学生做起;2012 年 11 月 13 日经国务院研究决定,从当年秋季学期开始,实施农村免费中等教育,将中等职业教育免学费政策范围扩大到农村学生、城市涉农专业学生和家庭经济困难学生,约 90%接受职业教育的学生都能够享受每年 1500 元的助学金。

职业教育质量是职业教育实现可持续发展的动力和基础。政府对中等职业教育的投资,相当大一部分用于提高质量。例如,在 2010 到 2013 年,教育部投资了大约 17 亿美元,建立 1000 所示范校。十二五规划期间,政府投入巨资用于提高中等职业教育教师数量和质量。教育部发布的《中等职业教育改革创新行动计划（2010—2012 年）》也指出中等职业教育发展要从"量的扩张"转向"质的提升"。

1979 年 6 月国家教育部发布的《全日制中等专业学校工作条例》规定，中等专业学校要培养具有相当于高中文化程度，并在此基础上掌握本专业现代化生产所需要的基本理论、专业知识和实践技能，具有健康体魄的中级技术、管理人员。1961 年，《技工学校通则》规定"技工学校培养具有社会主义觉悟、中级技术水平和中等文化程度的技术工人"。1990 年，国家教委颁发《关于制订职业高级中学（三年制）教学计划的意见》指出，职业高中培养的人应具有能直接从事某一职业（工种）的技术理论、专业知识和操作技能，与本专业有关的主要文化课，要具有相当于普通高中的水平。2002 年，《国务院关于大力推进职业教育改革与发展的决定》提出："职业教育要全面实施素质教育，要加强'爱岗敬业、诚实守信、办事公道、服务群众、奉献社会'的职业道德教育，加强文化基础教育、职业能力教育和身心健康教育。"2010 年，《国家中长期教育改革和发展规划纲要（2010—2020 年）》提出，职业教育要体现终身教育理念。

从政策制定者的角度看，中等职业教育的目标是培养有专业技能、文化基础知识，且身心健康的技能型人才。政策制定者认为的中等职业教育不仅能帮助学生迎接未来的挑战，而且能够促进整个国家的经济增长和社会稳定。

从研究者角度看，中等职业教育主要包括专业技能教育、文化基础教育和职业道德教育。中等职业教育的主要目的是提高中职学生的认知和非认知能力，为国家发展做出贡献。这包括职业技能，提高短期就业能力，满足特定行业的直接需求；通识技能，使学生能够适应经济增长的长期需求；实际工作经验，给年轻人接触实际工作的机会；积极的社会行为，即社会包容、凝聚力和公民意识。

尽管国家对中等职业教育有很高的预期，但很少人知道当前的中等职业教育系统在构建人力资本方面是否有效，也没有严格的实证研究来证明中等职业教育是否真的有助于学生发展，有助于学生认知和非认知能力的提高。

河南省是中国的职业教育大省和国家级职业教育实验区，截止到 2013 年共有 1000 多所中职院校。自 2013 年，河南大学教育行动中心课题组对河南省中职教育给予了持续关注，并在全省 7 个地级市、67 个区县的 118 所中职学校进行了多轮追踪调研。本书的目标是检验中等职业教育是否有助于提高学生的认知和非认知技能和能力。具体来说，我们试图验证中等职业教育是否能让学生：提高专业成绩和文化课成绩；培养良好的行为习惯；有安全而富有成效的实习经历；待在学校（不辍学）。

第一节　中等职业教育人才培养质量抽样评估设计

一、概念界定

本章从认知和非认知两个维度对中职学生的发展进行厘定（表 7-1）。在认知方面，由于中职教育是一种专业化教育和面向就业的教育，同时又属于高中阶段教育，因此，专业知识、职业技能和基础知识是考量中职学生认知发展的主要内容。

在非认知方面，本项目组从"优良品质"和"不良行为"两个方面对中职生发展情况进行考量。一方面，根据本项目组另外一项在大型企业的调研数据，"吃苦耐劳品质"是与企业对员工的肯定性评价具有最稳定的正相关关系的优秀品质，因此，本文也把"吃苦耐劳"作为衡量中职学生优秀品质的核心指标；另一方面，本项目从学生的辍学率、网瘾发生率和在校不良行为发生率对学生发展进行考量。其中，在校不良行为发生率是对样本班学生在校园内发生的抽烟喝酒、打架斗殴、敲诈勒索、考试作弊、欺负同学、逃课、赌博、抄作业等不良行为的综合统计。

表 7-1　中职学生发展的评价维度和项目

认知	非认知	
专业知识成绩	实习	在校不良行为发生率
文化知识成绩	辍学率	网瘾发生率

二、样本选择

本文使用的数据来源于河南大学教育行动国际研究中心与 REAP 团队联合开展的中职教育研究项目。具体抽样过程如下：

第一，确定样本专业。基于中职教育的专业化特征与河南大学教育行动国际研究中心研究团队的精力、财力限制，本书选取了在河南省招生规模最大的计算机专业和数控专业。

第二，确定样本地区。在河南省的 18 个地市中，依据高、中、低三档经济发展水平和经济结构特征，选取了 7 个样本市（含原属于该市的省直管县）。

第三，确定样本学校。依据政府统计数据，以及网络和电话调查，收集到 7 个样本市 388 所中职学校的信息；然后进一步确认了学校专业开设情况，筛查出在一年级或者二年级开设有计算机专业或数控专业的中职学校 165 所。考虑到一些规模小的学校的持续性难以保障，项目组从已筛查出的学校中排除了单班人数在 20 人以下的学校，最终确定 118 所中职学校为样本学校。

第四，确定样本班级。在样本学校，如果样本专业一个年级只有一个 20 人以上的班级，则将这个班级直接确定为样本班；如果样本专业一个年级有两个及以上超过 20 人的班级，则采取随机抽样的方式，随机抽取出一个作为样本班，并调查样本班级所有学生；如果抽到的班级人数少于 20 人，则按照随机数表再抽取一班，两个班加起来超过 20 人即可，2 个班所有学生为样本学生。

根据上述抽样原则，7 个样本市的 118 所中职学校计算机专业和数控专业两个年级[①]共计 346 个班级的 12 081 名学生作为调研对象。其中，一年级学生占样本总量的 59.3%，二年级学生占 40.7%。样本信息参见表 7-2。从专业设置来看，样本学校中有 48 所学校仅有计算机专业，3 所学校仅有数控专业，67 所学校既有计算机专业也有数控专业。2013 年 10 月进行基线调研，2014 年 4 月进行追踪调研。[②]追踪调研时新增 1083 名样本学生数据。为了便于比较，本章不用新增样本学生数据。同时，有 10 名基线样本学生，第二期数据显示去向不明，所以，删除这 10 名学生的相关数据。也就是说本章使用的是 118 所样本学校、345 个样本班的 12 071 个样本学生的数据。

表 7-2　样本基本信息

地市	样本学校数	样本学校班级数	样本专业	样本学生数		专业	
				一年级	二年级	计算机	数控
样本地市 1	37	107	计算机	1 454	1 039	2 493	1 077
			数控	560	517		
样本地市 2	10	31	计算机	387	332	719	328
			数控	207	121		
样本地市 3	11	38	计算机	445	262	707	425
			数控	235	190		

---

① 三年级学生通常去参加顶岗实习，不在学校，所以样本年级选定的是一年级和二年级。

② 由于中职一年级学生及其专业一般在 10 月份才能基本稳定，因此 10 月份收集基线数据，作为学年初数据；同时，由于二年级学生 5 月开始有大批学生参加顶岗实习，因此 4 月份收集终期数据，作为学年末数据。

续表

地市	样本学校数	样本学校班级数	样本专业	样本学生数		专业	
				一年级	二年级	计算机	数控
样本地市 4	23	73	计算机	1 049	682	1 731	1 240
			数控	727	513		
样本地市 5	19	45	计算机	687	368	1 055	531
			数控	310	221		
样本地市 6	10	26	计算机	367	272	639	389
			数控	242	147		
样本地市 7	8	25	计算机	290	137	427	310
			数控	193	117		
合计	118	345	2	7 153	4 918	7 771	4 300

三、评估工具

2013 年 10 月，我们对样本学生和样本学校校长进行了基线调查。校长问卷包括学校层面的一系列问题，具体有学校的办学性质（公办或民办）、学校的上级管理部门（教育部门或省人力资源和社会保障部门）、是否示范校、在校生数（2013年 6 月全日制在校生人数）、生师比、教师学历、专业教师比例、生均教育经费等。

学生问卷包括两个部分，第一部分是关于学生的职业技能和一般技能：两个标准化测试，一个测试他们的专业技能（计算机测试或者数控测试），一个测试他们的文化基础知识（数学测试），测试的内容基于教育部、人力资源和社会保障部建立的课程标准。河南大学教育行动国际研究中心、REAP 团队与考试专家及专业教学人员合作，为不同专业不同年级的学生设计了不同的测试卷。为保证试卷的效度、信度和区分度，进行了大范围、大样本的试测。尽管每份试卷的具体试题不同，但根据国际通行做法，运用这样的试卷对同一学生在学年初和学年末的两次测试成绩差异可以被认定为学生在该学年的学习所得。为了保证测试质量，在测试过程中，调研员对同一班级不同列的学生分别分发 A 卷和 B 卷以避免抄袭现象，并规范考试指导语，严格控制考场纪律和考试时间，以保证考试的标准化和真实性。第二部分是学生背景特征的基本信息，包括性别、年龄、民族、学历背景（是否完成了初中学业）、在校行为表现、父母的受教育程度、家庭经济背景（家庭耐用资产清单）等。

在 2014 年 4 月（学年末），研究团队返回样本学校，收集评估数据。除了测试学生的专业知识和基础知识外，在学生问卷中增加了三个模块。第一个模块是询问学生是否见过同学有一些不良班级行为，具体包括是否看到同学考试作弊、逃课、抄作业、和老师顶嘴；是否见过同学参与不良社会行为，具体包括是否看到同学打架、敲诈勒索、欺负同学；还有一组问题是询问同龄人中是否有危害健康的行为，例如饮酒、吸烟等。我们还收集了学生每天使用电脑或者手机的时间，请学生自述在调研的前一周，他们使用电脑或者手机来娱乐（如玩游戏、聊天或看视频）的时间、学习的时间。此外，使用具有国际影响的宾夕法尼亚大学 Duckworth 教授编制的《简式毅力问卷》（Short Grit Scale，Grit-S）和美国匹兹堡大学 Kimberly Young 教授编制的《杨氏网瘾诊断量表》（Young Internet Addiction Scale），测量学生的坚毅性品质和网瘾情况。

第二模块是收集学生实习经历的详细信息。我们询问学生在本学年（2013 年 10 月至调研时）是否参加过一个或多个实习，如果参加过实习，继续询问他们最近一次实习经历的详细情况。具体包括实习期间是否有指导老师跟随，是否有学校老师询问过实习情况，实习工作是否与所学专业对口，是否愿意把这个实习工作推荐给其他同学等。此部分的实习指顶岗实习。

第三模块是询问学生对中等职业教育的态度。具体包括：他们在中职学校学习的满意程度，这个问题有四个选项：1=非常满意，2=比较满意，3=比较不满意，4=非常不满意。在对这个数据进行处理时，创建了一个二进制变量，如果学生选择 1 或者 2，此二进制变量等于 1，否则等于 0。

最后，评估辍学率。依据基线调研数据，分班级制作了"学生去向表"，这个表格是所有完成基线调研的学生名单。调研时，调研员首先询问每个班的班长名单上每个学生的去向（在学校参加调研、请假、转校、实习或者辍学），如果对个别学生的去向有疑问的话，调研员通过询问同班同学或班主任、给学生本人或其父母打电话等多种方式来确定此学生的去向。

我们注意到，样本流失率较高，总结起来有三个原因：①辍学率高（这也是我们一个重要的研究结果）；②评估调研时，一些学生因为参加实习，不在学校；③转到别的学校，或者因身体不舒服等原因暂时请假，调研当天不在学校。2014 年 4 月调研时，12 071 名学生中有 4004 名学生（约占样本学生的 33%）没有完成学生问卷或者测试卷。因此这 33% 的学生不在我们的分析数据中（除了分析辍学率时）。在流失的这些学生中，1469 名学生辍学，1584 名学生实习，28 名学生转校，923 名学生请假。

四、变量描述

（一）学生个体层面的特征

个体层面的变量主要包含学生个人的基本特征、学习经历、学业基础、心理品质、家庭状况、使用电子设备的用途和时间等。

个人基本特征包括性别、年龄、户口。在回归分析中性别、户口均是虚拟变量，男生=1，女生=0；农村户口=1，否则=0。

学习经历包括是否完成了初中学业和学业基础。是否完成了初中学业是虚拟变量，是=1，否=0，学业基础以 2013 年 10 月基线测试中的数学和专业知识技能成绩为准。

心理品质以毅力品质的测量为主。毅力品质（grit）最早由美国宾夕法尼亚大学心理学家 Duckworth 提出，Duckworth 教授研制了《简式毅力问卷》。Grit-S 共有 8 个题目，运用 5 等级评分标准，其 α 系数为 0.6834。

家庭状况包括家庭经济地位、父母受教育程度等。家庭经济地位主要参考世界卫生组织学校儿童健康行为研究项目中开发的《家庭富足量表》（Family Affluence Scale，FAS），设计了《学生家庭经济状况量表》，以电冰箱、电脑、洗衣机等的拥有量来标示家庭经济状况，共 14 个项目，"有"赋值为 1，"否"赋值为 0，总计获得家庭经济状况分数。父母受教育程度通过学生问卷调查父母的学历水平，在回归分析中作为虚拟变量，高中及以上学历=1，否则=0。

电子设备包括电脑和手机，学生自述用电子设备来娱乐的时间和学习的时间。

（二）学校层面的变量

学校层面的变量包括学校性质、学校级别（荣誉）、学校规模、学校资源等。

学校性质以是否为公办学校来衡量，在回归分析中作为虚拟变量，公办学校=1，民办学校=0；学校荣誉以是否国家级示范校来衡量，在回归分析中作为虚拟变量，国家级示范校=1，非国家级示范校=0；学校规模以 2013 年 6 月学历教育在校生人数为准；学校资源主要包括学校的人财物状况：人力资源主要指双师型教师比例、本科学历教师比例、外聘教师比例、专业课教师比例、生师比等，相关比例通过计算整理获得数据；财力资源指生均教育经费；物力资源指生均教学设备价值。

（三）结果变量

采用 2014 年 5 月追踪评估调研时，对计算机专业和数控专业一、二年级样本学生进行的专业知识技能测试的成绩和数学知识测试的成绩作为结果变量。因不同年级、专业所用的专业测试卷和文化课测试卷总分不一样，为使各科成绩可以比较，所有科目的测试成绩总分都转化为 1000 分。考虑到中职教育重视操作技能的特点，测试题中突出了操作性知识。同时，由于基线调研与追踪调研的测试卷是基于 IRT[①] 理论编制的，因此，前后两次测试成绩的差异可以考量学生的学业增进情况。

第二节　中等职业教育人才培养质量
抽样结果分析

通过多维度分析，我们有两个重要发现。①中等职业教育没有实现提高学生技能和能力的目标，大约 90% 的中职学生专业知识和文化基础知识没有明显增进，并且没有养成良好的行为习惯，中职生身边围绕着一群行为不良的同学（不良行为主要指逃课、抄作业、作弊、和老师顶嘴等不当行为，打架、敲诈勒索、欺负同学等不良社会行为，以及抽烟喝酒等危害身体健康的行为）。②超过 60% 的学生通过直接说明或者辍学表达了他们对中等职业教育的不满。

从基线到评估，分两步来检查中职学生的专业技能和文化基础知识是否有了明显的改善。首先计算每个学生从基线到评估专业知识测试成绩和文化基础知识测试成绩的绝对增长分数（评估调研测试成绩减去基线调研测试成绩）。然后，把绝对增长分数标准化。标准化后的分数服从正态分布（均值=0，标准差=1）。以绝对增长分数为样本做单总体平均数差异性检验，如果 t 值落在 [-1.96, 1.96] 之外，表示专业知识或文化基础知识在本学年有明显增进或明显退步。例如，从基线到评估，假如绝对增长分数的 t 值大于 1.96，说明这个学生的专业知识或文化基础知识有显著改进；当 t 值落在 [-1.96, 1.96] 之间，表示这个学生的专业知识

---

① IRT 理论即项目反应理论（Item Response Theory），是国际通用的分析考试成绩或问卷调查数据的数学模型。通过 IRT 建立的项目参数具有恒久性特点，意味着不同测量量表或试卷的分数可以统一在一个水平上进行比较。

或文化基础知识没有任何增长。

我们用样本均值来描述中职生：①表现出的行为是否有利于学生学习和社会稳定；②实习是否能使他们获得经验，学习到宝贵的工作技能；③是否对中职学校满意；④是否辍学。变量的描述性统计详见表 7-3。

表 7-3　变量的描述性统计

变量	观察值	均值	标准差	最小值	最大值
结果变量					
评估专业成绩	8 046	502.44	150.88	18.52	948.72
评估数学成绩	8 048	505.36	164.88	0	1 000
辍学	12 071	0.12	0.33	0	1
毅力品质	8 021	0	1	−4.34	2.57
学生特征					
年龄（岁）	12 024	17.53	1.56	13.01	48.02
性别（男=1）	12 066	0.72	0.45	0	1
户口（农村=1）	12 058	0.87	0.33	0	1
初中毕业（是=1）	12 028	0.65	0.48	0	1
基线专业成绩	12 058	488.28	127.94	0	907.41
基线数学成绩	12 064	533.42	148.47	0	1 000
父母至少一人高中以上学历（是=1）	12 071	0.27	0.44	0	1
父母至少一人在家（是=1）	11 959	0.86	0.35	0	1
家庭经济状况	12 071	8.22	3.15	0	14
学校特征					
公办/民办（公办=1）	114	0.8	0.4	0	1
上级管理部门（教育部门主管=1）	97	0.87	0.34	0	1
示范校（是=1）	115	0.5	0.5	0	1
2013 年 6 月在校生规模	115	2 421.63	2 023.5	97	11 000
生师比	115	0.12	0.17	0.01	0.96
本科学历教师比例	110	1.16	1.89	0.05	16
专业教师比例	107	0.94	3.36	0.16	35
生均教育经费	106	7 034.62	9 907.82	273.68	61 707.32

一、样本学校学生发展状况

通过对两次调研数据的对比分析发现，尽管学校之间存在较大差异，但总体看来，在 2013—2014 学年：①中职学生的专业知识增长不明显，文化基础知识普遍没有进步；②中职学生实习岗位与所学专业严重不对口；③没有帮助学生培养良好的行为习惯；④中职学生辍学率平均高于 30%。

（一）专业知识和文化基础知识无明显增进

表 7-4 是样本学校 2013—2014 学年专业知识和文化基础知识的增进情况。从表 7-4 可以看出，样本学校学生专业知识成绩平均增长了 10.6 分，但这 10.6 分仅相当于总分（为使各科成绩可以比较，所有科目的测试成绩总分都转化为 1000 分）的 1.1%。并且，仅有 10.1%的学生，在这个学年专业知识成绩进步明显。也就是说，大约 90%的中职学生在 2013—2014 学年专业知识增长不明显。另外，调研时采取主诉的方式，询问"与学年初相比，你现在（学年末）的专业能力怎么样？"数据结果显示，近 20%的同学认为自己的专业能力没有任何长进，甚至有退步。

研究结果显示，样本学生不但专业知识没有增长，文化基础知识的增长也可以忽略不计。样本学校学生 2013—2014 学年文化基础知识平均增长 5.0 分，相当于总分的 0.5%。同时看专业成绩和文化基础成绩时，发现在专业知识增长的情况下，文化基础知识也增长的学生非常少。根据调查结果，2013—2014 学年只有 8.9%的学生文化基础知识取得了明显进步（两个年级的结果相同）。这意味着，有 91.1%的中职学生文化基础知识没有增长，甚至有一部分学生的成绩不仅没有增长，反而有所倒退。采用主诉方式询问的结果显示，有 53.9%的同学认为自己的数学能力没有任何长进，甚至有退步。

表 7-4　2013—2014 学年专业知识和文化基础知识的增进情况

专业	年级	专业知识成绩		文化基础知识成绩	
		平均增长分数（总分=1000）	分数增长显著的学生比例（%）	平均增长分数（总分=1000）	分数增长显著的学生比例（%）
计算机	1	9.1	10.0	6.4	10.2
	2	11.4	10.3	4.8	8.1
数控	1	—	—	4.6	9.1
	2	14.2	10.1	1.3	5.9
合计	—	10.6	10.1	5.0	8.9

注：基线调研时，数控一年级学生刚入学，没有学习专业课，所以无法测定这一学年的专业技能增进

根据表 7-4，按年级来看专业知识的增进情况，发现两个年级的学生专业知识增进都很有限。尽管计算机专业二年级的学生专业成绩平均增长分数比一年级高 2.3 分，但在这个学年专业成绩明显进步的学生比例几乎相同（分别是 10.0%，

10.3%）。这个结果表示，在中职学校的前两年，专业课教学和实践仅使很少一部分学生的专业知识得到增长。

另外，研究结果发现，两个专业学生的文化基础知识正在逐步退化。数据显示，计算机二年级文化基础知识取得显著进步的学生比例比计算机一年级低了2.1个百分点。数控二年级文化基础知识取得显著进步的学生比例比数控一年级低了3.2个百分点。总之，调查结果证明，中职学校并没有让学生的专业知识和文化基础知识得到应有的改进。

（二）顶岗实习未达到政策目的

表7-5是对样本学校学生实习经历的描述性统计。近1/3的学生在中职学校的第一年或者第二年完成了实习。基线调研时，有12 071名样本学生，1794名学生说他们参加过实习；评估调研时，基线样本学生中的1584名正在实习。根据调查数据，进入中职学校的前两年有28.0%的学生参加实习。这说明，尽管国家规定中职生应该在中职教育的第三年参加实习，实际情况是，中职学校学生在第一学年和第二学年参加实习司空见惯。

表7-5　样本学生实习情况

专业	年级	样本学生（人）	因在实习未参加评估调研学生数（人）	参加了评估调研且有实习经历的样本学生数（人）	实习比例（%）
计算机	一年级	4 679	108	496	12.9
	二年级	3 092	775	543	42.6
数控	一年级	2 474	79	372	18.2
	二年级	1 826	622	383	55.0
合计	—	12 071	1 584	1 794	28.0

评估调研时收集了样本学生参加实习的详细信息。虽然顶岗实习是中职教育的一部分，但是调查数据显示中职学校没有遵守政府关于顶岗实习的政策要求。参见表7-6。例如，在《中等职业学校学生实习管理办法》中明确规定，"中等职业学校三年级学生要到生产服务一线参加顶岗实习"，同时规定"不得安排一年级学生到企业等单位顶岗实习"。参加实习的一年级学生中，计算机专业学生中的13.5%、数控专业学生中的15.1%在参加实习时尚未成年（16周岁以下），甚至二年级的学生，有一小部分（约1%）计算机和数控专业的学生在最近一次实习时还未满16周岁。

除了年级和年龄限制外,《中等职业学校学生实习管理办法》第六条规定"学校要定期检查实习情况",学生实习时应该安排一名教师陪伴,但根据我们的数据,39.0%的学生说在实习时没有指导教师陪伴,35.7%的学生说老师没有询问过他们的实习情况。

此外,大多数学生实习缺乏教育目的。68.2%的学生说在最近的一次实习中,他们的工作与所学专业无关。实际上,在和学生访谈中了解到,在大多数情况下,他们被送到工资很低的制造业岗位工作,这意味着这些实习跟教育目的无关。中职生的实习主要是为了弥补学校资源的不足,合理利用企业的人、财、物等资源,让中职学生在实习的过程中积累工作经验。企业作为中职学生实习教育的重要参与方,也没有尽到责任和义务,轻视学生的培养,重视学生的劳动,33%的学生说在实习的时候,实习单位没有安排任何培训活动给实习生。很明显,这样的实习违背了政府旨在保护学生,把实习作为中等职业教育重要组成部分的意图。

表 7-6　评估调研时参加过实习的样本学生实习经历

专业	年级	参加过实习的人数	专业不对口比例（%）	没有指导教师比例	不会推荐给同学的比例	老师没询问过实习情况占比	实习单位没有培训活动占比
计算机	一年级	496	65.5	39.9	45.8	33.9	28.2
	二年级	543	78.1	41.8	58.0	41.4	37.4
数控	一年级	372	59.1	35.8	41.1	31.2	32.5
	二年级	383	66.3	37.1	51.4	33.7	33.4
合计		1 794	68.2	39.0	49.8	35.7	33.0

正因为中职实习违背政府保护学生和进行实习教育的政策目的,就不奇怪为何学生对实习经历如此不满。在学生问卷中,我们询问学生是否愿意把最近一次的实习工作推荐给其他同学,有实习经历的一年级学生中,近一半的学生（计算机专业是 45.8%,数控专业是 41.1%）说不会把他们的实习工作推荐给其他同学,即使同学们请实习过的学生推荐工作,他们也不会推荐自己实习的工作岗位。参加过实习的二年级学生不推荐的比例更高,计算机二年级不推荐的比例高达 58.0%,数控专业二年级的学生不推荐的比例也超过了一半（51.4%）。两个专业两个年级合起来计算的话,大约一半的学生（49.8%）对他们的实习工作不满意。

（三）学生行为习惯不良

1. 不良行为频发

在本书中,不良行为包括作弊、逃课、抄作业、和老师顶嘴、打架、敲诈勒索、欺负同学、抽烟、喝酒。把不良行为分为三种：第一种是不良班级行为，即作弊、逃课、抄作业、和老师顶嘴；第二种是不良社会行为，即打架、敲诈勒索、欺负同学；第三种是危害健康行为，即抽烟、喝酒。

调查发现，在中职学校，有不良班级行为的学生特别常见。根据调查数据，有 64.6% 的学生说上一周（调研的前一周）在教室内观察到有不良班级行为发生。详见表 7-7。最经常被观察到的不良班级行为是抄作业（49.5% 的学生看到过）和作弊（39.7% 的学生看到过）。

更为严重的是，有相当一部分中职生在上一周观察到校园内某些同学的不良社会行为，打架、敲诈勒索、欺负同学等。调查数据显示，有 22.6% 的学生在上一周看到了这些行为，其中最为常见的行为是打架（15.8% 的学生见到过）。

我们还询问了学生是否有危害健康的行为，例如抽烟、喝酒。总体上，有 45.5% 的学生说他们在校园内看到过同学抽烟或者喝酒，虽然年级、专业、年龄不同，但一年级和二年级学生抽烟、喝酒比例大致相同。并且，7.2% 的样本学生自我报告每天都会抽烟（已有烟瘾倾向）。总之，我们的研究表明，中职学校中有不良班级行为、不良社会行为和危害健康行为的学生普遍存在，68.1% 的学生见到过不良行为的发生。

表 7-7　中职生常见不良行为统计

专业	年级	样本学生数	不良班级行为		不良社会行为		危害健康行为		不良行为	
			人数	比例（%）	人数	比例（%）	人数	比例（%）	人数	比例（%）
计算机	一	3 390	2 308	68.1	845	24.9	1 570	46.3	2 405	70.9
	二	1 803	1 162	64.4	312	17.3	799	44.3	1 232	68.3
数控	一	1 848	1 118	60.5	445	24.1	815	44.1	1 178	63.7
	二	1 026	625	60.9	225	21.9	490	47.8	680	66.3
合计		8 067	5 213	64.6	1 826	22.6	3 674	45.5	5 495	68.1

2. 网瘾表现不明显

除了以上消极行为外，我们还发现中职学生花费大量的时间使用手机或电脑，目的是娱乐而不是学习。调研数据显示，中职学生上一周平均每天花费 3.8 小时用他们的手机或电脑来玩游戏、看视频（看电视剧、电影、综艺节目等）和聊天，详见图 7-1。用电子设备娱乐的时间占据学生使用电子设备总时间的 63.6%。此外，使用美国匹兹堡大学 Kimberly Young 教授编制的《杨氏网瘾诊断量表》，测量了样本学生的网瘾情况，Young 一共设计了 8 个题目，如果有 5 个题目是肯定的，就可以断定该生患有"网络成瘾症"，结果显示有 414 名学生（占评估调研总样本数的 5.1%）过度使用网络。总之，中职学生网瘾症状虽然不明显，但是他们的生活很空虚，每天花费大量的时间用电脑/手机娱乐。

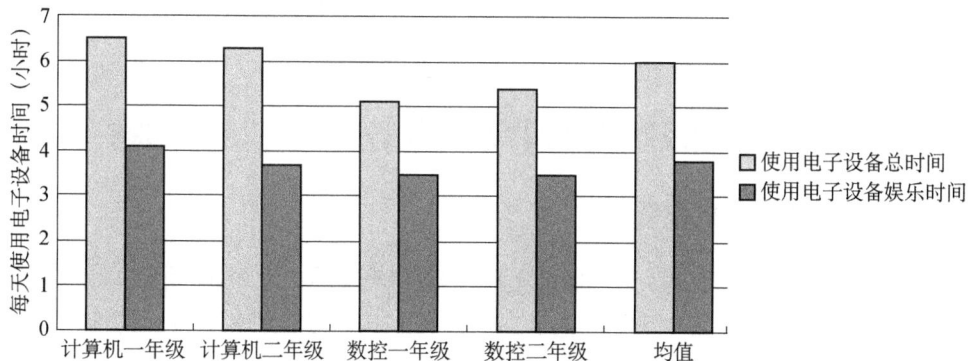

图 7-1　样本学生平均每天使用电子设备情况

资料来源：作者调查

（四）学生对中职学校满意度低，辍学率高

学生在中职学校学习一年，专业知识没有明显增长，文化基础知识没有取得明显进步，甚至有所退步，实习工作与所学专业毫无关系，不良行为频频出现，这些结果自然无法让中职学生对学校感到满意。当我们询问中职学生对学校的学习是否满意时，同时参加基线和评估调研的一共是 8067 人，这些学生中的 43.3% 对中职学校的学习经历不满意，占基线样本学生的 28.9%。此外，评估调研时有 1469 名学生辍学（基线样本学生的 12.2%）。他们选择辍学，从一定意义上讲，是通过辍学对中职教育表达了自己的不满。

表 7-8　样本学生辍学率

专业	年级	基线样本学生数	辍学人数	辍学率（%）
计算机	一年级	4 679	782	16.7
	二年级	3 092	220	7.1
数控	一年级	2 474	384	15.5
	二年级	1 826	83	4.5
合计		12 071	1469	12.2

基线样本学生一学年内辍学率是 12.2%。从表 7-8 中可以看出计算机专业和数控专业都是一年级辍学率最高，由表中数据可以计算出一年级第一学年辍学率

为 16.3% [（782+384）/（4679+2474）×100%=16.3%]，二年级的辍学率是 6.2%。另外，通过一项电话访谈数据得出，一学年的两个学期之间即假期辍学率为 10.3%[①]。根据这些数据，可以计算出中职学校两个学年的累计辍学率为 31.2%。因此，总共有 60.1%（28.9%+31.2%= 60.1%）的学生通过直接回答或者辍学表达了对中职学校学习的不满意。

二、样本数据反映出的中等职业教育人才培养问题

（一）办学定位以规模为主

20 世纪 90 年代后期，中国大学的投资大幅度增长，投资的增加引起入学人数剧增，从 1998 年到 2005 年，大学生人数从 220 万增加到 850 万。高等教育系统的扩张刺激了普通高中规模的进一步扩大，2012 年全国普通高中学校达到 13 509 所，在校生 2467.2 万人。普高的发展压榨了中职学校的生存空间，致使中职学校陷入招生难的困境。中等职业教育的发展又是政策关注重点，《国家中长期教育改革与发展规划纲要（2010—2020 年）》要求总体保持普通高中和中等职业学校招生规模大体相当。

基于此，目前的中职学校没有学历、分数线等限制，非但没有限制，一部分中职学校的老师要下乡招生，上门服务。招到学生之后，学生接受的却不是高质量的教育和无微不至的关怀，而是"放羊式"的教育和冷淡的师生关系。调研数据显示，74%的中职学校校长认为迫于政府给予的招生压力，他们必须全力以赴扩大招生。82%的受访班主任反映，学校每年都会给他们下达招生任务，并与工资挂钩，招生活动占据了他们 1/3 的精力，而招来的学生是否在校，在校是否学习，以及学习的成效如何却没有得到足够的重视。

采取主诉方式询问学生是否有老师介绍过本专业的培养计划时,38.9%的学生回答"否"；当问学生是否有老师给他们介绍过每门课的教学大纲时，35.9%的学生回答"否"；此外，有 37.6%的学生自述班主任从没有找其聊过天；68.8%的学生说没有任何老师和其一对一讲过就业和职业规划问题。中职学生进入学校时，可以说对自己所学的专业、本专业在社会上的地位、未来的就业前景所知甚少，

[①] 2014 年 10 月，河南大学国际教育行动研究中心从样本区域中随机选择 16 所学校，对 16 所样本学校的计算机专业一年级（基线和评估调研时是一年级）的学生进行电话追访，询问学生去向，目的是为了调查第一学年和第二学年之间的辍学情况。

教师若不进行适当引导和讲解，学生很快就会对本专业失去兴趣，没有兴趣，谈何学习？

同时，在课程设置上，忽视基础知识教育，文化基础课处于边缘状态，最终导致中职生文化基础知识贫乏，我们采用主诉方式对 9131 名样本学生的调研结果显示，有 55%的同学认为在中职学校自己的数学能力没有任何长进。片面重视操作技能和短期就业，限制了中职生的未来职业理想；严重忽视基础知识教学和养成教育，阻碍了中职生的未来学业理想，也不利于中职生未来的职业发展。中职教育不应该是教会学生为特定职业做准备，而是教会学生如何学习，如何调整适应。中职学校应以"提高培养质量，促进学生发展"作为办学理念。

（二）校园文化缺乏内在涵养

根据我们的调查数据，与国家中职学校的办学标准相比，样本学校物力资源均值基本已达到甚至超过国家办学标准。为了增强学校吸引力，部分中职学校十分重视"表面"，在校园硬件设施上投入大量资金，校园环境发生翻天覆地的变化。还有一部分学校，社会主义核心价值观标语贴满校园，但是实际活动却流于形式。只重视就业教育，轻视文化基础知识、道德、心理教育，没有培养学生形成良好的行为习惯。校园文化对一个人的影响是潜移默化的，群体之间的相互影响也是潜移默化的。

中职生年龄一般在 15～18 岁，这一时期的青少年不再盲目地相信家长、教师等权威，而是在同伴群体中寻找认同感。基线调研时，学生问卷部分问及学生"大部门时间住在哪里"，88.4%的学生说住在学校宿舍，表示他们在家的时间变少，那么与同伴的关系变得尤其重要。同伴成为学生个体的信息源，对学生社会化技能的学习起着至关重要的作用。但由于中国的传统教学中缺乏合作学习的观念，青少年的群体一般是在生活中自发形成的，且多数群体的形成和教育无关，所以青少年同伴群体对群体成员极少有教育作用。群体形成后，有很强的凝聚力和同化作用，对群体成员影响至深。调研数据显示，这个年龄的学生身心发展正处于矛盾冲突期，渴望得到认可，如果中职学生身边围绕一群行为不良的学生，那么他们要么被同化，要么被排斥，被同化的可能性很高。

此外，校园文化建设不力，给了不良网络文化可乘之机。21 世纪科技迅速发展，这一时期的中职学生正处于"互联网+"时代，网络以势不可当的趋势迅速渗透到社会生活的各个角落，网络的使用远超过其他媒介。样本学生自我报告说最近一周每天用电脑和手机的时间约为 6.0 小时，其中玩游戏、聊天或看视频等非学习性质的时间高达 3.8 小时。网络和智能手机的使用，使中职学生的世界观、人生观、价值观深受影响，长期受网络不良信息的影响，学生会产生强烈的破坏欲，淡化道德与法律意识。信息垃圾的泛滥也会造成学生是非观念模糊，给学生的道德理念造成很大的冲击，反映到行为上，会影响学生的行为，有些学生的不良社会行为不能说没有受到网络的影响。

（三）实践环节管理不到位

中职学校的人才培养实践环节包括两个方面，一是校内实践课程，二是顶岗实习。根据我们的调研数据，中职学生一学年内专业技能增进并不明显。调研过程中发现，中职教育部分专业课程安排很随意，118 所中职学校的专业课从 1 到 9 门不等，课时数从 2 到 58，差异很大。由专业课的安排可以推及实践课程。专业技能增进不明显和课程安排的随意性，说明了中职生校内实践管理不到位。

顶岗实习是教学活动的一个环节，顶岗实习的初衷是通过专业拓展训练，促进人才培养。但是，顶岗实习的结果却是劳务性远大于教育性，异化了顶岗实习的教育本质。调研中我们也发现，一些中职学校的顶岗实习不仅专业不对口，而且常常是根据企业需求随机安排。当学校的合作企业订单任务紧张时，学校会要求学生临时中断学业，像突击队一样进厂顶岗实习。我们在调研时，恰遇一位教务主任接到一个企业急用实习生的电话，整个交谈像是交易。电话里讲："你们能不能给我 200 个实习生？"主任讲："我们三年级学生都下厂了，没学生了。"电话里讲："想想办法吧，用低年级学生也行，我可以加价钱，实在不行先给我 100个应应急……"

这样的顶岗实习，从短期看，企业获得了廉价劳动力，缓解了"用工荒"的燃眉之急；中职学校向企业转嫁了办学成本，甚至还能获得企业给的好处费；中职生逃出了无聊的课堂，还挣到了实习工资，可谓皆大欢喜。但从长期看，企业将持久缺乏高素质劳动力，无法摆脱员工频繁离职和缺乏企业精神的烦恼；中职学校将无法显著提高育人质量，无法甩掉"劣质""弱势"的符号；中职毕业生在"用工荒"的年代能够找到工作岗位，但随着产业结构升级转型，很可能成为社会的边缘群体。

就中职学生顶岗实习的性质来说，中职学校认为顶岗实习就是"企业顶岗"，企业认为中职学生实习就是"顶岗生产"，未能充分认识到顶岗实习是职业学校教育的重要组成部分。就顶岗实习的功能来说，学校把学生顶岗实习作为缓解教育资源不足的途径，企业把学生顶岗实习作为缓解劳动力紧张的手段，都没有重视顶岗实习的育人功能。同时，利益相关者之间关于开展顶岗实习的责权关系不明确，组织、管理和活动方式的规则系统不健全，互相抱怨，互相推诿。在教育政策文本中，多处强调企业对顶岗实习的责任，但在《企业法》和《公司法》中，却没有任何对实习生教育的激励与约束机制。中职学校一方面抱怨企业缺乏社会责任感和校企合作的热情，另一方面也无奈于市场经济条件下企业追求利益最大化的经济理性。

（四）学生对中职学校缺乏认同感

同时参加基线和评估调研的学生中，43.3%通过主诉的方式表达了对中职学校经历的不满意。评估调研时有 1469 名学生辍学，通过辍学的方式表达了对中职学校学习的不满意。也就是说，总共有 60.1%的学生对中职学校学习不满意。不满意也代表着对中职学校没有认同感，这个结果与社会上大多数人对中职学校的看法一致。

中职生对学校认同感不强，一方面与社会给中职学校加的"标签"有关。提起中职生，人们马上想起的词语就是"成绩差"。确实，绝大部分中职生都是因为没有考上普高，"被迫"上中职。他们本是一群 15～18 岁的"孩子"，可能只是不喜欢学习，老师和家长却给他们冠上一个"坏"字。结果，跟"三人成虎"的故事一样，他们开始做老师和家长臆想的事，逃课、抄作业、和老师顶嘴，甚至抽烟、喝酒、打架。老师和家长对他们的印象更差，这就形成了一个恶性循环。

另一方面是因为中职学校人才培养质量不高。中等职业教育的目标是培养有专业技能，有文化基础知识，且身心健康的技能型人才。实际情况是，中职学生在学校专业知识增长不明显，文化基础知识普遍没有进步；实习岗位与所学专业严重不对口；中职教育没有帮助学生培养良好的行为习惯；辍学率平均高于 30%。

（五）学生学习主动性差

提起中职学生，大家首先想到的就是成绩差，考不上普通高中才选择中职，中等职业学校的学生是应试教育的失败者，基础薄弱。因为成绩差，所以他们没有好的学习习惯和方法，学习主要依赖老师督促和监管。但中职的老师上课方式仍然是以教师为中心，以书本知识为核心，至于学生学与不学，全靠自觉。在调研时，曾观察过中职学校的课堂，老师讲自己的，学生忙自己的。并且和普通高中的学生相比，中职学生没有升学压力，没有压力就没有学习的动力。样本学生每天平均上课时间为 8.3 小时，课堂上玩手机和电脑（玩游戏、聊天、看视频）的时间平均为 1.5 个小时。

中职学校老师未能从终身学习、终身发展的视野要求中职学生，人格培养和养成教育不力，忽视学生自主学习能力的培养，中职生的学习风气较为涣散，"学生感"不强。调研结果显示，有 7% 的学生课后学习和写作业的时间为零，23% 的学生课后学习和写作业的时间小于 1 小时。样本学生自我报告说最近一周每天用电脑和手机的时间约为 6.0 小时，其中玩游戏、聊天或看视频等非学习性质的时间高达 3.8 小时。使用《杨氏网瘾诊断量表》测量样本学生的网瘾情况时，发现有 414 名学生（评估调研总样本数的 5.1%）过度使用网络。

第三节　提供中等职业教育人才培养质量的对策建议

中等职业教育的扩张是为了提高学生的专业技能和基础技能，摒弃不良行为，增加社会工作经验。然而，我们的研究发现，中等职业教育没有达到任何一个目的。90% 的中职生专业知识和文化基础知识没有任何改善；同学们身边有很多行为不良的学生，逃课、抄作业、作弊、和老师顶嘴、打架、敲诈勒索、欺负同学、抽烟喝酒的现象普遍存在。学生的实习工作质量特别低，违背政府关于实习的政策规定，没有实现保护学生、进行实习教育的目的，实习岗位与专业毫不相关，学生没有从实习中学到知识和有技术含量的技能。超过 60% 的学生对中职教育不满意，约 1/3 的学生在进入中职学校的前两年辍学。怎么才能促进中等职业学校学生发展呢？

一、加强基础知识和基本素养教育

中职学生作为一个不同于普通高中的特殊群体，不断掌握科学的学习方法，形成科学的学习方式和技巧，不断提高获得、应用新知识的能力对其以后完成学业，走上工作岗位，提高个人素养，适应时代发展具有至关重要的作用。政策制定者、管理者、教育者要重视中职教育作为职业和人生双重发展基础的特性，理性看待中等职业教育的就业取向，树立为未来培养人的基本理念，加强基础知识和基本素养教育。

近些年，越来越多的国家在职业教育体系开始注重一般能力教育。2004 年欧盟委员会的《马斯特里赫研究报告》指出职业教育要强调培养学生丰富而宽泛的职业能力。2006 年出版的《终身学习的关键能力：一个欧洲参考框架》指出：知识、技能和才能是欧盟创新力、生产力、竞争力的重要影响因素，职业教育与培训的教学目标要培养人的各种能力，包括交际、读写算、学会学习、综合职业能力等。不但要培养特定的工作技能，也要培养一般能力，支持年轻人的能力发展。2012 年，在上海召开的第三届国际职业技术教育与培训大会上，各国代表也提出职业技术教育要从注重短期发展需求转向注重长期发展需求，并且强调职业教育的重要任务是帮助学习者学会如何学习、如何调整适应，而不只是帮助他们为特定职业做好准备。

2010 年国家颁布《国家中长期教育改革和发展规划纲要（2010—2020 年）》提出，职业教育要体现终身教育理念。2014 年《国务院关于加快发展现代职业教育的决定》也指出中职教育要"在保障学生技术技能培养质量的基础上，加强文化基础教育"，"科学合理设置课程，将职业道德、人文素养教育贯穿培养全过程"。中职教育必须改变以往的"放羊式"教育，教育模式从"授之以鱼"，转变为"授之以渔"。不仅进行就业教育，更要注重未来就业能力的培养，关注学生全面发展，强调学习能力、动手能力、创新能力等综合能力的培养。"最有价值的知识，是关于方法的知识"（周少英，1993），把学习能力作为职业学校学生学习的基础性核心能力来培养，将是中职学生最终实现全面发展，终身学习的重点。

课程是教育的核心载体，任何教育理想只有进入课程体系才能付诸实施。因此，重视中职生的基本文化素质教育，必须调整中职课程结构，开足、开好语文、数学、外语等基础知识课程。一方面，在课程设置方面，要加大基础课的课时量，参考国际经验，将通识教育课程在总课时中的比例从现在的 1/3 增加到 1/2；另一方面，在课程实施环节，将文化素养融于文化知识，重视文化课教学质量，加强课堂管理，保证课堂秩序，将文化课的教学质量作为考核教师工作绩效的重要内容，激励教师善于针对中职生的学业基础和学习特点进行教学设计，并切实做好备课、上课、作业批改、课外辅导、学业评价等各个环节。

二、优化校园文化

校园文化是一种无形的教育力量，对学生发展起着潜移默化的作用。良好的校园文化环境，能够充分发挥校园文化育人功能，促进学生全面发展。在这里，校园文化主要指物质文化、精神文化和网络文化。

物质文化指中职学校的各种实物，它是校园文化的外在表现形式，主要包括校园内各类建筑物、教学和实训设备、图书资料和文体娱乐设施等教育教学、娱乐设施设备。除此之外，还包括校园整体布局规划，草木、湖泊、雕塑、标志、标语等人文环境设施。根据我们的调查数据，或许是因为中职教育重投入轻产出的评价体系，中职学校在改善教学、实训条件方面投资很多，与国家中职学校的办学标准相比，样本学校物力资源均值已超过国家办学标准，但各学校没有形成自己的特色，低水平重复建设普遍存在，资源浪费严重。中职学校应该花心思构建独特的校园物质文化，使学校的一草一物，每个标志和标语、亭台湖泊都体现学校专业特色和办学宗旨。在建设人文环境时，应该根据学校的办学宗旨和人才培养目标，结合学校的专业特色，体现整体性、和谐性和教育性。学校的实训场地要有足够的设备占有空间、原料摆放空间和教学空间；实训设备在数量和质量上都要满足教、学需求，数量足，体现专业化和现代化；图书馆是文献的汇聚地和展示平台，图书馆的文献既要有专业书籍又要有人文社科类书籍，此外，购买数字图书馆是拓展学生知识面的有效途径。

精神文化指学校全体师生认同的、比较稳定的、且有自身特色的价值观念、理想追求、道德要求、行为规范、办学理念等，包括校风、校训、教风、学风、班风等。学校应该以育人为目的，中职学校也不例外。中职学校应该把育人和专业特色贯穿在校风、校训和教风中。校风、教风、学风、班风都是校园文化理念的表现形式，应彰显本校专业特点，将全校师生的价值观融合提升为学校理念，从学生入学伊始就应该把这种理念贯穿在生活和学习当中，营造专业技能和通识教育并重的学习氛围，帮助学生深入理解中职学校办学宗旨和培养目标，调动学生学习的积极性。教师在教学时应做到学高为师、身正为范，对学生既有爱，又有责任，通过言传身教营造良好的教风，同时正面宣扬良好的道德行为，用行动示范，帮助学生养成良好的学风。积极开展各种校园活动和班级活动，建设"团结、紧张、严肃、活泼"的班风。良好的班风和学风，对于培养学生良好的行为习惯大有裨益。

随着时代的发展，科学技术的进步，网络已经成为我们生活和学习中不可或缺的一部分。现阶段的中职学生是伴随着互联网和移动通讯的迅猛发展而成长起来的，对网络的接受能力和使用程度很高，互联网和电子设备深入他们生活和学习中，深刻地影响和改变着他们的生活和学习方式，在校园中形成了一种独特的网络文化。中职学生的年龄在15～18岁，辨别是非能力低，容易受外界影响，网络上的信息好坏皆有，很可能对他们的世界观、人生观、价值观带来不良影响。中职学校进行网络文化建设，重在提高学生的人文素养，加强道德教育和法制教育，加强网络监管。让学生自觉抵制和消除网络中存在的不健康信息，强化网络对广大学生的正面引导，引导学生文明上网；充分发挥网络灵活、便利的特点，可利用网络进行思想教育，拓展教育空间，创新教育教学模式。

三、提高顶岗实习的教育性

一、二年级的中职学生有相当一部分还没有达到法定的劳动年龄，让他们参加实习本身就是违法行为。即便年龄符合规定，但中职学生还是高中生，应以学习为主，先学好理论知识和文化基础知识，才能更好地提高专业技能，更好地适应经济社会发展，实现中职学生的终身发展。中职生在一、二年级时应以学习基础知识和专业技能知识为主，对于实践性较强的专业，理论和实践的结合，应在学校的实训基地进行实践活动，而不是通过去工厂劳动，累积实践经验。因为目前的环境下，工厂的劳动无法满足中职生技能知识和实践性能力的提升。

根据我们的样本数据统计，第一学年10月到第二学年10月，样本中职生累计辍学率高达22.5%。寒假过后学生流失16.3%，暑假过后又流失10.3%。寒暑假成为学生流失的重要节点与假期里学校安排的顶岗实习和学生自主打工不无关系。我们与326位中职辍学生的访谈结果显示，68%的学生辍学是因为他们"想学的东西学不到，学到的又与生产岗位不对接"，尤其是访谈中，无论是教师还是学生都说，实际的工作场景与学校里学的东西毫不相关。可见，目前的顶岗实习是以企业需求为轴心，与教学活动无关，脱离了政策制定者对顶岗实习的目标设定。让一、二年级的中职生去顶岗实习，不但影响了他们基础知识的学习和专业技能知识的获取，而且顶岗实习内容与学业知识的无关性，很可能让他们对读书的有用性产生怀疑，进而导致辍学率上升。

学生在顶岗实习时，既是企业的员工，但同时也是一名未毕业的学生。校企合作双方应兼顾学生的发展和企业的发展，而不能以双方的利益为基石。对学生实习岗位的分配应从培养学生的角度来考虑，提高顶岗实习的教育性；而不是从生产需要的角度，把顶岗实习看作顶岗生产，把中职生看成是临时工。

现实是，无论是学校还是企业，都忽视了顶岗实习的教育功能，顶岗实习的教育性缺失。实习指导教师在顶岗实习中起着至关重要的作用，一是可以解决学生实习中遇到的问题，二是可以对问题进行总结与升华，启示学生将理论和实践相结合，把学生培养成真正的技能型人才。但在对学生的调查中，39%的学生说实习期间没有驻场教师指导；35.6%的学生说实习期间，学校教师没有询问过一次。

企业应该参与学校人才培养计划的制定，把顶岗实习的中职生当作储备资源来培养，而不只是当作劳动力。企业参与制定学校人才培养计划，一定程度上可以调动企业与学校合作的积极性。但根据我们的调查数据，很少有企业参与学校的人才培养计划制定。有23%的校长说企业不会给实习生提供培训计划；有52%的学生说去实习单位前或者实习期间，学校或企业对他们进行的培训，与实习目的或内容并不相关；68.2%的学生说他们实习的岗位与所学专业不对口；70%的班主任说他们带的实习学生从事的工作是加工流水线。没有培训计划，工作内容与专业不相关，单一的劳动模式，学生是不会学到真正有用的知识和技术的。

四、强化中职学生自我认同感

长期以来，人们对中职学校和中职学生存在诸多认知偏见，例如："只有成绩差的学生才读中职"，"家境不好的孩子才读中职"，这是一种普通的社会观念。中职生因此被贴上了特殊标签，这种标签会对他们的自我认同感产生很大影响，让他们成为人们口中的"坏孩子"。威利斯说："'教学范式'（teaching paradigm）将学生区分为听话的'好学生'和不听话的'坏学生'，这种制度性的分化以及教师在课堂上对'小子'们的挖苦和惩罚也许并不是出于什么阴谋，但对处于叛逆期的'小子'们而言，这只会把他们推向反面，亦即生产出一套'反学校'的文化来凸现个性、恢复自信并以此建构自己的身份认同。毫无疑义，无论在形式、内容还是气质上，这套'反学校文化'都是对学校中的支配文化，亦即中产阶级文化的一个坚决抵制。"（吕鹏，2006）这就好比，既然我是"坏孩子"，我就应该做出一些符合我身份的事情。中职生逃课、作弊、抄作业、和老师顶嘴、抽烟、喝酒、打架、欺负同学、敲诈勒索、赌博等行为可能就是对这一标签做出的回应。增加中职生的身份认同感，关键还在于提高中职教育质量。

五、提高学生自主学习能力

由于科学技术的迅速发展和知识更新的不断加快，今天学到的知识，明天就可能过时，如果我们停止学习，不久之后就会被社会淘汰。联合国教科文组织提出，"学会学习"，注重培养学生自学能力、实践能力和知识迁移能力，以适应知识更新和职业结构不断变化的要求。对于今天的学生来说，教会他们自主学习，比掌握现有的知识更加重要。在中职学校，老师课上讲什么学生听什么，布置什么作业写什么作业，课后自觉主动学习、思考的学生少之又少。甚至，有的学生课上不听讲，课下不做作业，谈何主动学习。出现这种现象的原因除了学生学习基础差、动机不足、学校学习氛围不浓外，跟老师不严格要求学生，枯燥、单一的教学模式，部分中职教师"教师中心"的理念有很大关系。

提高学生的自主学习能力，首先要激发学生的学习动机。虽然中职学生成绩较差，但分数的高低与智力没什么太大关系，天才和弱智毕竟是少数，大部分人智力相当。成绩差的原因更多是学习目标不明确、学习动机不足、学习方法不正确或学习不努力。因此，营造良好的课堂氛围，建立良好的师生关系，课堂教学以学生为主体，改变教学方式方法，最大限度激发学生学习的积极性，让学生对学习感兴趣，才能有自主学习的想法。

其次，要有有效的职业生涯规划指导。通过教师讲解和学生自己查阅资料，让中职学生充分了解自己的专业，了解专业就业前景，了解未来的人才市场需求。机会只垂青那些有准备的人，未来的社会知识更新快，我们在其中不进则退，要想拥有明天，今天要加倍努力，专业知识可以帮助得到今天的工作，通识技能（文化基础知识、文化素养）则会让学生适应明天的工作，所以专业知识和文化基础知识都要努力学习，不能抓了芝麻，丢了西瓜。

最后，培养学生积极的学习态度。态度决定一切，积极的学习态度是培养学生自主学习能力的关键。

第八章

县域中等职业教育发展状况抽样评估

在国家规划职业教育发展的政策文本中，"县域"常常被作为一个独立的政策单元，只有深入理解国家关于县域职业教育发展的政策导向，才能准确把握县域职业教育发展的独特性和艰巨性。通过对政策文本的分析，2000 年以后，国家关于县域职业教育发展的政策导向主要集中在以下四个方面。

1. 大力发展县域职业教育

发展职业教育的责任在地方。2002 年，《国务院关于大力推进职业教育改革与发展的决定》中要求，县级以上各级人民政府要结合当地经济建设和社会发展现实，制定政策和措施，促进职业教育发展的、起骨干和示范作用的职业学校和职业培训机构要重点办好；2003 年，《国务院关于进一步加强农村教育工作的决定》中指出，"大力发展农村职业教育，在整合现有资源的基础上，重点建设好县级骨干示范学校和培训机构"；2010 年，《河南省人民政府关于加快推进职业教育攻坚计划工作的若干意见》中指出，大力发展农村职业教育之同时，要深入开展职业教育强县（市）创建活动。

2. 重点办好县级职教中心

国家"十一五"期间发展职业教育的四项重点计划是："职业教育实行基地建设计划""县级职教中心建设计划""高水平示范性职业院校建设计划"，以及"职业院校教师素质提高计划"，县级职教中心建设计划是四个计划之一。2005 年，《国务院关于大力发展职业教育的决定》中提出，"每个县（市、区）都要重点办好一所起骨干示范作用的职教中心（中等职业学校）"，"加强县级职教中心建设"；2006 年，河南省人民政府在贯彻这一决定时，提出要"重点扶持建设 100 个县级职教中心，使其成为普及高中阶段教育的重要基地"。

3. 健全县级职业教育网络

2010 年，《国家中长期教育改革和发展规划纲要（2010—2020 年）》指出，健全县域职业教育培训网络；2014 年，《现代职业教育体系建设规划（2014—2020 年）》中要求，"县级政府根据农村经济社会发展需要，完善县域职业教育与职业培训网络"；2008 年，河南省人民政府 2008—2012 年职业教育攻坚计划决定，推进县域农村职业教育发展，提升职业教育服务县域经济的能力，重点办好 1 所在校生规模达到 3000 人以上的职教中心或中等职业学校，形成以县级职教中心为龙头、其他职业学校为骨干、各类培训机构积极参与的农村职业教育和培训网络；2010 年，《河南省中长期教育改革和发展规划纲要（2010—2020 年）》在提及职业教育发展任务时表示，要围绕现代农业和县域经济发展，重点加快发展面向农村的中等职业教育，健全县级职业教育网络。

4. 面向县域经济定位职业教育发展历程

2014 年，《现代职业教育体系建设规划（2014—2020 年）》中要求，统筹职业教育区域发展布局，在优化职业教育城乡布局的目标下，要充分发挥职业教育之就业导向作用，引导农村剩余劳动力向城镇和非农产业有序转移；要求院校布局贴近所服务的产业和社区，每一所职业院校集中力量办好当地经济社会需要的特色优势专业（集群）。同年，《河南省人民政府关于加快发展现代职业教育的意见》中提出，在提升职业教育发展保障水平目标下，要求加快县域职业教育改革发展，提升职业教育服务新型城镇化和农村现代化协调发展的能力。

县域中等职业教育是国家政策关注的重点，同时也是职业教育发展的难点。发展县域职业教育是建设现代职业教育体系的重要内容，也是壮大县域经济，促进新型城镇化建设，发展现代农业、振兴经济发展的必然选择。《国家中长期教育改革和发展规划纲要（2010—2020 年）》指出，要强化省、市（地）级政府统筹职业教育发展之责任，健全县域职业教育培训网络，根据需要办好县级职教中心。《现代职业教育体系建设规划（2014—2020 年）》在优化职业教育城乡布局的总体要求下，提出推动县区职业教育中心（中等职业学校）成为区域学历教育、学术推广、扶贫开发、劳动力转移培训和社会生活教育的开放平台，将服务网络延伸到乡村、社区、合作社、农场和企业。

县域中等职业教育是县域职业教育的主体，但根据现阶段情况看，其发展碰到了诸多难题：相比县域普通教育，中职学校招生困难，教育结构失衡问题严重；相比城区中等职业教育，办学条件较差，教学手段落后，师资力量薄弱。由于县域经济发展水平一般落后于各地市，加之各县经济社会发展水平和社会文化的差异，人们对中等职业教育的看法不一，使得县域内中等职业教育的发展更加复杂和困难。

河南省是一个农业大省，同时是中国的职业教育大省和国家级职业教育实验区，截止到 2013 年共有 899 所中职院校。2014 年 10 月，《河南省人民政府关于加快发展现代职业教育的意见》提出，加快县域职业教育改革发展，提高职业教育服务新型城镇化和农业现代化协调发展的能力。自 2013 年至今，河南大学教育行动国际研究中心对河南省中职教育给予了持续关注，并在全省 7 个地级市 67 个区县的 118 所中职学校进行了多轮追踪调研。研究发现，随着城镇化进程的迅速推进和大批农村劳动力转移，县域职业教育已经成为职业教育发展的重中之重，农村籍学生成为中等职业教育的绝对主体（近 90% 的中职学生是农村籍），县域中职学校成为中等职业教育的主力（近 60% 的中职学校是在县域）。

县域中等职业教育在县域职业教育中占据绝对主体地位，所以对县域职业教育的研究从一定意义上来讲就是对县域中等职业教育的研究。学术界对县域中等职业教育的研究集中在三个方面。

（1）中等职业教育与县域经济发展关系的研究

中等职业教育与县域经济发展关系的研究是学者研究视线的集中点。的确，职业教育是教育与经济最直接的一种结合形式，县域中等职业教育能够调整县域经济结构、壮大经济实力（张翌鸣，等，2007）；可以为县域经济发展提供更多技能型人才，县域经济的健康、稳定发展可以增加职业教育的人力、财力、物力投入，改善职业教育办学条件，提高人才培养质量。有学者认为西部职业教育对县域经济的贡献落后于东部，是西部地区县域经济落后于东部沿海地区的主要原因之一，所以发展县域经济，就要发展好县域中等职业教育（陈树生，等，2007）。

（2）县域中等职业教育发展现状及问题研究

研究者主要以某县中等职业教育发展现状为基础，从办学规模、生源情况、财政投入、办学条件、师资队伍、课程设置等方面，分析县域职业教育发展存在的问题，找出问题根源，提出相应策略，如"政府为主、社会辅助"的投入机制，"双师型"教师队伍建设，规范专业设置，加大宣传力度等（张力跃，2007；刘勇，2011；王莹莹，2014）。

（3）县域中等职业教育发展新思路研究

肖化移（2009）提出要实现县域职业教育的均衡发展；项继发（2010）从城乡二元分治的社会经济特征入手，以罗尔斯的正义论为理论依据，分析职业教育发展的不公平，提出在农村实行"补偿性"教育，推进"以县为主"的教育管理体制，开展社区教育；傅平芳和惠圣（2014）分析总结出德胜鲁班木工学校教育模式的成功经验，提出县域职业教育应该"开门办学""开放办学"，依靠当地的特色经济优势，创办令人民满意的职业教育；饶华和刘斌（2011）介绍了各国职业教育办学模式：德国的"双元制"、澳大利亚的"TAFE"（Technical and Eurther Education，技术和继续教育）、新加坡的"教学工厂"、韩国的"产学合作"等，探寻这些模式的成功经验，提出江西省县域职业教育的发展可以引入 ERP 实训平台，用体验式教学为企业培养合格的财务管理人才。

现阶段学者们对县域中等职业教育的研究已经获得了一些研究成果，如基于县级职教中心问题、县域职业教育与县域经济的关系问题及县域普职结构问题等提出的观点和研究成果，已经体现在政府的相关文件中。但就总体而言，现阶段我国关于县域职业教育的理论研究，大多只是研究县域职业教育发展中某一方面的问题，并没有把县域职业教育作为一个系统来研究。在现实生活中，相当一部分县域的职业教育处于盲目发展，或者自发发展的状态。

发展县域职业教育是国家政策的战略重点，但大多学者都把视角放在县域职业教育服务县域经济上，没有把县域职业教育作为一个系统进行研究。河南省作为一个职业教育大省和国家级职业教育实验区，应该在县域职业教育发展方面先行先试。但从现有研究成果来看，目前我省关于县域中等职业教育发展的研究也仅限于职业教育与县域经济发展之间关系的理论探讨，对于县域职业教育发展状况的总体分析还十分匮乏。

基于此，本书试图依托政府层面对全省 108 个县中等职业教育的统计数据和河南大学教育行动国际研究中心在 36 个县的调研数据，通过点面结合，系统梳理县域中等职业教育的发展现状，找出河南省县域中等职业教育发展的问题及根源，并提出相应的改进策略。具体来说，通过政府提供的河南省 108 个县中等职业学校规模、质量、结构和资源现状，对所有县域中等职业教育规模、质量、结构和资源现状进行研究；通过对部分县的一些中职学校的校长进行问卷调查，了解中职学校的规模、资源投入等方面的实际情况；通过中职学生的问卷调查，了解中职生的一些主观想法；通过对样本中职生进行专业测试和基础知识测试，了解县域内中职学生的学业表现；通过实地走访县域内中职学校，体会县域内中等职业教育的生存现状。

第一节　县域中等职业教育抽样评估设计

一、概念界定

（一）县域

"县"是行政区划单位，隶属于地级市、直辖市、自治州之下；"域"原义是指范围，泛指地理空间。"县域"合起来就是县的范围，即县级行政区划所覆盖的地理空间。本书中的"县域"是指省属的直管县和地级市下属的县和县级市，及其所覆盖的区域。

（二）县域中等职业教育

《教育学辞典》中对职业教育的定义是"对学生进行生产劳动和从事教育所需技能与知识的教育形式"。《中国大百科全书·教育卷》中提出"职业教育是给予学生从事某种职业或生产劳动所需的知识和技能的教育"。1998 年《国际教育标准分类法》中对职业教育的定义是"为引导学生掌握在某一特定的职业或行业或某类职业中从业所需的实用技能、专门知识和认识而设计的教育"。因此，广义上的职业教育就是指一切增进人们的职业知识和职业技能，培养人们的职业态度，使人们具有能够顺利从事某种职业的能力的一种教育活动。

本书所指的职业教育与上文所述的广义的职业教育不同，隶属于狭义职业教育，主要是指在高中阶段进行的学历性职业教育，即通过学校，对某一学段的学生系统进行的，旨在使学生在获得全面素质发展的同时，掌握一定的职业知识、技能和态度的，有目的、有计划、有组织的教育活动。本书所提到的中等职业学校主要包括"中等专业学校""技工学校"和"职业高级中学"。中等专业学校主要以招收初中毕业生为主，学制三年或四年，培养各种技能型人才，包括普通中专、职业中专、成人中专。技工学校属于国家人力资源和劳动与社会保障部门主管，学制根据专业不同一般为 1～5 年，旨在培养初、中级技术人才。职业高级中学是在改革教育结构的基础上发展起来的中等职业学校，大部分是由普通中学改建成的，一般招收初中毕业生，学制以 3 年为主，培养目标和中专、技校类似。中等专业学校和职业高级中学皆由教育部门主管。

本书将县域中等职业教育定义为以县级行政区划为地理空间，以县级政府为调控主体，以服务县域经济为重要任务的中等职业教育系统。

（三）规模、质量、结构、资源

本书中所指中职教育规模包括两个方面，一是县域内中职学校数量，二是中职学校在校生数。中职教育质量就河南省所有县域数据来说，因河南省政府把中等职业学校参加文明风采大赛、技能大赛和素质能力大赛及其获奖情况作为评价中等职业学校质量的重要标准，因此本书的质量指的是根据各县中等职业学校数量和在校生数计算校均和生均获奖总量；样本县的中职教育质量则是 2013—2014 学年专业知识、文化基础知识增进情况，以及一学年内的辍学情况。

中职教育结构是指办学类型结构和专业结构两个方面。办学类型包括四种类型，即中等专业学校（普通中专、职业中专）、成人中等专业学校、职业高级中学、技工学校；专业结构就是样本学校开设的专业。河南省县域中职学校数量多，无法统计出所有学校开设的专业，因此在河南省所有县域数据层面只涉及办学类型结构。

就河南省数据来说，教育资源是从人力和物力两个方面进行统计：在人力方面，选取了教职工总数和专任教师数两个指标，教职工数量可以反映中职教育的师资规模；在物力方面，选取了校舍占地面积、图书数量、固定资产总值、教学和实习仪器设备资产值、学校产权建筑面积等 5 个指标，此 5 项指标反映了中等职业教育教学和培训的硬件条件。样本县数据则从人、财、物三个方面进行调查，人力资源主要指双师型教师数、专业课教师数、生师比等，生师比是通过计算整理获得数据；财力资源指教育经费；物力资源指教学设备价值、实训设备价值及教学用计算机台数。

二、数据来源

数据来源于两个部分，第一部分来源于河南省教育厅提供的 2013 年河南省中职学校信息、河南教育黄页上的技校信息，以及《河南教育统计年鉴（2013）》。第二部分来源于河南大学教育行动国际研究中心与 REAP 团队联合开展的中职教育研究项目。抽样规则详见第七章，在此不再赘述。本章使用的是 36 个县的 55 所学校中两个年级共计 6356 名学生的数据。55 所学校中中专、职高和技校所占比例分别是 67%、31%、2%，样本学校的 80%属于公办学校。6356 名样本学生中，一年级计算机专业学生 2423 人，数控专业学生 1454 人，总计 3877 人，占样本总量的 61%；二年级计算机专业 1488 人，数控专业 991 人，总计 2479，占样本总量的 39%。样本信息详见表 8-1。

表 8-1 样本信息

地市	样本学校数（所）				在校生总数（人）	样本学生人数（人）	
	所有样本	中专	职高	其中公办		所有样本	计算机专业学生
样本市 1	6	6	0	4	4 878	615	363
样本市 2	8	4	3	5	16 442	706	478
样本市 3	7	4	3	7	20 049	796	551
样本市 4	4	3	1	4	5 640	507	299
样本市 5	4	4	0	4	6 145	384	216
样本市 6	10	9	1	8	22 869	985	666
样本市 7	16	7	9	12	12 884	2 363	1 338
合计	55	37	17	44	88 907	6 356	3 911

三、数据收集

（一）河南省县域中等职业教育数据

河南省地处中原，共有 18 个地级市，21 个县级市，87 个县。截至 2014 年末，全省总人口 10 662 万人，常住人口 9436 万人。根据 2014 年河南省统计年鉴和 2014 年河南省教育厅的统计数据，截止到 2013 年末，河南省共有各类中职学校 899 所，国家级重点中等职业学校 127 所，省部级重点中等职业学校 116 所；在校生总规模约 147 万人，占据高中阶段教育的 43.75%；教职工 6.94 万人，其中专任教师 5.26 万人（其中双师型专任教师 1.04 万人），专任教师学历合格率 87.93%，专任教师具有研究生及以上学历占总数的 6.67%；中等职业学校占地 5.29 万亩，校舍建筑面积 1590.81 万平方米，图书 0.28 亿册，教学仪器设备值 29.26 亿元。[①]截止到 2013 年，全省有县域中等职业学校 551 所，在校生规模约 81.45 万人，占全省中职在校生总规模的 55.78%。

根据河南省教育厅提供的 2013 年河南省中职学校信息、河南教育黄页上的技校信息，以及《河南教育统计年鉴（2013）》，借助网络查询学校地址，把各个学校匹配到 108 个县。河南省县域中等职业教育规模如表 8-2 所示。

---

① 数据来源：2013 年河南省教育事业发展统计公报。办学条件不含技工学校。

表 8-2　河南省县域中等职业教育概况

县域	学校数（所）	在校生数（人）	教职工总数（人）	专任教师数（人）	占地面积（m²）	图书（册）	固定资产总值（万元）	教学、实习仪器设备资产值（万元）	学校产权建筑面积（m²）
安阳	4	11 158	506	481	172 732	102 500	2 092	4 637	156 868
林州	5	6 037	405	371	70 540	72 600	2 458	133	16 999
内黄	3	6 007	127	99	135 843	28 921	4 270	470	29 304
汤阴	2	2 657	269	249	106 719	63 200	1 945	123.5	40 000
浚县	6	6 405	237	189	84 553	44 376	1 130.1	186.86	31 595
淇县	3	3 489	183	174	97 158	20 000	2 600	363	19 240
博爱	2	3 760	176	167	73 335	68 500	1 620	347	32 512
孟州	4	4 478	237	215	184 093	111 500	2 410	120	44 766
沁阳	6	6 298	343	271	236 518	49 500	1 815	584	41 290
温县	2	3 860	205	183	148 674	41 000	2 971	536	24 100
武陟	3	8 164	325	301	192 130	68 443	3 156	984	58 847
修武	2	3 466	99	85	55 541	76 681	549.2	58	12 275
开封	8	9 629	595	486	154 437	219 500	3 914	1 321	52 842
杞县	3	6 945	200	156	76 440	42 080	1 209	460	26 530
通许	5	6 588	426	335	287 999	182 500	6 461	1 128.3	80 679
尉氏	6	6 156	336	292	107 837	85 400	3 169.4	841	55 759
栾川	3	1 536	213	183	81 840	60 000	688	275	37 648
洛宁	4	2 344	149	120	70 925	19 550	1 207.5	249.51	11 510
孟津	9	5 926	208	173	138 223	94 686	1 728	192	43 246
汝阳	5	1 096	192	158	93 370	35 400	1 535	177	19 917
嵩县	7	7 563	430	357	154 379	97 849	5 029	675	60 739
新安	4	13 877	493	451	157 835	105 964	4 813	1 299	52 330
偃师	9	2 923	560	499	200 289	146 370	5 753	1 648	90 509
伊川	3	1 232	181	113	42 479	19 050	327.92	91.06	12 915
宜阳	6	2 639	469	350	65 704	64 190	2 180	15	28 713
临颍	5	4 608	293	224	126 622	166 321	6 280	1 945	45 360
舞阳	8	4 647	315	244	121 549	139 039	4 203	1 538	72 676
方城	6	6 366	479	402	215 181	81 017	2 542.3	539.6	56 708
南召	8	1 499	270	178	75 568	45 437	1 105	405	14 997
内乡	6	10 123	382	270	171 429	212 790	4 917.5	767.5	63 374
社旗	3	4 089	267	210	95 402	52 600	1 698	178	32 568
唐河	7	7 346	613	513	164 693	315 600	6 155	690	86 125
桐柏	5	1 776	210	162	799 498	69 174	2 282	374	26 242
西峡	5	5 574	270	212	64 000	22 500	1 776	134.4	23 585
淅川	5	2 504	245	178	48 910	31 177	1 386	418	22 072
新野	4	3 170	241	196	64 408	66 400	1 592	312	20 212

续表

县域	学校数（所）	在校生数（人）	教职工总数（人）	专任教师数（人）	占地面积（m²）	图书（册）	固定资产总值（万元）	教学、实习仪器设备资产值（万元）	学校产权建筑面积（m²）
镇平	4	4 412	288	261	105 293	83 100	1 768	284	31 023
宝丰	2	405	96	65	19 807	15 500	356	38	8 755
郏县	2	3 489	137	112	34 180	21 000	310	66	19 723
鲁山	4	6 107	322	288	143 646	48 451	825	145	17 029
舞钢	5	3 656	199	174	120 843	73 222	2 216.5	656.92	38 523
叶县	2	1 855	160	152	50 422	140 300	4 892	310	31 778
范县	6	5 289	457	379	181 451	56 000	788	218	22 851
南乐	3	9 105	303	257	72 549	60 000	2 080	676	33 222
濮阳	6	16 084	757	564	142 276	207 202	6 456.7	1 376.9	94 197
清丰	5	12 522	197	152	53 951	21 400	967.02	142.17	17 176
台前	2	9 027	202	178	63 491	41 450	167	7.2	7 620
灵宝	8	14 584	499	425	115 725	80 000	6 450	2 200	57 372
卢氏	3	3 617	169	139	52 663	11 800	1 928	511.73	36 019
渑池	3	4 498	117	102	35 330	43 000	902	136	13 722
陕县	5	4 324	346	271	122 089	74 598	3 760.6	652	57 137
义马	4	1 594	363	201	134 532	130 300	4 243	240	44 757
民权	4	22 847	605	447	203 380	7 500	2 810	1 015	48 584
宁陵	2	3 194	194	168	68 100	86 200	1 100	27	36 690
睢县	4	16 247	360	310	82 040	56 000	3 960	582	41 141
夏邑	7	11 671	527	419	329 451	192 600	10 422	1 644	138 400
虞城	4	19 151	653	493	132 060	91 190	6 988	970	67 490
柘城	3	10 373	227	183	47 520	65 600	2 986	310	29 967
封丘	5	7 740	214	153	114 867	9 050	574.3	45	17 865
辉县	5	6 516	363	296	323 703	76 000	2 296	395	47 795
获嘉	2	6 376	343	281	72 960	93 000	807.84	250	23 499
卫辉	7	7 874	486	343	237 540	261 400	2 151.9	102.8	83 514
新乡	5	3 081	596	503	192 316	84 280	1 164.2	224.5	53 080
延津	6	6 875	416	387	95 987	65 400	2 284	330	46 429
原阳	4	9 615	166	123	139 166	33 800	1 909	412	26 122
光山	4	11 751	315	280	204 769	82 000	7 049	1 076	118 060
淮滨	8	8 035	480	427	220 148	62 600	4 399	387.1	62 368
潢川	5	12 571	621	412	219 338	418 360	8 835	788	144 985
罗山	8	13 491	780	692	191 986	79 500	2 430	860	34 577
商城	4	9 126	372	202	9 964	25 500	2 334	66	16 645
息县	7	10 438	204	166	193 483	35 165	3 762.4	299.2	45 964
新县	4	7 982	547	364	237 740	189 480	7 315.6	1 741.95	79 409
襄城	5	10 901	566	450	293 058	101 516	6 719.9	1 168.38	112 114

续表

县域	学校数（所）	在校生数（人）	教职工总数（人）	专任教师数（人）	占地面积（m²）	图书（册）	固定资产总值（万元）	教学、实习仪器设备资产值（万元）	学校产权建筑面积（m²）
许昌	4	6 803	262	209	241 674	124 291	2 752	942	64 287
鄢陵	4	3 786	350	277	57 200	51 000	520	59	12 937
禹州	7	15 229	401	376	348 819	3 500	12 270	564	70 082
长葛	3	13 647	475	406	631 683	120 427	15 233.5	3 190	140 755
登封	13	14 952	971	828	582 365	421 785	28 069.8	2 880.2	327 939
新密	11	6 936	615	510	368 325	139 304	4 227.6	692	111 301
新郑	14	17 072	826	684	882 072	350 612	14 001.9	4 083.66	142 009
荥阳	6	9 454	746	627	91 749	122 983	14 620	1 203.3	29 056
中牟	10	7 416	582	477	462 721	351 484	10 080.7	1 424.5	227 402
郸城	7	7 249	357	272	191 582	89 100	6 240	1 724	104 428
扶沟	3	4 417	224	213	48 000	20 000	1 901	388.5	24 675
淮阳	6	2 524	220	158	132 590	61 000	2 519	686.1	22 570
商水	6	9 967	348	331	230 820	75 057	4 787	390	76 138
沈丘	7	6 907	550	501	74 286	49 060	1 029	164.2	22 054
太康	5	2 833	211	143	199 434	59 700	2 730	339	33 444
西华	3	3 810	228	184	111 328	76 700	1 166.5	231	29 797
项城	3	9 553	391	313	158 370	74 550	7 025	2 838	73 186
泌阳	5	11 179	575	513	111 320	285 500	2 670	948	55 268
平舆	3	7 265	231	202	93 500	35 000	2 400	200	12 450
确山	3	3 605	192	144	68 405	47 150	801	143	29 673
汝南	3	13 129	328	265	111 848	58 000	206	99	14 529
上蔡	3	13 756	320	294	296 410	251 946	6 333	1 645	151 089
遂平	2	6 037	163	120	58 877	92 200	1 125	448	43 047
西平	3	4 096	332	283	113 420	27 000	3 280	230	43 232
正阳	4	5 003	263	253	120 289	90 500	1 924	305.5	30 885
邓州	7	12 816	857	654	605 105	534 671	10 252.5	2 734.8	131 216
巩义	6	4 356	350	317	145 358	191 000	5 976	1368	74 775
固始	10	20 226	940	800	148 358	73 000	5 000	816	53 176
滑县	5	13 501	331	253	170 937	89 780	3 219	228	66 781
兰考	2	1 250	100	77	120 060	10 000	4 000	200	38 000
鹿邑	8	8 132	303	251	156 179	55 900	4 705	889	48 033
汝州	8	6 046	460	350	144 750	106 026	5 036.7	1 435	93 666
新蔡	6	10 500	352	285	307 320	112 200	6 984	455	54 006
永城	11	13 449	425	341	267 895	85 000	9 164	995	90 499
长垣	7	15 228	339	269	218 437	109 157	4 275	364	51 500
合计	551	814 487	39 414	32 246	18 266 163	10 789 862	425 900	79 872.35	5 944 539

资料来源：河南省教育厅，河南省人民政府网站

（二）样本县中等职业学校数据

2013 年 10 月对 7 个地级市 36 个县的 55 所中职学校调查中，通过学校问卷和非正式访谈向学校负责人了解了学校办学类型和结构、财务收支、硬件设施和师资情况。除了通过学校问卷和对校长访谈了解学校的情况，也通过学生问卷和学生测试卷（数学测试卷和专业测试卷）收集了学生的基本情况数据，并测量了学生的学习所得。对于大样本数来讲，现场测试动手操作能力不具有可行性，因此本书在专业测试卷中突出了操作性知识，以考量中职生的专业技能情况。测试卷由河南大学教育行动国际研究中心、REAP 团队与考试专家及专业教学人员合作，为不同专业不同年级的学生设计的。为保证试卷的效度、信度和区分度，进行了大范围、大样本的试测。为保证考试的标准化和真实性，测试卷分为 A、B 卷，测试过程中相邻两列的学生分别拿到的是 A/B 卷。A/B 卷的确定原则是"硬币投掷"，进入调研班级前首先投掷硬币，正面朝上则靠近教室门的一列使用 A 卷，与其相邻的一列使用 B 卷，依次类推，考试过程中严格控制考场纪律和考试时间。

四、变量描述

研究变量包括学生层面变量、学校层面变量和结果变量。

（一）学生层面的变量

学生层面的变量主要包括学生个人的基本特征、学习经历、学业基础和家庭状况等。

个人基本特征包括性别、年龄、户口类型、民族。在回归分析中除年龄外，其他变量均为虚拟变量，性别（男=1，女=0），户口类型（农村=1，城市=0），民族（汉=1，其他民族=0）。

学习经历：是否初中毕业（是=1，否则=0）。学业基础：2013 年 10 月基线调研的数学和专业成绩代表了样本学生的学业基础。

家庭状况：家庭经济状况、父母受教育程度和父母是否在家。家庭经济状况主要参考世界卫生组织学校儿童健康行为研究项目中开发的《家庭富足量表（FAS）》，设计了《学生家庭经济状况量表》，以电冰箱、电脑、洗衣机等的拥有量来标示家庭经济状况，共 14 个项目，"有"赋值为 1，"无"赋值为 0，总计获得家庭经济状况分数；父母受教育程度通过学生问卷调查父母的学历水平，虚拟变量，爸爸是否初中毕业，爸爸是否高中毕业（是=1，否=0），妈妈是否初中毕业，妈妈是否高中毕业（是=1，否=0）；父母是否在家主要是指 2013 年 1—8 月父母是否在家，虚拟变量，爸爸是否在家（是=1，否=0），妈妈是否在家（是=1，否=0）。

（二）学校层面变量

学校层面的变量包括学校性质、学校级别（荣誉）、学校规模和学校资源。

学校性质以是否为公办学校衡量，在回归分析中作为虚拟变量，公办学校=1，民办学校=0。

学校荣誉以是否国家级示范校衡量，在回归分析中作为虚拟变量，国家级示范校=1，非国家级示范校=0。

学校规模以 2013 年 6 月学历教育在校生人数为准。

学校资源主要包括学校的人财物状况。人力资源主要指双师型教师比例、专业课教师比例、生师比等，相关比例通过计算整理获得数据；财力资源指生均教育经费；物力资源指生均教学设备价值、实训设备价值。

（三）结果变量

采用 2014 年 5 月追踪评估调研时，对计算机专业和数控专业一、二年级样本学生进行的专业知识技能测试的成绩和数学知识测试的成绩，以及 2013—2014 学年辍学率作为结果变量。

第二节　县域中等职业教育抽样结果分析

一、河南省县域中等职业教育发展现状

（一）县域中等职业教育发展规模状况

1. 县域中等职业教育总体规模大

河南省县域中等职业教育规模如表 8-2 所示。每个县都有 2 所或 2 所以上的中职学校，108 个县共有中职学校 551 所，河南省共有 899 所，这表示着河南省

61%的中职学校都在县域内；县域中职学校在校生约81.45万，河南省中职在校生规模近147万人，约占据河南省中职在校生总数的56%。县域中职学校规模，无论是从学校数量方面，还是从在校生数量方面来看，都是非常庞大的。

2. 全省范围内县域间的中职规模差异大

108个县中不考虑县域地理面积和人口数，从学校数量看，新郑市以14所学校位居第一，所有县域，每个县的中职学校数量至少2所，至多14所；从在校生情况看，民权县的在校生共22 847人，是最多的，而宝丰县仅有405名学生，是最少的。学校数量多的县在校生数量却不是最多，学校数量和学生数量并不是相对应的关系。图8-1是根据表8-2中108个县的学校数（单位：所）和在校生数（单位：万人），通过软件Excel 2007制作的，因县域较多，图中无法一一列出县域名称，横坐标县域名称排列是表8-2中的县域顺序。从图中可以看出全省范围内县域之间无论是学校数量，还是在校生数量差别很大，从而产生两个问题：各县是根据什么情况来确定学校数量？学生数量差异巨大的原因是什么？

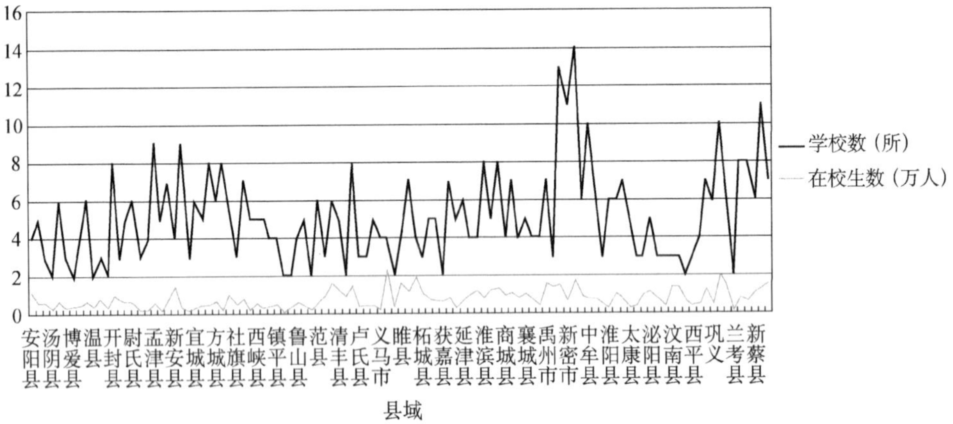

图8-1 河南省县域中等职业教育规模

资料来源：河南省教育厅

3. 各地级市所辖的县域中职规模差别大

如图8-2所示，从各地市所辖的县域中等职业学校数量的极差分布来看，各地市县域间差异很大，极差分布范围是［3，8］，尤其是开封、洛阳、南阳、三门峡、商丘、郑州等地市内县域之间中职学校数极差都在5（包括5）所以上，同属一个地级市，学校数量相差竟如此之大，难道与县域内人口数量多少有关吗？在各地市所辖县域内在校生规模方面，极差分布范围是［39，19653］，单位是"人"。极差较小的是漯河市，县域之间极差为 39 人，最大的是商丘市，极差为 19 653人。商丘市两个县之间的中职学生数相差 19 650 人，是因为中职学生数量多的县总人口远超过中职学生数量少的县吗？

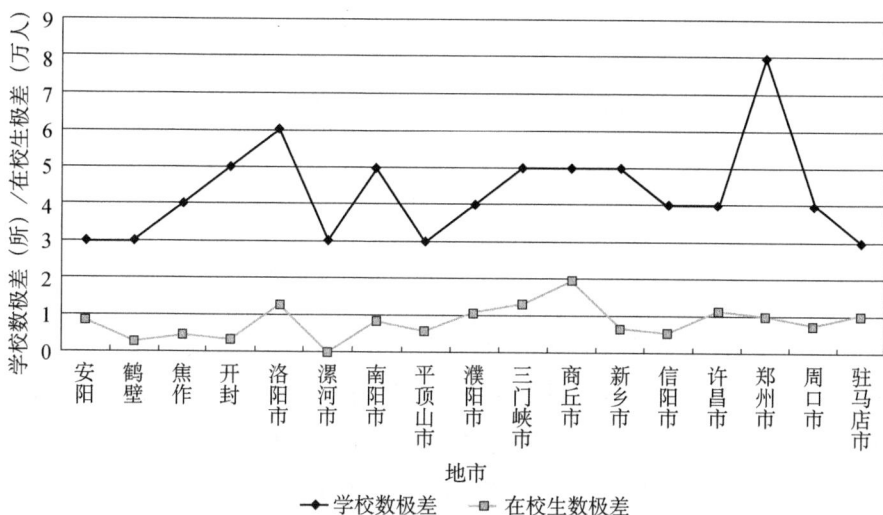

图 8-2　河南省各地级市所辖县中职学校数量和在校生数极差
资料来源：河南省教育厅，河南省职成教网站

4. 省直管县的中职规模差别大

图 8-3 是河南省 10 个直管县中等职业学校数和在校生数，学校数量极值分布区间是［2，11］，永城市有 11 所中职学校，而同是直管县的兰考却只有 2 所中职学校，这两个直管县的中职学校数量之间差异数字是 9；兰考县也是所有直管县中中职学校数量最少的，降序排名第二的是滑县，有 5 所学校。省直管县中中职学校在校生数量极大值为 20 226，极小值为 1250，永城市的中职学校是最多的，但在校生规模却不是最大的，在校生规模最大的是固始县，有 20 226 名中职在校生，比永城市少 1 所中职学校，却多了 6777 名学生；新蔡和巩义中职学校数量相同，但在校生数量却差别极大，分别为 10500、4356。同是直管县，为什么有的县有 2 所中职学校，有的县有 11 所中职学校？不同的直管县，中职学校数量相同，在校生人数却相差 1 倍多，原因为何？是人口数量？是经济发展水平？是政府支持力度？还是县域文化？

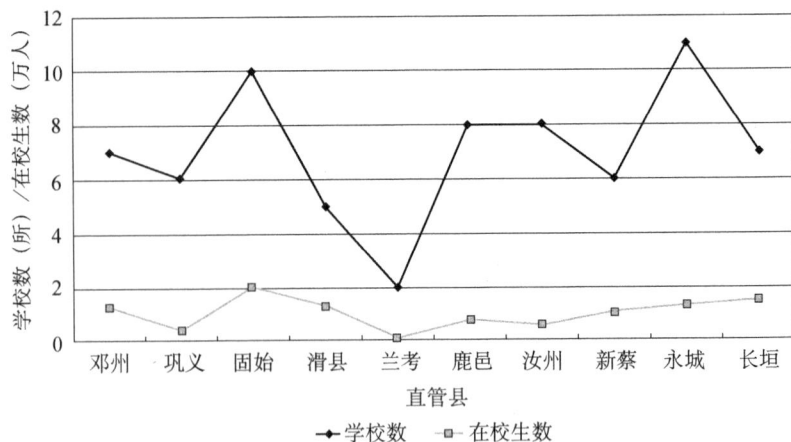

图 8-3 直管县学校数量和在校生数量
资料来源：河南省教育厅，河南省职成教网站

（二）县域中等职业教育资源投入状况

教育资源是教育领域通过社会总资源配置所取得的所有人力资源、物力资源和财力资源的总和（王善迈，2000）。2012 年 10 月中等职业教育国家助学政策工作视频会议指出，从 2012 年秋季学期起，将中等职业教育免学费政策范围扩大到所有农村学生。县域中等职业学校的学生 90% 以上来自农村，截止到 2015 年河南省基本上实现了中职学生免费接受职业教育。本书所指的教育资源主要是从人力和物力两个方面进行描述统计。

河南省县域中等职业学校教职工总计 39 414 人，其中专任教师 32 246 人；县域中职学校总占地面积为 1826.62 万平方米，学校产权建筑面积为 594.45 万平方米；全省县域中职学校固定资产总值为 425 900 万元，其中教学和实习仪器设备总值 79 872.4 万元；图书近 1079 万册。各县中等职业教育人力资源和物力资源投入情况见表 8-2。从表中可以清楚地看出各县教育资源差异巨大，学校的用地面积、师资、图书、固定资产值和仪器设备资产值等资源与学校的规模并不对应，这种不对应势必影响学校教育质量，也说明了各县教育资源分布不均匀。

县域的教职工总数、专任教师数和占地面积都占据河南省中等职业教育资源的一半以上，而教学仪器设备资产值占据全省中等职业教育教学仪器设备资产值不到 1/3，图书册数占据全省图书资源的 40%，对比县域中等职业教育规模，教学仪器设备值和图书册数偏少，这和县域的经济发展状况密切相关。详见图 8-4。

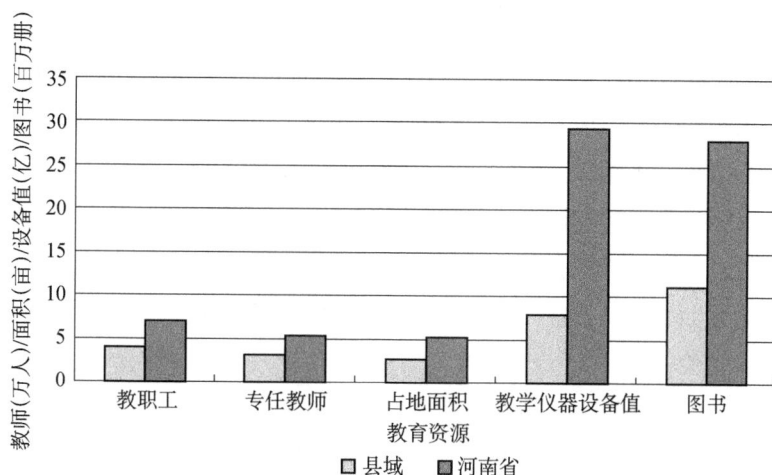

图 8-4　县域中等职业教育资源和河南省中等职业教育资源情况

资料来源：河南省教育厅

二、样本县中等职业教育发展现状

（一）资源占有状况

表 8-3 是对样本学校基本情况的描述，包括教职工数、专任教师数、教育经费收入、仪器设备价值等。结合表 8-1，从两个表中数据来看，各地教育资源差异较大，教育资源和学校规模并不匹配。

表 8-3　样本学校信息

地市	教职工（人）			教育经费收入（万元）	教学仪器设备总价值（万元）	实训设备总价值（万元）	教学用计算机台数（台）
	总计	专任教师	双师型教师				
样本市 1	771	680	185	2 408.7	3 618	2 525	1 610
样本市 2	1 402	1 254	433	5 336.55	6 802	6 684.9	3 448
样本市 3	1 594	1 483	306	7 231	6 720	4 350	3 043
样本市 4	933	867	205	2 303	535	525	700
样本市 5	767	751	240	5 118	4 547.11	5 520	2 760
样本市 6	1 894	1 640	817	26 678.72	18 907	19 323	6 079
样本市 7	1 874	1 665	399	3 684.33	13 573.8	20 353	2 470
总计	9 235	8 340	2 585	52 760.30	54 702.91	59 280.9	20 110

（二）样本学生基本特征与学业状况

因为不同专业不同年级使用不同的测试卷，为了使不同年级和不同专业之间的数学测试和专业测试分数可以进行比较，本书将测试分数转化为标准分，即把原始分数正态化，正态化的标准分不会改变原始分数的前后次序，原始分数相同的转换之后标准分仍然相同。表 8-4 是对样本学生信息的描述，主要包括学生的性别、年龄、民族、年级、专业、父母受教育程度、父母是否在家、家庭经济状况和数学测试标准分、专业测试标准分。数学测试和专业测试共进行了两次，分别在学年初（2013 年 10 月）和学年末（2014 年 4 月）。从两次测试成绩来看，学业基本没有进展。同时，样本流失率较高，从第一次的 6356 人到第二次的 4328 人，流失率为 31.9%，在第二次调研时通过对同班学生和班主任的询问，了解了这些流失的学生的去向，近一半的流失学生已经辍学。

表 8-4　样本学生信息

变量名称	观察值	平均值	标准差	最小值	最大值
学生的专业和年级					
学生所在专业（计算机=1，数控=0）	6 356	0.61	0.48	0	1
年级（一年级=1，二年级=0）	6 356	0.6	0.48	0	1
学生个人基本特征					
性别（男=1，女=0）	6 352	0.71	0.45	0	1
年龄（周岁）	6 356	16.74	1.55	4.88	48
是否为汉族（是=1，否=0）	6 356	0.98	0.12	0	1
是否农村户口（是=1，否=0）	6 356	0.92	0.27	0	1
家庭经济状况（最差=0，最好=14）	6 356	7.69	3.06	0	14
妈妈是否初中毕业（是=1，否=0）	6 356	0.50	0.50	0	1
妈妈是否高中毕业（是=1，否=0）	6 356	0.10	0.29	0	1
妈妈是否在家（是=1，否=0）	6 356	0.78	0.41	0	1
爸爸是否初中毕业（是=1，否=0）	6 356	0.63	0.48	0	1
爸爸是否高中毕业（是=1，否=0）	6 356	0.14	0.35	0	1
爸爸是否在家（是=1，否=0）	6 356	0.58	0.49	0	1
学生在学年初的成绩					
数学标准分	6 352	0.00	1.00	−3.98	2.85
专业标准分	6 349	0.00	1.00	−4.03	3.45
学生在学年末的成绩					
数学标准分	4 326	0.00	1.00	−3.03	2.81
专业标准分	4 324	0.00	1.00	−3.64	3.09

三、县域中等职业学校发展问题

（一）规模问题：县域中等职业学校招生压力大，规模稳定性差

1. 中职学校存在招生困难和无序竞争

1997 年以后，普高迅速升温，家长千方百计让子女念普通高中，中职招生变得越来越困难。即使中职学校招生早就取消了分数线，并且很多学校还有各种各样的招生优惠政策，但是，中等职业学校的招生形势依然没有改观，相反却每况愈下。在这样的大环境影响下，县域中等职业教育也处于"招生困难"的困境。《河南省教育事业发展"十三五"规划（征求意见稿）》提出，到 2020 年，全省高中阶段毛入学率达到 92%，中等职业教育和普通高中教育协调发展，招生规模大体相当。就目前情况来看，达到这一目标需要付出很大的努力，当然招进来之后，"留得住"才是最重要的。在 2013 年 10 月和 2014 年 4 月对样本县中职学校调查过程中，"招生难"是听到最频繁的词，从图 8-5 可以清楚地看出，样本学校负责人在谈及学校招生情况时，49.09%的学校负责人表示学校招生非常困难，仅有约13%的学校认为招生比较容易或非常容易。

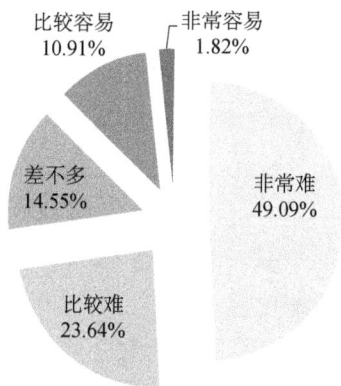

图 8-5　样本学校招生情况

中职学校发展不仅存在招生困难，学校之间的无序竞争又使学校的发展"雪上加霜"。学校之间的无序竞争主要表现在两个方面：一是普高与中职学校之间的竞争；二是中职学校之间的竞争。在访谈过程中，中职学校校长和老师提到县级中职学校与普高之间竞争较激烈，尤其是非重点高中与办学质量较好的中职学校之间，普通高中采取各种手段不让初中生去附近的中职学校，甚至用金钱鼓励其

放弃上中职；在中职学校之间竞争也很激烈，尤其是在质量差不多的学校之间，有些学校与初中校长暗中来往，限制他们到其他同类中职学校；一些学校为了抢夺生源竟然采用雇佣社会闲杂人员招生、欺骗家长、威胁利诱等方式，进行不正当竞争。此外，国家对县域中等职业教育的关注度非常高，大力发展职业教育的政策陆续出台，一些原来因为招不到学生而关闭的学校，为了利益又"东山再起"，重新招生。从表 8-2 中也可以看出来，各县中职学校规模、资源差异巨大。这些不规范的操作，造成了中职学校之间招生的无序竞争，使得中职教育市场"鱼龙混杂"，使学生和家长无法鉴别，最终影响整个中职教育的发展。

2. 中等职业学校布局和县域人口基数无关

人口对教育的影响是一个确定的事实，人口是确定一个地区教育发展的基本因素，人口分布影响学校布局，人口数量影响教育规模、教育结构和教育质量，而教育规模又是影响教育投入、教育资源的重要因素。本书选择每万人拥有中职学校数、每万人中中职在校生数两个指标来检验县域中等职业学校规模和人口基数的相关性。根据表 8-2 收集的统计数据，各县每万人口中中职在校生数和每万人拥有中职学校数差异显著，规模大小不一。图 8-6 是根据河南省县域社会经济县（市）统计年鉴（2013）各县人口数量计算出的各县每万人中中职在校生数。从图 8-6 中可以明显看出各县差异巨大，每万人中中职在校生数极值分布区间是 [7.50, 363.23]，每万人中中职在校生数最少的县和最多的县相差 47 倍，最少的县每万人中只有 7 个中职在校生。

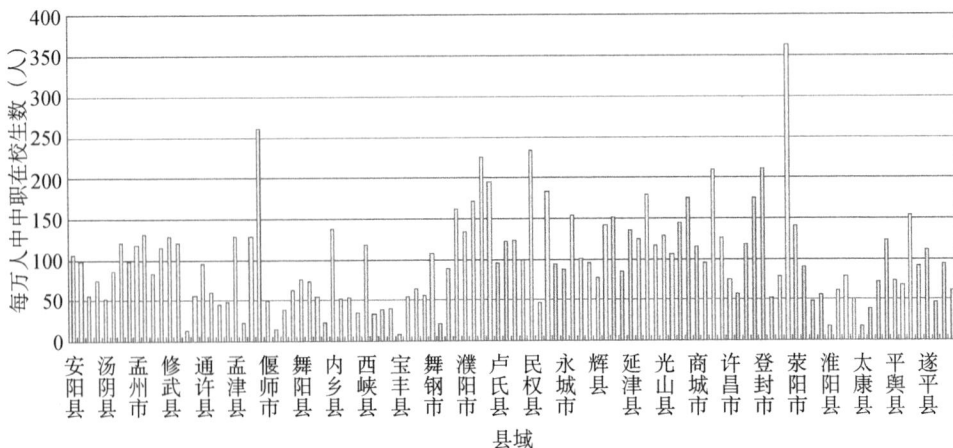

图 8-6　县域每万人中中职在校生数

资料来源：河南省县域社会经济县（市）统计年鉴

由于县域太多，图 8-6 中不能同时显示每万人中中职在校生数所对应的县，表 8-5 是根据图 8-6 所制作的分组情况，可以清晰地看出各县每万人中中职在校生情况，基于表 8-5 可以知道，县域中职学校在校学生的地区分布与人口的区域分布是不协调的，中职在校生数和各县人口基数并没有什么相关性，县域之间差别巨大。

表 8-5 县域每万人中职在校生分组情况

每万人中中职在校生	县域名称
50 人以下	宝丰县、兰考县、伊川县、淮阳县、太康县、叶县、南召县、汝阳县、淅川县、桐柏县、新野县、宜阳县、西华县、镇平县、栾川县、宁陵县、西平县、郸城县、洛宁县、偃师市
50~100 人	沈丘县、汤阴县、社旗县、巩义市、唐河县、郏县、方城县、林州市、扶沟县、杞县、汝州市、鄢陵县、尉氏县、鹿邑县、正阳县、临颍县、鲁山县、确山县、项城市、平舆县、邓州市、许昌县、内黄县、舞阳县、辉县、商水县、新密市、温县、新乡县、浚县、永城市、范县、中牟县、上蔡县、新蔡县、夏邑县、卢氏县、通许县、封丘县、息县、滑县、博爱县、义马
100~150 人	淮滨县、安阳县、舞钢市、遂平县、武陟县、商城县、固始县、孟州市、禹州市、西峡县、淇县、开封县、渑池县、泌阳县、陕县、原阳县、襄城县、嵩县、修武县、孟津县、光山县、沁阳市、濮阳县、延津县、内乡县、荥阳市、获嘉县、潢川县
150 人以上	卫辉市、虞城县、汝南县、南乐县、清丰县、长葛市、罗山县、长垣县、睢县、灵宝市、新县、登封、台前县、民权县、新安县、新郑市

资料来源：河南省县域社会经济县（市）统计年鉴，河南省教育厅

图 8-7 是每个县每万人拥有中职学校数，可以明显看出，各县每万人拥有的学校数差异很大。新郑市每万人拥有 0.3 所中职学校，兰考、叶县、项城和上蔡位于最低端，每万人拥有 0.02 所中职学校。各地市所辖县每万人拥有中职学校数综合排名，由低到高依次为：鹤壁市、许昌市、焦作市、驻马店市、周口市、安阳市、信阳市、三门峡市、开封市、濮阳市、郑州市、平顶山市、洛阳市、南阳市、漯河市、新乡市、商丘市，取值范围在［0.02, 0.26］之间。总之，县域中等职业学校的地区布局与人口的区域分布呈现明显的不协调。

3. "一县一校"政策执行面临挑战

2005 年《国务院关于大力发展职业教育的决定》就提出"每个县（市、区）都要重点办好一所起骨干示范作用的职教中心（中等职业学校）"，2006 年河南省为贯彻这一决定，明确提出每个县都要重点办好一所起骨干示范作用的县级职教中心（中等职业学校）；在"2008—2012 年职业教育攻坚计划"中更是规定县（市）政府要重点办好 1 所在校生规模达到 3000 人以上的职教中心或中等职业学校。但是这一政策在实际执行的过程中却面临挑战，政策执行流于形式。

在实地调研过程中，研究者发现每个县的确都有一所职教中心或者中等职业

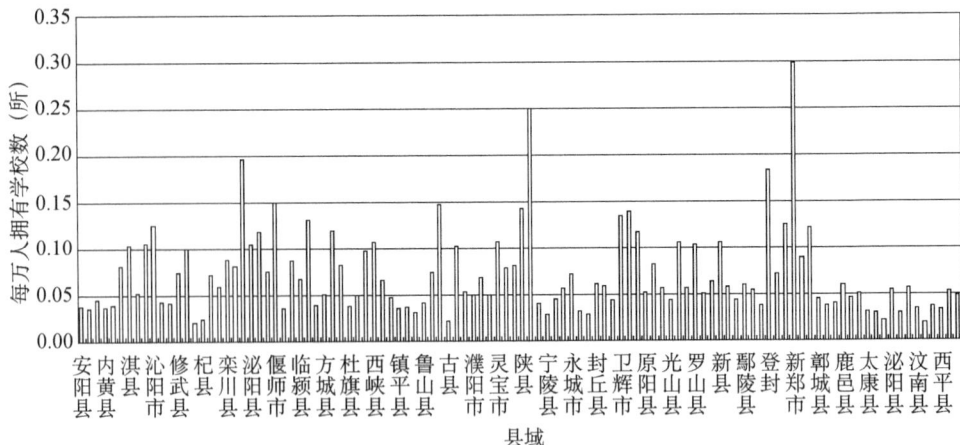

图 8-7　每万人拥有中职学校数

资料来源：河南省统计数据

学校，但是办学规模差异巨大。在调研的 36 个县的中职学校中，有 26 个县的职教中心或中等职业学校被抽中，图 8-8 是调研的 26 个县的职教中心或中等职业学校的在校生人数，极值分布区间是 [97, 7554]，相差近 77 倍。省政府要求要"重点办好 1 所在校生规模达到 3000 人以上的职教中心或中等职业学校"，但实际情况是达到 3000 人以上规模的学校极少，占调研学校的 19.23%，大部分学校在 2000 人以下，不足 1000 人的学校约占 39%。在城镇化背景下，中职生源向城市中职学校流动，各县要办好一所县域职教中心，不是一件容易的事，致使一些学者提出了农村中职学校退出的主张，认为在目前生产力水平下，每个县域不需要建设一所农村中职学校来专门培养种植、养殖专业的技能型人才（宋飞琼，2015）。

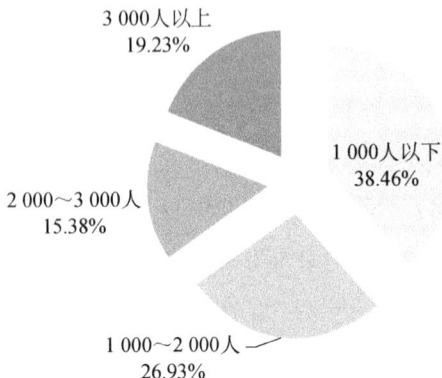

图 8-8　样本县职教中心（中等职业学校）在校生规模分组

4. 中职学校普遍存在虚假学额

从 2009 年开始，逐步实现对中等职业教育免费，并首先从涉农专业和农村家庭困难学生做起。2012 年 3 月经国务院研究决定，从当年秋季学期开始，实施农村免费中等教育，将中等职业教育免学费政策范围扩大到所有农村学生、城市涉农专业学生和家庭经济困难学生，约 90%接受中等职业教育的学生都能够享受每年 1500 元的助学金。但国家对中职学校的免学费政策没有对学生的年龄进行严格限制，由中等职业学校上报免学费人数，学校很可能会让亲朋好友、乡里乡亲进行注册，虚假上报学生数量，套取国家补助金。在调研过程中确实发现存在虚假学额问题，上报学生人数和实际学生人数存在巨大差异。

某样本学校上报教育厅的数据是在校生有 3000 余人，实际调研的情况是该校只有 340 余人，实际在校生只占其上报的 11%。学费和助学金补助、教育经费的投入都是由政府根据在校生人数拟定的，中职学校虚报、瞒报学生人数，等于骗取国家财政资金，情节严重者会构成犯罪行为。免学费和国家助学金政策本身是一项惠民政策，一些学校因局部利益，假造学生档案和学籍，骗取国家助学金和免学费补助金，这种违纪犯法行为，会带来恶劣影响。

关于虚报学额，骗取国家钱财的新闻报道有很多。2010 年湖南省审计厅对中等职业学校国家助学金进行专项审计，结果发现有 10 所中职学校通过虚报学生人数等手段，多领、冒领 1100 多万元助学金补助；2011 年武汉市审计局对市属 32 所中职技工学校的困难生国家助学金使用管理情况进行专项审计，发现有 24 所学校虚报、重报受助学生人数，套取国家助学金、免学费补助资金。

（二）质量问题：县域中等职业教育人才培养质量普遍较低

2010 年《国家中长期教育改革和发展规划纲要（2010—2020 年）》中指出要把提高质量作为重点，建立健全职业教育质量保障体系。目前我国正处于从人力资源大国向人力资源强国迈进的阶段，提高教育质量是各级各类教育最为紧迫的任务，但县域中职教育质量却存在严重问题。

1. 从横向看，县域中职生职业技能大赛获奖机会少

中等职业教育的各种技能竞赛是中职教育质量的重要评价方式（史文生，2014），河南省政府把中等职业学校参加文明风采大赛、技能大赛和素质能力大赛及其获奖情况作为评价中等职业学校质量的重要标准。本书收集了河南省 2010—2014 年中等职业教育文明风采竞赛、技能大赛、素质能力大赛的情况，数据统计

标准是按学校分类计算近五年获奖总量（不区分一、二、三等奖），并根据各地中等职业学校数量和在校生数计算校均和生均获奖总量。

从各县中职学校近五届"文明风采"竞赛获奖数量来看，县域学校累计获得3879个（其中9个县的72所学校没有获得任何奖项），全省中职学校获奖总量为12 963。县域中职学校获奖数占总体的61%，但获得"文明风采"竞赛大奖的数量只占总量的30%。县域中职校均"文明风采"竞赛获奖数量是7，而城区校均获奖数量是26.1；县域每万名学生获奖数量是47.6，城区每万名学生获奖数量是138.6。

县域中等职业学校技能竞赛中累计获奖879个，全省中职学校获奖总量为4229，县域中等职业学校获得技能竞赛大奖的数量只占总量的21%。县域中职校均技能竞赛获奖数量是1.6，而城区校均获奖数量是9.6；县域每万名学生获奖数量是10.8，城区每万名学生获奖数量是51.1。

县域中等职业学校素质能力大赛中累计获得竞赛奖项665个，全省中职学校获奖总量为2470。县域中等职业学校中获得素质能力大赛奖项的数量约占总量的27%。县域中职校均素质能力大赛获奖数量是1.2，而城区校均获奖数量是5.2；县域每万名学生获奖数量是8.2，城区每万名学生获奖数量是27.5。从图8-9中可以清晰地看出城区三种大赛的获奖数量，无论是校均数量还是生均数量都远高于县域中职学校得奖数量。

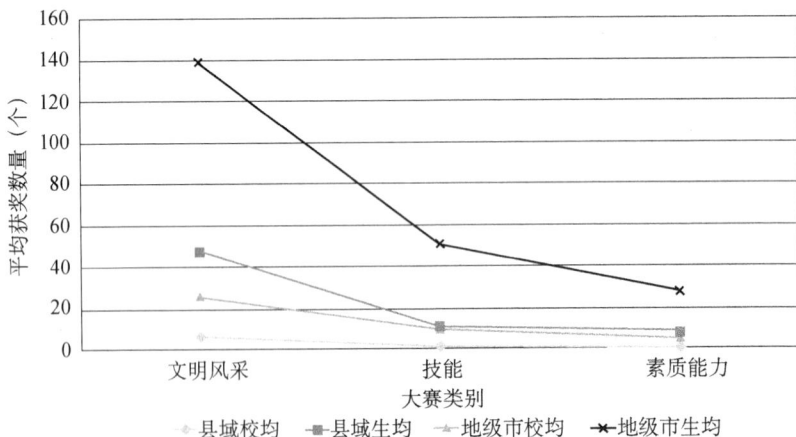

图8-9　县域和城区中职学校各类大赛平均获奖数量比较

资料来源：河南省教育厅网站

2. 从纵向看，县域中职学校生均学业进展不明显

研究者于2013年10月进行了基线调研，2014年4月进行终线调研，两次对

学业成绩的测试遵循国际前沿的 IRT 理论模型，通过标准化试题，同一学生在两次测试中的成绩差异可以被认定为学生在该时段的学习所得，以此了解学生的学业增进程度。调研结果表明，县域中等职业学校的学生专业知识增进在统计学上无显著差异（$p=0.5$），文化基础知识不进反退（dif=−0.1 标准分）。

除了客观的测试成绩外，研究者还通过主诉的方式，请样本学生对自己的学业增进进行了主观评价，被问及"跟学年初相比，你感觉你现在的专业能力怎么样？"时，21.4%的中职学生认为自己的专业能力没有长进；被问及"跟学年初相比，你感觉你现在的数学能力怎么样？"时，50.44%的学生认为自己的数学能力没有任何长进，甚至有所退步。

3. 从结果看，县域中职学生辍学率居高不下

2013 年 10 月进行基线调研时样本学生有 6356 名，2014 年 4 月进行评估调研时样本学生只剩下 4328 名学生。通过询问同班同学和班主任得知，流失的 2028 名学生中有 412 名学生仍然在读，但因各种原因请假，没来上课，占流失学生数的 20.32%；有 17 名学生转学到其他中职学校，或者是上普通高中了，占流失学生数的 0.84%；有 939 名学生是不读了，即辍学了，占流失学生数的 46.30%，占总体的 14.77%；有 383 名学生是去"实习"了，占流失学生的 18.89%。除了上述几种原因外，有 277 名学生（占流失学生数的 13.66%）是因各种理由（考驾照、照顾家人、生病等）长期不在学校，但并不是不读了，也就是说这 277 名学生不知道什么时候还会来学校。在两次调研的 6 个月内，竟然有近 15%的学生辍学，这个数字还不包括那些长期不在学校，但没有明确表示不读的学生，如果加上这些学生的话，辍学率将会达到 19.13%。详见图 8-10。

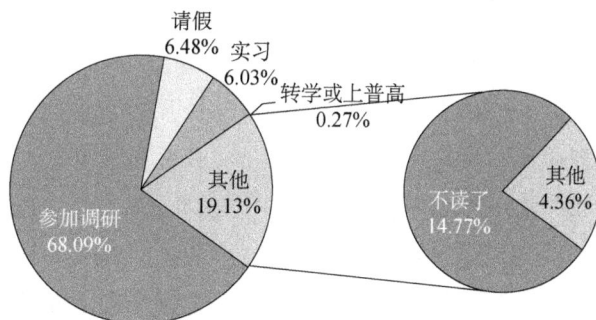

图 8-10　基线调研的样本学生在评估调研当天的去向

（三）结构问题：县域中职学校类型结构繁杂，专业结构趋同

1. 县域中职学校办学类型结构繁杂，但各类差异不大

中等职业教育办学类型主要划分为四种类型，即中等专业学校（普通中专、职业中专）、成人中等专业学校、职业高级中学、技工学校。中等专业学校简称"中专"，主要招收初中毕业生，原来是以培养中等技术人员、管理人员和小学教师为目标，学制三年或四年。近年来，培养目标已经转变为培养各类技能型人才，学制一般为三年。成人中等专业学校简称"成人中专"，最早是指以招收具有初中文化程度的成年人（在职人员）为主的中等专业学校，但近年来成人中专的招生对象基本与中等专业学校一样。职业高级中学简称"职高"，大部分是普通中学改建成的，招收对象和培养目标与中等专业学校类似。技工学校的招生对象也是初中毕业生，旨在培养各类初、中级技能人才，学制根据专业不同，一般为1～5年制。

实际上，中专、成人中专、职高和技校无论是在专业设置、课程开设、招生对象、培养目标，还是在学生毕业后的去向上差异都不大。四类学校开设的专业一般都是旅游餐饮服务、机械加工、计算机类、幼儿教育等；基本没有招生限制，是否初中毕业生都可以上；培养目标是为各行业、企业培养一线工作人员。四类学校唯一的区别是中专、成人中专、职高归教育部门主管，技校归人力资源和社会保障部门主管。在实地调研过程中，技工学校的校长认为目前技工学校地位尴尬，不受教育厅管，在发展上有诸多不便，希望技工学校能归属教育部门。

各类中职学校虽有不同的原初功能定位，也有不同的成长发展轨迹，但在当前已基本合流趋同，如果无法或没有必要强化其原初的功能定位，仍坚持分类设置，只能是多增加管理成本，而无显性利好收益。

2. 县域中职学校专业结构趋同，各县缺乏特色

在36个样本县的55所中职学校中，样本学校开设的专业集中在数控、计算机应用、电子电器应用、汽车运用与维修、学前教育和服装设计与制作，专业设置类似，缺乏县域特色。例如，鄢陵县是"中国花木之乡""北方花都"，素有"中国花木第一县"的美名，花卉是鄢陵县的支柱产业，但鄢陵县职教中心却没有开设花木类专业，开设的反而是最普遍的计算机、数控和电子等专业。郸城县是豫东重要的畜产品生产基地，食品和医药是郸城县的主导产业，并且是全国中医药工作先进县，但是郸城县的5所样本学校中，只有一所学校开设有现代农艺技术

专业，招生规模较大的专业主要是音乐、汽修、旅游餐饮和服装设计等常见专业，而不是食品类、中医药类和畜牧类专业。长垣的烹饪历史悠久，长垣县更被誉为"中国厨师之乡""中华美食名城"，长垣县的样本学校开设的主要专业却是建筑施工技术、学前教育、会计、营销和工艺美术等专业。

（四）资源问题：县域中等职业学校办学资源紧缺与闲置并存

1. 从统计数据看，生均办学资源整体偏低，且差异显著

（1）生均用地面积

2010 年教育部修订并颁发的《中等职业学校设置标准》（以下简称《标准》）规定生均用地面积不少于 33 平方米。河南省县域中等职业学校生均用地面积平均是 22.43 平方米，约有 73.15%的县中职生均用地面积低于《标准》的要求。桐柏县 5 所中职学校在校生只有 1776 人，生均面积达到了 450.17 平方米。与此相反的是，商城县 4 所中职学校在校生规模是 9126 人，生均用地面积仅有 1.09 平方米。见图 8-11。

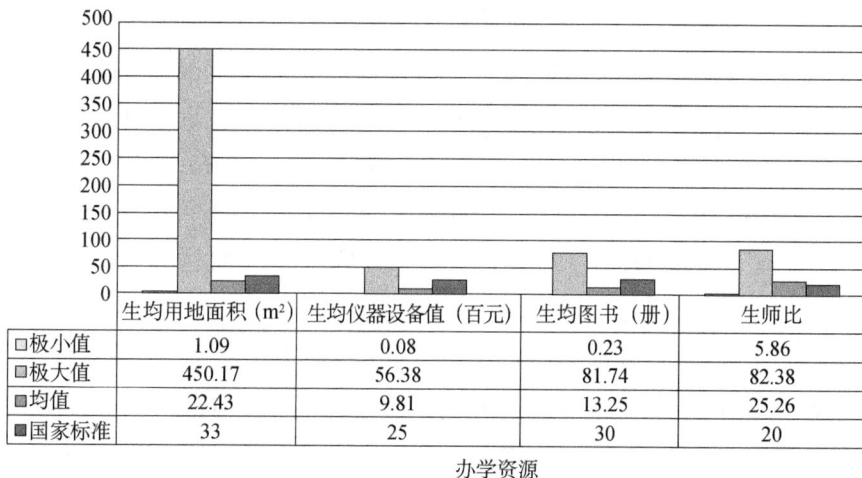

	生均用地面积（m²）	生均仪器设备值（百元）	生均图书（册）	生师比
□ 极小值	1.09	0.08	0.23	5.86
■ 极大值	450.17	56.38	81.74	82.38
■ 均值	22.43	9.81	13.25	25.26
■ 国家标准	33	25	30	20

办学资源

图 8-11　县域中等职业学校办学资源

资料来源：河南省教育厅

（2）生均仪器设备值

《标准》规定"生均仪器设备值不低于 2500 元（非工科类和医药类专业）"，但河南省县域内生均仪器设备值为 980.65 元，92.59%的县域中职学校生均仪器设备值低于 2500 元，极值分布区间为［7.98，5638.04］，极值差距达 705.52 倍，极

小值是濮阳市的台前县，极大值是洛阳市的偃师县。

（3）生均图书

各县生均图书拥有量极不均衡，从差异看，县域中等职业学校生均图书平均水平分布区间为［0.23，81.74］，极小值和极大值相差近354倍，只有15个县达到了《标准》规定的"生均图书不少于30册"，占总体的13.89%。河南县域中职学校生均图数量均值为13.25册，远不能满足教育教学需求，不利于中职学生的发展。详见图8-11。

（4）生师比

生师比在一定程度上可以体现中等职业学校人力资源的充足和利用程度。合理的生师比，既能提高教育资源的利用率、学校的办学效益，又能保证较高的教学质量。河南省县域生师比平均水平是25.26∶1，各县差距很大，紧缺与闲置并存，极值分布区间为［5.86，82.38］。参照《标准》的要求，生师比要达到20∶1，虽然有43个县（总体的39.81%）达到了这一要求，但这43个县生师比在平均水平上分布范围是［5.86，19.81］，差异性明显。详见图8-11。

2. 从调研数据看，办学资源的紧缺与闲置问题同样突出

本书实地调研的数据，也印证了上述统计数据反映的问题，有的学校资源太富裕，有的学校太紧缺。图8-12是同属于一个地市的相邻的两个县的一所样本学校教育资源投入情况。D县的这所样本学校截止到笔者调研时，正式在编教师只有12人，全日制在校生却有338人，生师比为28∶1；而相邻的S县的一所样本学校，有正式在编教师267人，全日制在校生人数只有340人，生师比1.3∶1。两所学校在校生规模接近，但教师人数相差甚远。并且，差距不仅是生师比方面，D县这所学校教学、实训设备总价值30万元，生均887元，拥有计算机60台，实训基地面积240平方米。S县的这所样本学校教学、实训设备总价值1160万元，生均3.4万元；计算机150台，实训基地面积2880平方米。在跟校长进行访谈时，问及"总体来说，学校是否面临招生困难"，D县的样本学校校长回答"比较容易"，而S县的样本学校校长却回答"非常难"。

在调研时也发现，S县样本学校是调研的县域中职学校中比较"豪华"的，规模和建筑堪比一所大专院校，但是走进偌大的学校，学生寥寥无几，显得学校十分萧瑟，少了几分热闹，多了几分"凄凉"。教学楼有五层，但实际情况是1层都没有用完，其他四层教室落满了灰尘，在编教师近300人，实际在岗的不到100人，近200名教师处于"放羊"状态。与此形成鲜明对比的D县的这所样本

学校，只是租用了一栋三层小楼做教学用。尽管办学空间十分狭窄，但同学们的学习氛围非常浓厚，随机抽样访谈时，能感受到同学们较强的上进心和较为积极的生命状态。

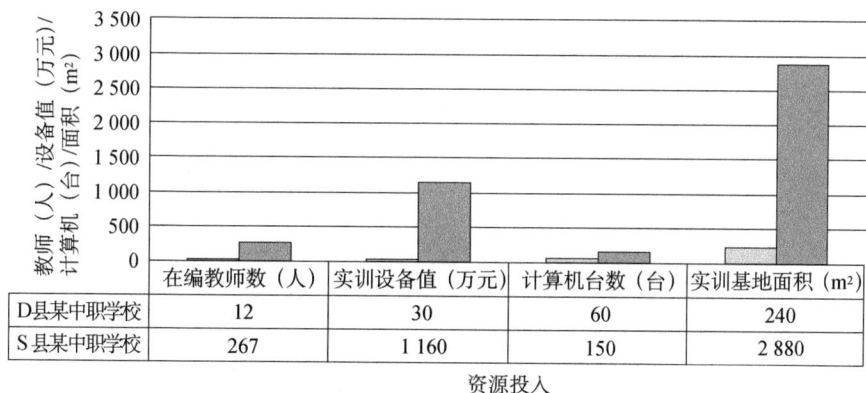

	在编教师数（人）	实训设备值（万元）	计算机台数（台）	实训基地面积（m²）
D县某中职学校	12	30	60	240
S县某中职学校	267	1 160	150	2 880

资源投入

图 8-12　两所较为典型的样本中职学校资源投入情况比较

四、追因分析

（一）县域外，中等职业教育体系大气候的不利影响

县域中等职业教育存在的这些问题，不仅是某一个县的个性问题，而更多是共性问题，这与整个中等职业教育大环境的影响不无关系。具体分析，主要有以下四个方面。

1. 以规模为主的发展策略片面追求数量忽视质量

重视规模发展是近些年中职教育发展的政策着力点。一方面，政策文本中明确规定并多次强调了中职学校的招生规模比例指标。2002 年《国务院关于大力推进职业教育改革与发展的决定》要求保持中等职业教育与普通高中教育的比例大体相当；2005 年《国务院关于大力发展职业教育的决定》提出了到 2010 年中等职业教育招生规模与普通高中招生规模大体相当；《国家中长期教育改革和发展规划纲要（2010—2020 年）》强调在一个时期内要总体保持普通高中和中等职业学校招生规模大体相当。但是，实际情况却是初中毕业生自主选择中职学校的意愿很低，我们的调研数据显示（图 8-13），在 3533 名参加过中考的中职学生中，只有23.52%在填写中考志愿时选择上中职，40.11%的学生在志愿表上填写的是上普高，24.4%的学生普高和中职都填写了，剩下的 11.97%的学生则是没有填写志愿表。

"好"学生上普通高中，"差"学生上中职学校，已经成为人们的共识。要想达到职普比1:1，就需要通过强制的手段和方法。调研数据显示，近74%的中职学校校长认为他们迫于政府给予的招生压力，必须全力以赴扩大招生。约82%的受访班主任反映，学校每年都会给他们下达招生任务，并与工资挂钩，招生活动占据了他们1/3的精力，而招来的学生是否在校，在校是否学习，以及学习的成效如何却没有得到足够的重视。

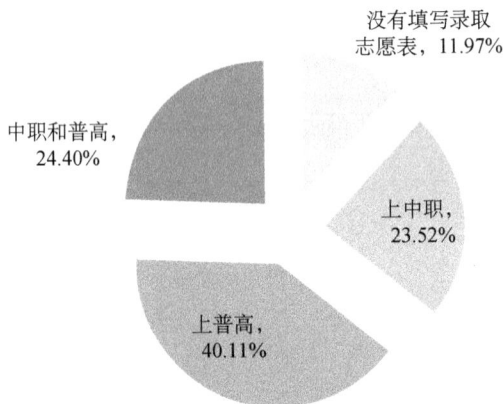

图8-13　参加过中考的中职生中考录取志愿表填写情况

资料来源：作者调查

另一方面，国家通过生均拨款制度激励学校追求招生规模。2009年，中央出台了中职教育免学费政策（财政部，等，2009），2012年，国家把免费范围扩大到所有农村学生（财政部，2012）。河南省人民政府在《关于实施职业教育攻坚二期工程的意见》中明确提出"逐步提高中等职业学校的生均经费标准"。在这样的政策推动下，在校生人数对中职学校来说尤其重要，更多的在校生就意味着更多的经费收入。我们的调研数据也显示，74.36%的校长说政府是依据招生规模确定对学校的支持力度，所以他们必须全力以赴扩大招生规模。并且，为了追求规模，他们不得不降低招生标准。我们的问卷结果显示：82.76%的校长说他们录取学生时不要求中考成绩，43.64%的校长说他们没有任何录取条件。同时，90.6%的校长认为学生底子薄弱，缺乏中职学习基础；88.89%的校长认为学生纪律性差；92.31%的校长认为学生不重视文化课学习；78.64%的校长认为学生不重视专业技能学习。可见，"滥招生"导致的生源素质低下成为制约中职教育质量的关键因素。

2. 以就业为主的办学定位忽略了学生的基本素养教育

2004 年全国职业教育工作会议上，国家正式把"以就业为导向"确立为职业教育的办学方针。10 余年来，"以就业为导向"对于纠正职业教育与社会、市场、企业的脱节问题，起到了显著的指导作用。但与此同时，也导致了中职学校教育重技能轻素质的教育倾向。在调研过程中，我们收集了样本班级一学年的课表，发现近 20% 的班级不开设语文、数学等基础文化课，这是导致样本学生数学成绩不进而退的直接原因。而通过对样本学校的课堂观察发现，专业课教学常见流于所谓的"技能"形式，而缺乏对系统的专业知识的讲解。走进计算机课堂，常见的是学生们在玩 QQ 或淘宝，而不是学习与计算机相关的学理，这正是学生专业知识在近一学年进展不明显的原因。

3. 以条块分割的管理体制缺乏全局观

条块分割管理体制的"条"是指中等职业教育由两大部门主管，中专、职高归属教育部门主管，而技校由人力资源和社会保障部门主管；"块"是指每一所学校又归属省、市、县某一级政府主管。从"条"来说，2014 年教育部颁布的《中等职业学校专业教学标准（试行）》中，并未对中专、职高、技校进行专业上的区分，但现行的中专、职高归教育部门管，技校归人力资源和社会保障部门管，不便于统一执行和监测具体办学机构的专业教学标准，致使专业教学标准在一定程度上被流于形式，尤其是给技工学校提供了一个忽视基础知识教学的借口。从"块"来说，县域内的中职学校多数归县级政府管理，省、市政府既缺乏对县域中职学校的统筹规划，也缺乏必要的财政转移支付，致使各县域间一方面发展水平差距巨大，另一方面又缺乏办学特色。

4. 以资源为主的评价体系忽视了人才培养质量

2014 年，《国务院关于加快发展现代职业教育的决定》强调要强化对中职学校的督导评估，但是与对普通中小学的考核不同，目前政府相关部门对中职学校的考核常常以衡量办学条件为主，对教育质量的监督不够。2011 年出台的《中等职业教育督导评估办法》中列出了 30 个评价指标，其中涉及教育质量的仅有 3 项，最直接相关的仅有"学生一次性就业率"这一项指标。但在用工荒时代，保持一个高就业率对于中职学校来说，根本不是问题。国家级重点中职学校、国家级示范中职学校的遴选和验收标准也是以投入性指标为主，例如占地面积、建筑面积、实训场所、设备设施、教师队伍、在校生规模等。在和样本学校校长的访谈中，了解到政府每年都会对中职学校进行考评，图 8-14 是样本学校校长的回答情况，从图中可以看出近 91%的校长回答考评包括生均建筑面积，86.79%的校长回答考评内容有双师型教师比例和专业设置，比例最低的是学生的文化成绩和专业课成绩，分别有 49.06%、56.60%的校长选择了此项。这种以资源投入为主的评价体系容易导致中职学校片面追逐资源投入，忽视人才培养质量。

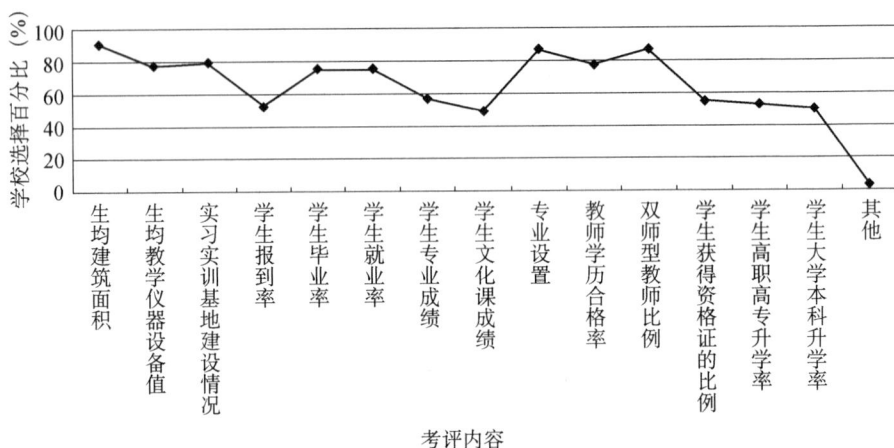

图 8-14　样本学校校长认定的政府考评内容

资料来源：作者调查

事实上，办学条件与人才培养质量之间的相关性还需要论证。我们把调研数据中样本学生的文化基础知识成绩和专业知识技能成绩，去掉极值，除以 55 所样本学校样本学生人数，计算出样本学校文化基础知识成绩和专业知识技能成绩均值。同时，把成绩标准化，按照标准分计算出学生的学业表现和办学条件之间的相关性（$p<0.05**$)，如表 8-6 所示，所有资源投入性指标与学生的学业表现的相关性在统计学上均不显著。因此，办学条件不等于办学质量，更不等于人才培养质量，以投入性指标为主的质量评价体系，不利于鼓励学校重视学生发展质量。

表 8-6　资源投入与学生学业表现的相关关系

变量	数学测试标准分	专业测试标准分
专任教师数	0.149	−0.048
教育经费收入	−0.034	−0.085
教学仪器设备值	−0.035	−0.167
实训仪器设备值	−0.069	−0.189
计算机台数	−0.111	−0.189
实训建筑面积	0.077	−0.167

（二）县域内，中等职业教育发展小环境的不利影响

1. 县域文化容易孕育出中职无用论

虽然随着经济社会的发展与变革，人们对"学而优则仕""万般皆下品，唯有读书高"的传统观念有了很大改变，但在县域文化中，重视读书做官，轻视技术工人的思想仍很普遍。调研数据显示92%的中职学生来自农村，在农村文化中，作为农民的家长一般认定读书是为了做大官，光宗耀祖，要想实现这个愿望就要上重点中学，考名牌大学，家长们并不热衷于职业教育。除了这种"望子成龙、望女成凤"的想法外，由于农村具有封闭性，为了让邻里认同并尊重自己，家长在孩子的教育问题上，不是从孩子的实际情况考虑，而是遵循大家普遍认同并接受的观念，学生也就想当然的认为只有上普高才能获得父母和其他人的认可，才能成为别人眼中优秀的人（张力跃，2011）。

此外，县域中等职业教育质量确实不好，符合学生和家长的想象。县域中等职业学校的学生由于县域经济发展水平较低、信息流通不畅、机会少等原因，就业机会相对偏少，低端就业比例高。而且，中职毕业生的就业岗位与学校制定的培养目标、国家的政策目标严重错位。相较于发达城市的中职教育，大部分县域内的职业教育质量更低，毕业生去向不理想，学生和家长自然对中职教育不抱希望，把中等职业学校作为下下之选。

在对一部分样本学生的家长进行电话访谈时，问到"您希望您的孩子达到怎样的教育水平"，如果直接询问家长这一问题而不提供选项，许多家长的回答是"越高越好"，如果提供选项的话，选择本科、研究生的占多数。家长不希望孩子上中职，现在之所以上中职一是因为孩子学习成绩差，考不上普高；二是年龄小，不能外出打工，打算先让孩子在中职"混"几年，年龄大一些了去工作，有一种把中职学校当成"托儿所"的意思。当问及学生"家长上学期询问过几次你的学习情况？"，调查结果如图8-15所示：7.96%的学生家长上学期从没有询问过孩子的学习情况，35.10%的学生家长一学期只询问1～3次。在问到学生本人渴望达到的学历水平时，32.49%的学生希望自己是大专学历，39.41%的学生希望自己是本科毕业，只有9.25%的学生认同中等职业教育的学历水平。

2. 县级政府的重视和支持力度参差不齐

职业教育在本质上属于公共产品，县域中等职业教育与本地经济社会联系最为直接和紧密，它一方面可以促进县域经济发展，另一方面又受到县域经济发展

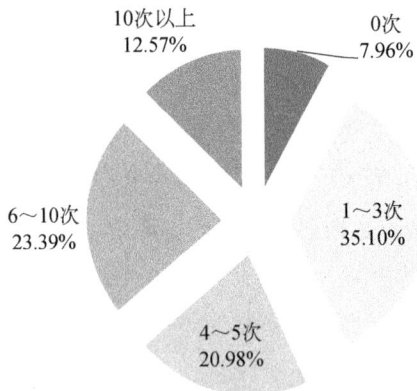

图 8-15　家长询问孩子学习情况次数

水平的制约，它为社会提供了大量的技能型人才。在中等职业教育发展过程中，政府起着主导作用，县级政府有义务有责任扶持并引导中等职业教育的发展，但从各县中等职业教育发展现状来看，各县的重视和支持力度不一。

例如，每万人中职在校生位列全省前茅的民权县，是河南省职业教育强县创建活动先进县、职业教育攻坚工作先进县。这些成绩的取得得益于县政府对于职业教育的高度重视和大力支持。民权县政府出台了一系列促进职业教育发展的新方法、新政策，将职业教育与扶贫开发、劳动力转移就业和产业集聚区建设结合起来，把课堂开在车间，让学生到生产一线实地学习，推动了本县职业教育的发展。同时，民权县是河南省冷链物流装备高新技术特色产业基地。县职业技术教育中心依托这一优势，依据县高新区内多家制冷企业的人才需求，设置相关专业，通过校企合作和订单培养的方式，推进县域内中等职业教育的发展。民权县政府以"大职教，大基地，服务民权大发展"为方针，提升中等职业教育发展水平，为职教中心创造好的发展前景，创建品牌示范职业学校，促进本县经济社会快速发展。

与民权县不同，每万人中职在校生排名最后的宝丰县，中职教育没有得到应有的发展。宝丰县 2013 年生产总值在平顶山居第一位，108 个县域经济综合实力排序中，位于第 25 位。宝丰县还是我国"曲艺之乡""魔术之乡""民间文化艺术之乡"，宝酒文化、汝瓷文化和观音文化也享有盛名。在这么多的美誉下，宝丰的中等职业教育并没有对县域内的经济发展起到应有的作用。另外，从统计数据看，宝丰县中等职业教育资源十分富裕，生均图书 221 册，生均固定资产总值近 8 万元，生均仪器设备值 3000 元，生师比 9.8∶1，远远超过《标准》的要求。宝丰县有这么好的教育资源，却没有得到有效利用，资源严重浪费，造成这一结果，与县级政府没有有力的发展举措不无关系。

3. 县域学校缺乏高质量的发展设计

中等职业学校的校长是学校的教育者、领导者、经营管理者、学校文化引领者，集办学、管理、财务等大权于一身，校长的办学理念对学校未来的发展起着至关重要的作用。中等职业学校的办学理念是影响校长在办学过程中最关键、最主要、最深层的思想因素（高慧杰，2012）。从调研数据看，中职学校的校长对于"办什么样的中职学校""怎样办好一所中职学校"的认识不够准确，对学校的发展设计不够科学、合理。调研中，校长对于 "在学校发展的目前阶段，您认为哪个因素对学校发展最重要？"的回答，如图 8-16 所示，43.4%的校长认为招生规模对学校的发展最重要，仅有 17%的校长认为学生质量最重要，选择其他的有 5 位校长，他们认为最重要的因素分别是资金、管理、仪器设备和政府支持。

前面提到的民权县，县级政府虽然对职业教育高度重视，十分支持，很想把中等职业教育办好，但由于民权县中职学校缺乏高质量的发展设计，中职学校的规模布局、专业设置等方面缺乏科学引导、统筹规划，中职学校虽开设有特色专业，但并没有把特色专业做强做大，招生重点仍然是学前教育、汽修等常见专业，使得民权县的中等职业教育并没有取得很好的效果。中职学校应该在政府指导下，在县域企业人才的需求下，做好人才培养工作；中职学校应该对县域社会经济的方方面面都深入了解；中职学校校长应有素质教育、以质量立校、以德治校的办学理念。

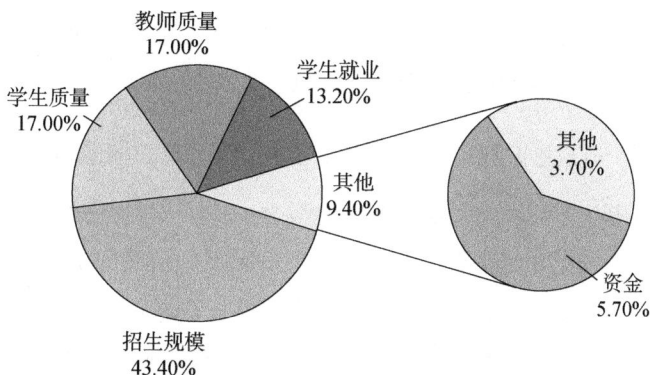

图 8-16　中职学校发展的关键因素

第三节　发展县域中等职业教育的对策建议

一、整体改造现代中等职业教育体系

（一）从重规模发展到重质量提升，放下中职普高 1 : 1 的比例要求

职业教育质量是职业教育实现可持续发展的动力和基础。早在 1993 年，《中国教育改革和发展纲要》就提出"必须全面贯彻党和国家的教育方针，遵循教育规律，全面提高教育质量和办学效益。对职业技术教育，要采取领导、专家和社会用人部门相结合的办法，通过多种形式进行质量评估和检查。"2010 年，教育部发布的《中等职业教育改革创新行动计划（2010—2012 年）》也指出，中等职业教育发展要从"量的扩张"转向"质的提升"。

自 20 世纪 90 年代以来，以规模为主的发展战略创造了发展奇迹，建立了庞大的中职教育体系，功不可没。但在当前过度重视规模发展已经成为制约中职教育质量提升的问题根源，因此，要下决心按照中央要求，实现从重视规模向重视质量的战略转移已是时代的应然选择。具体的改革重点是，要放下职普比 1 : 1 的僵化要求，把上普高还是上中职学校的主动选择权交还给学生，最大限度满足人民群众想要接受高中教育的需要。河南省从 2015 年秋季学期起，对各类中等职业学校全日制正式学籍在校学生全部免除了学费，目前也正在讨论并推进免除普通高中学生的学费。如果高中阶段成为免费的、普及的教育，再通过一些强制性政策将一半的高中生围堵在中职学校，显然有悖于"办人民满意的教育"的政策宗旨。中职教育发展的长远之道不是坚守 1 : 1 的职普比例，而是以高质量的中职教育吸引学生和家长选择中职教育，并降低中职生的辍学率。

（二）从重一技之长到重终身发展，加强基础知识和基本素养教育

目前，我国的中职学校主要是技能性教育，中职学校的教育目的主要是为了让学生学习技能，尽快实现从学生到劳动力的转变。但实际上，这种技能正在以较快的速度变得过时，学生开始工作时即有可能发现学习的技能已经跟不上科技的变化，需要重新学习。Eric 等人通过 IALS[①]微数据的研究，调查了 18 个国家接

---

① IALS 数据库提供不同国家接受不同职业教育和培训的工人，在教育和技能方面的详细信息。

受职业教育和普通教育的人，通过对比不同年龄阶段的劳动力市场结果，发现在最开始就业时，接受职业教育的人就业率高一些，可是随着年龄的增加，接受职业教育的人失业率更高，接受普通教育的人就业率和收入都会提高。随着年龄的增长，接受普通教育的人更容易接收到与事业有关的培训，有更多的机会更新在飞速发展的经济社会所需要的技能，而这得益于普通教育对学生基础知识和基本素养方面的教育。

从学生的终身发展来看，中职教育也应加强基础知识教育和基本素养教育。常言道"做事容易做人难"，要想学会做事，需先学会做人。中职教育不能只培养短期会干活的人才，更重要的是培养做"人"的能力和素养。有研究发现，当人们大于 16 岁时，其文化分数与就业呈显著正相关。因此，加强中职学生的基础知识教育可以提高他们的终身就业能力（Hanushek，et al.，2011）。

从国际思潮看，2012 年第三届国际职业技术教育与培训大会上，各国代表基于生产方式的迅速变化和越来越难的发展预测，发出了"实现职业技术教育与培训转型，顺应变化中的世界"的号召，并提出要重新思考职业教育对于促进人类更加公平和可持续发展的本质作用，要从注重短期发展需求转向注重长期发展需求，职业技术教育日益重要的任务是帮助学习者学会如何学习、如何调整适应，而不只是帮助他们为特定职业做好准备。基于国际共识，中职学校要开足开好基础知识课程，为中职学生终身学习和终身发展奠定基础。

（三）从条块分割到省市统筹规划，突出县域职业教育的办学特色

中等职业教育目前这种条块分割的管理体制很难实现中等教育在规模、布局、资源等方面的整合和最优配置。为推进县域职业教育的可持续健康发展，要充分发挥省市政府的统筹规划作用，要根据县域人口预设各县中职学校的在校生规模，用政策推进和保证"一县一校"的办学实效。同时，加强县域中职教育的资源整合，一方面根据《标准》规定的中职学校设置条件，加强资源建设；另一方面，有序退出县域内的不达标中职学校。另外，要根据各县的实际情况，扶植县域特色专业，根据各县经济发展特色审批专业，突出县域职业教育的办学特色。

县域中等职业教育在专业设置上应充分考虑县域特色，满足县域社会经济发展的需求。随着县域工业化进程的加快，县域的产业结构也在不断变化，正在从传统的第一产业迅速向第二产业和第三产业转变。县域范围内的农民正在大范围地脱离土地，投入到第二、三产业中。与经济结构调整相对应，县域中职学校必

须调整专业设置，改变就业方向和就业服务。此外，目前的县域中等职业教育管理体制使教育部门和非教育部门各自为政、各立门户，中职学校在专业设置上有很大的自主权，专业重复现象尤其严重。被社会各方一致认定为热门的专业，从普通高等院校、高职学院到中职学校都趋之若鹜，这会让中职学校的毕业生失去就业优势，造成中职教育的资源浪费。从条块分割到省市统筹规划，突出县域职业教育的办学特色是县域中等职业教育可持续发展的必然选择。

（四）从重投入到重产出，建立中职学校人才培养质量评估新体系

重视教育质量是发展县域中等职业教育的正确道路，提高教育质量是县域中等职业教育改革与发展的核心任务。要改变目前重投入轻产出的现状，就要建立一套以产出为核心指标的中职学校人才培养质量评估体系，建立学校的绩效考核机制，强化政府对中职学校教学质量的监督，把教育质量作为督导评估的重点。

中职学校人才培养质量评估体系的目标是通过制定中职学生发展质量标准，并依据标准比较学生在不同阶段的学习与实习表现以及变化，评估学校的人才培养质量，并据此对中职学校进行奖惩。人才质量是否达标，要从学生的思想品德、职业技能、综合素质等多个层面考察，文化基础知识、专业知识、职业技能和道德修养都是重点。对人才培养质量的评价，不能只看操作技能和短期就业，要从长远利益出发，重视文化基础知识、专业基础理论知识和养成教育。

就学校内部对学生的学业评价来看，调研中发现，语数外等文化基础课程的学业评价严重流于形式，教师往往以中职生学习基础差为理由，不仅考前给学生系统辅导考试内容，而且对试卷的评价标准无限放宽。可以说，目前中职学生文化素养的缺失与中职评价体系中文化素养评价内容的缺失相关。因此，为了促进中职学生文化素养的整体提升，完成中职教育立德树人的任务，必须建立以学生发展为核心指标的中职评价体系，加强省市级以上的中职学生文化课定期统考，注重中职学生的综合素质发展评价，并将文化课统考成绩和综合素质发展评价结果纳入中职学校质量年度报告。

同时，为保证质量评估的科学性和客观性，要积极鼓励第三方组织参与评价，发挥第三方机构的专业人才和技术优势，并让社会各界广泛参与，把评价权和监督权交给社会，把职业教育办的让老百姓都满意。

二、优化县域中等职业教育发展环境

（一）加强中等职业教育重要性的宣传，刺激需求

包括中国在内的发展中国家普遍认为，给年轻一代提供中等及以上知识技能培训是提高劳动生产率、提高劳动者就业能力、减少贫困的关键因素。联合国教科文组织也倡导将职业技术教育作为解决发展中国家发展问题的有效措施，中国政府也颁布了一系列推动中等职业教育发展的政策。但社会上对中等职业教育的认识还存在偏差，常常把职业教育当作普通教育的"备胎"，认为只有上不了普通高中才选择中职，没有认识到中等职业教育对于提高公民素质、发展地方经济的价值。为此，要建立有利于县域职业教育发展的社会心理基础，必须加强中等职业教育重要性的宣传。

1）从发展县域经济和提高公民素质的高度加大对中职教育的宣传，让人们认识到中等职业教育是高中阶段教育的重要组成部分，是中等专业技术人才培养和振兴地方经济必不可少的教育类型。完善的中职教育和县域经济的健康发展，二者之间存在着良性互动：大力发展县域中职教育，可以为县域经济发展提供更多技能型人才；县域经济的健康、稳定发展可以增加职业教育的人力、财力、物力投入，改善职业教育办学条件，提高人才培养质量。县域中职教育本身就是为县域经济建设服务的一种教育行为，根本任务是为县域经济发展和社会发展培养高素质技能型人才。

2）营造有利于中等职业教育发展的教育舆论。大众媒体在报道那些理科状元、文科状元的同时，要对接受过中职教育的"德才兼备"的人才进行宣传，对在中等职业技能竞赛中表现突出的学生及其作品给予高度重视。通过教育舆论的正面引导，让社会各界认识到不仅普通教育可以培养出人才，中等职业教育同样可以培养出人才，在社会心理中孕育出对中职教育的需求。

2001—2016年大学毕业生数量屡创新高，从114万到765万，整体就业形势不容乐观。全国每年近百万大学毕业生不能及时找到工作，大学生就业难问题越来越突出。一方面是大学生"就业难"；另一方面是企业"用工荒"，社会对各类技能型人才需求量不断增大，我们要把企业对技能型人才的需求，转换为学生对中等职业教育的需求。

（二）提高县域中等职业教育办学质量，优化供给

办学质量是中等职业教育可持续发展的动力和基础，只有提高县域中等职业学校的办学质量，才能让学生及其家长心甘情愿地选择中等职业教育，甚至以上中等职业学校为荣。县域中职学校只有让学生"学得好""出得去"，才能够"评价高""招得进"。为此，县域中职学校要从以下几方面着手，努力提高中等职业教育质量：

1）调整专业设置，突出县域特色。县域中职学校的专业设置应该结合本地特色，将中职教育融入县域经济社会发展中，让中职毕业生成为县域内特色行业、企业的骨干和技术能手，让中职毕业生一方面能够顺利地在家门口就业，方便照顾孩子和家庭，另一方面获得较高的教育附加值。在设置具体专业时要认真分析县域产业结构及其变化、发展特点，主动适应产业结构的变化。设置的专业不是一成不变的，要根据县域行业、产业的变迁和转移适当适时调整。

2）进行课程与教学改革。要创新课程体系，编写特色教材，开足开好基础知识和基本素养教育课程。与技能性知识相比，基础知识和基本素养对中职学生的影响更加深远。基础知识可以为中职毕业生学习其他技能和知识奠定基础，为应对未来的职业变换提供便利，提高就业率。基本素养有助于提升个人素质，一方面让家长真实地感觉到孩子上学比辍学强；另一方面，通过中职生整体素养的提高，改良农村社区文化，提高农村文明程度，推动县域经济社会和谐发展。除了基础的通识教育课程外，专业课程既要有校本教材，又要有企业教材。根据学生个人意愿，选择合适的人才培养形式，学生想继续求学的，课程和学制可以适当变化。

3）加强中等职业学校实习管理。实习是中职学校的特色课程，也是中职管理最为混乱的环节。根据河南大学教育行动国际研究中心和REAP团队对河南省118所中职学校的研究发现，很少有企业参与制定中职学校的人才培养计划。有23%的校长说企业没有给实习生制定培训计划；有52%的学生说去实习单位前或者实习期间，学校或企业对他们进行的培训与实习目的并不相关；67%的学生说他们实习的岗位与所学专业不对口；70%的班主任说他们带的实习生从事的工作是加工流水线。

中职教育的不良口碑与实习安排随意、实习岗位与专业不对口、教育性差、学生学不到真正的知识和技术等弊端不无关系。因此，只有严格按照《职业学校

学生实习管理规定》的要求，加强实习管理，规范实习秩序，提高实习的教育性，才能突显中职教育的特色，也才能使中职教育有存在的价值。

（三）强化县级政府办学责任意识，落实保障措施

我国职业教育实行的是"分级管理，地方为主，政府统筹，社会参与"的管理体制，发展职业教育的责任主要在地方。县级政府是县域中等职业教育发展的责任主体，担任着县域内中职教育的统筹规划、综合协调和宏观管理职能。县域中职教育的办学规模、结构、人财物资源投入等诸多问题，涉及政府的财政、教育、人力资源和社会保障等部门，不是仅仅依靠中职学校就能解决的。为促进县域职业教育的健康发展，尤其是保障"一县一校"政策落到实处，县级政府要在以下方面将责任落实到位：

1. 政策引导

县级政府一方面要保质保量地贯彻落实上级政府的各项政策；另一方面，要结合本县发展需要，将中职教育发展纳入地方经济社会发展的总体规划，制定出切实可行的具有县域特色的政策方案。在我国，中职教育定位是什么，如何发展，社会关注度怎样，都可以交由政策来引导。所以，县级政府一定要落实国家关于中职教育的各项政策，突出职业教育的战略地位，县级政府对发展县域中职教育要有一种责任感，把县域中等职业教育发展状况、人才培养质量和政府政绩结合起来。

2. 加大投资

充足的办学经费是中等职业教育发展的必要条件，县级政府要发挥其投资主体的地位，加大对县域中职教育的投入，并加强监督监管力度，提高教育资源的使用效率。中职教育是一个弱势教育类别，中职学生是一个特殊的弱势群体，需要政府的大力扶持。县级政府在发展县域中职教育的过程中，只有提供充足的资金，才能保障中职教育发展的物质基础。

3. 提供服务

学校建设和教育发展需要社会各界支持，县级政府要高度重视中职教育的发展，充分发挥统筹协调作用，为县域中等职业教育的发展提供各种便利条件。例如，在中等职业学校和县域企业之间牵线搭桥，一方面使中职教育服务县域经济；另一方面县域经济的发展也带动县域中职教育的发展。

第九章

中等职业教育吸引力状况评价分析

中等职业教育是职业教育发展的重点领域。近些年，在政府的强力推进下，经过多次规模攻坚，中等职业教育快速发展。但在其规模发展过程中，由于结构、质量、效益等方面尚存在诸多问题，学生主动接受职业教育的意愿不强，企业参与职业教育办学的积极性较低，呈现出职业教育吸引力不足的严峻现实。

中等职业教育吸引力是指学生、家长在教育选择过程中，对中等职业教育的选择意愿和参与程度及社会和劳动力市场对中等职业教育的尊重与支持。如何增强中职教育吸引力是国家和学者共同关注的热点和焦点问题。2002 年以来，政府出台了一系列政策文件，通过增加职业教育经费投入（国务院，2002），优化教育结构、加强职业指导和就业服务、深化职业教育教学改革（教育部，2005a），建设一批质量高、特色鲜明的民办中职学校（教育部，2006c），提高职业教育质量、建立健全职业教育质量保障体系（国家中长期教育改革和发展规划纲要工作小组办公室，2010）等，增强职业教育吸引力。与此同时，学者们也深入研究了职业教育吸引力的内涵特征、影响因素及增强措施等。石伟平等（2009）把人们对职业教育的集中选择作为评价职业教育吸引力最为直观和最终的标准。谷芳芳等（2012）通过追溯职业教育发展的历史，发现职业教育吸引力在不同历史时期具有显著的差异，从而构建了社会转型时期的职业教育吸引力系统的表征体系。孟景舟（2010b）认为职业教育吸引力与职业教育自身和社会息息相关，职业教育只有依靠自身的发展，回归教育本位，才能得到社会的认可，才能具有较强的吸引力。余祖光等（2009）认为职业教育吸引力涉及整个社会、教育系统和职业教育本身三个层次中诸多影响因素，提出要从社会、教育系统和职业教育自身三个层面采取措施来增强职业教育吸引力。李重庵（2009）等提出增强职业教育吸引力，要建设优质的职业教育，建设人人有技能的社会，拓宽立交桥，提高社会技能型人才的地位，扶植、援助困难群体。

目前，提升职业教育吸引力已成为经济、社会和教育发展重大而紧迫的任务。本章试图通过分析河南省部分中职学校和中职学生的数据资料，从理论与实践的结合点上探索中职教育有没有吸引力，吸引了哪些学生，为什么能够吸引这些学生，如何提高中职教育吸引力等问题。

第一节　中等职业教育的吸引力状况

一、中等职业教育有没有吸引力

对中等职业教育吸引力进行研究，首要问题是要对中等职业教育是否有吸引力这样一个问题做出科学合理的回答。本书主要通过对政策文本的解读、统计数据的分析、研究文献的归纳、现实情况的表现来初步回答中职到底有没有吸引力这个问题。

（一）从政策文本来看，职业教育的吸引力有一定改善

国家政策对教育的发展起着指导和规范的作用，决定了教育的改革与发展方向（许文静，2012）。21 世纪以来，我国政府高度重视职业教育的发展。本书主要通过对 2002 年以来国家关于中等职业教育发展的相关政策文本进行梳理和归纳，来了解国家政策是如何促进职业教育发展与改革。

《国务院关于大力推进职业教育改革与发展的决定》（2002）明确指出，要大力发展中等职业教育，保持中等职业教育与普通高中教育的比例大体相当，多渠道筹集资金，增加职业教育经费投入。

《教育部等七部门关于进一步加强职业教育工作的若干意见》（2004）中提出要进一步扩大中等职业教育招生规模，大力推进职业教育健康快速持续发展。《教育部关于加快发展中等职业教育的意见》（2005）中提出要高度重视中等职业教育的发展，优化高中阶段教育结构，努力扩大中等职业教育规模。通过大力发展民办中等职业教育，积极推进东西部、城市与农村、行业企业与职业学校联合办学，深化教育教学改革，加强职业指导和就业服务，多渠道增加经费投入等措施，推

动中等职业教育快速健康发展。

《教育部关于大力发展民办中等职业教育的意见》(2006)针对民办中等职业教育存在的规模小、发展慢、条件及质量差等问题，提出扩大职业教育规模，建设一批规模大、条件好、质量高及特色鲜明的民办中等职业学校。《教育部关于做好 2008 年中等职业学校招生工作的通知》(2008)对中等职业教育的招生工作进行了一系列深化改革，提出中等职业教育招生要和普通高中大体相当。

《国家中长期教育改革和发展规划纲要（2010—2020 年）》中指出要大力发展职业教育，加大对职业教育的投入，提高职业教育质量，建立健全职业教育质量保障体系，鼓励企业行业参与办学，增强职业教育吸引力。逐步实行中职教育免费制度，完善困难学生资助政策，拓宽职业学校毕业生继续学习渠道，提高技能型人才的地位和待遇。

《教育部 人力资源和社会保障部 财政部关于实施国家中等职业教育改革发展示范学校建设计划的意见》(2010)提出要重点建设一批在教育改革与发展中发挥引领、骨干和辐射作用的中等职业教育示范学校，进一步提高中等职业教育对社会经济发展的服务能力。

《财政部 国家发展改革委 教育部 人力资源和社会保障部关于扩大中等职业学校免学费政策覆盖范围的通知》(2010)确定从 2010 年秋季学期起，对公办中等职业学校全日制具有正式学籍的在校生中所有农村（含县镇）学生、城市涉农专业学生和家庭经济困难学生免除学费。

《现代职业教育体系建设规划（2014—2020 年）》指出我国职业教育存在社会吸引力不强、发展理念落后、人才培养模式陈旧等问题，提出要抓住机遇，要加快发展现代职业教育，建设人力资源强国。

政策的制定和实施是影响职业教育吸引力的一个重要因素，近十几年国家重视对中等职业教育的发展，在政策上给予倾斜，建立了世界上规模最大的职业教育体系。确立了职业教育在社会主义建设和教育工作中的战略地位，建立了一批骨干示范院校和职教师资培训中心，增强了职业教育的基础能力，推行中等职业教育免学费，完善并提高职业学校国家助学金资助政策，加大对中等职业教育的经费投入，提高中等职业教育质量。这些政策对中等职业教育的吸引力有一定的改善，今后一个阶段，政府将会继续增强职业教育的吸引力。

（二）从统计数据来看，中职规模在波动中整体上升

国家为加快发展高中阶段教育，提出要保持普通高中和中等职业学校招生规模大体相当。2002 年我国中等职业教育招生人数为 474 万人，在校生人数为 1191 万人，毕业生人数为 145 万人。在之后的十几年的发展中，中等职业教育的规模在不断地发展壮大。

如表 9-1 所示，2002 年至 2010 年期间，中职招生规模逐年稳步增长，在校生规模由 2002 年的 1191 万人增加到 2010 年的 2239 万人，在校生规模在这近 10 年中将近翻了一番。从近十几年的统计数据来看，2009 年中职招生规模为 869 万人，普通高中招生规模为 830 万人，这是中职招生规模首次超过普通高中，占高中阶段招生人数的 51.15%；其中 2009 年中职在校生规模为 2195 万人，占高中阶段的比例为 47.42%；2010 年中职的招生人数及在校生人数达到最高值，分别为 870 万人、2239 万人；2010 年之后的这五年，中职的招生规模、在校生规模呈现下滑趋势，然而这几年普通高中的招生规模也出现下降趋势。

表 9-1　2002—2015 年全国中等职业教育基本数据　　　单位：万人

年份\规模	2002	2003	2004	2005	2006	2007	2008	2009	2010	2011	2012	2013	2014	2015
招生人数	474	516	566	656	748	810	812	869	870	814	754	675	620	601
在校生人数	1 191	1 257	1 490	1 600	1 810	1 987	2 087	2 195	2 239	2 205	2 114	1 923	1 755	1 657
毕业生人数	145	348	351	403	479	531	581	625	659	660	675	674	623	568

资料来源：2003—2016《中国教育统计年鉴》

中等职业教育是我国高中阶段教育的重要组成部分。从表 9-2 中可以得知，中等职业教育在 2002 年的招生人数为 474 万，普通高中招生人数为 677 万，中职占高中阶段招生人数的 41%。2002 年之后的几年中，中等职业教育招生人数是逐年增长，占高中阶段的比例也越来越大，其中 2009 年、2010 年中等职业教育招生规模超过普通高中，占高中阶段招生人数的 51%，中等职业教育在 21 世纪初得到了快速的发展。

表 9-2　2002—2015 年高中阶段招生人数情况　　　单位：万人

年份\规模	2002	2003	2004	2005	2006	2007	2008	2009	2010	2011	2012	2013	2014	2015
中职招生人数	474	516	566	656	748	810	812	869	870	814	754	675	620	601

年份 规模	2002	2003	2004	2005	2006	2007	2008	2009	2010	2011	2012	2013	2014	2015
普高招生人数	677	752	822	878	871	840	837	830	836	851	845	823	797	797
中职占高中阶段的比例（%）	41	41	41	43	46	49	49	51	51	49	47	45	44	43

资料来源：2003—2016《中国教育统计年鉴》

从图 9-1 中可以看出，中等职业教育在校生人数从 2002 年至 2015 年整体呈上升趋势。但从 2010 年之后中职招生规模和在校生规模出现滑坡。2010 年至 2015 年，中职招生规模在逐年下降，由 2010 年的 870 万人下降到 2015 年 601 万人，下降幅度达到 30.91%。在校生规模从 2010 年的 2 239 万人下降至 2015 年的 1 657 万人，下降幅度为 25.99%。普通高中招生规模在近五年也有所下降，由 2011 年的 851 万人下降至 2015 年的 797 万人，下降幅度为 6.35%。

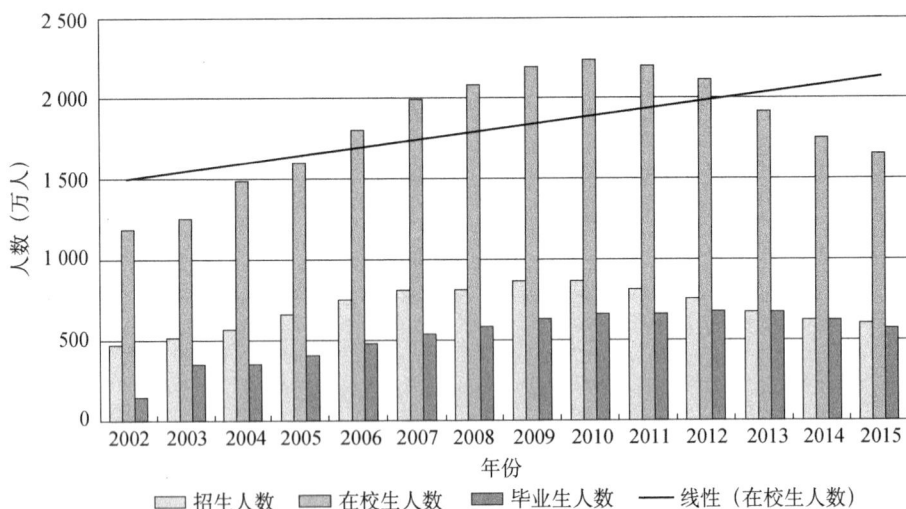

图 9-1　全国中等职业教育招生人数、在校生人数、毕业生人数（2002—2015）

资料来源：2003—2016《中国教育统计年鉴》

生源是学校生存和发展的关键因素。通过图 9-2，我们可以直观地看到高中阶段教育在近些年的招生规模变化，其中在 2002—2011 年间中职学校与普通高中的招生规模差距在逐渐缩小，并一度超越普通高中。但在近五年中，高中阶段的招生规模整体下降，但中职招生规模的下降幅度远远超过了普通高中。

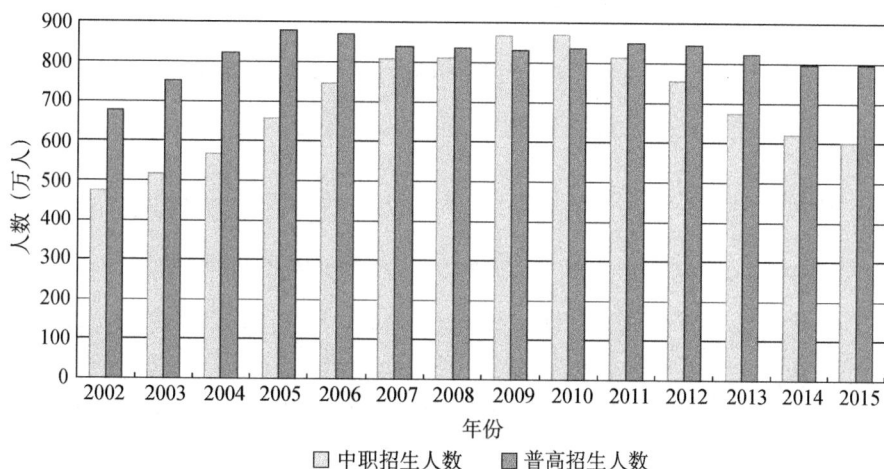

图 9-2 高中阶段中等职业学校与普通高中招生人数（2002—2015）

资料来源：2003—2016《中国教育统计年鉴》

如表 9-3 所示，中等职业教育在校生人数在 2002 年为 1191 万人，普通高中为 1684 万人。普通高中在校生人数从 2004 年开始突破 2000 万人，到目前为止，在校生规模较为稳定，保持在 2400 万左右。中职教育在校生人数在 2002 年至 2010 年持续增长，于 2008 年首次突破 2000 万；其中 2010 年中职在校生人数达到 2239 万，为近十几年的最高值。如图 9-3 所示，在中职在校生规模突飞猛进的这几年中，普通高中在校生人数出现下降趋势。2012 年之后，高中阶段在校生规模均出现下降，中职的下降幅度远远超过普通高中，其中与我国的初中毕业生人数的减少有一定的关系。

表 9-3　2002—2015 年高中阶段在校生人数情况　　　　单位：万人

规模 \ 年份	2002	2003	2004	2005	2006	2007	2008	2009	2010	2011	2012	2013	2014	2015
中职在校生人数	1 191	1 257	1 490	1 600	1 810	1 987	2 087	2 195	2 239	2 205	2 114	1 923	1 755	1 657
普高在校生人数	1 684	1 965	2 220	2 409	2 515	2 522	2 476	2 434	2 427	2 455	2 467	2 436	2 400	2 374
中职占高中阶段的比例（%）	41	39	40	40	42	44	46	47	48	47	46	44	42	41

资料来源：2003—2016《中国教育统计年鉴》

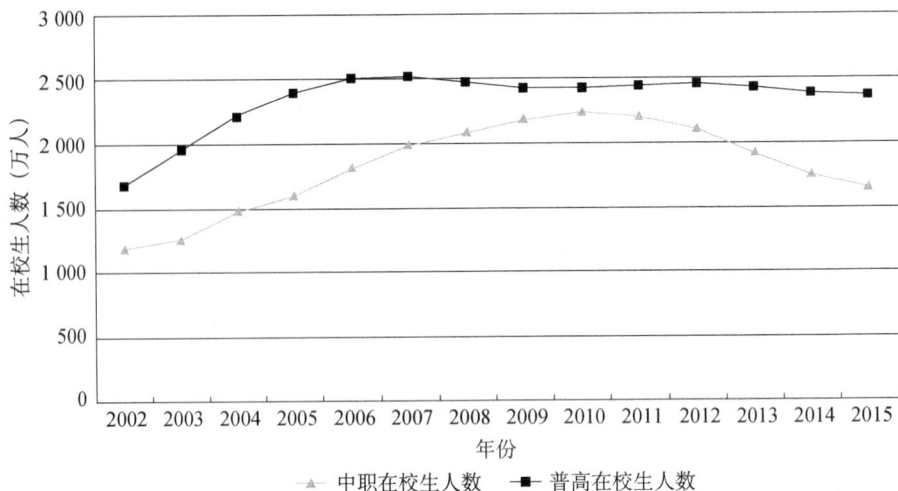

图 9-3　高中阶段中等职业学校与普通高中在校生人数（2002—2015）

资料来源：2003—2016《中国教育统计年鉴》

（三）从研究文献来看，职业教育吸引力存在不足

从关于职业教育吸引力的相关文献来看，学者对我国职业教育吸引力现状进行评价，普遍认为我国职业教育存在着吸引力不足问题。

华东师范大学职业与成人教育研究所所长石伟平教授认为我国民众选择职业教育的热情不高。中职规模的扩大是受益于国家政策的硬性规定，高职规模扩大是高等教育大众化的结果。另外，民众在职业变动时很少主动参加职业教育培训，职业教育没有发挥其独特的价值，企业与职业学校合作的积极性不高，校企合作不足等现象都体现了我国的职业教育吸引力不足问题（石伟平，等，2009）。

教育部职业教育与成人教育司黄尧司长指出我国的职业教育在近几年有了很大发展，但吸引力仍存在着不足问题。对于职业教育，学生不愿意报考，家长不愿让子女选择，职业学校也面临着招生困难。他认为职业教育的吸引力会逐步增强（黄尧，2009）。

中国劳动关系学院李红卫研究员对职业教育吸引力进行了深入的剖析，指出职业教育虽然是面向人人的教育，但职业教育不可能对每个人都有吸引力，职业教育发展较好的德国同样也面临吸引力不足问题。由于职业教育具有基层属性：职业教育培养的是在一线、基层工作的技能型人才；职业教育的受教育者主要是来自社会底层，所以相对于学术教育和普通教育而言，职业教育吸引力处于劣势。虽然职业教育存在着不足问题，但是中国的经济结构调整，对技术人才的需求，职业教育仍然具有较大的发展空间（李红卫，2011）。

教育部职业技术教育中心研究所余祖光副所长对职业教育吸引力进行了专题研究，他总结职业教育主要存在以下问题：学生报考职业教育的比例较低、职业教育毕业生与农民工的岗位无显著区别、职业学校招生困难、职业学校缺少优秀的师资队伍。整体来看，职业教育发展较为薄弱、吸引力存在不足（余祖光，等，2009）。

教育部职业技术教育中心研究所白汉刚研究员从不同的主体层面分析我国的职业教育吸引力现状。主要表现在：政府对职业教育的重视程度不够，对职业教育的改进措施不到位；学生和家长被迫选择职业教育；校企合作不足，企业参与职业教育的热情不高；职业教育缺乏对非政府组织的服务能力；职业教育独特的社会地位没有显现。以上特征综合反映出我国现在的职业教育吸引力存在不足问题（南海，等，2010）。

河南科技学院孟景舟教授从历史角度分析职业教育不同时期的吸引力状况。就我国现阶段来说，职业教育的发展主要依靠行政手段和政策的主导，而社会对职业教育的需求不足，人们偏好普通教育，对职业教育的认同较低（孟景舟，2010b）。

学者基于不同的视角研究职业教育吸引力，但总体结论认为目前职业教育不能满足经济社会的发展需求，学生、家长选择的意愿不强，企业参与学校办学的积极性不高、职业教育的价值没有显现。职业教育存在着吸引力不足问题，但职业教育有继续发展的广阔空间。

（四）从现实状况来看，学生选择意愿低、辍学率高

从现实状况来看，中职学校对学生到底有没有吸引力，首先要从教育选择阶段来看，通过分析学生的中考志愿来说明中职教育对初中毕业生的吸引力；其次，从受教育阶段来看，通过分析中职在校学生的辍学情况来反映中职学校是否能留住吸引过来的学生。也就是说，中职教育对学生是否具有吸引力不仅仅要看中职学校能否吸引学生报考，而且要关注中职学校是否能够留住学生在校就读直到毕业。

笔者通过河南大学教育行动国际研究中心与 REAP 团队合作于 2013 年 10 月和 2014 年 4 月在河南省 118 所中职学校获得的调查数据发现，中职学校不仅志愿填报率低，而且辍学率高。

1. 中职志愿填报率低

如表9-4所示，调研的中职学生中参加中考的人数为7506人，占样本总体的62.27%，4574名学生没有参加中考，可以说明有37.73%左右的中职学生初中就没有毕业。如表9-5所示，中考录取志愿表上有20.71%的学生填写了中职，45.69%的学生报考普通高中，20.91%的学生同时填写了中职和普通高中。从学生的中考录取志愿的填写情况可以反映出报考中职的初中生比例较低，对于大部分初中毕业生来说，还是希望能够到普通高中继续学习。

表9-4　中职学生参加中考情况

是否参加中考	人数	比例（%）
参加中考	7 506	62.27
没参加中考	4 574	37.73
合计	12 053	100.00

表9-5　中职学生中考录取志愿填写情况

录取志愿表	人数	比例（%）
没有填写	970	12.70
中职	1 582	20.71
普高	3 490	45.69
中职和普高	1 597	20.91
合计	7 639	100.00

2. 中职学生辍学率高

基线调研和终期调研间隔一个学期，终期调研专门对学生去向进行了调查。如表9-6所示，在终期调研时已有1469位中职学生辍学不读，占据样本总体的12.17%。其中一年级学生的辍学率较高，有1166人辍学，约占总辍学人数的80%，占年级人数的16.31%。二年级303人辍学，占年级人数的6.15%，占总辍学人数的20%。

表9-6　中职一、二年级学生辍学情况

年级	辍学人数	占年级人数比（%）	占辍学人数比（%）
一年级	1 166	16.31	79.37
二年级	303	6.15	20.63
合计	1 469	12.17	100.00

尽管影响中职学生辍学的因素有很多，但中职教育的高辍学率在一定程度上反映出中职教育的教学质量和学校管理方面存在问题。

　　初中毕业生在填报中考志愿时，很多学生不愿意填报中职学校，希望去普通高中就读。虽然在各种因素的影响下他们最终来到了中职学校，但在中职学校受教育阶段又存在着辍学率高的问题。从现实情况中学生的教育选择和受教育阶段的情况客观地反映出中职学校对学生的吸引力不足。

　　中等职业教育为国家经济发展做出了重要贡献，培养了数以亿计的技能劳动者。国家对职业教育非常重视，并推出各项优惠政策来促进中等职业教育的改革与发展。通过国家中等职业教育统计数据我们可以看到，中职教育在近十几年的发展中规模在不断地壮大，虽然近两年有所下降，但整体呈现上升的趋势。职业教育在快速发展的同时也存在着一些问题，这也引起了专家和学者的关注，学者从不同的视角出发，普遍认为我国职业教育在发展的同时存在着吸引力不足问题。目前职业教育不能满足经济社会的发展需求，学生、家长选择的意愿不强，企业参与学校办学的积极性不高、职业教育的价值没有显现。根据河南省中职学校实地调研的统计数据发现中职教育存在着学生报考意愿低、在校学生辍学率高等问题。中等职业教育的吸引力不足问题日益成为国家和学者关注的研究热点，同时也成为政府、理论和现实共同面对的一个难题。

二、中等职业教育吸引了谁

　　中等职业教育的规模很大，中职教育到底吸引了哪些学生就读，这些学生都具有什么样的特点，这都值得我们去分析。只有深入了解中职学生，我们才能客观地评价中职教育目前的发展状况。通过分析河南省大规模的实地调研数据，发现目前的中职学校吸引到的大多数是来自农村、家庭条件不好且学业基础较差的学生。

（一）农村户籍型学生

　　如表 9-7 所示，在 12 068 名学生中，12.57% 的中职学生来自城镇，87.43% 的学生来自农村。农村户籍的学生占据中职学生的绝大多数。

表 9-7　中职学生户口情况

学生户口类型	样本数	百分比（%）
农村	10 551	87.43
城镇	1 517	12.57
总计	12 068	100.00

（二）家庭情况稍差者

1. 家庭经济水平低

在对家庭经济水平进行调查时，以往有学者直接让学生填写家庭收入，这样存在着弊端。首先，学生对家庭收入的情况可能不太了解，填写的数值不准确。其次，收入涉及家庭隐私，学生可能会拒绝填写。于是有学者研究了通过报告家庭财物的形式来完成对家庭经济水平的调查。本书以学生家庭是否拥有摩托车、电动车（电动自行车）、载货或者拉客的汽车、手机、自来水、微波炉/电磁炉、电冰箱、照相机、电脑、电脑上网、空调、洗衣机、抽水马桶、热水器（包括太阳能热水器、电热水器和燃气热水器）14 种物品作为衡量家庭经济水平的指标。

其中，家里有载货或拉客的汽车的学生占总人数的 17%，家里有照相机的人数占总人数的 27%，家里电脑能上网的学生占 46%，家里有抽水马桶的占 29%。拥有这几项家庭物品的学生数均低于总人数的一半。载货或拉客汽车的价值在家庭物品中，相对来说价值较高，可以从侧面反映出家庭的经济状况。照相机是满足人们精神生活需要的文化娱乐耐用品，农村家庭的拥有情况较少。通过和班主任及校长的交谈也了解到大部分中职学生的家庭条件较差。

《中国特色职业教育发展之路——职业教育发展报告（2002—2012）》指出90%的中职生享受国家资助，资助主要针对家庭经济困难的学生。这也从侧面反映出绝大多数的中职学生家庭经济困难。

2. 家庭人口多

本书中的家庭人口是指和中职学生本人一起生活的直系家庭成员，包括中职学生本人。如表 9-8 所示，家庭人口为 4～6 人的学生占据总样本的 82.57%，说明绝大多数的中职学生来自于多子女家庭。这和学生的户口类型有一定的关系，农村多子女家庭与城市相比，较为普遍。

表 9-8　中职学生家庭人口数量情况

家庭人口数量	样本数	百分比（%）
1	9	0.07
2	105	0.87
3	1 222	10.12
4	5 268	43.62
5	2 905	24.06
6	1 798	14.89

续表

家庭人口数量	样本数	百分比（%）
7	543	4.50
8	215	1.78
9	9	0.07
10	2	0.02
合计	12 076	100.00

3. 父母受教育程度低

如表9-9和表9-10所示，中职学生的父母受教育水平偏低，父母的受教育程度为初中的比例最高。父亲的受教育水平比母亲的受教育水平相对高些，父亲受教育程度为初中毕业的学生占总样本的 51.80%，母亲受教育程度为初中毕业的学生占 44.54%。82.50%的学生的父亲受教育程度为初中及以下水平，86.99%的学生的母亲受教育程度为初中及以下水平。

表9-9　中职学生的父亲受教育水平情况

父亲受教育水平	人数	比例（%）	累计比例（%）
没有读小学	483	4.11	4.11
小学毕业	3 127	26.59	30.70
初中毕业	6 092	51.80	82.50
中职毕业	178	1.51	84.01
普通高中毕业	1 510	12.84	96.85
大专毕业	227	1.93	98.78
本科毕业	130	1.11	99.89
研究生毕业	13	0.11	100.00
合计	11 760	100.00	

表9-10　中职学生的母亲受教育水平情况

母亲受教育水平	人数	比例（%）	累计比例（%）
没有读小学	1 314	11.20	11.20
小学毕业	3 664	31.24	42.45
初中毕业	5 224	44.54	86.99
中职毕业	185	1.58	88.57
普通高中毕业	1 093	9.32	97.89
大专毕业	148	1.26	99.15
本科毕业	87	0.74	99.89
研究生毕业	13	0.11	100.00
合计	11 728	100.00	—

4. 父母职业阶层低

陆学艺学者以职业分类为基础，以组织资源、经济资源和文化资源的占有状况为标准来划分当代中国社会阶层结构，指出我国存在十个社会阶层。如表 9-11 所示，这十个社会阶层分别是：国家与社会管理者阶层、经理人员阶层、私营企业主阶层、专业技术人员阶层、办事人员阶层、个体工商户阶层、商业服务业员工阶层、产业工人阶层、农业劳动者阶层和过渡性特殊阶层（陆学艺，2002）。

表 9-11　我国八大类职业和"十大社会阶层分布"

职 业 分 类		中国的"十大社会阶层"分布情况	
		序号	职　业
第一大类	单位负责人	1	国家与社会管理者
第二大类	专业技术人员	2	经理人员
第三大类	办事员和有关人员	3	私营企业主
第四大类	商业服务业人员	4	专业技术人员
第五大类	农林牧渔水利生产人员	5	办事人员
第六大类	生产设备操作人员及有关人员	6	个体工商户
第七大类	军人	7	商业服务业员工
第八大类	不便分类的其他从业人员	8	产业工人
—	—	9	农业劳动者
—	—	10	过渡性特殊阶层

资料来源：陆学艺. 2002. 当代中国社会阶层研究报告. 北京：社会科学文献出版社：146～150

从表 9-12 和表 9-13 中职学生的父母亲职业统计表可以发现：中职学生的父母职业主要为务农、家务、给人打工和工人，其中，父、母务农的比例最高，其次是给人打工。根据我国的社会阶层分布情况发现中职学生父母的职业阶层处于社会低下层。

表 9-12　中职学生的父亲职业

父亲职业	人数	比例（%）	累计比例（%）
没有职业	178	1.51	1.51
在校生	35	0.30	1.81
务农	4 448	37.82	39.63
家务	126	1.07	40.70
经商	1 478	12.57	53.26
给人打工	3 235	27.50	80.77
工人	1 580	13.43	94.20
老师	61	0.52	94.72
政府部门人员	120	1.02	95.74

续表

父亲职业	人数	比例（%）	累计比例（%）
军人	20	0.17	95.91
下岗	114	0.97	96.88
其他	367	3.12	100.00
合计	11 762	100.00	—

表 9-13 中职学生的母亲职业

母亲职业	人数	比例（%）	累计比例（%）
没有职业	451	3.85	3.85
在校生	56	0.48	4.32
务农	5 281	45.04	49.36
家务	1 608	13.71	63.07
经商	977	8.33	71.41
给人打工	2 167	18.48	89.89
工人	640	5.46	95.34
老师	95	0.81	96.15
政府部门人员	42	0.36	96.51
军人	1	0.01	96.52
下岗	155	1.32	97.84
其他	253	2.16	100.00
合计	11 726	100.00	—

（三）学业基础较差者

中考分数决定了学生能否进入到普通高中，由于普通高中在各个地区的排名不同，所以每个高中的录取分数线也都不太相同。如果学生的中考分数高于普通高中的录取分数线，那么就有机会进入普通高中学习，相反，如果中考分数低于录取分数线，那么只能去职业学校。斯坦福大学 Loyalka P 教授曾对我国的普通高中与中职学校的分数线进行分析得知，以普通高中录取分数线为分割点，成绩越高选择中职教育的比例越低，成绩越低选择中职教育的比例越大。在分数线临界点上，学生选择普通高中与中职的比例相差超过 50%。

通过数据统计，有 2607 人参加了 2012 年河南省的中招考试，将学生中考总分数的分布以箱线图的形式展现出来，可以更清楚直观地观测学生的中考成绩。箱线图是利用数据中的五个统计分析量：最小值、第一四分位数、中位数、第三四分位数和最大值来描述数据的一种方法。如图 9-4 所示，我们可以看到 2012 年中职学生的中考分数最小值不到 200 分，中位数 331 分，75%的学生分数低于 385

分。通过观察分数的整体排列情况，发现 90%的学生低于 420 分，95%的学生低于 457 分。河南省中招考试统一进行，但由于区域和学校的不同，普通高中的录取分数线也有所差异。2012 年郑州地区普通高中第三批最低录取分数线为 415 分；开封地区考生的平均分为 440 分，普高最低录取分数线为 360 分；洛阳市第一批学校最低录取分数线为 453 分。中职学生的中考分数可以反映出学生的学业基础水平，通过与普通高中的录取分数线对比发现，以中职学生的中考分数上普通高中的希望较小，绝大多数中职学生达不到普通高中的录取资格，中职学生的学业基础相对较差。2013 年中职学生的中考分数与 2012 年没有明显区别，分数仍然普遍较低。通过和校长的交谈也了解到中职学校招收的绝大多数学生学业基础薄弱，没有考上普通高中。

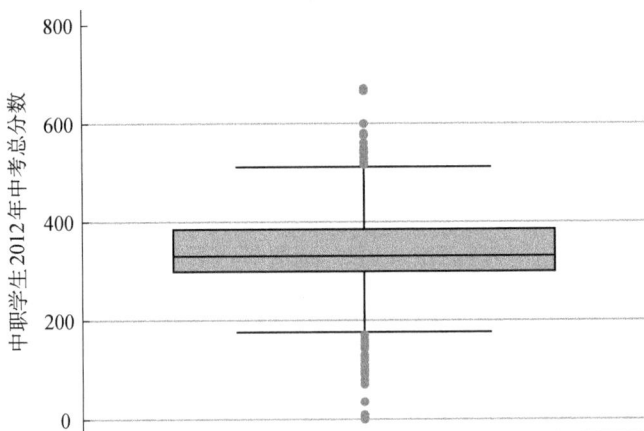

图 9-4　中职学生 2012 年中考总分数箱线图

（四）留守儿童

随着城镇化、工业化的发展，中国成为拥有最多流动人口的国家。不随父母流动、留守在家的未成年子女成为留守儿童。由表 9-12 父亲职业的数据可知，中职学生的父亲职业是工人和给人打工的人数约占样本总体的 41%，由表 9-13 母亲职业的数据可知，约 24%的中职学生的母亲职业是工人和给人打工。父母是工人或给人打工会很大程度上造成子女成为留守儿童。数据分析得知，近 33%的中职学生的父亲不在家，近 16%的学生的母亲不在家，近 13%的学生的父母均不在家。通过表 9-14 父亲和母亲不在家的情况表，可以发现父母亲不在家的学生中 95%左右的都为农村地区的学生。

表 9-14　父母亲不在家情况

	父亲不在家	比例（%）	母亲不在家	比例（%）
农村学生人数	3 686	93.77	1 791	94.56
城市学生人数	245	6.23	103	5.44
合计	3 930	100.00	1 894	100.00

从实际调研的数据分析发现，中等职业教育主要吸引了社会上的弱势群体。中职学生多数是来自农村的多子女家庭，并且一部分学生是留守儿童，他们的家庭经济条件差、父母的受教育水平低，父母的职业阶层低，这也反映了中职学生的家庭社会经济地位低。

从中职学生学业水平情况来看，大部分学生在中招时没有考上普通高中，学生的学业基础普遍比较薄弱。

第二节　中职教育只能吸引弱势群体的原因

学生在选择教育类型时会综合考虑各方面的因素，学校、劳动力市场、传统观念等都影响着学生的教育选择。目前的中职教育吸引到的学生主要是社会上的弱势群体，究其原因，主要分为学校、市场和文化三个方面。

一、学校因素

学生选择中职教育同样也是选择中职学校，学校是学生学习和生活的基地，中职学校的师资、管理、质量等都会影响学生对中职教育的选择。

本文从"投入—过程—产出"三个维度来分析学校层面的吸引力不足问题。在投入环节，主要从"人、财、物"三个方面进行分析，相对应地主要是指中职教育的师资、财政投入以及设施设备问题。在教育过程中，通过对学校环境、教学过程以及实训环节进行分析来探讨职业教育的吸引力问题，最后分析教育的产出即学生的学业成就和就业情况。

（一）学校师资队伍薄弱

中职学校的师资队伍建设是职业教育发展中的一个薄弱环节，中职学校的师资队伍建设制约着我国中等职业教育的改革、发展与提高。本书主要调查的是河南地区，所以在师资队伍层面以河南省普通高中和中等职业学校的整体师资情况来分析。通过表 9-15 可知，2013 年中职学校的数量比普通高中多 123 所，中职学校的在校生人数比普通高中少了将近 22%。

在教师数量上，中等职业学校的教职工人数不到普通高中的一半；从整体师生比情况来看，普通高中的师生比为 1：13，而中职学校的师生比为 1：21；在专任教师方面，普通高中师生比为 1：15，中职师生比为 1：28，教育部规定中职学校的专任教师师生比应为 1：20，并且中职学校的专任教师学历合格率低于普通高中；在"双师型"教师方面，中职学校的"双师型"教师数量不足，不能满足职业教育的教学需求。中职教育的发展，需要建立一支数量充裕、质量过硬、结构合理的师资队伍。

表 9-15　2013 年河南省普通高中与中等职业学校情况

	普通高中	中等职业学校
学校数量（所）	776	899
招生人数（万人）	66.11	53.06
在校生人数（万人）	189.23	147.19
教职工（万人）	14.33	6.94
专任教师（万人）	12.26	5.26
专任教师学历合格率（%）	96.50	87.93
研究生学历（%）	6.33	6.67
学校占地（万亩）	8.5	5.29
校舍建筑面积（万平方米）	2 644.34	1 590.81
图书（万册）	3 274.31	2 759.38
教学仪器设备值（亿元）	17.16	29.26

资料来源：2013 年河南省国民经济和社会发展统计公报

（二）财政投入结构性失衡

国家近几年来重视职业教育的发展，逐步加大了对职业教育的财政投入。2011 年中等职业教育总经费投入为 1639 亿元，比 2003 年的 477 亿元增加 1162 亿元，增长了 2.4 倍，年均增长率近 17%。但在各级各类教育中，职业教育仍然是一个"短板"，与其规模、作用和应有地位不相匹配。中等职业教育国家财政性教育经费占全国财政性教育经费的比例，从 2003 年的 12.4%下降到 2011 年的 6.7%，这也从侧面说明了中职教育的发展地位。职业教育的特点决定了职业教育的成本要远大于普通教育,然而,国家对中等职业教育的财政性教育经费投入明显低于同阶段教育的普通高中,重普教、轻职教。2011年中等职业教育国家财政性教育经费为1259亿元,比2003年的263亿元增加996亿元,增长了近4倍,年均增长率近22%。而普通高中2011年的国家财政性教育经费约为1800亿元,比2003年的200亿元增加1600亿元,增长了7倍,年均增长率近32%。从调研数据中也发现,中职学校关于从政府部门获得的办学经费对于学校的支持与发展表示还不够。

(三)学校设施设备落后

根据表9-16可以发现2013年河南省中职学生生均用地面积、生均校舍建筑面积和生均仪器设备价值指标均低于教育部规定的中职学校设置标准,这对学校的建设带来不利影响,阻碍中职的教育质量提升。通过和校长的访谈,得知中职学校在教学设备和实训设备上存在着不足。在一所国家示范性中职学校中,在校生人数有3200人,而全校只有7间多媒体教室,师生每天都需要在有限的资源下进行"争夺"。实习、实训是中职教育的重要内容,但中职学校在实训条件、活动条件方面存在着"场地不够、设施设备落后"等问题,这在一定程度上影响中职教育教学活动的开展,不利于学生实践操作技能的掌握,减少了对学生的吸引力。

表9-16 2013年河南省中职学生生均校舍、设备情况

指 标	中职学校	规定标准
生均用地面积(平方米)	23.96	≥33
生均校舍建筑面积(平方米)	10.81	≥20
生均仪器设备价值(元)	183	≥2 500

(四)学校学风校风不良

校风,简言之是一所学校的风气,即全体教职员工、学生在共同的目标指引下,经过长期共同努力而形成的工作、学习、生活等方面的一种特有风尚。它包括学校领导和机关的作风、教师的教风和学生的学风等。它是一种学校集体的、稳定的精神状态,是一种无形的力量,是衡量一所学校教育质量和精神风貌的重要标志。

教风,指教师的教学风气、学术氛围,是学校培养学生、提高教书育人质量的一个重要因素。它所体现的是教师履行职责的职业道德和思想风尚的高低,以

及教师教学水平的高低和治学态度的严谨与否。这就像是一个特殊的生产企业，生产的是两种"产品"，一种是人才，一种是文化。而教师就是该企业的生产者。生产者的态度一定程度上决定了产品的质量（米靖，2009）。

学风，从广义上讲包括教风。从狭义上讲就是学习风气，即学生学习、生活、纪律等多种综合风貌的集中表现。良好的学风是学校宝贵的财富，是提高教学质量、培养合格人才的重要保证，是衡量育人环境的重要标志，在职业学校的发展中具有非常重要的作用。

本书通过对中职学校不良行为的调查，发现中职学校校园风气不好：学生喝酒、抽烟行为较为普遍；存在欺负同学、勒索、打架等暴力行为。此外，学习风气不正：学生考试作弊、抄作业、逃课等行为较多。

中职学生存在的不良行为不仅对个体的健康发展造成不利影响，同时将会阻碍中职学校的发展。学生逃课、抄作业行为较为普遍，影响了教学目标的实现。欺负同学、打架等行为极易造成学生之间冲突，给学校的管理带来重大压力。部分中职学校没有为学生提供良好的育人环境，中职学校的不良学风校风也使得学生、家长、社会对中职学校的评价降低、认可度下降。受教育者会认为中职学校是一个不利于发展的地方，在进行教育选择时，不愿意选择学风和校风不好的职业学校。

（五）教学内容与市场需求脱节

中职教学过程中重视理论知识的传授、忽视知识的应用能力与技能的提升。中职教育教学内容存在两种极端：一种是注重学习语文、数学等基础性知识，一种是只注重学习专业知识。总体来讲，中职教育的教学内容中理论性知识较多，实践性内容偏少，不利于中职学生动手实践能力和专业技能的培养，这也使职业教育失去了特色。

绝大多数的中职教师在教学过程中对学生介绍过专业培养计划、课程教学大纲以及上课要求，但是近70%的中职教师没有向学生介绍就业或职业规划问题。这反映了中职教师对教学要求较为负责，但缺乏对学生进行就业方面的专业指导。同时，中职教育教学内容相对单一、陈旧，与市场需求存在脱节现象，跟不上经济、社会发展的步伐。职业教育主要是面向就业，中职教育培养的学生不能学以致用，专业技能不扎实，理论与实践不能很好地结合。因此中职学生在竞争激烈、优胜劣汰的市场中，容易败下阵来。

（六）顶岗实习管理不善

实习是中职教育的一个重要环节。中职学生一般会在三年级顶岗实习，将自身的理论知识与实践技能相结合，学以致用，提前了解社会，提高综合素养。但在中职学生的顶岗实习环节存在一些问题：在实习之前，26%的教师没有向学生说明实习目的和内容；三分之一的学生没有和实习单位和学校签订三方协议，64%的学生手机没有留存实习协议正本；近三分之一的学生缴纳了金额不等的实习费；三分之二的学生实习岗位与所学专业不对口，学非所用，学不能致用；超过一半的学生通过加工流水线的形式参与实习；实习期间，三分之二的学生一周工作超过5天，近60%的学生一天平均工作超过8小时；在学校统一安排的实习中，有30%的学校教师没有在单位驻场指导。这些数据反映出中职教育的实习环节尚存在诸多不足，违反了《中等职业学校学生实习管理办法》的部分条例，中职学校急需加强实习环节的管理。

（七）学校人才培养质量低

学校的人才培养质量决定着学校的发展，也影响着学生的教育选择。研究发现学生到中职学校学习一学期之后，其数学成绩和专业成绩没有得到显著提升，有些学校甚至出现了负增长。相关研究通过对比普通高中和中职学生的学业成就，发现中职学校的学生经过一年的学习，数学或语文等基本知识出现了大幅度地下降，中职学生的数学成绩远低于普高学生，专业技能和普通高中学生相比也没有实质性的优势。

我们对计算机和数控专业的学生进行了数学标准化测试和专业测试，每位学生都要进行数学测试，然后根据专业不同，计算机专业学生做计算机测试，数控专业学生作数控测试。本书首先对中职一、二年级的数学成绩和专业成绩进行标准化，然后根据终期成绩与基线成绩，计算增长值。从表9-17我们可以发现一年级学生的数学成绩增长幅度特别小，增长的均值为0.000 296 6，说明终期与基线成绩几乎没什么变化；二年级数学成绩总体出现负增长；由于一年级专业课程开设少，所以我们以二年级学生专业成绩的增长来讨论中职学生在校专业成绩的变化。其中，二年级计算机专业成绩和数控专业成绩都出现了负增长。中职学生在学校学习一年，数学成绩与专业成绩没有提升，反而下降。研究数据反映了学生在中职学校没有学到实质性的知识，中职学校培养学生的质量较差。

表 9-17　中职学生数学成绩增长

	样本数	平均值	标准差	最小值	最大值
一年级数学成绩增长	5 215	0.000 296 6	0.986 062	-3.267 93	5.277 077
二年级数学成绩增长	2 817	-0.001 749 6	0.847 519	-4.347 15	3.023 906
二年级计算机成绩增长	1 793	-0.000 041 3	0.900 925	-5.138 95	5.042 033
二年级数控成绩增长	1 022	-0.000 311 3	0.903 193	-3.093 75	3.194 227

（八）学生就业质量低

中职学生的就业表现为有数量没质量。根据调研数据近几年中等职业学校应届毕业生一次性就业率平均情况，如表 9-18 所示，中职毕业生就业率平均在 80% 以上，简单地从就业率情况来看中职毕业生的就业前景还算乐观。但是从就业质量方面来说，中职毕业生的就业质量较差。

通过对学生实习岗位的调查，将近一半的学生实习岗位与所学专业不对口，并且学生实习主要以加工流水线式工作为主。由于目前中职学校教育仍然不能满足经济发展的需要，滞后于社会的需求，学生没有掌握到真正的技能，在就业市场上不能发挥专业优势。学生中职学校毕业后，大部分从事的是流水线工作，而这样的工作技术含量低、流动性频繁。所以学生对中职教育抱有严重的不信任感，认为读中职是浪费时间，读三年中职是打工，不读也是打工。这种现象导致初中毕业生不愿意读中职，在读的中职学生看不到毕业后的发展前景便中途辍学离开。

表 9-18　中职学校应届毕业生一次性就业率情况

时间	应届毕业生一次性就业率平均值	标准差	最小值	最大值
2009 春	84.72	28.21	0	100
2010 春	83.51	29.77	0	100
2011 春	82.55	31.19	0	100
2012 春	82.83	31.28	0	100

二、市场因素

（一）劳动力市场就业准入制度不完善

就业准入制度是国家职业资格证书制度的主要内容。我国的就业准入制度，亦称劳动准入制度、职业准入制度，最早可追溯到原劳动部和原人事部于 1994

年联合制定并发布的《职业资格证书规定》。2000 年 3 月原劳动部又颁布了《招用技术工种从业人员规定》，该规定第二条明确指出"国家实行先培训后上岗的就业制度。就业准入制度是国家根据"先培训、后就业"原则，依据《劳动法》和《职业教育法》有关规定，对从事技术复杂、通用性广、涉及国家财产、人民生命安全和消费者利益的职业（工种）的劳动者，必须经过培训，并取得职业资格证书后，才能就业上岗的就业制度（王寿斌，等，2011）。

目前，市场上缺少成熟的就业准入机制与严格的执行机制，给职业学校的毕业生就业带来了许多困难。部分用人单位对职业准入制度缺乏足够的重视，遵守的积极性不够。这主要表现在：一些按规定需要"持证上岗"的岗位（工种），常常聘用一些未持证者；持证者虽未受歧视，却也未得到应有的肯定，不仅带来安全隐患，也给制度执行带来负面影响。各职业院校均要求学生在校期间考取与专业相关的职业资格证，然而劳动力市场对这些持证人并没有很青睐。在劳动力市场上中职毕业生与初中生甚至是初中辍学生的工作岗位和薪资待遇没有显著差别，对于一些私营企业和中小企业来说，为了追求企业的利润，仅仅关注劳动力的成本，不遵守劳动用工制度，聘用不具备职业资格的初中生或者是初中辍学生。而中职学生经过专业的学习获得的资格证书却没有发挥用处，劳动力市场出现"无证者挤走有证者"。这使得经过几年专业教育的职业学校的毕业生，并没有专业优势，最终让许多家长和学生认为"读不读中职都无所谓，中职上了也没有用处"。

（二）技能型劳动者社会待遇和地位低

我国的劳动力市场整体上被分割成两部分：一部分是主要由普通工人组成的劳动力市场，一部分是由高学历知识分子构成的人才市场。人才市场的工作条件和福利待遇远远优越于劳动力市场，许多劳动力市场制度不完善、难以保障工人的劳动报酬。

我国职业教育发展滞后，技能型人才严重不足，难以适应技术进步和生产方式变革的挑战，难以支撑世界制造业中心大国地位。我国的产业结构升级，是在劳动密集型产业的基础上不断升级的。因此，产业结构升级对劳动力的需求，也由以初级劳动力为主逐步转为以高技术劳动力为主。社会上普遍存在的对于职业院校毕业生的歧视、技术工人福利待遇的不公平、劳动者社会地位不高等问题，导致了我国技能型人才严重不足。这与我国作为世界制造业大国的地位严重不匹配，更加难以使我国保持这一地位并逐步提升为世界制造业强国。

中职学校的毕业生进入劳动力市场之后，即使顺利就业，但所从事的职业经济收入和社会地位普遍不高，社会保障较低。有调查显示：职业教育毕业生月薪平均 1500 元，不仅低于大学生的 1800，也低于农民工的 1600 元。劳动力市场分割使受教育者接受中职教育后收入增加的预期成了泡沫，导致受教育者接受中职教育的热情受损，使其想通过接受职业教育来改变自身状况的希望变得渺茫，降低了受教育者接受中职教育的热情，形成了对中职教育的误解：接受中职教育就意味着将处在社会的下层。受教育者丧失了对职业教育的信心，偏爱文凭继而选择普通教育，增加了经济负担和机会成本。所以说，劳动力市场的分割使得职业教育"低人一等"。

三、文化因素

职业教育在一定的文化背景中发展，文化以其特有的约束力，对职业教育起着潜移默化的影响。

（一）传统观念鄙薄职业教育

我国一直深受儒家传统文化的影响，认为"劳心者治人，劳力者治于人"、"学而优则仕"。"重文轻技"、"鄙薄技术工作以为不足道"等传统观念影响着人们对职业教育的认识和看法。今天，人们普遍认为读高中、上大学、考公务员才是最好的出路，职业教育作为培养生产、服务一线的劳动者，在人们的观念中还是"二流教育"。

部分人认为文凭不断向上发展是大趋势：一是原有的一些基础工作不断被工具、技术所取代，现有的工作越来越需要劳动者具有批判性思维、沟通交流能力和组织规划能力；二是认为提升学历与提升社会地位相关，无论做什么工作，都希望提升自己的社会地位。这是文凭的"流动性过剩"问题，这也是世界性的问题（姜大源，等，2013）。

许多家长仍然受传统观念的影响，希望子女走普高—大学—城市就业的路子，想办法让孩子上普通高中。在调研中发现，中职学生多数是因为家长的意愿而选择了中职教育，面对学业成绩差、升学无望的子女，家长不愿孩子过早打工受苦，也不希望其待在家中无所事事或者是在社会上闲晃沾染不良习惯，便送到了职业学校。有学者将中职学校比喻成高中阶段的托儿所，反映出我国现阶段的中职教育发展的弊端。

（二）大众心理影响教育选择

目前，不同类型的教育在社会上的价值有鲜明的体现：职业教育培养的学生毕业后一般在一线、基层岗位工作，在社会阶层中一般处于中下层，获得的社会身份和地位相对较低；而普通教育培养的学生有很大的概率跻身于社会的中上层。这种地位的差距影响了人们对职业教育的认识和看法。同时，社会意识中"官本位"思想根深蒂固，经济快速发展的同时也拉大了贫富差距，在不同的社会阶层中福利、医疗、住房等具有显著差异。这从侧面加深了人们对于权力的追求，强化了人们对权力的崇拜。在一个完善的社会制度环境中，不论是公务人员还是普通工人在社会福利和待遇方面应该是同等对待。但当代社会大众崇拜权力，对职业教育存在偏见，对其评价较低，降低了职业教育的吸引力。学生和家长一般不会把职业教育作为第一选择，优秀的学生也不愿意主动地选择职业教育作为人生发展的道路，这也强化了职业教育不是好出路的社会心理，影响企业的用人标准，继而造成了职业教育发展的恶性循环。

学校是学生选择职业教育的重要影响因素，针对中等职业教育的吸引力不足问题，首先从学校层面对中职学校的"投入—过程—产出"三个环节进行了重点、深入的分析。在投入环节，主要从"人、财、物"三个方面分析，发现中职学校存在师资队伍薄弱、财政投入不足、硬件设施落后问题。在教育过程中，学校学风校风不良、教学内容与市场需求脱节、实习问题影响着学生对中职教育的选择。在教育产出环节，发现中职学校人才培养质量低、学生就业质量低等问题。其次是市场层面，学生选择职业教育更为关注毕业后的就业前景，而市场的就业制度不完善导致中职学生的就业没有保障，中职学业的社会地位较低。最后分析了传统观念仍是影响职业教育吸引力的一个重要因素，社会对职业教育评价不高使得学生不愿意选择职业教育。

第三节　提高中职教育吸引力的对策建议

中职教育作为重要的教育类型，国家对此非常重视并给予大量的资金支持，在一定程度上促进了中职教育的快速发展。但中职教育实际发展并不乐观，职业教育的吸引力不足问题阻碍职业教育的健康发展，提升中职教育的吸引力仍需要学校、市场和社会的共同努力。

一、学校层面

在选择学校时，学生都希望能够进入名气大、声誉好的学校。通过实地调查，发现不同的中职学校在学生规模、办学水平条件等方面具有较大的差别，这主要由于学校的质量和声誉不同。职业教育的质量不仅是职业教育健康发展的基石，更是提升吸引力的关键要素。职业学校要提升吸引力，必须首先要练好内功。针对中职学校存在的问题，学校需要从办学特色、师资、经费、学生管理、人才培养质量、毕业生就业质量等方面进行改进。

（一）注重内涵发展，创建办学特色

中职学校应立足国情、省情、校情，对自身进行科学的定位，不能盲目跟风，一味追求办学规模，应集中资源、集中力量创办出特色。学校应坚持以立德树人为根本，以服务发展为宗旨，以促进就业为导向，积极转变观念，根据经济结构调整和产业转型升级的现实需求积极调整办学思路。力争做到"科学管理、质量引领、多元办学、内涵发展、服务于经济社会发展"。依据《国家教育中长期教育改革和发展规划纲要（2010—2020 年）》和《国务院关于加快发展现代职业教育的决定》（国发〔2014〕19 号）等文件精神，紧紧抓住国家大力发展职业教育的机遇和政策，大力改善办学条件，坚持质量引领，走多元办学、内涵发展之路，深化教学改革，推进校企融合、产教结合，大力提高教育教学质量和管理水平，把学校办成教育理念领先、教师素质精良、教学设备先进、教育质量上乘、特色鲜明的现代化职业学校。

（二）优化师资结构，提升教师综合素质

教师是职业教育各项改革的最终实践者，教师素质决定着职业教育的发展与改革的执行情况，影响着学校的教学质量与生存发展，并在学生对职业教育的选择上发挥着重要的作用。提升职业教育吸引力，需要不断地完善师资队伍的建设。

首先，需要优化职业学校师资结构。目前，职业学校教师队伍的招聘工作基本上和普通高中一样，注重教师的学历，忽视教师的企业实践经验，导致招聘的教师缺乏理论与实践的结合，往往只会"纸上谈兵"。中职学校"双师型"教师的比例较低，不能满足职业教育的教学需求。而"双师型"教师是实现职业教育目

标的关键，学校需要增加"双师型"教师的数量来促进中职教育的发展。对于专业教师数量不足问题，职业学校可以通过建立一支稳定的企业兼职教师队伍来弥补。由于职业学校对优秀教师的吸引力不足，并且职业学校教师的待遇与普通学校相比存在很大差距，导致职业学校基础文化课教师流失较为严重，这都阻碍了职业学校的快速发展。职业学校仍需要提高教师的学历水平，通过一系列措施改善中职的教师队伍结构。

其次，要提升教师的专业水平。职业学校需要为教师提供培训、进修的机会，提高教师的专业思想、专业知识和专业能力，实现教师由专业新手到专家型教师的转变。教师的专业化发展也能够促进教师自身的成长，提高教学质量水平。

最后，应强化师德建设。职业学校应注重师德师风建设。可以通过环境激励、典型引路、专家讲座、专题教育大会等形式，大力开展主题教育活动，提升教师的思想素质和职业能力，即提升教师的教科研能力、教育教学能力、指导实践能力和奉献意识、团队意识、责任意识、创新意识、危机意识。学校要坚持以人为本，以师为本，关心教职工生活，通过开展教职工体检、慰问困难职工、组织文体比赛等方式，让教职工感受到学校的温暖，增强奉献于职业教育的责任感。

（三）多渠道争取经费投入，提高经费利用效率

我国是大国办教育，巨大的教育投入需要支撑起巨大的人口数量。2005 年以来，国家对职业教育的投入逐年增加，但从世界各地的教育经费投入来看，我国的教育投入仍处于较低水平。首先，对于当地人民政府而言，应积极落实职业教育经费保障，把一定比例的教育费附加用于职业教育发展，在学校基础设施建设如实训基地建设、实训设备购置上给予资金支持。其次，对于职教学校而言，可以利用自身优势，通过开展勤工俭学、兴办校办产业等来增加教育投入，发挥办学优势和特色，吸引企业投入和社会捐赠，利用理论和技术知识为企业服务，获取企业的支持。

教育经费要用在"关键点"上。学校应完善基础设施建设，保障中职学校的教育教学设施和实训条件，进而促进职业教育的质量，提升职业教育的吸引力。多渠道争取经费投入，夯实学校基础设施建设，保证学校建筑面积、教学仪器设备、实训设备等的充足是非常必要的。

（四）加强学生管理，营造良好育人环境

学校应树立"立德树人、德育为先"的教育宗旨，对学生实施素质教育，强

化学生自我管理。注重对学生进行"良好习惯的养成教育",着力培养学生良好的行为习惯、学习习惯和生活习惯。职业学校是学生走向社会的桥梁,要使中职学生成为对社会有用的人,需要加强对学生的管理。全面推进素质教育要求学校重视学生的德育工作,目前中职学校的校园风气反映出中职学校的德育工作不够到位。职业学校应注重学生的德育发展,规范学生的行为。由于职业教育目前吸引到的多是学业成就低下的学生,他们内心会有些自卑,所以学校要树立学生的自信心。学校需要加强管理,帮助学生改掉恶习,培养学生良好的行为习惯。目前许多学校采取军事化的学校管理模式,也取得了一定的效果。

学校应有意识地把良好习惯的养成列入工作计划,并结合校情、学情形成制度,制定学生德育教育体系计划和目标。通过一系列主题班会、团课及广播室、国旗下讲话等校园媒体的宣传,让学生认识到良好习惯的内涵、外延和重要性,向全体师生明确哪些是中职生需要养成的良好习惯,让学生由表及里循序渐进,不断巩固与强化,并落实到日常的学生管理和教学活动中。

学校在加强常规管理的同时,要注重培养学生的自我管理能力,鼓励学生积极参与学校管理,充分发挥学生的主体性,引导学生不断实现自我约束、自我激励、自我管理、自我监督和自我提高。引导学生正确处理问题,充分发挥班级的凝聚作用,利用班集体的力量教育好、关心好、管理好每一个学生。通过对学生规范管理,营造良好学习氛围,培育优秀育人环境,让学生真正成为学校的"主人",在学校的管理工作中发挥更加积极的作用。

同时可以充分利用学生社团,加强对学生的管理。学生社团是实现学生自我管理的载体,是学生发挥特长、练就本领、拓展技能的有效平台。学校应对社团组织进行科学管理,细化管理制度,完善目标规划,促使学生社会活动有序发展,营造良好的育人氛围。

(五)改进教学与管理,提高人才培养质量

教育的核心职能是促进人的发展,职业教育也不例外。我国的职业教育是培养具有一定文化知识和专业技能的人才,和普通教育相比,实践性、专业性更强。科技的进步、知识的普及,使得劳动者需具备一定知识和技能才能在工作岗位上获得更好地发展。我国职业教育也肩负着补大国工匠缺口的责任,我国制造业领军人才和大国工匠紧缺,大国工匠和数以千万计的产业工人要靠职业教育来培养,而且要与企业联合,深化产教融合。

目前的中等职业教育规模庞大，学生和家长在选择职业教育时，已经从"有学上"到"选学上"。学生在进行教育选择时，更加看重职业学校的培养质量。如果学生读完职业教育，将原有的基础知识全部还给了学校，抑或是没有任何技能水平的提高，这样的职业教育无遗是失败的教育，也将会是无人问津的教育。提高职业教育的人才培养质量需要从以下三个方面进行改进：

1. 提升专业建设水平，改进教学内容与形式

学校应全力提升专业建设水平，努力打造骨干专业。专业建设是学校内涵发展的重要抓手。学校可以成立由企业专家及学校骨干专业教师参与的专业建设指导委员会，按照"立足地方、对接企业、服务产业、突出特色"的要求，制订和完善专业建设动态调整机制。根据现代服务业的发展趋势和地区产业特点，对学校专业实施动态管理，撤销或增加部分专业以满足当地经济发展的现实需求。学校应加强对骨干专业建设力度，突出学校骨干专业特色，扩大骨干专业品牌效应，吸引学生就读。

学校改进课程与教学，一方面要改革教学内容，另一方面要改变传统的教学形式，它们分别是工作知识的组织逻辑和工作知识的呈现逻辑。目前中职学校教学内容陈旧落后，改革教学内容一定要顺应社会经济发展的潮流、符合市场对人才的需求。在中职教学中，往往以教师、书本为中心，忽视了学生的主体性和积极性，重理论轻技能，导致理论知识与实践能力培养的严重脱节，要改进教学形式，注重理论教学与实践操作的紧密结合。

2. 提高技能型人才专业水平，兼顾文化基础与技能学习

我国经济转型与产业结构升级造成大国工匠短缺，基础制造、先进制造技术领域人才不足。针对此问题，2016 年 12 月教育部、人力资源和社会保障部、工业和信息化部联合印发了《制造业人才发展规划指南》，提出到 2020 年，制造业从业人员平均受教育年限达到 11 年以上，高技能人才占技能劳动者的比例达到 28%左右。根据这一目标，职业学校必须加强对相关人才的培养力度，提高技能型人才的专业水平。

职业教育不仅要培养具备一技之长的学生，而且要加强学生对基础知识的学习。首先需要职业学校在教学上正确处理好文化基础课与技能课的关系。然而职业教育在发展中却忽视了文化课的教学，导致职业学校的学生文化知识水平没有得到提高反而出现退步。而现在就业岗位需要具备一定文化基础的劳动者，职业教育需要培养具有一定文化基础的学生，使他们将来具备再学习再就业的能力。

现实情况也证明了这一点，目前下岗的人群中，最难接受再培训、再上岗的是那些文化水平低的人。其次，技能、技术是学生就业必不可少的能力，是就业的先决条件。中职学校一般较为重视，但重视并不等于教学没有问题。目前，中职学校的技能教育与社会需求脱轨，学生在学校学习的技能知识不能满足就业岗位的需求，这也导致了一些学生认为读中职没有用处，学不到东西，中途辍学离开。

中职学校必须加强学生文化基础和技能的学习。普通文化课的教学需满足学生将来所从事的职业岗位对人的综合素质的需求，必须满足职业技能对文化基础知识的需求。在实际教学过程中，专业课教学可以采用行动导向模式、实施项目教学法、理论实践一体化教学、岗位教学等。文化课可以根据实用原则，降低教学难度和知识坡度，采用学案导学模式，力求做到文化课与专业课相互渗透，由理论到实践逐步转变为以职业实践为主，以全面提高学生的职业能力和职业素质为宗旨，强调学生实际能力的培养。

3. 重视教学管理，加强学校制度建设

学校规章制度是学校各项工作全面落实的基本保障，对全校各部门与师生起着约束、规范、激励和引导作用，既能促进教师不断自主学习，提升业务，又能促进学生德、智、体、美、劳等全面发展，制度建设已经成为学校的一种深层次的校园文化。

重视教学管理，加强学校制度建设是学校依法治校、依法治教、依法办学的必然要求，是推进教育现代化的必然选择，是调动全体教职员工的积极性，提高教职工队伍整体素质的必由之路，是教育事业适应新发展、面向新世纪的必然要求。加强学校管理制度建设，能够约束、规范、激励和引导学校及师生的行为和发展方向，推进学校教育可持续发展。

学校要重视对教学的管理，规范中职学校的教学管理需要做好专业建设、课程建设、教材建设和教学文件建设。学校应制定科学的教学计划，明确专业的培养目标、业务范围、毕业生知识和能力要求、理论教学主要科目和实习教学科目，并由职业学校内部专门的机构去规范实施，加强学校教学管理机构建设，注重教学管理人员的培训，形成一个高效的管理体系。

中职学校的人才培养质量得以提高，学生的学业成功率会随之提升，学生的就业就会有一定的保障，同时也提高了中职学校的声誉。具备质量保证的职业学校将会吸引大量高素质的学生报考，职业学校从而可以实现由生源数量向生源质量的转变。提高学校的生源质量，最终实现中职学校的良性循环发展。

（六）适应经济发展需求，提高毕业生就业质量

职业教育要以市场需求为导向，学生的就业是限制职业学校发展的瓶颈。学校可以实行职高教育与技能培训并重的两条腿走路办学形式。一是注重学生的对口升学教育，集中优势师资力量，高标准、严要求、抓质量、讲成效。二是突出学生的技能培训，实行半天理论半天实践的教学模式，将课堂设在车间，不断强化实践性教学环节，增强学生的动手操作能力。

调研发现中职学校非常重视学生的就业率，然而很多学校对中职学生的就业对口率与就业质量问题关注度不够。中职学校要吸引更多的学生就读，需要能保证学生接受职业教育后能够在市场上找到一份满意的工作，并可以获得更好的职业发展。因此，提升毕业生的就业质量应成为学校关注的重点问题。

职业教育与劳动力市场关系紧密，解决职业学校学生的就业质量要求职业教育必须主动地适应经济建设和社会发展的需要，并根据市场的需求调整专业规模与教学内容，这也是促进学生就业的根本原则。职业教育培养的学生要经得起市场的检验，在市场上发挥独特的地位。这要求学校应以学生为本，加强学生基础知识与专业技能的学习，使学生在全面发展的同时培养学生的一技之长，同时具备独立生存的能力。

职业学校需要充分利用实训条件和实训基地，促使学生把学习到的知识充分地运用到实践中去，培养学生的实践操作能力，增强他们的职业适应力与就业竞争力。

在学生顶岗实习环节，职业教育应加强对学生顶岗实习的管理，严格按照国家规章制度规定，保障职业教育学生的合法权益。学校组织学生顶岗实习，应严格遵守"专业对口"的原则安排实习，并与企业和学生本人签订三方协议，安排学校教师驻场指导。顶岗实习将促进学生将理论知识与实践技能很好地结合，为中职学生毕业后的就业积累经验、奠定基础。在学生的就业指导与管理方面，学校要与社会和企业建立良好的沟通联系，拓宽学生的就业渠道，并建立就业网络，把毕业生推荐到合适的工作岗位就业，从而提高职业教育毕业生的就业质量。

二、市场层面

提高职业教育的吸引力，需要劳动市场部门的积极作为，这样才能保证职业学校毕业生的高质量就业。学生通过职业教育获得就业的保障，能够吸引更多优

秀的学生选择职业教育。劳动力市场需要严格执行就业准入制度，并完善劳动保障制度来促进职业教育的发展。

（一）严格执行就业准入制度，规范劳动力市场

《国务院关于大力发展职业教育的决定》明确提出：用人单位招录职工必须严格执行"先培训，后就业"、"先培训，后上岗"的规定，从取得职业学校学历证书、职业资格证书和职业培训合格证书的人员中优先录用。由于多种原因，一些行业不能很好地实行就业准入制度，使职业资格证书制度受到冲击，这不仅直接影响了职业院校及培训机构的生源，阻碍了职业教育的发展，更严重的是技术工种从业人员的素质得不到保证，同时也会给人民生命、财产安全造成巨大损失。

实施就业准入制度意义重大。国家制定职业资格证书和劳动准入制度的一个基本出发点和落脚点就是加快促进劳动者改善素质结构和提高素质水平，进而促进劳动者就业和再就业能力的提高。一方面它维护人民生命财产安全。近年各地发生的生产安全事故中，许多都由于用人单位疏于遵守就业准入制度，未按要求聘用了那些不具有就业准入资格的人员所致。如2010年上海"11·15"特大火灾事故，起因就是电焊工无特种作业人员资格证，严重违反操作规程，引发大火后逃离现场。另一方面，它也是提升人力资源素质的重要手段。我国当下对高素质人力资源的需求正日益旺盛，要想成为人力资源大国，必须从源头实施就业准入制度，并严格执行。由此需要通过敦促用人单位提高用工素质，激发劳动者主动提升素质的积极性，从而快速促进人力资源素质的提升。

就业资格准入制度也是降低社会交易成本的一种有效方式，它有利于职业的规范化管理，同时也有利于规范劳动力市场，给劳动者提供平等竞争的就业环境，保证从业人员的质量。而且通过推进就业准入制度，能够为很多培训学校提供参照体系，培养出更多能够满足社会需求的技能人才，促进劳动者素质的提升（王寿斌，等，2011）。

就业准入制度的有效实施，可以保障职业学校毕业生顺利实现就业。职业资格证书犹如一道"门槛"，通过建立严格的职业资格准入制度，保障接受过职业教育并获得职业资格的人才能够在劳动力市场找到理想的工作，并且与没有接受过职业教育以及没有获得资格证书的人拉开距离，为中职毕业生开辟"专门"的就业市场。国家应不断完善就业准入方面的制度法规，对就业准入的工种（职业）目录实行动态化的更新调整，保障就业准入制度有效开展。

通过实行就业准入控制，推行职业资格证书制度，规范劳动力市场建设，为劳动者就业创造平等的竞争就业环境。应规范劳动用工行为，加大劳动监察执法力度，加快就业准入制度落实的步伐。同时应大力开展国家职业资格证书制度宣传，促进劳动者通过技能培训，主动提高自身的技术业务素质，持证上岗，达到尽快就业和稳定就业。中职学校的学生通过学习专业知识与技能获得相应的职业资格证书，就相当于拿到了劳动力市场的通行证。中职学生可以凭借自己的一技之长与其他院校的毕业生公平的竞争，缓解社会对职业教育的劳动歧视。在劳动力市场，完善职业资格制度，严格执行"持证上岗"，以就业准入制度严格规范劳动力市场，改善职业学校毕业生的就业，从而提高职业学校的吸引力。

（二）完善劳动保障制度，提高中职毕业生社会地位

劳动保障制度规定了员工享有取得劳动报酬、休息休假、获得劳动安全保护、享受社会保险和福利等劳动权利，同时涉及员工的培训及教育等问题。中职毕业生较多地在一线、基层服务，中职毕业生往往只是与用工单位面对面地直接发生劳动关系，其他方面诸如就业援助、服务、监督等保障与社会关怀还远远不够，社会没有形成对中职毕业生的"立体化"就业劳动保障长效机制，导致许多中职毕业生在就业过程中经常受到不公正地劳动待遇。

要提高职业教育对优秀学生的吸引力，需要从根本上提高一线劳动者的经济待遇和社会地位。许多职业学校毕业生实现了灵活就业，但是目前的法律法规对灵活就业的保障存在欠缺和空白，因此需要完善劳动保障制度，保障中职毕业生的高质量就业。落实一线劳动者的医疗、养老、就业等相关政策，保障劳动者的生存与发展。

劳动力市场一方面通过严格执行就业准入制度，使中职毕业生获得就业的通行证，保证其顺利就业，另一方面要以完善的劳动保障制度作保证，促进中职毕业生高质量的就业。二者共同施力，通过提高中职教育毕业生的就业能力来吸引更多的学生选择中职教育。

三、观念层面

（一）转变传统观念，尊重职业教育

职业教育与普通教育、学术教育相比，是不同的教育类型，而非不同的教育

层次。职业教育在教育体系中发挥着重要的作用，具有很大的发展空间。欧洲社会对技能型工作给予尊重、从业者也会有很好的待遇和很好的社会地位。传统重文轻技的观念对技能型人才的社会认可度不太高，使职业教育成为人们眼中的"二流教育"，一定程度上导致学生对职业教育选择的意愿不高。民众应转变对待技能人才的文化氛围和态度，以及对待学历文凭的态度观念。

职业教育的健康发展不仅需要职业学校提升自身的人才培养质量，还需要社会各界的关注与支持。提升职业教育的吸引力需要民众转变传统观念，尊重劳动、尊重技术、尊重职业教育、尊重技能型人才，激发青年人积极地参与职业教育。

（二）以实效改变民众心理，优化职教发展环境

优化职业教育的发展环境重点在于让学生和家长心里"接受"、"认同"并愿意"参与"职业教育。目前，职业教育的低层次就业导致职业教育毕业生的社会地位和待遇不高，大众对职业教育的评价偏低。通过政府对职业教育财政投入的增加，学校对师资和人才培养质量的改进，市场对职业资格准入和劳动保障制度的完善等一系列举措的落实，职业教育办学质量和学生的就业质量会有所改善。这势必会改变民众对职业教育的误解，恢复对职业教育的信心和信任，提高职业教育在公众心中的地位和作用。

提升中职教育的吸引力，学校方面要做好内功，坚持内涵式发展。学校是职业教育学生的"入口"，按照"投入—过程—产出"三个维度对学校因素的各个指标进行整合，并提出针对性的改进建议。主要包括注重内涵发展，创建办学特色；优化师资结构，提升教师综合素质；多渠道争取经费投入，提高经费利用效率；加强学生管理，营造良好育人环境；改进教学与管理，提高人才培养质量；适应经济发展需求，提高毕业生就业质量。职业教育注重学生的就业，市场是职业教育学生的"出口"，要提升职业教育吸引力，市场层面需要严格执行就业准入制度，规范劳动力市场；完善劳动保障制度，提升中职毕业生社会地位，保障中职毕业生的就业问题。"入口"和"出口"问题的解决需要社会的支持，社会大众需要转变传统观念，尊重职业教育，优化职业教育发展环境。通过学校、市场和社会的共同努力，促进中职教育的发展，提升中职教育的吸引力。

第十章

中等职业教育若干发展政策评价分析

第一节　中等职业教育示范学校建设政策评析

一、中等职业教育示范学校建设政策预期

发展中国家普遍认为，给年轻一代提供中等及以上知识技能训练是提高劳动生产率、扩大劳动就业能力、减少贫困的关键因素。例如，巴西政府推出技术教育与劳动就业国家计划，于 2011—2014 年投资 6 亿美元，扩招 8000 万学生接受职业教育；印度政府宣称，在第十二个五年计划结束时，使接受过系统职业技能训练的劳动力比例从 12% 提高到 25%，这意味着 2012—2017 年，有 7000 多万人被要求接受正式的职业技能训练；国际发展组织，如亚洲发展银行（ADB）、联合国教科文组织（UNESCO）也倡导将职业技术教育作为解决发展中国家发展能力的有效措施。

中国作为发展中的人口大国，推动中职教育发展的意愿和力度更是世界瞩目。尤其是自 2002 年以来，国务院先后颁布了《关于大力推进职业教育改革与发展的决定》（2002）、《关于大力发展职业教育的决定》（2005）、《关于加快发展现代职业教育的决定》（2014）等一系列重要政策，将推进职业教育的改革与发展作为实施科教兴国战略、促进经济社会可持续发展、提高国际竞争力的重要途径，以及调整经济结构、提高劳动者素质、加快人力资源开发的必然要求。在这些政策引导下，中等职业教育招生数从 2002 年的 473.55 万人增长到了 2010 年的

870.42 万人，占高中教育阶段招生总数的比例从 2002 年的 40.11%上升为 2010 年的 50.94%。

然而，在规模发展的同时，中职教育始终面临着吸引力不足的问题。迫于普通高中"三限"政策（限分数、限人数、限钱数）的推力与中职免费政策和100%就业宣传的拉力，不少学生，尤其是农村籍学生选择了中职教育，但学生和家长从内心对中职教育并不信任。有数据显示：入学前，只有不到 5%的家长希望子女进入职业学校学习，仅有 10.5%的学生愿意到中职学校就读；入学后，中职生第一和第二学年的累计辍学率高达 33%，而同期非重点普通高中第一学年的辍学率仅为 4.7%。这种状况的根源在于人们对中职教育质量的担忧和失望。《中国新闻周刊》2011 年《被"二流"的职业教育》一文中，把中职学生称为"四低人才"，即学历文凭低、工资待遇低、生活质量低、社会地位低。财新《新世纪》2014 年刊文《误了百万中职生》指出：中国的中等职业教育正面临着极高的学生流失率和极差的教学质量，政府的大量补贴不断打水漂。《东方早报》有一篇文章中报告：56.3%的独生子女家长担心职业学校质量差，36.6%的中职学生家长顾虑子女毕业后社会地位低。

面对长期以来学者和社会舆论对中职教育质量的诟病，国家启动了职业教育质量保障体系和中等职业教育改革发展示范学校建设计划，试图通过加大投入、重点扶持的方式推动中职示范校深化改革、提高质量、办出特色，并引领中职教育发展从较多注重规模向全面提高质量转型。2011 年 7 月至 2013 年 8 月间，教育部等三部委分三批遴选出 1000 所中职学校，中央财政投资 100 亿元，并带动地方和学校投资 100 亿元进行重点建设。各省级政府也积极仿效，相继开始了省级示范校建设工程。例如，河南省 2012 年启动了河南省职业教育品牌示范院校和特色院校建设计划，2012—2015 年建设 100 所示范院校和 200 所特色院校，省财政计划向示范校和特色校投入建设资金 11 亿元，并要求市县政府或学校自筹及企业赞助资金达到 24 亿元。

二、对中等职业教育示范学校育人质量评价

中职示范校建设作为质量工程，巨额投资能够带来育人质量的显著提升吗？针对这一问题，本书基于调研数据进行了试点评估，目的在于：①试点评估中职示范校建设对人才培养质量的影响；②检验中职资源投入与中职质量提升之间的关系；③以国家级示范校建设的改进思路引导正在大面积开展的省级示范校建设，

并为整体提升我国中职教育质量提供政策建议。

（一）评估设计

1. 概念框架与模型设定

为全面考查中职学校的育人质量，本书从认知和非认知两个维度对中职学生的发展质量进行了厘定（表 10-1）。

表 10-1　中职学生发展质量的评价维度和项目

认知	非认知	
专业知识成绩	吃苦耐劳品质	辍学率
文化知识成绩	自我效能感	网瘾发生率
职业技能大赛获奖	责任心	在校不良行为发生率

在认知方面，由于中职教育是一种专业化教育和面向就业的教育，同时又属于基础教育，因此，专业知识、职业技能和基础知识是考量中职学生认知发展的主要内容。

在非认知方面，本项目组从优良品质和不良行为两个侧面对中职生发展情况进行考量。一方面，根据本项目组另外一项在大型企业的调研数据，吃苦耐劳品质是与企业对员工的肯定性评价具有最稳定的正相关关系的优秀品质，因此，本书把吃苦耐劳作为衡量中职学生优秀品质的核心指标。同时，对自我效能感、责任心等心理品质进行了考量。另一方面，本文从学生的辍学率、网瘾发生率和在校不良行为发生率方面对学生发展进行考量。其中，在校不良行为发生率是对样本学生在校园内发生的抽烟喝酒、打架斗殴、敲诈勒索、考试作弊、欺负同学、逃课、赌博、抄作业等不良行为的综合统计。

为科学评价中职示范校建设对学生培养质量的影响，本书以学生是否在示范校学习作为核心自变量，以示范校学生为干预组，以非示范校学生为控制组，采用多元回归方法进行组间比较，以判定示范校的学生是否比非示范校有更好的发展。

首先，我们比较了示范校与非示范校学生在学年初的数学和计算机测试成绩（基线数据），如图 10-1 所示，无论是数学（Math（Z-）Scores），还是计算机（Comp（Z-）scores），示范校（elite）与非示范校（non-elite）的标准分数曲线都几乎完全重合，这表明示范校与非示范校的学生具有非常相近的学业基础，也说明这两类学校间的学业增进具有可比性。

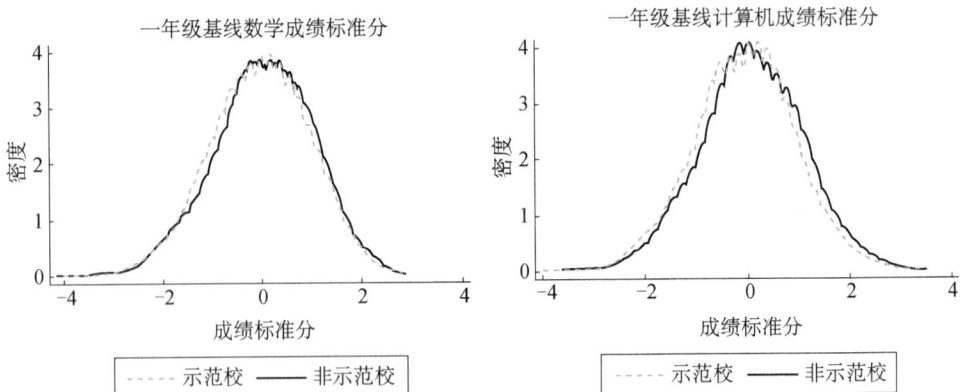

图 10-1　中职示范校和非示范校新生数学测试成绩和计算机测试成绩比较

然后，为了能更准确地比较出两类学校分别对两组学生发展产生的影响，本书在回归模型中又设定了系列控制变量，以控制学生个人成长或家庭状况等方面可能存在的差异。

回归模型如下：

$$Y_{i1} = \alpha + \beta T_i + \gamma Y_{i0} + \delta C'_{i0} + \varepsilon_i$$

其中，Y_{i1} 是结果变量，主要指学年末学生 i 的学业成绩、优良品质和不良行为表现；T_i 为干预变量（示范校学生取值为 1，非示范校学生取值为 0）；Y_{i0} 表示学年初学生 i 的学业成绩、优良品质和不良行为表现；C'_{i0} 为控制变量，主要包括学生的专业和年级、学生的个人基本特征（包括年龄、性别、民族、户口类型）、学生的学习经历与工作经历（包括上中职前是否上过普通高中、是否工作超过半年时间、进入中职的时间、是否中职全日制学生、是否中职五年制学生）、学生的家庭状况（包括家庭经济状况、父母的教育背景、父母是否在家）等几大类因素；α 为常数；β、γ、δ 为估计系数，其中 β 为双差分的估计量，度量了中职示范校的影响；ε_i 为扰动项。

2. 样本选择与数据收集

根据概念框架和模型设计，为实现研究目标，本书选取了河南省作为样本区域。河南省是职业教育大省和国家级职业教育改革试验区，2013 年有中职学校 899 所，中职学校在校生规模 147 万人，占全国中职学校在校生的 7.7%，在我国中等职业教育发展中具有典型性。同时，本书以招生规模最大的计算机专业和数控专业为样本专业，具有代表性。

具体的抽样过程，参见第七章，不再赘述。本章使用的是 118 所中职学校计算机专业和数控专业两个年级共 346 个班级 12 081 名学生的调研数据。其中，21 所中职学校为国家级示范校，示范校调研班级数和调研学生数分别占样本总量的21%和22%。

本项目采用结构化问卷，分别于 2013 年 10 月和 2014 年 4 月开展了两轮调研，试图通过比较同一学生在两次调研中的表现来测量不同中职学校的人才培养质量。

根据调研对象和概念框架，调研问卷分为学校问卷、学生问卷和学生测试卷三个模块。

在第一模块，项目组通过学校问卷向学校负责人收集了学校资质、财务收支、物质设施、师资配备等基本信息，以及学校负责人对学生发展状况的评价。在第二模块，项目组通过学生问卷收集了学生的个人基本信息、在校行为表现、求学与工作经历，父母及家庭基本信息等，并使用具有国际影响的宾夕法尼亚大学 Duckworth 教授编制的《简式毅力问卷》测量学生的吃苦耐劳品质，用美国匹兹堡大学 Kimberly Young 教授编制的《杨氏网瘾诊断量表》，测量了网瘾情况，用德国柏林自由大学 Ralf Schwarzer 教授编制的《一般自我效能感量表》（General Self-Efficacy Scale）测量了自我效能感，用美国麻省理工学院 Costa 和 McCrae 教授编制的大五人格量表（The Big Five Personality Inventory）测量了责任心。在第三模块，项目组对样本学生进行了基础知识测试和专业测试。基础知识以数学为代表进行测试，专业知识分计算机和数控两个专业进行测试。为了科学地度量学生的学习所得，项目组与考试专家及专业教学人员合作，基于 IRT 理论为不同专业不同年级在不同学习阶段的学生设计了相应的数学测试卷和专业测试卷；并通过大范围、大样本的预试测进行完善，以保证试卷的效度、信度和区分度。

另外，对于大样本数来说，现场测试动手操作能力不具有可行性。因此，为考量中职生的职业技能，项目组一方面在专业知识测试中突出了操作性知识，另一方面收集了样本学生在河南省职业技能大赛中的获奖数据，并进行了相应的统计分析。样本学生中共有 135 人获得了省级职业技能竞赛奖，我们采取倾向值得分匹配法，找出了专业、年级、性别、年龄、种族、户口类型、学习经历、家庭经济状况、父母的受教育水平、是否留守儿童，以及基线的数学成绩、专业成绩、吃苦耐劳品质测量等相匹配的 135 位同学作为对照组，对终期评估时的专业测试成绩进行考量。回归结果显示，获奖组的专业测试成绩显著高于非获奖组。这说明，专业测试成绩与技能大赛获奖具有高度的一致性。因此，我们可以用专业测试成绩和生均技能大赛获奖次数考量中职生的专业技能情况。

三类问卷涉及的所有变量的描述性统计量如表 10-2 所示。

表 10-2　变量描述

变量名称	观察值	平均值	标准差	最小值	最大值
是否是中职示范校（是=1，否=0）	12 081	0.22	0.41	0	1
学生的专业和年级					
学生所在专业（计算机=1，数控=0）	12 080	0.64	0.48	0	1
年级（一年级=1，二年级=0）	12 080	0.59	0.49	0	1
学生在学年初的成绩与表现					
数学标准分	12 074	0.00	1.00	−4.14	3.14
专业标准分	12 068	0.00	1.00	−4.01	3.50
吃苦耐劳品质得分（8=最差，40=最好）	12 079	27.99	4.88	8	40
责任心得分（9=最差，45=最好）	12 079	31.70	5.48	9	45
自我效能感得分（10=最差，50=最好）	12 077	26.10	5.92	10	40
学生个人基本特征					
性别（男=1，女=0）	12 076	0.72	0.45	1.00	1
年龄（年）	12 038	16.74	1.55	4.88	48
是否是汉族（是=1，否=0）	12 076	0.98	0.13	5.48	1
是否农村户口（是=1，否=0）	12 071	0.87	0.33	5.92	1
学生学习和工作经历					
上中职前是否上过普高（是=1，否=0）	12 023	0.10	0.30	0	1
上中职前是否工作超过半年（是=1，否=0）	12 023	0.11	0.32	0	1
到中职学校的时间（年）	12 025	0.64	0.64	0	16
是否全日制学生（是=1，否=0）	12 073	0.92	0.27	0	1
是否五年制学生（是=1，否=0）	12 076	0.16	0.36	0	1
学生家庭基本特征					
家庭经济条件得分（0=最差，28=最好）	12 078	19.77	3.15	2	28
妈妈是否初中毕业（是=1，否=0）	12 081	0.56	0.50	0	1
妈妈是否高中以上学历（是=1，否=0）	12 081	0.13	0.33	0	1
妈妈是否在家（是=1，否=0）	12 081	0.81	0.39	0	1
爸爸是否初中毕业（是=1，否=0）	12 081	0.68	0.47	0	1
爸爸是否高中以上学历（是=1，否=0）	12 081	0.17	0.38	0	1
爸爸是否在家（是=1，否=0）	12 081	0.65	0.48	0	1

（二）数据结果与讨论分析

1. 数据结果

（1）基于专项资助，示范学校具有明显的资源优势

总体来看，样本学校的平均办学条件达到了国家的办学要求。如表 10-3 第 3 列所示：校均规模 2162 人（近 2 倍于国家标准）；人力资源方面，校均在编专任教师 132 人（2 倍多于国家标准）；其中 59% 为专业教师（接近国家标准）；而在专业教师中有 69% 是双师型教师（2 倍多于国家标准）；所有教师（含外聘兼职教师）与学生数之比为 1：17（达到国家标准）；物力资源方面，生均仪器设备价值 5537 元（近 2 倍于国家标准）；每百名学生拥有计算机 34 台（2 倍多于国家标准）。这些数据与在我国东部和西部地区的其他研究发现一致，这说明我国中职学校的办学条件已有整体改善。

进一步对示范校与非示范校的分别统计来看，如表 10-3 第 4~6 列所示，从人力资源看，示范校校均在编教师比非示范校多 101 人，双师型教师比例比非示范校高 24%，在编教师与学生数之比为 1：19，而非示范校在编教师与学生数之比仅为 1：39；从物力资源看，示范校比非示范校生均实验实习设施和仪器设备价值多 4659 元，每百生计算机台数多 6 台；从财力资源看，示范校比非示范校年生均经费多 3018 元。统计检验具有显著性。这说明，示范校比非示范校具有更加充足和更加稳定的人力、物力、财力资源。

表 10-3　中职示范校与非示范校办学资源差异比较

指标	国家办学标准①	所有样本学校均值	示范校均值	非示范校均值	示范校与非示范校比较	
					均值差	p 值
		（1）	（2）	（3）	（4）=（2）-（3）	（5）
在校生人数（人）	在校生规模 1200 人以上	2 162	3 607	1 860	1 747	0.000 2
所有专任教师人数（人）	专任教师数不少于 60 人	160	262	138	124	0.000 5
在编专任教师人数（人）	专任教师数不少于 60 人	132	216	115	101	0.001 1
在编专业教师占在编专任教师的比例（%）	专业教师占专任教师的比例不少于 50%	59%	55%	60%	-5%	0.008 3
双师型教师占专业教师的比例（%）	专业教师中，双师型教师不低于 30%	69%	89%	65%	24%	0.006 5
师（所有教师）生比	师生比达到 1：20	1：17	1：17	1：17	0	0.981 7
师（在编教师）生比	师生比达到 1：20	1：35	1：19	1：39	1：-20	0.578 1

指标	国家办学标准	所有样本学校均值 (1)	示范校均值 (2)	非示范校均值 (3)	示范校与非示范校比较	
					均值差 (4)=(2)-(3)	p 值 (5)
生均仪器设备价值（元）	工科类和医药类专业生均仪器设备价值不低于 3000 元，其他专业生均仪器设备价值不低于 2500 元	5 537	9 878	5 219	4 659	0.095 9
生均计算机台数（台/百生）	计算机每百生不少于 15 台	34	39	33	6	0.630 6
生均经费（元/生）	国家未明确规定	8 054	10 552	7 534	3 018	0.157 9

资料来源：教育部. 2010. 中等职业学校设置标准. http://old.moe.gov.cn//publicfiles/business/htmlfiles/moe/s4668/201008/xxgk_96545.html.[2016-01-02]

（2）依靠资源优势，示范学校拥有发展的心理优势

基于资源优势，示范校负责人对学校办学质量有着更高的自信。调查结果如表 10-4 所示，对于"如果将本（地级）市范围内的同类学校按照学生的统考成绩进行排名，您估计您学校排在什么位置？"，80%的示范校负责人选择了"最好的 1/3"，比选择这一答案的非示范校高 23 个百分点。类似地，示范校负责人在专业技能排名、文化知识排名和思想品德排名中选择"最好的 1/3"的比例均高于非示范校负责人，尤其是专业技能和文化知识的自我评价，示范校更是显著高于非示范校（p 值在 0.01 和 0.05 以下）。

表 10-4　示范校与非示范校校长对自身办学质量的主观评价

评价内容	非示范校		示范校		差异	p 值
	观察值个数 (1)	认为本校排在"最好的 1/3"的比例 (2)	观察值个数 (3)	认为本校排在"最好的 1/3"的比例 (4)	(5)=(4)-(1)	(6)
统考成绩	65	57%	15	80%	23%	0.111 4
专业技能	96	59%	20	95%	36%	0.002 4
文化知识	96	48%	20	75%	27%	0.026 1
思想品德	96	67%	20	85%	18%	0.106 0

（3）评估学生发展，示范学校没有群体性的质量优势

尽管示范校拥有显著的资源优势和心理优势，但回归结果却如表 10-5 所示：与非示范校相比，在省级技能大赛中，由于示范校在办学规模上有显著优势，学校获奖总数在 10%水平上有微弱优势，但生均获奖数却没有显著优势。同

时，示范校学生的学业成绩也没有任何优势。平均而言，示范校学生的数学成绩比非示范校低 0.037 个标准差，尽管在统计学上这一差异并不显著，但系数为负值，可以说明示范校学生不比非示范校学生的数学成绩好。另外，在专业成绩上，示范校的学生比非示范校学生低 0.106 个标准差，在 10% 的统计水平上显著。

并且，在吃苦耐劳品质、辍学率、不良行为、网瘾等方面，示范校和非示范校学生之间均不存在统计学上的显著差异。

表 10-5　示范校（相对于非示范校）对学生发展状况的影响

	省级技能大赛获奖		学业成绩		优良品质	不良行为		
	学校获奖总数	生均获奖数	数学标准分	专业标准分	吃苦耐劳标准分	辍学率	在校不良行为发生率	网瘾发生率
示范校	1.362*	0.008	−0.037	−0.106*	0.049	0.013	0.182	−0.025
	（0.777）	（0.005）	（0.074）	（0.058）	（0.057）	（0.017）	（0.139）	（0.046）
是否控制了学生的专业和年级	是	是	是	是	是	是	是	是
是否控制了学生学年初的成绩与表现	是	是	是	是	是	是	是	是
是否控制了学生的个人基本特征	是	是	是	是	是	是	是	是
是否控制了学生的学习和工作经历	是	是	是	是	是	是	是	是
是否控制了学生的家庭基本特征	是	是	是	是	是	是	是	是
常数	2.914***	0.032***	−0.922***	−0.763***	−3.455***	0.260**	−0.597**	−1.650***
	（0.868）	（0.008）	（0.194）	（0.204）	（0.199）	（0.056）	（0.269）	（0.190）
观测值	11 687	11 865	7 907	7 905	7 880	11 853	7 890	7 893
R^2	0.087	0.105	0.355	0.282	0.248	0.044	0.036	0.061

2. 中职示范校有资源优势却无质量优势的原因分析

上述回归结果表明，示范校学生在学业成绩、行为表现和优良品质方面不仅与非示范校学生没有显著差异，而且在某些方面比非示范校表现更差，这意味着示范校的资源优势并没有显著转化为人才培养质量优势。究其原因，主要有以下几方面：

（1）中职教育重投入，轻产出

目前，从国家级示范校的遴选来看，20 个遴选指标中，大多数是办学规模和办学条件，涉及学生发展质量的硬性条件仅有3项，即毕业生"双证书"取证率、毕业生就业率、学生在相关专业领域技能大赛中获得的省级以上奖励。从国家级示范校的建设和验收来看，24个质量监测指标中，大多数仍是建筑面积、设备总值、实训室数等资源投入性指标，真正代表育人质量的指标也只有3个，即初次就业率、初次就业平均月薪、国家级技能大赛奖数。我们知道，在当今"用工荒"的社会背景下，几乎所有的中职学校都能打出高就业的招生广告，就业率实际上是一项虚置的评价指标。同时，调研中了解到，毕业技能测试存在"走过场"现象，一般不公布测试分数。经过学校与鉴定机构的沟通，鉴定机构可以按照商定的过关率给学生颁发"国家职业资格证"，因此"双证"在目前并不是一个十分客观的考量标准。而技能大赛获省级以上奖励，对于每个学校都只是个例，而不是普遍的育人指标。可见，示范校质量评价体系中缺少面向全体学生发展的严格质量要求，而是把办学条件错置成了办学质量。

（2）中职学校重招生，轻培养

在招生方面，从前文表10-3的数据看，示范校的校均规模近2倍于非示范校。但在培养方面，根据项目组的调研数据可以说，从外显性上来看，示范校的管理和教学更有秩序，但从实效性来看，示范校在育人过程的细节上，并不比非示范校投入得更多。如表10-6所示，示范校相比于非示范校，更倾向于封闭式管理，也安排有更长的上课时间，这些方面，均在1%统计水平上显著优越于非示范校（p值均为0.0000）。但是，示范校的班主任不比非示范校更关心学生；在给学习成绩差的学生进行补习方面，示范校也不比非示范校做得好；尤其是，课堂上对于教学计划或教学大纲的讲解方面，示范校在5%统计水平上，显著不如非示范校；职业规划指导方面，示范校在10%统计水平上，显著不如非示范校；示范校学生的课后作业时间，在1%水平上，显著比非示范校少，课堂上玩手机和电脑的现象在10%水平上，显著比非示范校严重。

表10-6　示范校与非示范校部分育人环节比较

考量方面	问题及赋值方式	示范校均值（1）	非示范校均值（2）	均值差（1）-（2）	p值	t值
学校对学生的管理方式	您的学校是不是封闭式管理？（是=1，否=2）	1.25	1.41	-0.16	0.000 0	9.906 0***
学校对学生心理的关心方面	您觉得您的班主任关心您吗？（很关心=1，关心=2，不关心=3，很不关心=4）	2.98	2.67	0.31	0.110 3	-1.596 9

续表

考量方面	问题及赋值方式	示范校均值（1）	非示范校均值（2）	均值差（1）-（2）	p 值	t 值
学校对学生学业的关注方面	针对初中毕业成绩较差的学生，学校是否安排义务教育阶段知识的补习课程？（是=1，否=0）	0.55	0.67	-0.12	0.295 3	1.051 4
	本学期是否有老师给你们介绍过每门课的教学计划或教学大纲？（是=1，否=2）	1.38	1.35	0.03	0.004 1	-2.872 1**
学校对学生职业规划的关注方面	本学期是否有老师和您一对一的谈过您就业和职业规划的问题？（是=1，否=2）	1.70	1.68	0.02	0.063 4	-1.856 8*
学生的有效与无效学习时间	周一到周五每天平均上课时间（小时）	8.41	8.23	0.18	0.000 4	-3.559 0***
	周一到周五每天平均课后学习和做家庭作业的时间（小时）	2.46	2.58	-0.12	0.001 9	3.103 3***
	上周，您一天平均在课堂上有几个小时在用电脑或手机玩游戏、聊天，或看视频？（小时）	0.95	0.89	0.06	0.085 6	-1.719 1*

（3）中职生培养重短期就业，轻长远发展

我国的中职学校大多是普通中学（并且多数曾经是薄弱学校）转型过来的，普遍缺乏对职业教育规律的认识，更缺乏科学的学校发展规划，既不能及时顺应国际发展潮流，在一定程度上也存在着对国家政策的误读。在人才培养定位上，存在着片面重视操作技能和短期就业，而严重忽视基础知识教学和养成教育的问题。

从国际视野看，近些年对职业教育应该重视培养学生的专业技能还是一般能力展开了诸多理论研讨和实践探索，越来越多的国家开始注重职业教育体系中的一般能力教育。2012 年，第三届国际职业技术教育与培训大会上，各国代表基于生产方式的迅速变化和越来越难的发展预测，发出了"实现职业技术教育与培训转型，顺应变化中的世界"的号召，并提出要重新思考职业教育对于促进人类更加公平和可持续发展的本质作用，要从注重短期发展需求转向注重长期发展需求，职业技术教育日益重要的任务是帮助学习者学会如何学习、如何调整适应，而不只是帮助他们为特定职业做好准备。然而，我国的中职学校很少能顺应国际思潮及时调整办学方向，在人才培养方面仍然存在着严重的将"以就业为导向"误读为"就业教育"的现象。在课程设置上，忽视基础知识教学，致使中职生基础知识所学甚少。我们采用主诉方式对样本学生的调研结果显示，有 55%的同学认为在中职学校自己的数学能力没有任何长进，甚至有退步。

由于不能从终身学习、终身发展的视野培养中职学生，人格培养和养成教育不力，中职生的学习风气较为涣散，"学生感"不强。我们的调研结果显示，样本学生自我报告说最近一周每天用电脑和手机的时间约为 6.0 小时，其中玩游戏、聊天或看视频等非学习性质的时间高达 3.8 小时。同时，64.8%的样本学生反映在一周内目睹同学在课堂上有过考试作弊、逃课、抄作业、与老师顶嘴等不良的学习行为；21.2%的样本学生反映曾目睹同班同学打架、欺侮同学、勒索等不良的社交行为；45.7%的样本学生反映曾目睹同班同学喝酒、抽烟等不健康行为。

这样的校园风气是中职学校普遍存在的状态，示范校与非示范校的数据分组检验结果是没有显著差异。这说明，示范校并没有建构起突出的优良校园文化。

三、提升中等职业示范学校育人质量的建议

通过对河南省 118 所中职学校 12081 名学生的追踪调研发现：尽管中职示范校相对于非示范校，拥有显著的资源优势和更强烈的发展信心，但却没有表现出明显的人才培养质量优势。示范校学生在学业成绩、行为表现和优良品质方面与非示范校相比不仅没有显著优势，甚至在专业知识成绩上显著不如非示范校。究其原因，主要是因为中职教育普遍存在着重投入、轻产出，重招生、轻培养，重短期就业、轻长远发展等问题。为此，为了使中职示范校的资源优势转化为人才培养质量优势，政府部门还应在以下方面采取相应措施：

（一）建立以产出为核心指标的中职质量评价体系

政府对示范校的质量监测指标中，除办学条件和资源占有量指标外，要增加学生的文化基础课和专业核心课考试成绩、专业技能测试成绩、辍学率等产出导向的评价指标，并且在验收方式上，除了看材料、听汇报、开座谈会外，要增加查验学生的作业和试卷，进行核心课程测试等环节，切实引导示范校成为重视学生发展质量的示范。

（二）建立对示范校的长效质量监控机制

经过专项投资，国家级示范校已经成为中国最有实力的中职学校。但是，办学条件不等于人才培养质量，示范校验收应该作为人才培养质量监测的新起点，

而不应是对示范校建设的终结性评价。政府要制定专门的示范校长期督导条例，通过定期复检、督导、监管，把示范校打造成中职教育的质量模范，引领中职教育体系从追逐资源走上重视质量的轨道。

（三）鼓励研究机构帮助示范校进行问题诊断与发展设计

示范校能够抓住市场需要和国家重视职业教育发展的契机脱颖而出，展示了这些学校强烈的发展愿望和办学实力。为了更好地促进示范校摆脱质量困境，从做大到做强，政府要在重点投资示范校的同时，重视对示范校发展的技术支持。通过制度设计，鼓励专业型研究机构和第三方教育评估机构帮助示范校诊断其发展优势和劣势、理清发展机遇与挑战，凝练办学特色和核心竞争力，制定出合理的学校发展规划，重塑校园文化，并以此推动示范校的育人质量迈上新台阶。

第二节　中等职业教育免费政策执行效果评析

中职教育免费政策是国家大力发展中职教育的重要举措，2009 年启动以来，众说纷纭。我们对政策文本进行了研究，并于 2010—2015 年，在东部、中部、西部的样本省份进行了相关调研，以期对这一政策进行全面、客观的评估。

一、中职教育免费政策的预期目标

作为职业教育的重要组成部分，中等职业教育是近年来国家着力发展的重点领域之一。为了更好地促进中职教育的持续、健康、快速发展，中央政府出台了一系列"利好"政策，中职教育免费政策即是其中一项重要内容。2009 年，中央首次推出中职教育免学费政策，对农村家庭经济困难学生和涉农专业提供免费教育，政策文本中将这一举措作为"促进教育公平和社会公正的有效手段"[①]；2010年，中央政府决定，为"进一步增强中等职业教育吸引力，促进教育公平，从 2010年秋季学期起，将中等职业学校城市家庭经济困难学生纳入免学费政策范围"[②]；

[①]　《财政部国家发展改革委教育部人力资源和社会保障部关于中等职业学校农村家庭经济困难和涉农专业学生免学费工作的意见》，2009.

[②]　《关于扩大中等职业学校免学费政策覆盖范围的通知》，2010.

2012 年，为"加快发展中等职业教育，促进教育公平和劳动者素质提高"，国家再次把免费范围扩大到所有农村学生[①]。

从上述一系列政策文本来看，中职教育免费政策有两大目标诉求，即公平目标与效率目标。从公平目标来看，政策惠及对象为农村学生、城市贫困学生及涉农专业学生，这些目标群体处于相对弱势的社会地位，教育选择能力低。免费政策旨在通过降低教育成本，扩大受教育机会，为这些处于不利竞争地位的弱势群体提供改变自身境界的新渠道。同时，免费政策试图通过价格杠杆，以补偿受教育者支出成本的形式，吸引更多生源，从而显著增强中职教育吸引力，实现免费政策的效率目标。

二、中职教育免费政策执行效果评价

（一）中职教育免费政策执行效果不佳

1. 中职免费政策陷入了促进教育公平的悖论

一方面，就政策设计来看，中职免费政策存在内在的公平悖论。在当前"以人为本"的政策背景下，教育公平是中国教育发展的首选价值。由于中职教育针对的主要是未成年的高中生，更应该做到公平优先。然而，中职教育免费政策的推出，加快了普高和职高的分流，达成的目标是吸引更多农村学生进入中职，更好更快产出"价廉质优"劳动力的效率诉求。这在当前经济转型的背景下，虽然具有一定的历史合理性，但面对公平标准，又存在悖论。因为高中是国家倡导的普及化教育，所有适龄青少年都可以接受，也都应当接受，国家应该充分尊重年轻一代在高中学段的教育选择，而不能片面地为了做大职业教育而刻意引导适龄青少年就读中职。职普分流的目的是增加学生的选择机会，而借助中职免费政策，刻意推进普职分流，显然有悖于"人本"和"公平"主张。

另一方面，从政策后果来看，中职免费政策加剧了弱势群体集中于中职学校的不公平现象。2007 年，社科院国情调研组的数据显示，中职生家庭 93.65%属于中等以下收入（中国社会科学研究院国情调研课题组，2007）。这说明，在免费政策出台之前，中职学校已经成为弱势群体集中的地方。基于这种状况，政府本应该着力解决"富孩子上普高，穷孩子上职高，并通过职普分离实现社会分层代际

---

① 《关于扩大中等职业教育免学费政策范围进一步完善国家助学金制度的意见》，2012.

相传"的不公平现象，但实际上中职免费政策不仅不利于拆解穷人与富人的求学界线，反而加固了两类群体之间的就学藩篱。客观地说，中职免费政策作为一项集中扶贫项目，实现了较高的扶贫效率。但政府对免费政策的高调宣传和过度倡议，也起到了鼓励和吸引弱势群体就读中职学校的价格杠杆作用，最终加剧了贫穷者聚集中职的状况，使学校教育的类别与家庭背景形成了一种默契关系，使政府扶弱济贫的善意遭遇了公平危机（王星霞，2013）。并且，与经济穷困相连，中职学校成为农村籍学生集中的地方，我们在中部地区的样本学生有 87.3%是农村户籍。

2. 中职教育免费政策提高中职吸引力的效果不理想

一方面，自 2009 年中职教育免费政策实施以来，中职学校招生人数及在校生人数并未有效增加。中职政策话语体系中，"增强中职教育吸引力，扩大农村学生受教育机会"无疑是最有分量的内容。但从政策效果来看，这一政策意图并未有效落实。通过汇总 2009—2014 年教育事业发展统计公告数据来看（图 10-2），自 2009 年推进中职免费政策以来，中职教育每年招生人数、在校生总数及招生人数占初中毕业人数比重均在不断减少。这表明中职教育的吸引力并未得到显著提升，中职招生的不利环境也并未得到根本改变，中职与普通高中的结构也并没有大幅度改观。从长期发展趋势来看，中职免费政策也未能起到激发农村学生教育需求、提高农村学生就学人数与比重的作用。

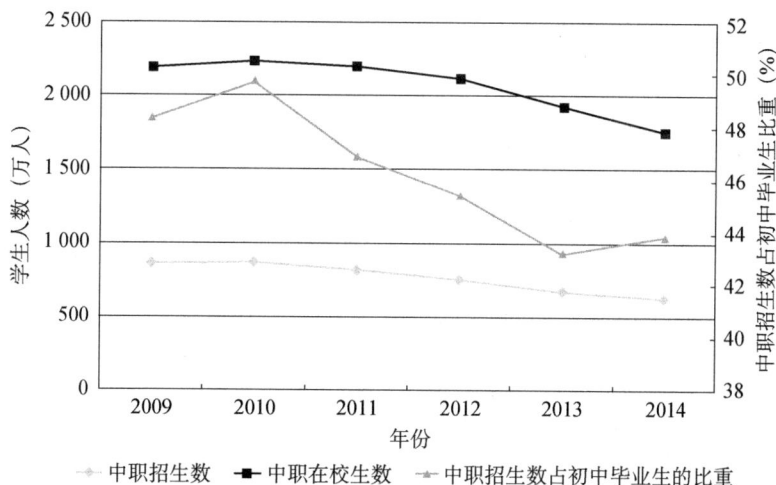

图 10-2　2009—2014 年中职生招生数与在校生人数

资料来源：2009—2014 年教育事业发展统计公告数据

另一方面，中职教育免费政策在稳定中职学校生源，降低辍学率方面的效果不佳。虽然一些学者和政策制定者认为，用免费政策吸引学生上中职，会比学生过早流失到社会上好，但这种想法的"好意"值得推敲。因为免学费政策实施以来，根据国家统计数据，如图 10-3 所示，中职的辍学率仍然居高不下，并且不断攀升，而普高的辍学率却基本在 5% 左右上下波动。这充分表明，实施中职教育免费政策后，中职教育的吸引力未必就能真正提高。

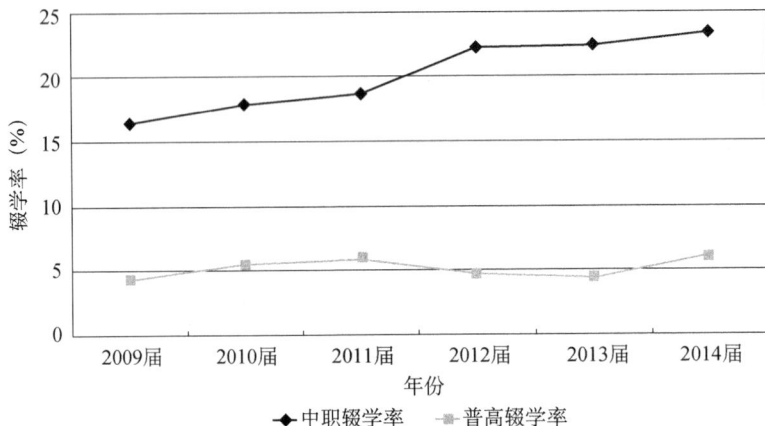

图 10-3　2009—2014 届中职和普高辍学率对比
资料来源：2007—2015 年《中国统计年鉴》

基于以上分析可知，以公平与效率为出发点的中职教育免费政策，并没有很好地实现政策意图。相反，这一政策在相当大的程度上偏离了其预先设定的双重目标，未能全面实现提高中职教育吸引力、促进教育公平的政策效用。

（二）中职教育免费政策执行效果不佳的成因分析

1. 公平目标偏离的原因

尽管中职免费政策被誉为继全部免除城乡义务教育阶段学生学杂费之后，促进教育公平的又一件大事，具有重要的现实意义和深远的历史意义，但实际上这两个免费政策有着本质不同。义务教育是强制性的，政府必须买单，并且免费针对的是所有适龄儿童，不带有任何歧视和偏见；而中职免费则是政府的一种选择性行为，并且政策仅针对弱势群体，这在政策对象上具有一定的歧视性。从理论上讲，一个符合公平正义理念的政策，要能够对弱势群体合理补偿，并显著增强其选择能力。这种合理补偿并不是将其从一个极端不利的处境中拖入程度稍轻的不利处境之中，而是能够给予其充分改善自身境遇的权利和机遇。在这里并不是说，公共政策不能倾向于弱势群体，问题的关键是该不该用一种相对劣质的产品惠济弱势群体。中职学校，从起点看，多是普高薄弱校转制而来；从发展看，多年来一直被斥为办学条件差，教育质量低；从社会反响看，始终缺乏吸引力。如果政府愿意给农村孩子接受的所有教育埋单，民众会认为这是政府在扶弱济贫；如果政府愿意给就读优质教育的农村孩子埋单，民众会认为这是为了鼓励农村孩子立志上进。但现在，政府仅愿意给就读于相对劣质的中职教育的农村孩子埋单，表面上符合"弱势补偿"的正义理念，但实质上难免有歧视之嫌。当农村学生升大学无望但仍想继续学习时，发现理想的选择只能顺从政府所铺设的免费通道进入劣质的中职学校。在这种情况下，政府看似借助经济手段，能够吸引部分农村贫困家庭的孩子及成绩较差的学生进入中职学校，但在客观上是将这些最弱势的群体仍置于相对不利的处境之中，继续加剧着教育不公平现象，政策设计的公平目标由此落空。

2. 效率目标偏离的原因

一方面，从政策设计来看，免费政策效率诉求源于对经济激励的乐观预期，其基本假设是：农村贫困初中毕业生面临上普高要继续支付高昂的教育成本和上中职无须付费且能享受补助的教育选择时，"理性"的农村弱势群体会倾向于选择机会成本更低的中职教育。但事实上，农村学生初中后的教育选择未必与经济因素直接关联。REAP 团队在 15 个乡村对农村贫困初中生进行经济资助的随机干预实验，结果显示：在控制无关变量的干扰下，无论是在初一阶段就进行资助承诺，还是在其初三阶段给予经济资助，都对这一群体的升学率无明显改观（Yi, et al., 2015）。可见，农村学生初中后的教育选择与经济因素并不能直接挂钩。我们在中部地区对随机抽取的 745 名中职生的访谈结果也显示，中职生选择上中职的原因，排在前三位是："初中成绩差，考不上普高"，"上中职能学一项技术，将来好就业"，"父母让我来，我就来了"，而中职免费政策这一原因则较少有学生提起。这表明，农村学生选择中职的原因并非与是否免费紧密相关，理想的政策设计遭遇到了现实的拒绝。特别是在当前"劳心者治人，劳力者治于人""读大学改变命运"的主流话语体系下，读中职将来做工人、社会地位低、收入差的预期更易于削弱中职教育免费的利好效应，制约这一政策效用的发挥。

另一方面，当前中职教育内部的不良生态环境消解着免费政策的正向作用。

由于农村基础教育质量低下，农村籍学生学业成绩相对较差，政府通过中考制度和中考分数线政策，将中职变成了后进生或学困生集中的地方。REAP 团队运用东部和西部的样本数据，分析了中考分数线对学生是否选择上中职的影响，结果显示，分数线以上者很少选择中职，分数线以下者大多只能选择中职（Loyalka P，et al.，2015）。国内外诸多心理学家已研究证实，同伴效应是青少年成长的重要影响因素（Eric A，2003；邹泓，1998），因此，目前通过设学校、划分数线、普高高收费、中职免学费，将发展中的、未成年的弱势学生聚集到中职，使他们接触不到更为优秀的教师和同学，进而将义务教育阶段的弱势衍生为终生的弱势，显然有悖于公平。更为严重的是，我们正在用中职教育免费政策鼓励后进生集中于中职学校，并且采取封闭式管理。我们在中部地区的数据显示，9131 名样本学生中，有 91.14% 是住宿生，有 71.65% 说学校采取封闭式管理，有 79.17% 的学生说一周内没有出过校门。在学校里，有 68.82% 的学生说没有心理辅导老师，37.47% 的学生说一学期没有与班主任聊过天。家长把学生送到学校后，25.91% 的学生说一个月没有和家长见过面或通过电话，8.12% 的学生说一学期家长从没有询问过他们的学习情况。中职生像一批被关在笼子里又缺乏欣赏和驯养的小鸟，困惑着现在，迷茫着未来。在这种教育生态环境中，难以使中职生对学校产生认同感，即使政府借助"教育免费"这一政策吸引农村学生入学，面对低水平的教育服务质量，大量的中职生最终会选择"用脚投票"。在这种情况下，免费政策也无法充分起到稳固生源的政策效用。

三、配套改革中职教育免费政策的建议

针对上述中职教育免费政策的问题，建议政府部门从以下方面着手改进：

1. 低调宣传中职免费政策

建议政府低调宣传中职免费政策，降低"免费"吸引和刺激弱势群体就读职业教育的信号价值，自然实现其"雪中送炭""补偿弱势"的公正价值。目前，教育财政投资的重中之重应该是解决农村孩子大多数在中考分数线以下的问题，也就是农村义务教育质量问题。同时，在农村义务教育质量没有整体改善的情况下，取消普高"三限"政策，放开普高分数线，扩大普高招生人数，降低普高学费，让更多农村孩子能有机会在普高中缩小与城市孩子的学习差距，这或许比中职免费更能体现对农村学生的教育救助。同时，从长远来看，可尝试考虑运用"教育

券"的手段，无论农村贫困学生选择中职还是普通高中，均可凭借"教育券"享受免学费的政策资助。这实际上更有助增强农村弱势群体的选择能力，更好地改善自身不利的受教育境遇。

2. 渐进式调整中职投入政策的覆盖范围，加强对师资、仪器设备、实习基地的投入

对于中职学校而言，当前发展的瓶颈并非仅仅在于"农村学生上不起学"。我们对随机抽取的 745 名中职生的访谈中，在被问及"如果能再做一次选择，你会选择中职吗"，有 20.8%的中职生果断回答"不会"，这说明中职生对于中职教育持有较低的满意度。而对于学校管理人员的调研中，询问其影响学生流失率的重要因素时，"教师能力低""缺乏办学经费""缺乏仪器设备"排在前三位。因此，在中职教育经费相对有限的情况下，政府投入政策的重点应是师资培养、教学设备更新、实习基地建设等方面。只有在这些方面下足功夫，出真质量，才能有效改观中职教育质量不佳的固有形象。同时也只有这样，中职学校面对未来普通高中全面免费政策冲击时，才能有足够的实力维系生存和应对竞争。

3. 优化当前的中职免费政策，综合应用"免、助、奖"方式对学生进行激励

当前中职免费政策惠及面广、无区分度的特点难以充分调动中职生的学习积极性。根据我们开展的一项关于"中职生是否受到刻板印象威胁"的随机实验结果发现，公众对于中职学校教育质量低下的不良印象并未对中职生学业成绩产生显著的不利影响。相反，中职生出现了"反刻板印象威胁"的现象。在中部地区的 12 081 名学生样本中，有 53.14%的中职生希望自己达到本科（37.42%）或研究生（15.72%）的教育程度。这说明，相当一部分中职生有着强烈的提高受教育水平、改变自身不利处境的动机。为更好地激励和引导中职学生，应该优化中职投资的使用结构，加大优秀中职生奖学金份额，鼓励中职生积极进取，形成良好的学习氛围。

4. 加强中央政府统筹和监督职能，确保当前中职免费政策落实到位

从中职教育经费总体来看，虽然投入总量在逐年增加，但中职教育经费占教育经费总投入的比例仍偏低。此外，以地方为主的中职教育投入政策加剧了不同地区中职发展水平的差异。为此，中央政府要加强对中职教育经费的投入，对于经济发展水平相对较低的中西部地区，要通过专项补贴、转移支付的手段提高中职教育投入水平，尽量缩小不同区域间中职学校发展的差距，使中职生能够公平享受高质量的中职教育服务。同时，要加强中职生学籍管理，规范中职学校的招

生行为，严惩通过虚报中职学生数骗取国家补助资金的行为，强化对中职免费政策的执行监督，确保政策落实到位。

第三节　中等职业教育教师队伍建设政策评析

"双师型"教师队伍建设是关涉中职教育发展的重要问题。REAP 团队在东部样本省份，选择了 28 所拥有计算机专业，同时包括硬件和软件两大类课程，且专业课科目设置和周学时大体一致的样本学校，于 2012 年 5 月收集了基线数据，2013 年 5 月进行了终期评估，试图用实证数据探讨"双师型"教师与中职学生学业成绩之间的关联，并据此对"双师型"教师队伍建设状况进行评价分析。

一、"双师型"教师队伍建设的政策预期

加强"双师型"教师队伍建设是国家大力发展职业教育的重要政策选择。1995 年，职业教育政策文本中第一次使用"双师型"教师一词。《国家教委关于建设示范性职业大学工作的通知》中，要求申请试点建设示范性职业大学的学校要具有 1/3 以上的"双师型"教师。1998 年，《面向二十一世纪深化职业教育教学改革的原则意见》中倡导重视"双师型"教师的培养。此后，"双师型"逐渐成为职业教育政策文本中不可或缺的重要语汇。2013 年，教育部发布的《中等职业学校教师专业标准（试行）》中，将"建设高素质'双师型'教师队伍"界说为设立中等职业学校教师专业标准的根本宗旨。"双师型"概念提出 20 多年来，职业教育政策文本中虽然在广泛使用，但却很少明确界定或者解读其内涵，似乎这是一个约定俗成、不言自明的概念。而理论家们却对深刻挖掘"双师型"内涵表现出了极大热情，提出了双职称说、双能力说、双证书说、双师素质说、一证一职说、双元说等（曹晔，2007）。管理者和办学者则根据自己的理解给出了便于评价的操作性定义。

尽管政策家、理论家、实践家对"双师型"概念的理解不同，并且在已有研究文献中，也没有足够的实证数据证明"双师型"教师是否能够对职教学生的学业成绩产生积极影响。但在职教领域却有着高度一致的共识，那就是："双师型"教师是职业教育发展的关键，"双师型"教师短缺是职业教育质量低下的根源，加

强"双师型"教师队伍建设是职业教育学校摆脱发展困境、提高教育质量的必由之路。并且在实践中，从中央到地方，都把"双师型"教师比例作为评价职业教育学校办学条件，乃至办学质量的重要指标。

二、"双师型"教师对学生发展的影响评估

基于政府、学界和中职学校对于"双师型"教师积极效用的预期，REAP 团队对"双师型教师"资格与学生学业成就之间的关系进行建模分析（James, et al., 2016）。

由于计算机专业涵盖软件和硬件两大类课程，该研究选用了跨学科学生固定效应模型（cross-subject student fixed effects model）作为分析工具，回归方程为：

$$A_{is} = \alpha + \beta T_{is} + \delta C_{is} + \lambda_i + \varepsilon_{is}$$

其中，产出变量 A_{is} 为学生终期评估时的软件课程和硬件课程标准化测试成绩；干预变量 T_{is} 为教师的"双师型"身份或有企业工作经历；控制变量 C_{is} 是教师的基本特征；控制变量 λ_i 是学生不随学科变化的基本特征；ε_{is} 为误差项；α、β、δ 是估计系数，β 是干预变量对产出变量的影响。

回归结果如表 10-7 所示：无论是针对全体样本学生（$\beta=-0.13$），还是差学生群体（$\beta=0.06$）及好学生群体（$\beta=-0.23$），所有维度的数据结果均显示，教师的"双师型"身份与学生学业成绩都没有统计上的显著相关性。这一结果意味着，当前"双师型"教师资格与学生学业成绩无显著关联。

表 10-7　教师"双师型"身份与企业经历对中职生学业成绩的影响

	全体学生		优等生		后进生	
	企业经历	双师型身份	企业经历	双师型身份	企业经历	双师型身份
系数（β）	0.15** （0.07）	−0.13 （0.07）	−0.46*** （0.12）	0.23 （0.20）	−0.19 （0.29）	0.06 （0.24）
控制变量	教师特征、学生特征					
观测值	2 866		2 866		2 866	
R^2	0.090		0.093		0.091	

注：1. 优等生指基线时标准化计算机测试分数最高的 1/3 学生群；相反，后进生指分数最低的 1/3 学生群。
　　2. 控制变量中教师的基本特征包括教师的年龄，性别，学历，教龄，职称，是否获得县级、市级、省级及以上奖励，是否计算机专业对口，是否通过国家计算机等级考试，是否获得国家应用信息技术证书，是否有其他计算机专业相关证书，是否在编教师，每门课程的周教学时数；学生特征主要是指学生的一些不随学科变化的基本特征，包括年龄、性别、家庭、教育背景、基线测试成绩等。

　　这个结果推翻了"双师型教师是影响中职生学业发展的关键因素"的基本假设。但是，由于学生的软件和硬件知识技能考试卷经过了严格的标准化试测与处理，具有较高的信度、效度、区分度，并且控制了多项有可能干扰分析结果的教师和学生特征，因此，这个结果值得重视。

　　面对上述数据结果，该研究对教师样本数据又进行了深入分析。

　　首先，对教师样本的具体构成进行了分解。结果发现，在调研的154名教师中，虽然有88%的硬件教师和81%的软件教师是"双师型"教师，但却仅有10%的硬件教师和9%的软件教师具有实际的企业工作经历。通过随机选取部分教师进行访谈，结果了解到，在学校操作层面，所谓"双师型"教师实际上就是"双证"教师，即一方面具有教师资格证，另一方面具有其他某种职业资格证，而这些证书往往可以经过短期培训并通过书面考试获得，不一定具有真实的企业工作经历和实践经验。这表明，经过政府和学校认定，并纳入统计数据的"双师型"教师并不一定是真正有实践经验的教师。

　　接下来，对那些真正具有企业工作经历的教师对学生学业成绩的影响进行进一步检验。结果如表10-7所示，教师的企业工作经历与学生学业成绩在5%水平上显著相关，系数为0.15，说明教师的企业工作经历对学生学业发展有显著的积极影响。同时，对学生成绩分群的检验结果显示，教师的企业工作经历对优等生有更明显的积极影响，系数为0.46，在1%水平上显著。

　　由此，根据上述两个层面的分析发现，中职学校打造有实践经验的教师队伍的思路是正确的，真正具有实践经验的教师确实能够促进学生学业成绩提高，尤其是对学习基础较好的学生有更大的促进作用。但是，现行评价体系中普遍采用的以"双证"（教师资格证和某一行业的任职资格证）界定"双师型"教师的评价指标并不科学。有证书者不一定有真正的实践经验，以"考证"作为"双师型"教师队伍建设的路径，易使缺乏实践经验但擅长应试的人员充斥到中职教师队伍中，进而导致"双师型"教师队伍建设目标的落空和虚化。

三、提高"双师型"教师实践经验的建议

　　根据上述分析可知，当前要加强中职教师队伍建设，着力点应是增加教师的实践经验，而不是片面地鼓励教师去考证。具体策略如下：

（一）要使"双证型"教师走向"实践型"教师

要克服"双师型"教师建设的虚化问题，使中职教师真正具备实践经验，需要从准入制度和在职培养两方面同时入手。

1. 强化"双师型"教师资格认定，严把中职教师准入门槛

对于中职教师资格认定，不能为了"认证"而"认证"，尤其不能诱使或迫使教师通过急功近利的突击学习方式，甚至是通过虚构企业工作经历获得资格认证。"双师型"教师资格认证要确保中职教师队伍的专业性、技术性和规范性，使真正具备资格的专业人员进入中职教育系统。为此，政府部门要根据"双师型"教师的劳动特点，对于申请入职者的学历水平、职称，以及从事相关行业的经历或经验、技能水平及实践能力提出详细要求与操作标准，要避免"双师型"教师认定的单一化、片面化、形式化。负责招聘的机构或团队，要通过对申请人员教学水平和实践经历的双重严格认定，确保那些既能够充分将系统的专业知识传授给学生，又能够引导学生有效掌握专业实践技能的专业型教师充实到中职教育系统内。目前，全国中职学校专任教师 86.56 万，仅是普通高中专任教师 162.90 万的一半（中国新闻网，2014），中职专任教师的扩容空间还很大，只有明确"双师型"教师的准入标准，严格把好中职教师"入口关"，提高中职"双师型"教师的职业声望，吸引优秀人才从事中职教育，才能使中职"双师型"教师队伍建设进入良性循环。

2. 完善中职教师培养体系，加强"双师型"教师实践经验的培训

中职教师的在职培训要突出实用性、实践性及研究性，要针对教师实际的教学情况及行业属性，对教师进行有针对性的技能培训，提高其所教专业的岗位能力，引导其对感兴趣领域进行科学研究，提高自我反思和探究的能力。同时，要强化中职教师实践技能，定期安排新手教师进入实习基地、合作企业进行实地考察、挂职锻炼及定期实践，丰富自身的实践经历。此外，还要大力拓宽中职教师的培训渠道与网络，形成完善的"双师型"教师企业实践制度，通过历练式的企业培训，加快中职教师的专业化成长，使"双师型"教师真正能了解和把握行业属性、发展现状、组织方式、工业流程、管理制度，充分了解和熟悉企业相关工种的具体职能职责、技术要求、操作规范，并能结合实践情况，对自身所教专业在生产实践中的应用程度进行反思和提炼，使自身所教内容充分实现教育与生产劳力相结合，进而使中职学生真正能够学到切实有效的专业知识和劳动技能。《现

代职业教育体系建设规划（2014—2020年）》中要求"到2020年，有实践经验的专兼职教师占专业教师总数的比例达到60%以上"，并提出"建立一批职业教育教师实践企业基地，实行新任教师先实践、后上岗和教师定期实践制度，专业教师每两年专业实践的时间累计不少于两个月"[①]。这些举措及时而必要，基层管理部门要用制度约束办学单位切实贯彻执行，使"双证型"教师真正成为"实践型"教师。

（二）要使个体化"双师"走向群体化"双师"

中职"双师型"教师队伍建设，不仅要着力培养个体教师的实践能力，更要拓宽思路，敢于创新，促进中职"双师型"教师队伍群体化的建设与提升。譬如，有学者提出了"双元结构小组"的概念，并开展了双元合作教学实验：即由一名或若干名专业理论教师作为"一元"，一名或若干名技能教师作为"另一元"，共同组成一个双元结构的教师组合，以"二元一组"的小组形式共同进行专业课程教学，共同完成"双师型"教师需要完成的专业理论教学和技能教学任务（史文生，2015）。目前，中职教育吸引力不足、教师社会地位低、待遇差，难以大批量地留住高质量的"双师型"优秀人才，这种把"双师型"教师理解为一个群体概念，无疑为"双师型"教师队伍的建设提供了新的思路。

总的说来，"双师型"教师是实现中职教育职业性、技能性的载体，但在当前，"双师型"教师队伍建设还存在诸多偏差，"双师型"教师作为评价中职教育办学质量的指标也是无效的。因此，从个体和群体两个方面完善"双师型"教师建设制度，让"双师型"教师实至名归，才是提高中职教育质量的关键。

第四节　中等职业教育学生顶岗实习制度评析

一、中等职业学校学生顶岗实习政策的预期目标

近年来，随着我国劳动密集型产业"用工荒"的出现和劳动力价格的上涨，中职生这一人力资源逐步被开发，并被企业视为稀缺的廉价劳动力，顶岗实习日

① 《现代职业教育体系建设规划（2014—2020年）》，2014.

益成为中职学校与企业合作的重要途径。

2005 年,《国务院关于大力发展职业教育的决定》中,在"坚持以就业为导向,深化职业教育教学改革"部分的"大力推行工学结合、校企合作的培养模式"条款中,第一次要求中等职业学校在校生要在最后一年进行顶岗实习。显然,顶岗实习是在深化职业教育教学改革时推出的一种新的人才培养模式。文件要求实习期间,企业要与学校共同组织好学生的相关专业理论教学和技能实训工作。这种模式尽管以就业为导向,并通过校企合作实现,但从本质上是人才培养的一个环节,其最终的着力点是促进学生发展。

2007 年,教育部、财政部专门针对中职学生颁布了《中等职业学校学生实习管理办法》。政策文本中对"学生实习"的概念做出了界定,明确指出:学生实习主要是指中等职业学校按照专业培养目标要求和教学计划的安排,组织在校学生到企业等用人单位进行的教学实习和顶岗实习,是中等职业学校专业教学的重要内容。

2008 年,《教育部关于进一步深化中等职业教育教学改革的若干意见》中要求进一步完善学生到企业的顶岗实习制度,并强调指出顶岗实习是具有中国特色的职业教育人才培养模式和中等职业学校基本的教学制度。

2010 年,《国家中长期教育改革和发展规划纲要(2010—2020 年)》中把顶岗实习界定为提高职业教育质量的一种人才培养模式。

2012 年,教育部制定《职业学校学生顶岗实习管理规定(试行)(征求意见稿)》,再次明确指出:顶岗实习是指职业学校按照专业培养目标要求和教学计划安排,组织在校学生到企(事)业等用人单位的实际工作岗位进行的实习。

2016 年,为推进现代职业教育体系建设,针对现实中频发的实习问题,在已有政策文本基础上,中央进一步完善制度设计,教育部等五部门联合发布了新的《职业学校学生实习管理规定》,明确指出:职业学校学生实习,是指实施全日制学历教育的中等职业学校和高等职业学校学生按照专业培养目标要求和人才培养方案安排,由职业学校安排或者经职业学校批准自行到企(事)业等单位进行专业技能培养的实践性教育教学活动,包括认识实习、跟岗实习和顶岗实习等形式。其中,顶岗实习是指初步具备实践岗位独立工作能力的学生,到相应实习岗位,相对独立地参与实际工作的活动。同时,强调指出:职业学校学生实习是实现职业教育培养目标,增强学生综合能力的基本环节,是教育教学的核心部分。

从这诸多关于中职教育学生顶岗实习的政策文本中可以看出，顶岗实习制度的政策目标，一是推动校企合作，二是促进学生发展。其中，学生发展是终极目标，校企合作是促进学生发展的教育教学方式。

二、中等职业学校学生顶岗实习状况的评价分析

尽管见习实习、校企合作、工学交替是国际上所有职业教育的共同特色，但是，在中职教育阶段进行长达一年的顶岗实习在其他国家并不多见。我国中职生顶岗实习作为一种制度创新，在规模化推进十年的节点上，需要科学评估这一制度的实施效果。

基于顶岗实习制度促进学生发展的目标定位，本书拟从中职学生发展的视角，通过大样本调查和准实验研究试点评估顶岗实习制度；并基于实施效果检视实施过程；同时，经过对过程与结果的深刻反思，为更好地完善顶岗实习制度，实现顶岗实习的育人功能提出政策建议。

（一）数据来源

本书使用的数据来源于河南大学教育行动国际研究中心与 REAP 团队联合开展的中职教育研究项目。

按照《中等职业学校学生实习管理办法》的规定和实践运行状况，顶岗实习主要是中职三年级学生的学习实践方式。三年级学生被要求全员顶岗实习，而一、二年级只有少部分参与顶岗实习。但是，经过对中职学校校长和教师的访谈得知，三年级学生顶岗实习期间，全年不在学校，无法对其进行群体测试和问卷。因此，基于一、二年级学生参与的顶岗实习与三年级顶岗实习的同质性，为便于收集大样本数据，并且便于对学生采取测试、测量等调研方式，本书以一、二年级学生中有过顶岗实习经历者作为考查顶岗实习的样本对象。

（二）变量厘定

为考查顶岗实习对中职学生发展的影响，本书把样本学生是否有顶岗实习经历作为干预变量，把学生发展作为结果变量。同时，基于教育学原理，如表 10-8 所示，把学生发展的概念框架界定为认知和非认知两个维度：认知方面，主要以学生的学业成绩为核心指标，学业成绩中包括代表基础知识的数学成绩和代表专业知识技能的专业成绩，尤其是为了体现中职教育"以就业为导向，以技能为重

点"的特点，在专业知识技能测试中重点考查了操作性知识。非认知方面，第一考量了中职生的吃苦耐劳品质，这是本项目组在另外一项针对大型企业的测评中发现的优秀员工所具有的最为显著的优秀品质；第二考量了中职生不良行为的发生率，即样本学生在校园内表现出的抽烟、喝酒、赌博、打架、敲诈勒索、考试作弊、逃课、抄作业等不良行为的发生率。

表10-8　干预变量与结果变量描述

变量类型	变量名		变量解释
结果变量	认知方面	数学成绩	数学成绩标准分
		专业成绩	专业成绩标准分
	非认知方面	吃苦耐劳品质	8=最差，40=最好
		不良行为发生率	0=最好，10=最差
干预变量	是否有顶岗实习经历		1=是，0=否

为了弄清干预变量与结果变量之间的因果关系，避免无关变量的干扰，本书对学生所在的专业和年级、基线调研时已有的成绩与表现、个人的基本特征、学习与工作经历，以及其家庭基本特征都进行了控制。

（三）模型设计

为了科学评价顶岗实习对中职学生发展的影响，本书首先采用设定了系列控制变量的多元回归进行分析，模型如下：

$$Y_i = \alpha + \beta T_i + \delta C_i' + \varepsilon_i$$

其中，Y_i 为结果变量，主要包括评估调研时学生的学业成绩、心理品质、行为表现；T_i 为干预变量，即学生是否参加了顶岗实习；C_i' 为控制变量，主要包括学生个人和家庭的基本特征，以及基线调研时的各类测量分数；α 为常数；β、δ 为系数；ε_i 为标准误差。

然后，本书进一步采用倾向性得分匹配的方法进行统计分析。匹配的价值在于使干预组学生（有顶岗实习经历）和控制组学生（无顶岗实习经历）拥有相似的基本特征。倾向性得分匹配是根据学生的专业、年级、基线测试的数学成绩、专业成绩和吃苦耐劳品质分数、性别、年龄、种族、户口类型、学习经历、家庭经济状况、父母受教育水平、是否是留守儿童等个人和家庭的基本特征，利用概率回归测算出每个学生的倾向性得分，然后根据得分进行一对一匹配，最终使干预组和控制组学生，除了是否有顶岗实习经历外，其他特征基本相同。相比OLS

回归，匹配通过重新加权，去掉了一部分在一般回归中会导致结果出现偏误的观测值，让结果更加可信。

（四）数据结果

1. OLS 回归结果

OLS 回归结果如表 10-9 所示：①在数学成绩增进方面，干预组与控制组没有显著区别，但系数为负数（$\beta=-0.021$）；②在专业成绩增进、吃苦耐劳品质提升方面，干预组比控制组均在 10%水平上显著偏低（$\beta=-0.050*$、$-0.052*$），这说明参与过顶岗实习的学生在专业知识技能进步、优秀心理品质养成方面不如没有实习经历的学生；③在不良行为发生率方面，干预组比控制组在 5%水平上显著严重（$\beta=0.139**$），这说明，有过顶岗实习经历的学生更容易表现出不良行为。

表 10-9　是否参与过顶岗实习对学生发展多项指标的影响（匹配前）

变量	学业成绩		心理品质	行为表现
	数学测试标准分	专业测试标准分	吃苦耐劳品质标准分	不良行为发生率
实习生	−0.021	−0.050*	−0.052*	0.139**
	（0.032）	（0.028）	（0.029）	（0.054）
控制变量	第一类：专业、年级； 第二类：基线数学成绩和专业成绩、基线的吃苦耐劳测验分数； 第三类：性别、年龄、种族、户口类型（是否农村户口）； 第四类：学习经历（包括上中职前是否上过普高、上中职前是否工作超过半年、到中职学校的时间、是否全日制学生、是否五年制学生）； 第五类：家庭经济状况、父母的受教育水平、是否留守儿童			
常数	−1.041***	−0.974***	−3.058***	−0.854***
	（0.202）	（0.220）	（0.213）	（0.276）
观测值	9 131	9 131	9 131	9 131

2. 倾向性得分匹配后的结果

进一步按倾向性得分匹配后，一年级匹配上 850 对，即 1700 人；二年级匹配上 377 对，即 754 人。仍然利用上述回归模型进行分析，匹配后结果如表 10-10所示：①在数学成绩增进方面，干预组与控制组在 5%水平上显著偏低（$\beta=-0.100**$），相比匹配前，结果是显著的，说明有过顶岗实习经历的学生数学成绩进步更小；②在专业成绩增进方面，干预组比控制组在 10%水平上显著偏低

（β=-0.070*），和匹配前结果一致；③在心理品质、行为表现方面，干预组和控制组在进行匹配后差异不显著。

表 10-10　是否参与过顶岗实习对学生发展多项指标的影响（匹配后）

变量		学业成绩		心理品质	行为表现
		数学测试标准分	专业测试标准分	吃苦耐劳品质标准分	不良行为发生率
全样本	实习生	−0.100**	−0.070*	0.012	0.065
		（0.041）	（0.040）	（0.040）	（0.065）
	观测值	2 438	2 439	2 431	2 428
一年级	实习生	−0.112**	−0.121**	0.002	0.088
		（0.048）	（0.048）	（0.045）	（0.079）
	观测值	1 688	1 689	1 684	1 681
二年级	实习生	−0.069	0.050	0.028	0.017
		（0.076）	（0.071）	（0.088）	（0.084）
	观测值	750	750	747	747

注：控制变量与表 10-9 的控制变量相同

进一步分年级分析可知：对于二年级学生来说，是否有顶岗实习经历，两组学生之间所有的测量项均没有显著差异，说明顶岗实习并没有对学生发展产生明显的促进作用；但对一年级学生来说，有顶岗实习经历的学生，其学业成绩却显著不如没有顶岗的学生。

综合匹配前后的数据结果可知，顶岗实习对中职生的基础知识学习、专业知识技能提升，以及优良品质的养成和不良行为的控制，均没有表现出显著的促进作用，而且对一年级学生的学业进步有明显的阻碍。

（五）追因分析

为什么顶岗实习对于学生发展的促进作用不能充分显现出来，并且在某些方面还有较为明显的负面影响呢？我们依据颇具行政效力的《中等职业学校学生实习管理办法》（表 10-11 中简称为《办法》），对顶岗实习的实施状况进行了考察。在样本班级中，指导过顶岗实习的班主任有 111 人，参与过顶岗实习的一年级和二年级学生有 2051 人，从对这些班主任和学生，以及学校校长的问卷结果看，如表 10-11 所示，顶岗实习存在着严重的违背政策要求的现象。

表 10-11 中职顶岗实习的政策规定与实习操作中的违规行为

违背条款	政策文本	违规行为
违背《办法》第 3 条	中等职业学校三年级学生要到生产服务一线参加顶岗实习	样本中有 73 个"升学班"、236 个"就业班"、37 个"混合班"（一部分升学，一部分就业）。愿意升学的学生专心应考，没有顶岗实习经历，照样可以获得中职毕业证
违背《办法》第 4 条	学校和实习单位在安排学生实习时，要共同制订实习计划，开展专业教学和职业技能训练	第一，实习单位培训计划不完善。有 23%的校长说企业不会给实习生提供培训计划 第二，实习单位培训活动不到位。有 52%的学生说去实习单位前或者实习期间，学校或企业没有对他们进行过关于实习目的或内容的相关培训 第三，实习岗位与所学专业不对口。67%的学生说他们实习的岗位与所学专业不对口 第四，实习岗位技术单调。70%的班主任说他们带的实习学生从事的工作是加工流水线
违背《办法》第 5 条	不得安排一年级学生到企业等单位顶岗实习	30%的校长说他们会安排一年级学生顶岗实习；60%的学生说第一学年参与过顶岗实习
	不得安排学生每天顶岗实习超过 8 小时	53%的班主任说学生顶岗时工作时间会超过 8 小时；58%的学生说他们每天的工作时间要超过 8 小时
	不得通过中介机构代理组织、安排和管理实习工作	7.5%的班主任说他们是通过劳务中介公司安排实习单位
违背《办法》第 6 条	学校要定期检查实习情况	15%的校长说学生顶岗实习时没有教师陪伴；40%的学生说实习期间没有驻场教师指导；36%的学生说实习期间，学校教师没有询问过一次
违背《办法》第 8 条	实习单位应向实习学生支付合理的实习报酬。学校和实习单位不得扣发或拖欠学生的实习报酬	第一，实习工资低于正式员工。62%的班主任说实习生工资低于正式员工；46%的学生说工资低于正式员工 第二，实习工资低于当地最低工资标准。中部的中职生多是在本地或东部发达地区顶岗，中部的最低工资标准为 1 100 元，有 25%的学生说他们的月工资低于 1 100 元；深圳的最低工资标准为 1 500 元，有 27%的学生说他们的月实习工资低于这个标准 第三，实习工资不能直接领到。46%的学生说实习工资不是直接发给他们个人
违背《办法》第 10 条	建立学校、实习单位和学生家长经常性的学生实习信息通报制度	60%的学生说学校教师没有跟家长沟通过实习情况
	学生到实习单位顶岗实习前，学校、实习单位和学生本人或家长应当签订书面协议	13%的校长不知道政府有此项要求；33%的学生说他们本人没有与实习单位和学校签署三方协议；64%的学生说他们手里没有实习协议正本
违背《办法》第 12 条	要为实习学生购买意外伤害保险等相关保险，具体事宜由学校和实习单位协商办理	23%的校长说企业不会给学生购买商业意外险；42%的校长不知道国家在此方面的具体要求

注：这里的政策文本是指《中等职业学校学生实习管理办法》（2007）。因为 2012 年的《职业学校学生顶岗实习管理规定》只是征求意见稿，并未成为正式文件。同时，笔者调研时，《职业学校学生实习管理规定》（2016）还没有出台，学校的实习行为主要依据 2007 年的管理办法安排

从表 10-11 的数据可以看出，顶岗实习的初衷是在中职生基本完成教学实习和学过大部分基础课程之后，到专业对口的现场直接参与生产过程，综合运用本专业所学的知识技能，完成一定的生产任务，并进一步获得感性认识，掌握操作技能，学习企业管理，养成正确的劳动态度。但是，顶岗实习的结果却是劳务性远大于教育性，异化了顶岗实习的教育本质。

三、改进中等职业学校学生顶岗状况的建议

通过对 118 所中职学校 12081 名学生的基线和评估调研可知：①顶岗实习对中职学生的学业发展没有显著的积极作用，有过顶岗实习经历的中职学生，其数学成绩和专业成绩在接近一学年的时间里增长幅度显著不如没有实习经历的中职生。②在心理品质、行为表现方面，有无顶岗实习经历对中职学生的发展没有显著影响；有过实习经历的中职生并没有通过顶岗实习养成更加优良的吃苦耐劳品质和更加优秀的行为表现，顶岗实习没有实现其职业精神的教育性预期。③对于一年级中职学生来说，顶岗实习的不良影响非常显著。④中职生的顶岗实习存在多处违规现象，其劳务性远大于教育性。可见，现实中的顶岗实习制度没有很好地实现促进中职学生发展的理想目标，并且在顶岗实习制度执行中存在多处偏差。为完善中等职业学校学生顶岗实习制度，改善中职生顶岗实习状况，建议政府主管部门和具体办学机构要在以下方面做出调整：

（一）缩短顶岗实习总学时，实行弹性化顶岗实习制度

目前，我国大部分中职学校实行的是"2+1"人才培养模式，即一、二年级在校学习，三年级离校顶岗实习。长达一年的顶岗实习，基本上等于学生提前一年就业。

根据前文分析可知，现行的顶岗实习对于中职生的学业进步和职业精神养成并没有明显的积极作用。同时，在调研中了解到，中职学校的优秀学生可以通过单独招生、对口升学等途径继续接受高等教育，这些专攻升学的学生在中职阶段一般不参与顶岗实习，这说明顶岗实习并不是培养优秀中职生的必要条件。同时，从中职生的年龄特点和群体特征来说，中职生自律性普遍较差，这种"放羊"式的群体顶岗，很难带给中职生对实践岗位的积极体验。因此，在国家相关政策文本中规定年龄更大的高职生顶岗实习半年，年龄偏小的中职生顶岗实习一年，缺乏逻辑合理性。

可喜的是，2016 年国家颁布的《职业学校学生实习管理规定》（2016），取消

了原有文件中对中职生第三学年顶岗实习的硬性规定。基于此，建议管理部门要允许各个学校根据所开专业的不同特性，设计弹性化的顶岗实习期限。如果有正当的实习需要和合适岗位，可以延长顶岗实习时间；如果没有正当的实习需要和合适岗位，可以削减顶岗实习时间。顶岗不是简单的劳务输出，不能"放羊"，不能流于形式，顶岗实习要真正成为促进中职生专业发展的实践环节。

（二）严格制度规范，加强对顶岗实习的监督管理

2016 年年初，教育部等五部门印发的《职业学校学生实习管理规定》，是在 2007 年《中等职业学校学生实习管理办法》和 2012 年《职业学校学生顶岗实习管理规定（试行）（征求意见稿）》基础上更加完善的制度设计。其中，对目前中职学校顶岗实习中普遍存在的专业不对口、缺乏教师指导、三方合同不完备、顶岗实习时间过长等问题都提出了明确的要求，这为引导和规范中职学校的顶岗实习提供了新的契机。办学机构要强化规范意识，严格按照管理规定的要求，认真抓好每一个环节，提高顶岗实习的教育性。主管部门要加强监管与督导的力度，下决心扭转过去失之以宽、失之以松的管理局面，将《职业学校学生实习管理规定》落细、落小、落实，扭转中职学校有章不循的行为习惯，整顿中职实习市场，提高顶岗实习和校企合作的规范性。

（三）杜绝一年级顶岗实习，增强中职生的学生感

根据本书的数据分析，一年级学生参加顶岗实习，对其学业发展有显著的不良影响。并且，根据对样本的追踪统计，第一学年 10 月到第二学年 10 月，累计辍学率高达 26.6%。寒假过后学生流失 16.3%，暑假过后又流失 10.3%。寒暑假成为学生流失的重要节点与假期里学校安排的顶岗实习与学生自主打工不无关系。我们与 326 位中职辍学生的访谈结果显示，68%的学生辍学是因为他们"想学的东西学不到，学到的又与生产岗位不对接"。可见，目前的顶岗实习是以企业需求为轴心，与教学活动无关，脱离了政策目标对顶岗实习的预期设定，实然与应然存在错位。

中职生是学生，必须以学习基础知识和专业知识技能为主。在没有形成一定的专业基础就安排顶岗实习只能使中职生异化成"打工预备队"，导致中职生对读书价值产生怀疑，进而导致辍学率上升。国家的政策文本中，多次强调不得安排、接收一年级在校学生顶岗实习，各职能部门和办学机构要基于提高中职人才培养质量，优化中职教育形象的责任感，杜绝一年级学生实习现象。

（四）提高校企合作质量，慎推学徒制

根据我们的调查数据，很少有企业参与制定学校的人才培养计划，顶岗实习的劳务性远大于教育性。并且，从样本数据来看，目前与中职学校合作的企业多是生长性极不稳定的中小企业。在这样的校企合作大背景下，《教育部关于开展现代学徒制试点工作的意见》中倡导的"招生即招工，进校即进厂"的学徒制有一定风险性。为此，管理部门要联合行业协会或职教集团共同对中职学校顶岗实习的企业和试行学徒制的合作企业进行严格选择和监督管理，以免中职学校变相沦为低技术企业的招工机器。

总的说来，顶岗实习是中职学校重要的教育教学环节，但目前其育人功能并没有充分发挥，顶岗实习制度的完善仍然任重而道远。

第五节　职业教育人才成长"立交桥"政策评析

人才成长"立交桥"是构建现代职业教育体系的基础工程。本书基于田野调研和样本数据的分析，就政策预期、政策执行、政策优化进行讨论。

一、人才成长"立交桥"建设的政策预期

在国家经济转型、产业升级的时代大背景下，职业教育的发展被置于极为重要的战略地位，国家在职业教育领域投入了大量的人力、物力、财力，职业教育特别是中职教育的规模迅速扩张。但是，与此同时，职业教育内部纵向衔接及与普通中等、高等教育的互通仍存在着突出的制度障碍，对中职教育的可持续发展产生了极为不利的影响。面对这一问题，为促进中职教育从规模扩张向体系化建设的有序转型，2005年《国务院关于大力发展职业教育的决定》中，正式在国家政策文本中提出"建立职业教育与其他教育相互沟通和衔接的'立交桥'，使职业教育成为终身教育体系的重要环节，促进学习型社会建立"；2010年，《国家中长期教育改革和发展规划纲要（2010—2020年）》中，针对继续教育，再次提出"搭建终身学习'立交桥'"的发展任务；同年，《中等职业教育改革创新行动计划（2010—2012年）》中，专门提出了"构建中等职业学校学生成长发展的立交桥"问题；2012年，《国家教育事业发展第十二个五年规划》中，也提出"搭建通过各种学习途径

成才的'立交桥'";2014年6月,《现代职业教育体系建设规划（2014—2020年）》中又提出了"建立人才培养立交桥"的建设目标；同年9月《国务院关于深化考试招生制度改革的实施意见》中，再次强调"构建衔接沟通各级各类教育、认可多种学习成果的终身学习'立交桥'";同时提出"探索建立多种形式学习成果的认定转换制度，试行普通高校、高职院校、成人高校之间学分转换，实现多种学习渠道、学习方式、学习过程的相互衔接，构建人才成长'立交桥'"。至此，人才成长"立交桥"政策完全成型，职业教育也正式进入现代职业教育体系建设的新时期。

二、人才成长"立交桥"政策的可行性评价

人才成长"立交桥"作为一项新政，在政策执行基础、执行过程、预期执行结果等方面，都存在着一定的梗阻现象，执行难度较大。

（一）从政策执行基础来看，单边通达的"双轨制"局面仍然根深蒂固

根据相关政策内容，国家预设的人才成长"立交桥"如图10-4所示，整个教育体系从高中阶段被分为明显的两条轨道，一个是学术轨，另一个是职业轨。所谓"立交桥"就是在学术轨和职业轨之间架起多条连接的桥梁。

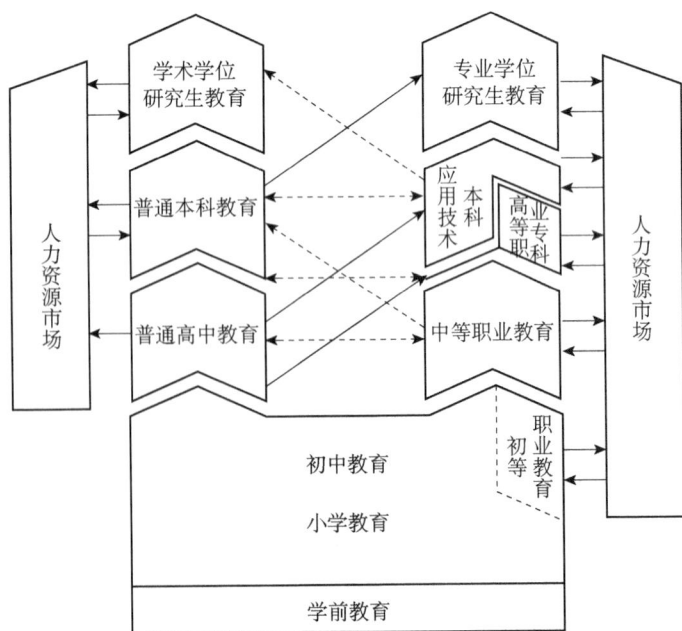

图10-4 人才成长"立交桥"基本框架示意图

这个架构如果能够实现，的确给人才培养和人才成长提供了更多的选择性和更大的自由度，是一个理想的教育体系模型。但现实与理想存在差距，正如图 10-4 所示，学术轨内部和职业轨内部向上延伸的是宽阔的大道，但两者之间的连接却是线状的小道。并且，从职业轨转向学术轨的路径仍是虚线，或者说是规划中的路线。目前，中职生进入高等学校的途径主要是在职业轨内部，通过高职高专的自主招生（单招），由中职升入高职。我们在中部样本学校的问卷数据显示：在基线调研中，12 063 名样本学生中，有 3077 人（占 25.47%）有意愿参加普通高考（对口升学），然而在中职学习近一学年后，这些有意参与普通高考的学生中，70%的学生放弃了这个想法，有意愿参加普通高考的人数下降为 914 人（占 7.57%）。据此而言，即使有了"立交桥"，中职生是否具备足够的能力与意愿"上桥"是问题的关键。如果不能整体提升中职教育质量，大多数中职生只能是"望桥兴叹"。

（二）从政策执行过程来看，准备试行的双向互通措施存在潜在风险

为扭转前面所述的单边通达状况，国家提出了双轨互通的设想：一方面，将学术轨的部分普通高校批量移动到职业轨，加长加宽职业轨，使中职生拥有更有前景的升学道路；另一方面，在学术轨和职业轨之间实行学分互换和学生流动。这两种举措从理论模型看非常完美，但从实际操作看，却存在着潜在风险。

1. 普通本科批量转型有可能导致转型高校陷入发展困境

中国高等学校的社会融资能力较为薄弱，办学经费主要来源于政府的财政支持。目前，尽管财政性教育经费占 GDP 4%的指标实现后，教育财政相对充裕。但是，学前教育要大发展，义务教育要提高质量，高中教育要普及，中职教育要免费，所有这些都会对高等教育财政形成挤兑。同时，2011 年，中国高等教育经费占 GDP 的比例为 1.5%（中国统计年鉴，2013），已经趋近 OECD 国家的平均水平 1.6%（OECD，2014）。因此，财政性高等教育经费大幅提升的空间十分有限。而职业教育是高成本教育，如果将成本相对较低的普通本科批量转型为高成本的技术技能型本科，势必面临着巨大的经费、设备、实践型教师等一系列困境。

回顾 30 余年的职业教育发展历史，中职学校原本属于"类精英"教育范畴。1979 年，中职教育（当时只有中专和技校）仅占高中教育总规模的 1.99%（中国统计年鉴，2001）。1980 年，国家提出调整中等教育结构的号召后，中职教育开始快速发展，到 1999 年达到峰值，中职在校生占高中在校生总数的比例高达

56.47%（全国教育事业统计公报，1999）。为配合规模扩张，大量的薄弱中学被要求转制成中职学校，致使中职学校在某种意义上成为薄弱校的代名词。从理性角度来看，如果 1979—1999 这 20 年，中职教育不是急速追求规模的迅猛扩张，而是循序渐进地一边培养师资，一边配备设备，逐步扩大中职教育规模，中职学校的吸引力或许能保持。但是，历史难以假设，教育不可逆，中职教育长年累积的问题只能慢慢解决。然而，当前如仍沿袭以往的政策思路，试图将一批缺乏职业教育基础，大部分仍属于相对比较薄弱的本科院校批量转型成技能型大学，同样是在人、财、物都相对匮乏的条件下转型，中职因过度追求规模扩张而带来的问题有可能会在高校重演。

2. 各类高校学分互换或转学有可能冲击高等教育秩序

《普通高等学校学生管理规定》中严格规定"不得由招生时所在地的下一批次录取学校转入上一批次学校、由低学历层次转为高学历层次"，这一规定对保证高等教育大众化快速推进过程中的秩序起到了规范作用。但《现代职业教育体系建设规划（2014—2020 年）》中提出的"普通学校和职业院校可以开展课程和学分互认。学习者可以通过考试在普通学校和职业院校之间转学、升学"的新政，显然突破了原有的政策框架。尽管在《国务院关于深化考试招生制度改革的实施意见》中指出，要"创造条件逐步取消高校招生录取批次"，但高等学校之间的差距是客观存在的，这种差异不会因为批次取消而改变，因此，"人往高处走"的集体意识很可能导致职业轨向学术轨的单向流动。那么，新的制度体系该如何建立，哪些学校间能学分互换和转学，多少人能转学，哪些人能转学，采取什么样的方式转学，谁能审批转学资格，谁来监督转学环节，如何控制转学制度可能衍生出的腐败性潜规则，这一系列运行机制上的关键问题都需要研究和试点推行，并且都存在一定的操作风险。

（三）从政策结果预期来看，中职生的升学定位面临着多重挑战

目前，升学已经成为中职学校的重要任务，我们用中部地区的样本数据，统计分析了升学班与就业班的学业状况。如表 10-12 所示：学生刚入学时，学习基础稍好的学生被编入升学班，其他的进入就业班，因此一年级学年初的数学与计算机基础知识测试成绩，两类班级之间已有显著差别。由于中职升学的科目设计是语文、数学、外语、专业基础课四门，升学班学生花费更多的时间与精力在语数外上，因此，在学年末评估时，所有专业和年级升学班的数学成绩均显著高于就业班（p 值全部为 0）。但同时可以看出，升学班学生并不十分注重专业课学习，二年级在学年末的专业课测试成绩，两类班没有统计上的显著差别，计算机专业 p 值为 0.9825，数控专业 p 值为 0.6782。

表 10-12　中职学校升学班与就业班学业成绩差异比较

测试时间	科目	年级	观测值		p 值	t 值	差异评价
			就业班	升学班			
基线	数学	一年级	5 558	1 590	0.000 0	−10.568 0	差异显著
		二年级	3 895	1 031	0.000 0	−6.565 5	差异显著
	计算机	一年级	5 552	1 590	0.000 0	−6.326 9	差异显著
		二年级	2 373	727	0.002 1	−3.073 8	差异显著
	数控	二年级	1 521	305	0.000 0	−3.672 6	差异显著
终期	数学	一年级	4 663	1 286	0.000 0	−11.281 7	差异显著
		二年级	2 284	887	0.000 0	−5.895 4	差异显著
	计算机	一年级	3 004	884	0.000 0	−7.105 4	差异显著
		二年级	1 392	622	0.982 5	−0.021 9	差异不显著
	数控	一年级	1 660	404	0.128 8	−1.519 5	差异不显著
		二年级	889	265	0.678 2	−0.415 0	差异不显著

这一结果表明，中职升学的套路与普通高中类同，均是以语数外为主科，其他为副科或综合科。同时也说明，中职升学的学生并非专业成绩更优秀的学生，而是中职学生群体中语数外知识稍占优势者。这种升学状况必然使中职升学政策陷入困境：

1. 激励困境

在中职学校内分升学班和就业班，并且，从中职升入大学的学生不是在终点上专业成绩更优秀的学生，而是在起点上学习基础稍好，并且有意报考大学的学生，这种升学体制很难在更广范围内激励大多数中职生积极上进。

2. 公平困境

从制度设计上解决中职教育是"断头教育"的问题，给中职生提供更多、更便利的升学渠道，本是推动教育公平的举措。但是，让学业成就不如普高生的中职生通过单独招生进入高校，又有可能衍生出新的教育不公平。调研中我们发现，升学班是中职学校的特殊编队，他们并不完全按照中职教学计划上课和实习，只需要专攻几门升学课程，并且国家政策文本中明确指出中职生不受"普通高考要重视学生的平时表现和综合素质"的政策约束。这种中职升学的特殊性加剧了高中学段的双轨性：中职生入学无门槛，上学享受免费，学习压力较低，升学享有绿色通道；而普高生入学要经过严格考试，分数低的还要支付不菲的学费，学习压力大，升学又面临着激烈的高考竞争。这种"冰火两重天"的求学与升学状况显然有悖于教育公平的诉求。

3. 效率困境

有研究运用粗精细匹配法（CEM）对东西部样本学生进行的匹配分析数据显示，学习近一学年后，就学生数学成绩的进步而言，样本中表现最佳的中职学校也显著低于同地区最一般的普通高中（Loyalka P，等，2015）。因此，如果中职生主要凭借语数外成绩升学，在中职学校设置升学绿色通道，不如将中职升学班开设在普通高中更有效率。

三、优化人才成长"立交桥"政策的建议

基于以上分析可知，"立交桥"的蓝图具有积极意义，但"立交桥"的建设具有复杂性和艰难性。在当前，针对中职教育的发展状况，建议政府着力于以下方面：

1. 建立面向所有人的职业教育体系

根据国际教育发展新理念，职业教育应该是面向人人的教育（陈良坤，2009），在基础教育阶段，要引导所有学生形成正确的职业认识和职业理想。为此，在高中阶段，不仅中职学校要进行职业教育，普通高中也要加强职业类的必修与选修课程建设。初中毕业生若想掌握中等职业技术即进入劳动力市场，可以选择上中职；若希望掌握高等职业技术后再进入劳动力市场，既可以选择上中职，也可以选择上普高。只有通过制度设计淡化普通高中的学术性光环，转变普高学生心目中的"精英"成才理念，才能祛除中职生"低人一等"的心理阴影，才能在教育体系内将"成人"与"成才"统和起来。

2. 保持高中学段的结构弹性

要结合学生意愿、市场需求和国家政策，将普职各占半壁江山，甚至双轨对垒的高中格局，转变为由生源市场调节的弹性结构。如果现在愿意选择上普高的学生更多一些，那就适度扩张普高规模，这不仅符合"办人民满意的教育"的人本主义精神，也能满足高等教育扩张对于优质生源的需求。

3. 提供初中毕业生自主选择上普高或是上职高的制度便利

高中是人生重要的学习阶段，高中的学习状态会影响其终身的学习兴趣、学习习惯、学习能力。基于构建终身学习"立交桥"的设想，我们要让初中毕业生自主、自愿、自信地选择自己的发展道路。学校和教师可以根据学生的发展状况给他们提出发展建议，但不可出于功利性目的强制或诱导学生的选择。

4. 打通普高和中职的学籍

高中生是未成年人，其发展的不稳定性极强，初中毕业时的升学选择有可能并非他们最合适的选择，进入高中后，应该允许他们再次调整选择。如果能允许高中生自主选择，自由转换，将会大大降低高中生的辍学率，有利于实现普及高中教育的目标。

5. 保证中职生的升学渠道，但要谨慎扩张升学比例

从制度设计上，让出类拔萃的中职生有机会继续深造是鼓励中职生积极上进的必要措施，但如果升学比例过大，势必会要求高等院校降低招生门槛，这样既不利于鼓励中职生刻苦努力趋近高等院校的招生条件，也无法保证高等院校的生源质量。

6. 提升教育质量，提高中职教育吸引力

切实提高中职生的预期收益，让教育质量和办学特色成为提高中职教育吸引力的支撑。中职教育是以就业为导向的教育，即便实现了高等教育普及化（毛入学率达到50%），也还会有大批量的适龄青年不能进入高等教育系统，提高中职生上大学的比例并不是提高中职吸引力的根本办法。相反，如果能让中职生感到在学校能够得到充足的教育关爱，能够学到高质量的特色化课程，毕业了能够有个比较满意的工作预期，即便不能通过中职上大学，也会有越来越多的学生选择上中职。因此，中职教育在新的发展阶段必须以质量求生存论发展，中职教育必须尽快实现从以规模发展为主向质量提升为主的战略转型。

以改进评价体系为突破口促进中职教育质量提升

　　纵观全书内容，中职教育作为现代职业教育的核心主体，是全面提高国民素质、增强民族产业发展实力、建设人力资源强国的基础性工程。自改革开放以来，在各级政府的大力推动下，经过持续攻坚，中职教育规模不断扩张。近年来，基本实现了中职学校与普通高中招生规模大体相当的政策目标。

　　随着中职教育规模日趋稳定，如何进一步提高质量正成为发展重心。在国家政策主导下，中职教育正在从规模发展为主转向质量提升为主的新阶段。

　　评价作为管理和决策的重要手段，对评价对象具有引导、激励和匡正作用。国家要推动中职教育从规模为主的外延式发展转向质量为主的内涵式发展，就必须尽快将有利于规模发展的评价体系转型为更有利于质量提升的评价体系。在当前，构建以学生发展为核心指标的中职教育质量评价体系，不仅具有政策导向性和理论合理性，也具有现实的针对性和紧迫性。

　　从理论共识来看，学生发展是教育质量评价的核心。质量是中职教育的灵魂和生命线，人才培养质量是中职教育质量的核心内容。纵观国际经验，以学生发展为核心的教育评价已经受到发达国家的普遍重视，以学生发展为本的教育评价成为提高教育质量的重要抓手。学生发展是学校教育的第一要务，是人才培养质量的核心内容。对于中职学校而言，提升教育质量就是要使学生获得长足发展。因此，学生发展应该成为新时期中职教育质量评价体系的核心。

　　从现实情况看，我国现行的中职教育评价存在忽视学生发展的倾向。现行的中职教育质量评价体系更多聚焦于学校办学条件的评价，注重的是占地面积、资金、设备、"双师型"教师比例等，缺乏对真正反映教育质量高低的学生发展的系统评价。由于教育评价具有较强的导向性、规范性、调控性，因此，以投入性指标为主的评价体系一定程度上导致了中职学校片面追逐资源投入，忽视人才培养质量的状况。

从政策愿景看，国家正在将学生发展置于中职教育质量评价的核心，为切实提高中职教育质量，国家正在加紧完善中职教育质量评估体系。2014年，教育部等六部门共同颁布的《现代职业教育体系建设规划（2014—2020年）》中提出，要以学习者的职业道德、技术技能水平和就业质量为核心，建立职业教育质量评价体系。2015年，教育部印发的《职业院校管理水平提升行动计划（2015—2018年）》中，再次重申要将学习者职业道德、技能水平和就业质量作为人才培养质量评价的重要标准，完善由学校、行业、企业和社会机构等共同参与的质量评价、反馈与改进机制，全面保证人才培养质量。由此可见，将学生发展放在质量评价的核心正在成为当前中职教育质量管理的政策着力点，如何将这些框架性的政策落实为制度化的评价机制和评价行为，将会成为今后一定时期内中职教育质量评价改革的重点。

本书列举的实证案例可以证明，以学生发展为核心的评价体系能够有效提高中职教育质量。为此，针对建立以学生发展为核心的中职教育质量评价体系，本书特提出如下建议：

1. 构建以教育产出为核心指标的质量评价体系，解决"评价什么"的问题

任何教育阶段的教育质量都最终体现为教育产出层面的学生发展水平和学生的社会适用性。尽管目前评价体系中居多的是投入性办学条件指标，在很大程度上能够反映办学质量，但条件并不必然等于质量。因此，中职教育质量评价必须以学生发展为主。依据本课题组的经验，建议基于学生发展的质量评估体系至少要包括两个方面：第一是学生发展水平评估，包括认知因素与非认知因素；其中认知因素包括专业能力和文化基础知识的发展程度，以及一个学年的进步程度；非认知因素包括责任心、自我效能、吃苦耐劳等优良品质得分和学生违纪率、不良行为发生率、辍学率等。第二是学生实习情况评估，包括顶岗实习年龄、实习指导教师制度、安全保障制度、实习专业对口率等。这个指标体系不仅可以有效测评中职学校的质量状况，而且能够有效激励学校重视人才培养质量，实现以评促建的目的。

2. 建立以专家评估和行业认证相结合的评价模式，解决"谁来评价"的问题

由于现行的以政府主导和学校自评为主的中职教育评价方式存在着明显的忽视学生发展的倾向，因此，要建构以学生发展为核心的评价体系，必须在政府和学校之外，引入第三方。第三方评价在中央"管评办分离"的改革理念指导下正在受到社会各界的重视。但是，在中职教育评价体系中如何引入第三方还处于探索阶段。依据本课题组的经验，建议将专家评估和行业认证相结合，建立一个"政府授权、专家评估、行业认证、学校自主改进"的联合评价模式。具体来讲，在评估过程中，各方的角色定位如下：

1）行业协会提出评估需求，提供部分评估经费，并将评估结果作为其旗下企业选择合作学校的依据。评估结束后，评估达标的学校可以获得行业认证，并将这些学校名称公布在行业协会的官网上，以利于下属企业与这些学校进行合作，减少企业搜索优质合作伙伴的成本；

2）政府部门提出宏观的导向性要求，提供政策和部分经费支持，给评估团队开具入校调研介绍信，不干预评估过程，尊重评估数据，并在一定程度上将评估结果作为未来给中职学校分配竞争性资源的依据；

3）评估专家依据行业需要，并综合国家政策要求、中职教育发展现况、国际先进经验及教育评估相关理论，开发专业化评估工具，开展科学规范的评估活动，并将评估结果及分析报告递交行业协会和政府主管部门；

4）中职学校基于政府和行业对评估结果的重视，主动提出评估申请，缴纳一定的评估费用，并根据评估标准和评估结果调整办学行为，在校风校纪、课堂教学、实习管理等方面做出改进。

在这种评估模式中，中职教育各利益相关方虽然具有不同的诉求，但都能在多方共赢的平台上形成合力，共同促进中职教育质量提高。

3. 研发以标准化测试为主的专业化评价工具，解决"如何评价"的问题

教育质量评价是一项专业、复杂、系统的工作，必须依靠专业化的测评工具来完成。依据本课题组的经验，建议基于国际通行的 IRT 理论，交由第三方专家团队，开发标准化的文化知识测试卷和专业能力测试卷，并以此对学生的认知能力进行测评。同时，采用国际权威的测量量表对学生的非认知因素进行测评。并且，对学校的管理状况、教师发展状况、学生学习与生活状况、学生实习状况等设计并进行调查问卷。由专家团队采取专业化的测评工具，不仅可以通过一次数

据了解一所中职学校在某一时点上的教育质量现状，还可以通过纵向数据判断这所学校的教育质量动态提升状况。同时，依据不断积累的大数据还可以研判中职学校的总体质量和动态提升状况。此外，通过专业、规范的评估程序可以保证客观、公正、权威的评估结果，并获得第三方评估的信度、效度、认可度。

总之，基于本书列举的干预实验的经验，要构建以学生发展为核心的中职教育质量评价体系。首先，要由大学、研究机构等作为专业化的第三方评估团队，受政府或行业协会的委托，开发出具有行业针对性的评估指标体系。然后，开办有相关专业的中职学校自主申请接受第三方评估。如果学校能够取得优良的评估成绩，即可获得相关行业的认证，同时获得与这一行业合作的利好；如果不能通过认证，则需要进一步提高办学质量，然后再提出申请进行认证。一所中职学校如果开设有比较丰富的相关专业，则可以申请多个行业的质量认证。如此，行业用人和中职教育质量提升都有望进入良性循环。

当然，这是一个理想的中职教育质量评价与认证体系，虽然本书列举的经验证明这个体系是基本可行的，但是，要规模化推进这个体系，并力图规避实施中可能出现的问题，还需要更多的地方进行实验探索。为此，建议政府主管部门有组织地鼓励行业协会联合第三方评估机构，适时开展对中职学校人才培养质量进行评估与认定的试点研究，在多轮科学、严谨的试点工作基础上，形成更加合理的中职教育人才培养质量评估与认定政策指导体系，更好地引导中职教育体系由"做大"向"做强"迈进。

参 考 文 献

埃贡·G. 古贝，伊冯娜·S. 林肯. 2008. 第四代评估. 秦霖，等译. 北京：中国人民大学出版
　　社：1～23.
安超. 2015. 艾斯纳质性评价理论述评. 教育测量与评价（理论版），（08）：4～10.
边玉芳，林志红. 2007. 增值评价：一种绿色升学率理念下的学校评价模式. 北京师范大学学报
　　（社会科学版），（06）：11～18.
边玉芳，王烨晖. 2013. 增值评价：学校办学质量评估的一种有效途径. 教育学报，（01）：43～
　　48.
财政部，国家发展改革委，教育部，人力资源和社会保障部. 2009. 关于中等职业学校农村家庭
　　经济困难和涉农专业学生免学费工作的意见. http://jkw.mof.gov.cn/zhengwuxinxi/zhengcefabu/
　　200912/t20091216_246954.html［2016-11-16］.
财政部，国家发展改革委，教育部，人力资源和社会保障部. 2010. 财政部 国家发展改革委 教育
　　部 人力资源和社会保障部关于扩大中等职业学校免学费政策覆盖范围的通知. http://jkw.mof.
　　gov.cn/zhengwuxinxi/zhengcefabu/201009/ t20100921_340144.html［2016-12-21］.
财政部，国家发展改革委，教育部，人力资源和社会保障部. 2012. 关于扩大中等职业教育免
　　学费政策范围，进一步完善国家助学金制度的意见. http://jkw.mof.gov.cn/zhengwuxinxi/
　　zhengcefabu/201210/t20121030_691127.html［2016-12-03］.
曹晔. 2007. 我国职业教育"双师型"师资的内涵及发展趋势. 教育发展研究，（19）：22～26.
曹晔，高玉峰. 2015. 我国中等职业教育督导评估制度的变迁与构建策略. 中国职业技术教育，
　　（21）：45～51.
曹一鸣，许莉花. 2007. 数学与现实生活联系的度是什么——基于中国 4 位数学教师与
　　TIMSS1999 录像研究的比较. 中国教育学刊，（06）：61～62, 68.
陈红兵. 1994. 学生品德评价方法的探讨——品德评价的量表化. 教育学报，（01）：28～41.
陈乐乐. 2006. 中等职业教育三十年探究. 北京：人民日报出版社：6.
陈良坤（课题组）. 2009. 高中阶段普职分流的全球视野. 教育发展研究，（23）：1～7.
陈树生，徐东. 2007. 县域经济与职业教育发展——东、西部地区的比较分析. 教育发展研究，
　　（09）：38～41.

陈衍泰，陈国宏，李美娟. 2004. 综合评价方法分类及研究进展. 管理科学学报，07（02）：69～79.

程样国，李志. 2006. 独立的第三方进行政策评估的特征、动因及其对策. 行政论坛，（02）：51～52.

褚宏启. 2014. 教育治理：以共治求善治. 教育研究，（10）：4～11.

第三届国际职业技术教育与培训大会总报告. 2012. http://www.unesco.org/new/fileadmin/MULTIMEDIA/HQ/ED/pdf/Final_General_Report_CHINESE.pdf［2016-05-30］.

丁桂芝. 2012. 高职学生核心能力应是教育产出的重中之重. 计算机教育，（11）：54.

丁煌. 2002. 政策执行阻滞机制及其防治对策——一项基于行为和制度的分析. 北京：人民出版社.

丁小浩. 2000. 对高等院校规模经济研究的回顾与反思. 北京：教育科学出版社：60～78.

定明捷. 2014. 中国政策执行研究的回顾与反思（1987—2013）. 甘肃行政学院学报，（01）：17～28.

杜嘉旭. 2014. 国际学生评价对我国职业教育质量评价的启示——以 PISA 和 TIMSS 项目为例. 当代职业教育，（04）：84～86.

范其伟. 2014. 我国城市化进程中职业教育发展研究. 中国海洋大学博士学位论文，19.

风笑天. 2002. 社会调查中的问卷设计. 天津：天津人民出版社：165.

冯梅，梁玲. 2009. 浅议档案袋评价法. 学理论，（11）：113～114.

冯之俊，等. 1999. 现代教育. 杭州：浙江教育出版社：177.

傅平芳，惠圣. 2014. 县域职业教育发展的新思路——以休宁县德胜鲁班木工学校为例. 河南科技学院学报（社会科学版），（12）：30～34.

高慧杰. 2013. 中等职业学校办学理念的现状及策略研究. 广西师范学院硕士学位论文，1.

谷芳芳，顾建军. 2012. 转型期职业教育吸引力的表征方式与问题审视. 职教论坛，（09）.

顾明远. 2012. 试论教育现代化的基本特征. 教育研究，（09）：4～10.

郭亚军. 2002. 综合评价理论与方法. 北京：科学出版社：28～78.

国家教委办公厅. 1995. 国家教委办公厅关于开展国家级重点职业高级中学评估认定工作的通知. http://www.110.com/fagui/law_168456.html［2016-12-18］.

国家教育委员会. 1990. 国家教委关于颁发《省级重点职业高级中学的标准》的通知. http://www.chinalawedu.com/falvfagui/fg22598/57028.shtml［2016-06-27］.

国家教育委员会. 1991a. 国家教委关于开展普通中等专业学校教育评估工作的通知. http://www.chinalawedu.com/falvfagui/fg22598/35823.shtml［2016-05-31］.

国家教育委员会. 1991b. 关于认定首批省级重点职业高级中学的通知. http://www.110.com/fagui/law_171047.html［2016-11-22］.

国家教育委员会. 1991c. 教育督导暂行规定. http://www.gov.cn/fwxx/bw/jyb/content_2267021.htm［2016-06-27］.

国家教育委员会. 1993. 国家教委关于评选"国家级、省部级重点普通中等专业学校"的通知. http://www.110.com/fagui/law_158822.html［2016-12-01］.

国家教育委员会. 1995. 国家教委关于建设示范性职业大学工作的通知. http://www.chinalawedu.com/falvfagui/fg22598/20106.shtml［2016-05-31］.

国家教育委员会. 1998. 关于印发《面向二十一世纪深化职业教育教学改革的原则意见》的通知. http://www.doc88.com/p-2592379100156.html［2016-04-30］.

国家统计局. 2001，2013. 中国统计年鉴. http://www.stats.gov.cn/tjsj/ndsj/［2016-09-27］.

国家中长期教育改革和发展规划纲要工作小组办公室. 2010. 国家中长期教育改革和发展规划纲要（2010—2020 年）. http://www.moe.edu.cn/srcsite/A01/s7048/201007/t20100729_171904.html［2016-07-21］.

国务院. 1980. 国务院批转教育部、国家劳动总局关于中等教育结构改革的报告的通知. http://www.chinalawedu.com/falvfagui/fg22598/250.shtml［2016-09-08］.

国务院. 1991. 国务院关于大力发展职业技术教育的决定. http://www.law-lib.com/law/law_view.asp?id=99077［2016-09-12］.

国务院. 1994. 国务院关于《中国教育改革与发展纲要》的实施意见. https://wenku.baidu.com/view/86776ed3ad51f01dc281f119.html［2017-01-27］.

国务院. 2002. 国务院关于大力推进职业教育改革与发展的决定. http://www.moe.gov.cn/jyb_xxgk/gk_gbgg/moe_0/moe_8/moe_28/tnull_491.html［2016-09-30］.

国务院. 2003. 国务院关于进一步加强农村教育工作的决定. http://www.gov.cn/zhengce/content/2008-03/28/content_5747.html［2016-05-12］.

国务院. 2005. 国务院关于大力发展职业教育的决定. http://www.gov.cn/zwgk/2005-11/09/content_94296.html［2017-02-12］.

国务院. 2014a. 国务院关于加快发展现代职业教育的决定. http://www.gov.cn/zhengce/content/2014-06/22/content_8901.html［2017-02-16］.

国务院. 2014b. 国务院关于深化考试招生制度改革的实施意见. http://www.gov.cn/zhengce/content/2014-09/04/content_9065.html［2017-01-12］.

国务院教育督导委员会办公室. 2016. 国务院教育督导委员会办公室关于印发《中等职业学校办学能力评估暂行办法》的通知. http://www.moe.gov.cn/srcsite/A11/moe_764/201603/t20160323_234942.html［2017-02-12］.

河南省教育厅. 2014. 2013 年河南省教育事业发展统计公报. http://www.haedu.gov.cn/2014/04/03/1396505613265.html［2016-07-07］.

河南省教育厅，人力资源和社会保障厅，财政厅，发展和改革委员会. 2012. 河南省职业教育品牌示范院校和特色院校建设管理办法. http://www.haedu.gov.cn/2013/03/11/1362968355837.html［2017-02-01］.

河南省教育厅，人力资源和社会保障厅，财政厅，发展和改革委员会. 2013. 关于抓紧做好第一批河南省职业教育品牌师范院校和特色院校项目建设工作的通知. http://www.haedu.gov.cn/2013/08/22/1377153997594.html［2017-03-12］.

河南省人民政府. 2006. 河南省人民政府贯彻国务院关于大力发展职业教育的决定的实施意见. http://www.henan.gov.cn/zwgk/system/2006/06/02/000001063.shtml［2016-08-12］.

河南省人民政府. 2008. 河南省人民政府关于实施职业教育攻坚计划的决定. http://www.henan.gov.cn/zwgk/system/2008/12/17/010110777.shtml［2016-08-12］.

河南省人民政府. 2010. 河南省人民政府关于加快推进职业教育攻坚计划工作的若干意见. http://www.henan.gov.cn/zwgk/system/2010/01/11/010174084.shtml［2016-07-31］.

河南省人民政府. 2014. 河南省人民政府关于加快发展现代职业教育的意见. http://www.henan.gov.cn/zwgk/system/2014/10/13/010501180.shtml［2016-06-30］.

贺东航，孔繁斌. 2011. 公共政策执行的中国经验. 中国社会科学，（05）：61～79.

胡博，刘荣，丁伟岱，等. 2013. Stata 统计分析与应用. 北京：电子工业出版社：24～30.

胡伟. 政府过程. 1998. 杭州：浙江人民出版社：283.

胡咏梅，杜育红. 2009. 中国西部农村小学教育生产函数的实证研究. 教育研究，（07）：58～67.

胡中锋. 2008. 教育评价学. 北京：中国人民大学出版社：73，79，84，129，141～143.

胡中锋，申晓月. 2011. 当前我国职业教育吸引力研究的困境分析. 南方职业教育学刊，（01）：17～22.

黄尧. 2009. 对提高职业教育吸引力的几点思考. 中国职业技术教育，（19）：25～26.

吉利. 2008. 职业教育经济效能评价分析. 北京：教育科学出版社：123～125.

贾吉艳. 2010. 中职教育质量标准化管理的探索与实践. 化工职业技术教育，（04）：76～77.

姜大源. 2007. 当代德国职业教育主流思想研究：理论、实践与创新. 北京：清华大学出版社：32～34.

姜大源，吴全全. 2013. 当代德国职业教育主流教育思想研究. 北京：清华大学出版社：32～34.

蒋春洋. 2011. 提升职业教育吸引力问题研究——基于利益相关者视角. 沈阳师范大学学报（社会科学版），（06）：139～141.

蒋立兵，陈佑清. 2016. 高校文科课程翻转课堂有效性的准实验研究. 中国电化教育，（07）：107～113.

蒋鸣和. 2000. 教育成本分析. 北京：高等教育出版社：1～15.

教育部. 1997. 教育统计数据. http://www.moe.gov.cn/s78/A03/moe_560/moe_571/［2016-10-18］.

教育部. 1999a. 教育统计数据. http://www.moe.gov.cn/s78/A03/moe_560/moe_571/［2016-10-18］.

教育部. 2000. 教育统计数据. http://www.moe.gov.cn/s78/A03/moe_560/moe_571/［2016-10-18］.

教育部. 2001. 教育统计数据. http://www.moe.gov.cn/s78/A03/moe_560/moe_571/［2016-10-18］.

教育部. 1999b. 教育发展统计公报. http://www.moe.gov.cn/s78/A03/ghs_left/s182/moe_633/［2016-11-20］.

教育部. 2002. 教育发展统计公报. http://www.moe.gov.cn/s78/A03/ghs_left/s182/moe_633/［2016-11-20］.

教育部. 2010a. 教育发展统计公报. http://www.moe.gov.cn/s78/A03/ghs_left/s182/moe_633/［2016-11-20］.

教育部. 2011a. 教育发展统计公报. http://www.moe.gov.cn/s78/A03/ghs_left/s182/moe_633/［2016-11-20］.

教育部. 2012a. 教育发展统计公报. http://www.moe.gov.cn/s78/A03/ghs_left/s182/moe_633/［2016-11-20］.

教育部. 2005a. 教育部关于加快发展中等职业教育的意见. http://www.gov.cn/gongbao/content/2005/content_93014.htm［2016-11-20］.

教育部. 2005b. 普通高等学校学生管理规定. http://www.moe.gov.cn/srcsite/A02/s5911/moe_621/200503/t20050325_81846.html［2016-11-22］.

教育部. 2006a. 国家督学聘任管理办法（暂行）. http://www.moe.edu.cn/s78/A11/ddb_left/s8390/201410/t20141017_176102.html［2016-12-12］.

教育部. 2006b. 国家级重点中等职业学校评估指标体系. http://www.jxgzedu.gov.cn/article/Show.asp?A_ID=3617［2016-12-14］.

教育部. 2006c. 教育部关于大力发展民办中等职业教育的意见. http://www.moe.gov.cn/srcsite/

A07/s7055/200604/t20060425_181878. html［2016-11-30］.

教育部. 2008. 教育部关于进一步深化中等职业教育教学改革的若干意见. http://www.moe.gov. cn/srcsite/A07/s7055/200812/t20081213_79148. html［2017-02-25］.

教育部. 2010b. 教育部关于印发《中等职业学校设置标准》的通知. http://www.moe.gov.cn/ srcsite/A07/moe_950/201007/t20100706_96545. html［2016-12-30］.

教育部. 2010c. 教育部关于印发《中等职业教育改革创新行动计划（2010—2012年）》的通知. http://www.moe.gov.cn/srcsite/A07/s7055/201011/t20101127_171574. html［2017-02-12］.

教育部. 2011b. 教育部关于印发《中等职业教育督导评估办法》的通知. http://www.moe.gov.cn/ srcsite/A11/moe_764/201112/t20111230_131750. html［2016-09-28］.

教育部. 2011c. 教育部关于充分发挥行业指导作用 推进职业教育改革发展的意见. http://www. moe.gov.cn/srcsite/A07/s7055/201106/t20110623_171567. html［2016-08-30］.

教育部. 2012b. 职业学校学生顶岗实习管理规定（试行）（征求意见稿）. http://www.moe. gov.cn/jyb_xwfb/s5147/201211/t20121117_144637. html［2016-09-28］.

教育部. 2012c. 国家教育事业发展第十二个五年规划. http://www.moe.gov.cn/srcsite/A03/moe_ 1892/moe_630/201206/t20120614_139702. html［2017-01-23］.

教育部办公厅. 2012. 教育部办公厅关于制订中等职业学校专业教学标准的意见. http://www. moe.gov.cn/srcsite/A07/moe_953/201212/t20121217_146273. html［2017-03-01］.

教育部. 2013. 教育部关于印发《中等职业学校教师专业标准（试行）》的通知. http://www.moe. gov.cn/srcsite/A10/s6991/201309/t20130924_157939. html［2016-09-19］.

教育部. 2014. 教育部关于开展现代学徒制试点工作的意见. http://www.moe.gov.cn/srcsite/ A07/s7055/201408/t20140827_174583. html［2016-07-28］.

教育部办公厅，农业部办公厅. 2014. 教育部办公厅 农业部办公厅关于印发《中等职业学校新 型职业农民培养方案试行》的通知. http://www.gov.cn/xinwen/2014-04/03/content_2652543. htm ［2016-09-27］.

教育部. 2015. 教育部关于深入推进教育管办评分离 促进政府职能转变的若干意见. http://www. moe.gov.cn/srcsite/A02/s7049/201505/t20150506_189460. html［2016-10-16］.

教育部，财政部. 2007. 教育部 财政部关于印发《中等职业学校学生实习管理办法》的通知. http://www.moe.gov.cn/srcsite/A07/moe_950/200706/t20070628_79114. html［2016-10-16］.

教育部，人力资源和社会保障部，财政部. 2010. 教育部 人力资源和社会保障部 财政部关于 实施国家中等职业教育改革发展示范学校建设计划的意见. https://wenku.baidu.com/view/ 32eeba41b307e87101f696d6. html［2016-11-21］.

教育部，人力资源和社会保障部，财政部. 2011. 关于印发《国家中等职业教育改革发展示范学 校建设计划项目管理暂行办法》的通知. http://www.moe.gov.cn/srcsite/A07/zcs_zhgg/201107/ t20110706_122441. html［2016-12-18］.

教育部办公厅，人力资源和社会保障部办公厅，财政部办公厅. 2010. 2010年度国家中等职业教 育改革发展示范学校建设计划项目学校遴选基本条件. http://www.moe.gov.cn/srcsite/A07/zcs_ zhgg/201009/t20100915_108818. html［2016-12-01］.

教育部等. 2004. 教育部等七部门关于进一步加强职业教育工作的若干意见. http://www.moe. gov.cn/srcsite/A07/moe_737/s3876_qt/200409/t20040914_181883. html［2016-11-12］.

教育部等. 2014. 教育部等六部门关于印发《现代职业教育体系建设规划（2014—2020年）》

的通知. http://www.moe.edu.cn/publicfiles/business/htmlfiles/moe/moe_630/201406/170737. html〔2016-10-09〕.

教育部等. 2016. 教育部等五部门关于印发《职业学校学生实习管理规定》的通知. http://www. moe.gov.cn/jyb_xwfb/xw_fbh/moe_2069/xwfbh_2016n/xwfb_160427/160427_sfcl/201604/t2016042 6_240380. html〔2016-09-08〕.

教育部职业教育与成人教育司. 2003. 关于开展国家级重点中等职业学校调整认定工作的通知. http://www.ahqszz.com/ReadNews.asp?NewsID=763〔2016-09-10〕.

接励, 杨静. 2005. 模糊综合评价在高等院校人才选拔中的应用. 天津理工大学学报,（04）: 31~34.

金晶, 吴雪萍. 2013. 英国职业教育质量评价体系的特点及其启示. 职业技术教育,（26）: 21~23.

金菊良, 魏一鸣. 2008a. 复杂系统广义智能评价方法与应用. 北京: 科学出版社: 18~40.

金菊良, 魏一鸣, 周玉良. 2008b. 复杂系统综合评价的理论框架及其在水安全评价中的应用. 农业系统科学与综合研究,（04）: 391~397, 402.

金星霖, 王雨迪, 李同吉. 2014. 中国职业教育体系之再造. 东方早报（上海经济评论),（第8版).

晋浩天. 2014. 2013年全国中等职业学校毕业生就业率达96.81%. 光明日报. http://jyb.cn/zyjy/ zyjyxw/201402/t20140228_572008. html〔2016-09-12〕.

柯乐乐. 2016. 准实验法在教育研究领域的应用状况分析. 重庆高教研究, 4（03）: 50~55.

孔祥富. 2011. 以《纲要》为指导提升中职教育质量的若干思考. 新疆职业教育研究,（01）: 68~71.

蓝方. 2014. 误了百万中职生. 新世纪周刊,（01）: 32~34.

劳动部. 1991. 劳动部关于开展技工学校评估工作的通知. http://www.110.com/fagui/law_53812. html〔2016-09-21〕.

劳动部. 1997. 技工学校教育督导评估暂行规定. http://www.110.com/fagui/law_165002.html〔2016-08-21〕.

劳动和社会保障部办公厅. 2007. 关于做好国家重点技工学校评估工作有关事项的通知. http://www.110.com/fagui/law_194382. html〔2016-12-21〕.

李宝山. 2004. 管理系统工程. 北京: 中国人民大学出版社: 14.

李丹. 2009. 如何增强职业教育吸引力: 应让更多老百姓认同. 中国教育报. http://www. 360doc. com/content/12/1030/15/9185375_244686638. shtml〔2016-12-30〕.

李桂荣, 李向辉. 2016. 中职学生学习成绩影响因素分析. 教育经济评论,（02）: 68~81.

李红卫. 2010. 从学生视角看职业教育吸引力的个案研究. 职业技术教育,（31）: 10~14.

李红卫. 2011a. 职业教育吸引力的辩证思考. 现代教育管理,（10）: 97~99.

李红卫. 2011b. 职业教育吸引力研究路径的思考. 职教论坛,（34）: 4~7.

李杰, 杨荣军. 2005. 我国公共政策输入机制探析. 社会科学研究,（05）: 35~38.

李金波, 胡世军. 2012. 基于高考的学校增值评价研究. 考试研究,（01）: 54~60.

李名梁. 2010. 职业教育吸引力研究述评. 职教通讯,（10）: 13~18.

李名梁. 2012. 利益相关者视域下职业教育吸引力提升对策研究. 教育与职业,（06）: 5~8.

李名梁, 李媛媛. 2013. 利益相关者视角下提升职业教育吸引力的关键要素研究. 河北师范大学学报（教育科学版),（05）: 69~74.

李小融，唐安奎. 2009. 多元化学校教育评价. 杭州：浙江教育出版社：288.

李鑫. 2014. 档案袋评价法在项目化课程考核中的设计与应用——以高职"电子商务"课程为例. 厦门城市职业学院学报，（03）：41～46，56.

李玉静，陈衍. 2012. 为了可持续发展与工作世界的教育——UNESCO 职教思想与发展战略报告. 职业技术教育，（06）：26～45.

李钰，刘磊. 2015a. "十二五"期间上海中职教育评估实践与优化策略. 职业技术教育，（18）：43～47.

李钰，刘磊. 2015b. "十二五"期间上海中等职业教育评估探析. 上海教育评估研究，（03）：48～52.

李重庵，翟海魂，欧阳河. 2009. 职业教育吸引力问题访谈. 中国职业技术教育，19：27～34，53.

李作章. 2012. 同行评价：欧盟职业教育质量评价的重要方式. 职业技术教育，（13）：90～93.

梁茹冰，夏强. 2009. 应用可拓学方法评价高校教学质量. 安庆师范学院学报（自然科学版），15（03）：37～39，64.

梁淑桦. 2013. 中职毕业生能力现状研究. 广西大学硕士学位论文，13.

林甦，任泽平. 2009. 模糊德尔菲法及其应用. 中国科技论坛，（05）：102～103，122.

刘光富，陈晓莉. 2008. 基于德尔菲法与层次分析法的项目风险评估. 项目管理技术，（01）：23～26.

刘海燕. 2012. 美国高等教育增值评价模式的兴起与应用. 高等教育研究，（05）：97.

刘敏慧. 2008. 层次分析法在高职院校教师教学质量评价中的应用. 高等职业教育-天津职业大学学报，17（06）：26～28.

刘伟涛，顾鸿，李春洪. 2011. 基于德尔菲法的专家评估方法. 计算机工程，（01）：189～191，204.

刘晓庆. 2013. 大规模学业评价研究. 华中师范大学博士学位论文，115.

刘勇. 2011. 县域职业教育现状、问题及对策研究——以分宜县职业教育为例. 湖南师范大学硕士学位论文，15～20.

卢现祥. 2011. 新制度经济学（第二版）. 武汉：武汉大学出版社.

陆学艺. 2002. 当代中国社会阶层研究报告. 北京：社会科学文献出版社：146～150.

陆燕飞，陈嵩. 2015. 我国中等职业学校评估制度和政策发展探析. 上海教育评估研究，（04）：7～13，43.

罗良清，梅荣斌. 2006. 人力资本视角下的教育的投入与产出核算初探. 统计教育，（02）：4～6.

吕鹏. 2006. 生产底层与底层的再生产——从保罗·威利斯的《学做工》谈起. 社会学研究，（02）：230～242.

马树超. 2010-03-13. 增强吸引力是职教持续发展的保障. 中国教育报，（第4版）.

马树超，张晨，陈嵩. 2011. 中等职业教育区域均衡发展的成绩、问题和对策. 教育研究，（A05）：53.

马晓强. 2012. 增值评价：学校评价的新视角. 北京：北京师范大学出社，45～46.

马晓强，彭文蓉，萨丽·托马斯. 2006. 学校效能的增值评价——对河北保定市普通高中学校的实证研究. 教育研究，（10）：77～84.

孟景舟. 2010a. 劳动力市场与职业教育吸引力的关系. 学术论坛，（05）：186～189.

孟景舟. 2010b. 我国职业教育吸引力的历史透视. 教育发展研究, (07): 54~57.

米靖. 2009. 中国职业教育史研究. 上海: 上海教育出版社: 89.

闵兰, 冯俊, 王维. 2011. 职业教育城乡均衡发展评估指标的统计模型研究. 职教论坛, (30): 4~8.

南海, 白汉刚. 2010. 对"增强职业教育吸引力"的分析. 教育发展研究, (07): 50~53.

潘旦, 向德彩. 2013. 社会组织第三方评估机制建设研究. 华东理工大学学报(社会科学版), (01): 16~22, 43.

庞清辉. 2011. 被"二流"的职业教育. 中国新闻周刊, (13).

彭张林, 张强, 杨善林. 2015. 综合评价理论与方法研究综述. 中国管理科学, (S1): 245.

齐宇歆. 2011. 当代教育评价理论及其历史演进过程中的知识观分析. 远程教育杂志, (05): 78.

钱月航. 2014-01-09. 职业教育吸引力在哪里? 常州日报, (第3版).

秦书生. 2004. 复杂性技术观. 北京: 中国社会科学出版社: 26.

饶华, 刘斌. 2011. 国外职业教育发展的经验及对江西县域职业教育发展的启示. 宜春学院学报, (03): 37~38, 68.

人力资源和社会保障部. 2013. 人力资源和社会保障部关于做好国家级重点技工院校评估工作的通知. http://www.law-lib.com/law/law_view.asp?id=418644 [2016-12-20].

任聪敏. 2015. 对职业院校质量评估的新思考——基于同行评议的维度. 职教论坛, (22): 48~51.

邵亚萍. 2016. 职业能力视域下中职学生学习需求分析——以数控专业为例. 浙江师范大学硕士学位论文, 18~19.

申文缙, 周志刚. 2015. 德国职业教育质量指标体系及启示. 外国教育研究, (06): 109~118.

沈汉达. 2012. 中国职业教育魅力建构论. 上海: 上海社会科学院出版社: 165~173.

盛安之. 2015. 受益一生的哈佛创意课. 上海: 立信会计出版社: 286~287.

石伟平. 2006. 时代特征与职业教育创新. 上海: 上海教育出版社: 62~66.

石伟平, 匡瑛. 2012. 比较职业教育. 北京: 高等教育出版社: 111~116.

石伟平, 唐智彬. 2009. 增强职业教育吸引力: 问题与对策. 教育发展研究, (13): 20~24.

史文生. 2014. 中等职业学校素质能力大赛的举办动因分析. 河南教育(职成教版), (01): 19.

史文生. 2015-10-15. 小组合作教学为专业教师培养另辟蹊径. 中国教育报, (第9版).

斯滕伯格, 杜娟, 盛群力. 2009. 论优质学校的现代标准. 教育发展研究, (02): 42.

宋飞琼. 2015. 农村中职学校退出: 原因、路径与机制, 2015年度全国教育经济学年会.

孙玲. 2015. 教育评价模式的理论假设演变与启示. 中小学教师培训, (02): 6~9.

孙颖, 刘红, 杨英英, 等. 2013. 日本职业教育质量外部评价的经验与启示——以短期大学为例. 比较教育研究, (12): 48~55.

孙志河, 刁哲军. 2008. 中等职业教育教学质量评估体系的研究. 中国职业技术教育, (28): 5~9.

汤林春. 2005. 学校效能评价研究. 华东师范大学博士学位论文, 96~98.

汤林春, 梁玲玲. 2005. 学校效能评价的尝试. 上海教育科研, (04): 24~26.

唐斌. 2009. 群体性事件的网络传播与政府干预分析. 河南师范大学学报(哲学社会科学版), 36(06): 42~46.

唐小俊. 2015. 中职生"反学校文化"现象的社会学探析. 江苏教育研究, (27): 76~79.

唐以志. 2016. 关于以效果为导向构建职业教育质量评价标准的思考. 中国职业技术教育,（06）：12～16.

唐智彬, 石伟平. 2011. 增强职业教育吸引力的国际经验及对我国的启示. 比较教育研究,（01）：41～44.

涂艳国. 2007. 教育评价. 北京：高等教育出版社：7, 48～66.

王斌华. 2005. 教师评价：绩效管理与专业发展. 上海：上海教育出版社：138.

王东. 2010. 中等职业教育发展中的问题与对策——基于大连的实地调查分析. 职教论坛,（18）：84～88.

王蕾. 2010. 基于大规模考试的教育质量评价. 教育科学研究,（11）：37～41, 49.

王启龙, 李君敏. 2014. 同行评议：我国职业院校质量评估的重要补充. 全球教育展望,（11）：92～100.

王嵘. 2001. 贫困地区教育资源的开发利用. 教育研究,（09）：39～44.

王善迈. 2000. 教育经济学简明教程. 北京：高等教育出版社：122.

王寿斌, 闫志刚. 2011. 就业准入制度：为职教赢得发展空间. 教育与职业,（10）：42～46.

王翔. 2016. 基于模糊综合评价的课堂教学效果评价研究——以中职计算机应用基础精品课程为例. 科技资讯,（01）：97～100.

王新华, 李堂军, 丁黎黎. 2010. 复杂大系统评价理论与技术. 青岛：山东大学出版社：2～16.

王星霞. 2013. 我国中职教育免费政策的合理性危机与调整. 教育发展研究,（01）：55～59.

王玄培, 王梅, 王英利. 2013. 德国职业教育外部质量评价及其对我国职教评价体系的启示. 教育与职业,（32）：22～24.

王莹莹. 2014. 县域职业教育发展研究——以福建省仙游县为例. 福建师范大学硕士学位论文, 15～37.

王豫生. 1996. 加快中等师范学校办学条件标准化若干问题的思考. 教育评论,（04）：16～18.

王宗军. 1998. 综合评价的方法、问题及其研究趋势. 管理科学学报,（01）：75～81.

文成欣. 2014. 基于层次分析法的中职学校专业竞争力评价研究. 广东技术师范学院硕士学位论文, 14.

文冀中. 2013. 层次分析法和模糊综合评判在高职教学质量评价体系中的应用. 科教导刊（中旬刊）,（05）：129～131.

闻友信, 杨金梅. 2000. 职业教育史. 海口：海南出版社：123.

吴敬琏. 1995. 路径依赖与中国改革——对诺斯教授演讲的评论. 改革,（03）：57～59.

吴林. 2006. 西方现代教育评价的沿革及阶段特点. 黑龙江教育（高教研究与评估版）,（11）：79～81.

吴满华. 2006. 美国教育评价的发展及其价值取向演变. 化工高等教育,（06）：24～26.

吴又清. 2007. 中学地理教学实践中的学生真实性评价. 华中师范大学硕士学位论文, 20～21.

武庆鸿. 2014. 学校效能评价：内容、方法与意义. 教育文汇,（03）：15～16.

项继发. 2010. 县域社区教育：城乡一体化背景下的职业教育. 西北农林科技大学硕士学位论文, 15～36.

肖化移. 2009. 论县域职业教育的均衡发展. 江苏技师师范学报（职教通讯）,（05）：34～37.

肖远军. 2004. 教育评价原理及应用. 杭州：浙江大学出版社：80～85, 90～91, 104.

辛涛, 张文静, 李雪燕. 2009. 增值性评价的回顾与前瞻. 中国教育学刊,（04）：40～43.

徐芬，赵德成. 2002. 成长记录袋的基本原理与应用. 西安：陕西师范大学出版社：9~16.

徐国庆. 2007. 职业教育原理. 上海：上海教育出版社.

徐兰. 2015. 以企业为主导的第三方职业教育质量评价体系构建. 教育评价，36（10）：41~45.

徐晓. 2015. 中等职业教育投入经济增长效应的实证研究——现实困境与突破. 教育学术月刊，
　　（06）：58~63.

许文静. 2012. 改革开放以来我国农村职业教育政策分析. 西安：陕西师范大学硕士学位论文：
　　56~60.

许正中，等. 2013. 中国现代职业教育理论体系研究. 北京：人民出版社：4.

许志勇. 2006. 学校效能评价的实践. 见：全国教育与心理统计测量学术年会论文摘要集.

薛海平. 2007. 中国西部教育生产函数研究——甘肃农村初中学生成绩影响因素分析. 北京大
　　学博士学位论文，18.

薛立强，杨书文. 2011. 论中国政策执行模式的特征——以"十一五"期间成功关停小火电为例.
　　公共管理学报，（04）：1~7.

闫梅红. 2012. 基于效率角度的增强职业教育吸引力的路径分析——以河南省为例. 职教论坛，
　　（07）：84~86.

闫志利，姚金蕾. 2014. 基于 KSAIBs 增进的中职教育质量评价模型构建. 职业技术教育，（28）：
　　41~47.

杨大伟. 2012. 中职学生学习能力评价体系实证研究. 职教论坛，（18）：35~40.

杨东平. 2009. 中国教育发展报告（2009）. 北京：社会科学文献出版社：62~66.

杨静，刘红. 2008. 把加快发展中等职业教育作为整个教育事业发展的战略突破口　今年中等职
　　业教育招生 820 万——2008 年度职成教工作会议暨中职招生工作会议召开. 中国职业技术教
　　育，（11）：1.

杨小敏. 2011. 办学条件对学生影响的"凯西模型"及其应用与发展. 中国人民大学教育学刊，
　　（03）：88~98.

殷海涛，闫志利. 2013. 中职学校视角下教育质量观的调查与分析—基于河北省唐、秦二市 10
　　所中职学校的调查. 新疆职业教育研究，（03）：63~67，86.

余奇，黄崴，鲍银霞. 2016. 现代化学校图景：国内外办学标准比较的视角. 外国中小学教育，
　　（03）：28~32.

余祖光，陈光（课题组）. 2009. 增强职业教育吸引力的问题研究. 中国职业技术教育，（34）：
　　15~30.

俞启定，和震. 2012. 中国职业教育发展史. 北京：高等教育出版社：73~75.

袁科峰，张晓霞，王强. 2015. 可拓综合评价法在高校教师职称自主评定中的应用探讨——以福
　　建省为例. 安徽农业大学学报（社会科学版），24（5）：54~59.

曾繁相. 2014. 德国职业教育发达的历史及现实成因及其对我国职业教育的启示. 教育与职业，
　　（05）：167~168.

翟静丽. 2008. 个人教育选择问题研究. 上海：学林出版社：36~40.

张报东，袁东河，郭茂华. 1992. 河南省中等卫校办学条件、现状、问题与对策. 医学教育，（11）：
　　36~38.

张晨，马树超. 2011. 我国职业学校办学条件评价和预警机制研究. 中国高教研究，（08）：78~
　　82.

张杰. 2010. 中职英语教学应用德尔菲法进行教学质量控制的实践研究. 卫生职业教育,（01）：41～42.

张力跃. 2007. 我国县域职业教育的困境和出路——以吉林省抚松县为个案的分析. 教育发展研究,（07）：54～56.

张力跃. 2011. 受教育者视界中的农村职业教育困境与破解. 天津：天津大学出版社：90～91.

张连棣. 2011. 中职教育教学质量评估体系研究. 长春理工大学学报,（5）：36.

张宪冰，朱莉，袁林. 2011. 从单一走向多元化——论学生评价方式的转换. 当代教育科学,（24）：7～9.

张翌鸣，陶军明. 2007. 新农村建设背景下的县域职业教育：使命与契机——基于江西赣州三县的调查. 教育研究,（08）：86～90.

张咏梅. 2015. 大规模学业成就调查的开发：理论、方法与应用. 北京：北京师范大学出版社：63.

张远增. 2001. 高等教育评价方法研究. 华东师范大学博士学位论文,88～92.

张振东，袁东河，郭茂华等. 1992. 河南省中等卫校办学条件、现状、问题与对策. 医学教育,（11）：36～38.

张志东. 2013. 校企合作与增强职业教育吸引力关系刍议. 太原城市职业技术学院学报,（06）：36～37.

章清波. 2006. 基于模糊综合评价法的知识型人力资源绩效评估. 科技与管理,（06）：116～119.

赵瑞峰. 2007. 公共政策分析——理论、方法与实务. 北京：中国时代经济出版社：178.

中共中央. 1985. 中共中央关于教育体制改革的决定. http://www.360doc.com/content/10/0916/21/1890690_54209303.shtml［2017-01-12］.

中共中央，国务院. 1993. 中共中央、国务院关于印发《中国教育改革和发展纲要》的通知. http://www.moe.edu.cn/jyb_sjzl/moe_177/tnull_2484.html［2017-01-03］.

中共河南省委，河南省人民政府. 2010. 河南省中长期教育改革和发展规划纲要（2010—2020年）. http://gzhy.haedu.cn/2011/01/13/1294886459352.html［2016-12-03］.

中国科学院农业政策研究中心. 2013. 政策研究简报,（03）.

中国社会科学研究院国情调研课题组，潘晨光，娄伟等. 2007. 中国职业教育：发展与挑战——来自中国社会科学院的报告. 职业技术教育,（21）：18～49.

中国新闻网. 2014-09-02. 全国各类学校专任教师超1476万 年龄结构不断优化. http://www.chinanews.com/edu/2014/09-02/6553584.shtml［2017-01-12］.

中国中等职业学校学生发展与就业报告编写组. 2013. 2012中国中等职业学校学生发展与就业报告. 北京：外语教学与研究出版社：03～04.

周少英. 1993. 最有价值的知识是方法的知识——《经典教学方法荟萃》评介. 教育评论,（03）：78～79.

周正. 2009. 谁念职校——个体选择中等职业教育问题研究. 北京：教育科学出版社：51,55～58.

朱之洲，蔡文兰. 2015. 失序与重建——社会转型中的职业教育秩序研究. 杭州：浙江大学出版社：123,146.

宗河. 2014. 中央财政下达40亿元改善中职办学条件——比2013年增长23.5%. 基础教育论坛（文摘版）,（12）：56.

邹泓. 1998. 同伴关系的发展功能及影响因素. 心理发展与教育, (02): 39~44.

Alexander W A, Banta T W, Cross K P, et al. 1996. American Association for Higher Education (AAHE) Principles of Good Practice for Assessing Student Learning 9 Principles of Good Practice for Assessing Student Learning. https://www.researchgate.net/publication/268399482_American_ Association_for_Higher_Education_AAHE_Principles_of_Good_Practice_for_Assessing_Student _Learning_9_Principles_of_Good_Practice_for_Assessing_Student_Learning [2017-01-23].

Arlen R, Gullickson. 2003. The Student Evaluation Standards: How to Improve Evaluations of Students. California: Educational Policy Leader-ship Institute.

Barro R J. 1999. Inequality, Growth and Investment. NBER working paper: 7038.

Blankenauo. 2007. Allocating government education expenditures across K-12 and college education. Economic Theory, 31(1): 85~112.

Clark D H. 1983. How Secondary School Graduates Perform in the Labor Market: A Study of Indonesia. World Bank Staff Working Papers, 615: 84.

Colemen J S. 1966. Equality of Educational Opportunity. Washington, DC: US. Government Printing Office.

Eric A H, John F K, Jacob M M, et al. 2003. Does Peer Ability Affect Student Achievement?. Journal of Applied Econometrics, 18(5): 527~544.

Fulks J. 2009-09-28. Assessing Student Learning in Higher Education. http://on-line.bakersfieldcollege. edu/courseassessment/Section_2_Background/Section2_2WhatAssessment. htm[2016-12-21].

Gaugler R, Brown I, David S, et al. 2002. Automated Technology for in vivo Mass Production of Entomopathogenic Nematodes. Biological Control, (24): 2061.

German Federal Ministry for Economic Cooperation and Development(BMZ). System Advisory Services for Technical and Vocational Education and Training. http://www.giz.de/en/worldwide/ 18739. html[2017-02-21].

Greenwald R, Hedges L V, Laine R D. 1996. The Effect of School Resources on Student Achievement. Review of Educational Research: 66. 3, 361~396, 411~416.

Hanushek E A. 1986. The economics of schooling: Production and efficiency in public schools. Journal of Economic Literature. 24(3): 1141.

Hanushek E A. 1998. Conclusions and Controversies about the Effectiveness of School Resources. Economic Policy Review, (3): 11~28.

Hanushek E A, Woessmann L, Zhang L. 2011. General Education, Vocational Education and Labor- Market Outcomes over the Life-Cycle. http://www.nber.org/papers/w17504.pdf [2016-02-03].

Hedges L V, Laine R D, Greenwald R. 1994. Does Money Matter? A Meta -analysis of Studies of the Effects of Differential School Inputs on Student Outcomes. Educational Research, 23(3): 5~14.

Hershberg T. 2005. Value-added Assessment and Systemic Reform: A Response to the Challenge of Human Capital Development. Phi Delta Kappan, 87(4): 276~283.

Janet F. 2009. Assessing Student Learning in Higher Education. http://on-line.bakersfieldcollege.edu/ courseassessment/Section_2_Background/Section2_2WhatAssessment.htm. 2009-09-28.

Johnston J, Loyalka P, Chu J, et al. 2016. "The Impact of Vocational Teachers on Student Learning in Developing Countries: Does Enterprise Experience Matter?". Comparative Education Review,

60(1)：131～150.

Kramer G L，Swing R L. 2010. Higher Education Assessments：Leadership Matters. Washington D C：Rowman & Littlefield Publishers，6～8.

Kuh G D，Ewell P T. 2010. The state of learning outcomes assessment in the United States. Higher Education Management & Policy，22(1)：1～20.

Loyalka P, Huang X T, Zhang L X, et al. 2015. The impact of vocational schooling on human capital development in developing countries: Evidence from China. World Bank Economic Review，30(1)：143～170.

Marchese T J. 1997. The New Conversations About Learning Insights From Neuroscience and Anthropology. Cognitive Science and Work Place Studies. Assessing Impact：Evidence & Action.

McPherson A. 1992. Measuring Added Value in Schools(NCE Briefing1). London：National Commission on Education.

Ministry of National Education. 2005—2009. Rencana Strategies Department Pendidikan National Tahun.

National Congress. 2011. Institui o Programa Nacional de Acesso ao Ensino Técnico e Emprego (Pronatec). Law 10.

OECD. 2014. Education at a Glance 2014. http://www.keepeek. com/Digital-Asset-Management/ oecd/education/education-at-a-glance-2014_eag-2014-en#page232[2016-12-22].

Peters G B. 1999. Institutional Theory in Poitical Science. Victoria：Wellington House：64.

Pilz，Matthias. 2012. The Future of Vocational Education and Training in a Changing World. Dordrecht，Netherlands：Springer.

Planning Commission Government of India. 2012. Twelfth Five Year Plan.

Scheerens J，Glas C，Thomas S. 2003. Educational Evaluation，Assessment and Monitoring：A Systemic Approach. Swets：Zeitlinger Publishers：304.

Ted H. 2005. Value -Added Assessment：Powerful Diagnostics to Improve Instruction and Promote Student Achievement，3：14～15 http://www. cgp. upenn. edu/pdf/ASSA.pdf [2016-12-28].

Tekwe C D，Randy L，et al. 2004. An empirical comparison of statistical models for value-Added assessment of school performance. Journal of Educational and Behavioral Statistics，11～36.

Webster W J，Olson G H. 1988. A quantitative procedure for the identification of effective schools. Journal of Experimental Education，1988，56(4)：213～219.

Wiggins G. 1989. Teaching to the (Authentic) Test. Educational Leadership，46(7)：41～47.

Yi H M，Song Y Q，Liu C F，et al. 2015. "Giving Kids a Head Start：The Impact of Early Commitment of Financial Aid on Poor Junior High School Students in Rural China". Journal of Development Economics，113(3)：1～15.

Yi H M，Zhang L X，Liu C F，et al. 2013. How are secondary vocational schools in China measuring up to government benchmarks? China & World Economy，Vol. 21：98～120.